Guitarra Para leigos

Nesta Folha de Cola, você encontrará mate... ...eferência prático, que pode ser impresso e colocado convenientemente em sua área de trabalho. Estão inclusos uma explicação sobre a notação da guitarra e como traduzi-la para a guitarra de verdade, 24 acordes comuns, um diagrama do braço mostrando todas as notas até a 12ª casa e uma lista de ferramentas e acessórios essenciais que irão ajudá-lo a livrar-se dos problemas e facilitar uma forma versátil de fazer música na guitarra.

TRADUZA DIAGRAMAS DE ESCALA PARA UMA GUITARRA REAL

A figura a seguir, que mostra como um diagrama de acorde e uma tablatura se relacionam a uma guitarra de verdade, irá ajudá-lo a transformar a notação em acordes e melodias.

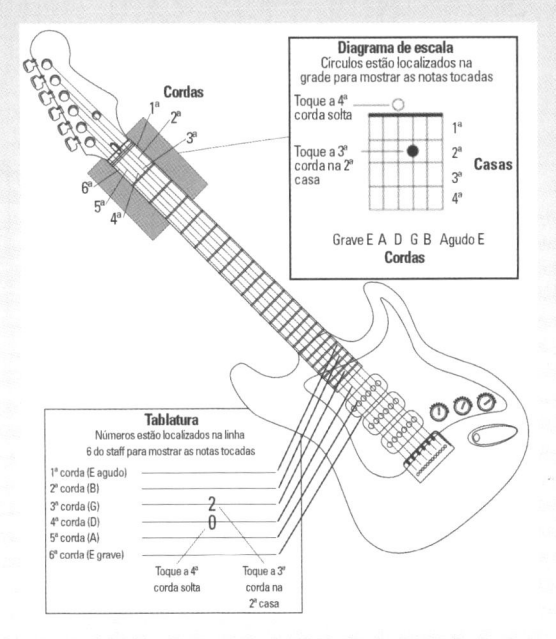

Crédito: Ilustração da Wiley, Serviço Gráfico de Composição

24 ACORDES COMUNS PARA DIFERENTES ESTILOS DE MÚSICA

A figura a seguir mostra 24 acordes de guitarra comuns e fáceis de tocar, que você pode usar em uma variedade de estilos de músicas diferentes — incluindo folk, country, rock e blues. A digitação da mão esquerda aparece logo abaixo das cordas (1 = indicador, 2 = médio, 3 = anelar e

Guitarra Para leigos

4 = mindinho). Um *O* sobre uma corda significa tocar a corda solta como parte do acorde; um *X* sobre uma corda indica que ela não é parte do acorde e não deve ser tocada. Uma linha curva significa tocar os pontos (notas pressionadas) abaixo da linha com uma barra.

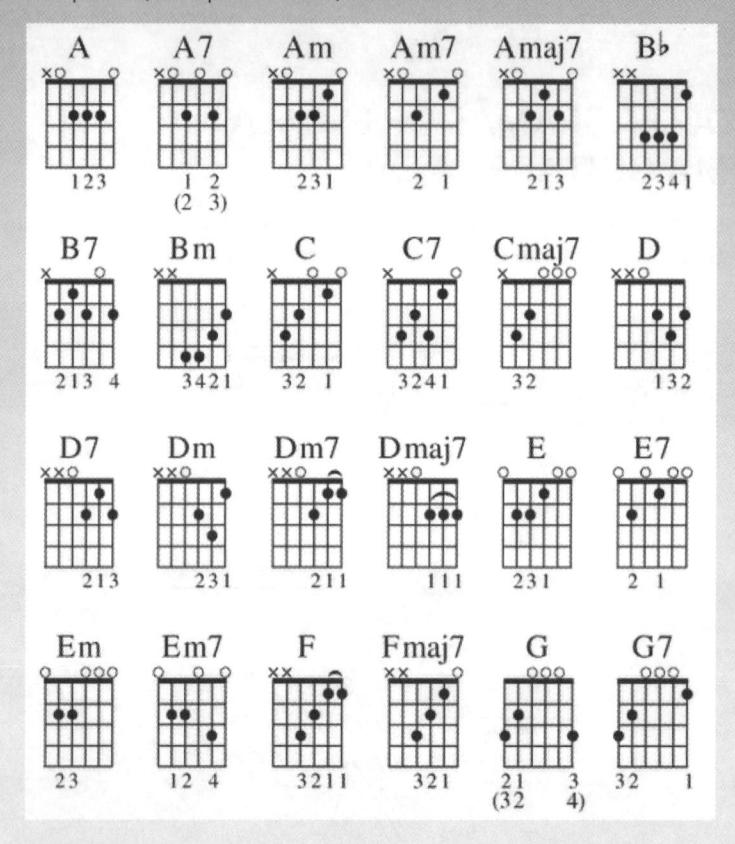

NOTAS SOBRE O BRAÇO DA GUITARRA

O diagrama do braço a seguir mostra todas as notas para todas as casas da guitarra até, e inclusive, a 12ª casa. Use este diagrama para encontrar notas individuais na guitarra ou transpor qualquer acorde ou escala móvel para uma nota de início diferente. Às vezes, você vê duas notas na mesma casa; essas notas, chamadas *enarmônicos equivalentes*, têm o mesmo intervalo.

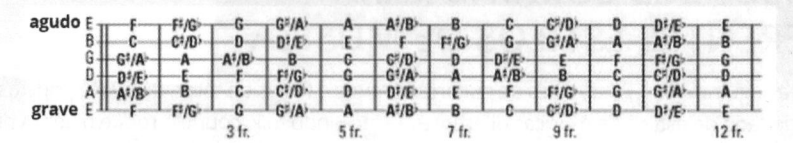

Crédito: Ilustração da Wiley, Serviço Gráfico de Composição

Guitarra
para
leigos

Guitarra

Para leigos

Tradução da 3ª Edição

Mark Phillips
Diretor de Música, Cherry Lane Music

Jon Chappell
Guitarrista e autor premiado

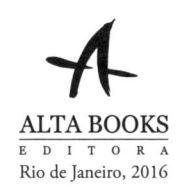

ALTA BOOKS
EDITORA
Rio de Janeiro, 2016

Guitarra Para Leigos®

Copyright © 2016 da Starlin Alta Editora e Consultoria Eireli. ISBN: 978-85-508-0010-3

Translated from original Guitar For Dummies®, 3rd Edition by Mark Phillips and Jon Chappell. Copyright © 2012 by John Wiley & Sons, Inc. ISBN 978-1-118-11554-1. This translation is published and sold by permission of John Wiley & Sons, Inc., the owner of all rights to publish and sell the same. PORTUGUESE language edition published by Starlin Alta Editora e Consultoria Eireli, Copyright © 2016 by Starlin Alta Editora e Consultoria Eireli.

Todos os direitos estão reservados e protegidos por Lei. Nenhuma parte deste livro, sem autorização prévia por escrito da editora, poderá ser reproduzida ou transmitida. A violação dos Direitos Autorais é crime estabelecido na Lei nº 9.610/98 e com punição de acordo com o artigo 184 do Código Penal.

A editora não se responsabiliza pelo conteúdo da obra, formulada exclusivamente pelo(s) autor(es).

Marcas Registradas: Todos os termos mencionados e reconhecidos como Marca Registrada e/ou Comercial são de responsabilidade de seus proprietários. A editora informa não estar associada a nenhum produto e/ou fornecedor apresentado no livro.

Impresso no Brasil — 1ª Edição, 2016 - Edição revisada conforme o Acordo Ortográfico da Língua Portuguesa de 2009.

Obra disponível para venda corporativa e/ou personalizada. Para mais informações, fale com projetos@altabooks.com.br

Produção Editorial Editora Alta Books **Produtor Editorial** Thiê Alves	**Produtor Editorial (Design)** Aurélio Corrêa	**Gerência Editorial** Anderson Vieira **Supervisão de Qualidade Editorial** Sergio de Souza	**Marketing Editorial** Silas Amaro marketing@altabooks.com.br	**Vendas Atacado e Varejo** Daniele Fonseca Viviane Paiva comercial@altabooks.com.br **Ouvidoria** ouvidoria@altabooks.com.br
Equipe Editorial	Bianca Teodoro Christian Danniel	Claudia Braga Juliana de Oliveira	Renan Castro	
Copi com Tradução Ronize Aline Matos	**Revisão Gramatical** Iara Paes Zanardo	**Revisão Técnica** Alex Meister Músico e professor de guitarra	**Diagramação** Joyce Matos	**Legendagem** Marco Azevedo

Erratas e arquivos de apoio: No site da editora relatamos, com a devida correção, qualquer erro encontrado em nossos livros, bem como disponibilizamos arquivos de apoio se aplicáveis à obra em questão.

Acesse o site www.altabooks.com.br e procure pelo título do livro desejado para ter acesso às erratas, aos arquivos de apoio e/ou a outros conteúdos aplicáveis à obra.

Suporte Técnico: A obra é comercializada na forma em que está, sem direito a suporte técnico ou orientação pessoal/exclusiva ao leitor.

Dados Internacionais de Catalogação na Publicação (CIP)
Vagner Rodolfo CRB-8/9410

P562g   Phillips, Mark, 1947-

            Guitarra para leigos / Mark Phillips, Jon Chappell ; traduzido por Ronize Aline Matos. - 3. ed. - Rio de Janeiro : Alta Books, 2016.
            416 p. ; 17cm x 24cm.

            Tradução de: Guitar For Dummies, with DVD - 3 edition
            Inclui índice e apêndices.
            ISBN: 978-85-508-0010-3

            1. Música. 2. Instrumento. 3. Guitarra. 4. Guitarra - Estudo e ensino. I. Chappell, Jon. II. Matos, Ronize Aline. III. Título.

                                                       CDD 787.87
                                                       CDU 787.61

ALTA BOOKS EDITORA
Rua Viúva Cláudio, 291 — Bairro Industrial do Jacaré
CEP: 20.970-031 — Rio de Janeiro (RJ)
Tels.: (21) 3278-8069 / 3278-8419
www.altabooks.com.br — altabooks@altabooks.com.br
www.facebook.com/altabooks — www.instagram.com/altabooks

Sobre os Autores

Mark Phillips é um guitarrista, arranjador e editor com mais de 30 anos de publicações no campo musical. Completou sua licenciatura em Teoria da Música na Case Western Reserve University, onde recebeu o prêmio Carolyn Neff por excelência acadêmica, e seu mestrado em Teoria da Música na Northwestern University, onde foi eleito ao Pi Kappa Lambda, a mais prestigiada sociedade de honra dos EUA para universitários estudantes de música. Enquanto fazia o doutorado em Teoria da Música na Northwestern, Phillips ministrou aulas de treinamento do ouvido, percepção da voz, contraponto e guitarra.

Durante os anos 1970 e início dos anos 1980, Phillips foi Diretor de Música Popular na Warner Bros. Publications, onde editou e arranjou os songbooks de artistas como Neil Young, James Taylor, The Eagles e Led Zeppelin. Desde a metade dos anos 1980, trabalhou como Diretor Musical e Diretor de Publicações da Cherry Lane Music, onde editou e arranjou os songbooks de artistas como John Denver, Van Halen, Guns N' Roses e Metallica, e trabalhou como Editor Musical das revistas *Guitar* e *Guitar One*.

Phillips é autor de diversos livros sobre assuntos musicais, incluindo *Metallica Riff by Riff*, *Sight-Sing Any Melody Instantly* e *Sight-Read Any Rhythm Instantly*. Em sua vida não musical, Phillips é autor/editor de uma série de livros de inglês "divertidos" para o Ensino Médio, incluindo *The Wizard of Oz Vocabulary Builder*, *The Pinocchio Intermediate Vocabulary Builder* e *Tarzan and Jane's Guide to Grammar*. Para um valor de referência de suas inúmeras publicações, Phillips tem seu perfil em *Who's Who in America*.

Jon Chappell é um guitarrista eclético e arranjador. Frequentou a Carnegie-Mellon University, onde estudou com Carlos Barbosa-Lima, e completou seu Mestrado em Composição na DePaul University, onde também lecionava teoria e treinamento do ouvido. É exímio tanto na batida quanto no dedilhado, especialmente na música acústica.

Anteriormente, foi editor-chefe da revista *Guitar*, editor fundador da *Home Magazine*, editor técnico da *Guitar Shop Magazine* e musicólogo da *Guitarra*, uma revista clássica. Tocou e gravou com Pat Benatar, Judy Collins, Graham Nash e Gunther Schüller, e contribuiu com inúmeras peças musicais para o cinema e a TV. Alguma delas são *Northern Exposure*, *Walker*, *Texas Ranger*, *Guiding Light* e o longa-metragem *Bleeding Hearts*, dirigido pelo ator e dançarino Gregory Hines.

Na carreira editorial, tornou-se Diretor Adjunto de Música da Cherry Lane Music, onde transcreveu, editou e arranjou músicas de Joe Satriani, Steve Vai, Steve Morse, Mike Stern e Eddie Van Halen, entre outros. Possui mais de uma dúzia de livros sobre métodos em seu nome e é autor de *Rock Guitar For Dummies*, *Blues Guitar For Dummies*, *Build Your Own PC Recording Studio* e do texto *The Recording Guitarist — A Guide for Home and Studio*, publicado por Hal Leonard.

Dedicatória

Mark Phillips: Para minha esposa, Debbie, e meus filhos, Tara, Jake e Rachel.

Jon Chappell: Para minha esposa, Mary, e meus filhos, Jennifer, Katie, Lauren e Ryan.

Agradecimentos dos Autores

Os autores gentilmente agradecem ao pessoal da John Wiley & Sons, Inc.: Tracy Boggier, Georgette Beatty e Jennette ElNaggar. Obrigado também aos revisores técnicos Sandy Williams e Jason Beatty.

Agradecimento especial a Woytek e Krystyna Rynczak, da WR Music Service, pela composição musical.

Sumário Resumido

Introdução 1

Parte 1: Então Você Quer Tocar Guitarra 9
CAPÍTULO 1: Noções Básicas de Guitarra 11
CAPÍTULO 2: Afinando Sua Guitarra 19
CAPÍTULO 3: Pronto para Tocar 27

Parte 2: Começando a Tocar: Princípios Básicos 41
CAPÍTULO 4: Comece Dedilhando Acordes 43
CAPÍTULO 5: Tocando Melodias — Sem Ler Música! 61
CAPÍTULO 6: Adicionando Algum Tempero com Acordes de 7ª 73

Parte 3: Além do Básico: Começando a Tocar Bem 87
CAPÍTULO 7: Tocando em Posição 89
CAPÍTULO 8: Dobrando com Double-Stops 99
CAPÍTULO 9: Esticando: Acordes com Pestana 107
CAPÍTULO 10: Articulação Especial: Fazendo a Guitarra Falar 131

Parte 4: Uma Mistura de Estilos 159
CAPÍTULO 11: Vamos Balançar: Noções Básicas da Guitarra Rock 161
CAPÍTULO 12: Mais Azul que o Próprio Azul: Noções Básicas da Guitarra Blues .. 189
CAPÍTULO 13: Ao Redor da Fogueira: Noções Básicas da Guitarra Folk 215
CAPÍTULO 14: Maestro, Por Favor: Noções Básicas de Violão Clássico 241
CAPÍTULO 15: Óculos de Sol e Boina: Noções Básicas da Guitarra de Jazz 259

Parte 5: Sua Própria Guitarra 275
CAPÍTULO 16: Comprando uma Guitarra 277
CAPÍTULO 17: Amplificadores, Efeitos, Cases e Acessórios 295
CAPÍTULO 18: Trocando as Cordas 313
CAPÍTULO 19: Saúde da Guitarra: Manutenção Básica 327

Parte 6: A Parte dos Dez 343
CAPÍTULO 20: Dez (Ou Mais) Guitarristas que Você Deveria Conhecer 345
CAPÍTULO 21: As Dez Músicas de Guitarra Mais Importantes de
Todos os Tempos 351

Parte 7: Apêndices 361

APÊNDICE A: Como Ler Música 363
APÊNDICE B: 96 Acordes Comuns 373
APÊNDICE C: Como Usar o DVD 377

Índice 389

Sumário

INTRODUÇÃO 1
    Sobre Este Livro. 1
    Convenções Usadas Neste Livro 3
    Só de Passagem. 4
    Penso que... 4
    Como Este Livro Está Organizado 4
        Parte I: Então Você Quer Tocar Guitarra 5
        Parte II: Começando a Tocar:
          Princípios Básicos 5
        Parte III: Além do Básico: Começando
          a Tocar Bem 5
        Parte IV: Uma Mistura de Estilos 6
        Parte V: Sua Própria Guitarra 6
        Parte VI: A Parte dos Dez. 6
        Parte VII: Apêndices 6
    Ícones Usados Neste Livro 7
    De Lá para Cá, Daqui para Lá 7

PARTE 1: ENTÃO VOCÊ QUER TOCAR GUITARRA 9

CAPÍTULO 1: Noções Básicas de Guitarra 11
    Partes e Funcionamento de uma Guitarra 12
    Como as Guitarras Produzem Som 15
        Cordas fazendo o seu trabalho 15
        Usando as duas mãos juntas 16
        Notas sobre o braço: semitons e casas 16
        Comparando como violões e guitarras geram som 17

CAPÍTULO 2: Afinando Sua Guitarra 19
    Antes de Começar: Cordas e Casas pelos Números. 20
    Afinando a Guitarra Nela Mesma pelo Método da Quinta Casa. . . . 21
    Afinando a Guitarra a uma Fonte Externa 23
        Afinando junto com o piano 23
        Colocando o diapasão de sopro para trabalhar 24
        Experimentando o diapasão de garfo. 25
        Escolhendo o afinador eletrônico 25
        Usando faixas de áudio 26

CAPÍTULO 3: Pronto para Tocar 27
    Assumindo as Posições 28
        Sente-se e jogue um feitiço. 28
        Levante-se e faça a sua parte. 29

Pressione com a mão esquerda..........................30
Posição da mão direita................................33
Focando na Notação da Guitarra...........................35
Entendendo o diagrama de acordes.........................35
Olhando a tablatura..................................36
Lendo tabelas de ritmo...............................37
Descobrindo como Tocar um Acorde.........................38

PARTE 2: COMEÇANDO A TOCAR: PRINCÍPIOS BÁSICOS 41

CAPÍTULO 4: Comece Dedilhando Acordes 43
Acordes na Família A....................................44
Digitando acordes da família A........................44
Tocando acordes da família A..........................46
Acordes na Família D....................................48
Digitando acordes da família D........................48
Tocando acordes da família D..........................49
Acordes na Família G....................................50
Digitando acordes da família G........................50
Tocando acordes da família G..........................51
Acordes na Família C....................................52
Digitando acordes da família C........................52
Tocando acordes da família C..........................53
Tocando Músicas com Acordes Maiores e Menores Básicos 54
Divertindo-se com Acordes Maiores e Menores Básicos: A Progressão "Oldies"..................................59

CAPÍTULO 5: Tocando Melodias — Sem Ler Música! 61
Lendo Tablatura...62
Começando do alto 62
Da esquerda para a direita 63
Controlando a Digitação da Mão Esquerda 64
Usando Palhetadas Alternadas..............................65
Tocando Músicas com Melodias Simples 67

CAPÍTULO 6: Adicionando Algum Tempero com Acordes de 7ª 73
Acordes de 7ª da Dominante 74
D7, G7 e C7 74
E7 (a versão de dois dedos) e A7......................75
E7 (a versão de quatro dedos) e B7....................76
Acordes de 7ª Menor — Dm7, Em7 e Am7......................76
Acordes de 7ª Maior — Cmaj7, Fmaj7, Amaj7 e Dmaj7 77
Músicas com Acordes de 7ª.................................79
Divertindo-se com Acordes de 7ª: O Blues de 12 Compassos 84
Tocando o blues de 12 compassos.......................85
Escrevendo seu próprio blues 85

PARTE 3: ALÉM DO BÁSICO: COMEÇANDO A TOCAR BEM 87

CAPÍTULO 7: **Tocando em Posição** 89
Tocando Escalas e Exercícios em Posição 90
    Tocando em posição versus tocando com cordas soltas 90
    Tocando exercícios em posição 91
    Trocando de posição 93
    Criando seus próprios exercícios para adquirir força e destreza 94
Praticando Músicas em Posição 95

CAPÍTULO 8: **Dobrando com Double-Stops** 99
Começando com o Básico de Double-Stops 100
    Definindo double-stops 100
    Tentando exercícios em double-stops 100
Tocando Músicas em Double-Stops 102

CAPÍTULO 9: **Esticando: Acordes com Pestana** 107
Acordes Maiores com Pestana Baseados em E 108
    Começando com um acorde E de posição solta 108
    Encontrando a casa correta para cada acorde maior com pestana baseado em E 110
    Tocando progressões usando acordes maiores com pestana baseados em E 110
Acordes Menores de 7ª da Dominante e de 7ª Menor com Pestana Baseados em E 112
    Dominando acordes menores 112
    Aprofundando acordes de 7ª da dominante 114
    Tentando acordes de 7ª menor 115
    Combinando acordes de pestana baseados em E 116
Acordes Maiores com Pestana Baseados em A 117
    Tocando o acorde maior com pestana baseado em A 117
    Tocando a casa correta para cada acorde maior com pestana baseado em A 118
    Tocando progressões usando acordes maiores com pestana baseados em A 118
Acordes Menores de 7ª da Dominante, de 7ª Menor e de 7ª Maior com Pestana Baseados em A 120
    Acordes menores 120
    Acordes de 7ª da dominante 121
    Acordes de 7ª menor 122
    Acordes de 7ª maior 122
Power Chords 124
    Tocando power chords 124
    Sabendo quando usar power chords 126
Músicas com Acordes com Pestana e Power Chords 128

CAPÍTULO 10: Articulação Especial: Fazendo a Guitarra Falar............131
- Pegando o Jeito dos Hammer-ons......................132
  - Tocando um hammer-on............................132
  - Idiomatizando com hammer-ons...................135
- Soando Suave com Pull-Offs...........................137
  - Tocando pull-offs.................................137
  - Idiomatizando com pull-offs......................139
- Escorregando com Slides..............................140
  - Tocando slides...................................141
  - Tocando licks idiomáticos usando slides.........143
- Esticando com Bends..................................144
  - Tocando bends....................................145
  - Idiomatizando com bends..........................147
- Variando Seu Som com Vibrato.........................150
  - Vendo métodos para produzir vibrato.............151
  - Praticando vibrato...............................151
- Ficando Suave com Muting.............................153
  - Criando um som abafado e pesado com um efeito..153
  - Prevenindo barulhos indesejados na corda........154
  - Tocando licks idiomáticos "abafando"............154
- Tocando uma Música com Articulação Variada..........156

PARTE 4: UMA MISTURA DE ESTILOS......................159

CAPÍTULO 11: Vamos Balançar: Noções Básicas da Guitarra Rock............161
- Tocando o Rock & Roll Clássico.......................162
  - Guitarra base....................................162
  - Guitarra solo....................................165
- Dominando o Rock Moderno.............................175
  - Acordes sus e add................................175
  - Acordes invertidos...............................176
  - Afinações alternativas...........................177
- Conhecendo o Country Rock e o Southern Rock.........180
  - A escala pentatônica maior.......................181
  - Licks baseados na escala pentatônica maior......182
- Tocando Músicas no Estilo Rock.......................183

CAPÍTULO 12: Mais Azul que o Próprio Azul: Noções Básicas da Guitarra Blues............189
- Conectando-se ao Blues Elétrico......................190
  - Blues de guitarra base...........................190
  - Blues de guitarra solo...........................196
- Chegando à Raiz do Blues Acústico....................204
  - Conceitos gerais.................................204

Técnicas específicas	207
Turnarounds	209
Tocando Músicas no Estilo Blues	211

CAPÍTULO 13: Ao Redor da Fogueira: Noções Básicas da Guitarra Folk ... 215

Tocando em Estilo Dedilhado	216
Técnica de dedilhado	217
Posição da mão direita	217
Usando o Capo	218
Focando no Estilo Arpejo	221
Tocando estilo arpejo	221
Escolhendo o padrão "lullaby"	222
Desarmando o Estilo Toca-arranha	223
Considerando o Estilo Carter	224
Tentando o Estilo Travis	225
O modelo básico	225
Estilo de acompanhamento	228
Estilo solo	228
Tom solto	230
Tocando Músicas no Estilo Folk	232

CAPÍTULO 14: Maestro, Por Favor: Noções Básicas de Violão Clássico ... 241

Preparando-se para Tocar Violão Clássico	242
Sabendo como se sentar	242
Descobrindo o que fazer com a mão direita	244
Usando a posição correta da mão esquerda	246
Focando nas Batidas Livres e nas Batidas de Pausa	247
Tocando batidas livres	248
Tocando batidas de pausa	249
Pesquisando Estilo Arpejo e Estilo Polifônico	251
Combinando batidas livres e batidas de pausa em arpejo	251
Tentando um exercício polifônico	252
Tocando Peças Clássicas	254

CAPÍTULO 15: Óculos de Sol e Boina: Noções Básicas da Guitarra de Jazz ... 259

Introduzindo uma Nova Harmonia Completa	260
Acordes estendidos	261
Acordes alterados	261
Apoiando a Melodia: Acompanhamento Rítmico	261
Acordes interiores	262
Acordes exteriores	263
Acordes completos	265
Tocando Solo: Estilo Chord-Melody	265
Fazendo substituições	265
Fingindo com três acordes	266

Solando: Melodia Jazz..267
    Introduzindo tons alterados............................267
    Aproximando das notas alvo 267
    Fazendo melodias com acordes arpejados.................269
Tocando Músicas no Estilo Jazz................................269

PARTE 5: SUA PRÓPRIA GUITARRA 275

CAPÍTULO 16: Comprando uma Guitarra.........................277

Começando pelo Início: Desenvolvendo um Plano de Compra ...278
Algumas Considerações para Sua Primeira Guitarra 280
Escolhendo Modelos que Combinam com Seu Estilo 281
Movendo-se para Sua Segunda Guitarra (e Além) 283
    Construção e tipo de corpo 285
    Materiais: madeira, engrenagens e outras gulosseimas 286
    Mão de obra.......................................288
    Ajustes (customização)..............................289
Antes de Comprar: Conhecendo o Processo de Compra 290
    Escolhendo entre vendedores online e grandes lojas........290
    Buscando consultoria especializada 291
    Negociando com o vendedor 291
    Fechando o negócio.................................292

CAPÍTULO 17: Amplificadores, Efeitos, Cases e Acessórios ...295

Ficando Ligado com Amplificadores 296
    Começando com um amplificador prático................296
    Comandando um amplificador de desempenho 298
Efeitos: Pedais e Outros Dispositivos........................300
    Investigando efeitos individuais 301
    Considerando processadores multiefeitos 303
Fazendo Caso para Cases 303
    Cases fortes (hard cases).............................304
    Cases macias (soft cases).............................304
    Bags de turnê (gig bags).............................304
Acessórios: Outros Materiais Essenciais para Completar Sua
    Configuração 305
    Cordas...305
    Palhetas 306
    Cabos 306
    Afinadores eletrônicos...............................306
    Correias..307
    Capos 308
    Outros acessórios úteis...............................309

CAPÍTULO 18: Trocando as Cordas 313

Pesquisando Estratégias de Troca de Cordas 314
Removendo Cordas Velhas 314

Encordoando um Violão..315
    Trocando cordas passo a passo........................315
    Afinando 318
Encordoando um Violão de Corda de Nylon 319
    Trocando cordas passo a passo........................319
    Afinando 322
Encordoando uma Guitarra....................................322
    Trocando cordas passo a passo........................322
    Afinando 324
    Estabelecendo uma ponte flutuante......................324

CAPÍTULO 19: Saúde da Guitarra: Manutenção Básica........327

Limpando Sua Guitarra...328
    Removendo poeira, sujeira e fuligem 328
    Cuidando do acabamento................................330
Protegendo Sua Guitarra......................................331
    Na estrada 331
    Em casa..332
Providenciando um Ambiente Saudável......................332
    Temperatura 332
    Umidade..333
Fazendo Você Mesmo os Reparos...........................333
    Apertando conexões frouxas............................334
    Ajustando o braço e a ponte............................334
    Substituindo partes usadas ou quebradas 337
Possuindo as Ferramentas Corretas.........................340
Tarefas que Você Não Deveria Tentar em Casa............341

PARTE 6: A PARTE DOS DEZ...................................343

CAPÍTULO 20: Dez (Ou Mais) Guitarristas que Você Deveria Conhecer...345

Andrés Segovia (1893–1987)..................................346
Django Reinhardt (1910–1953)................................346
Charlie Christian (1916–1942).................................346
Chet Atkins (1924–2001) 347
Wes Montgomery (1923–1968)................................347
B. B. King (1925–2015) 347
Chuck Berry (1926–)...347
Jimi Hendrix (1942–1970).....................................348
Jimmy Page (1944–) 348
Eric Clapton (1945–) 348
Stevie Ray Vaughan (1954–1990).............................348
Eddie Van Halen (1955–) 349

CAPÍTULO 21: As Dez Músicas de Guitarra Mais Importantes de Todos os Tempos 351
"Minor Swing", de Django Reinhardt 352
"Walk, Don't Run", de Ventures 352
"Crossroads", de Cream 353
"Stairway to Heaven", de Led Zeppelin 353
"Gavotte I and II", de Christopher Parkening 354
"Hotel California", de Eagles 355
"Eruption", de Van Halen 356
"Texas Flood", de Stevie Ray Vaughan 357
"Surfing with the Alien", de Joe Satriani 358
"One", de Metallica 359

PARTE 7: APÊNDICES 361

APÊNDICE A: Como Ler Música 363
Os Elementos da Notação Musical 364
Leitura de tom 365
Leitura de duração 366
Expressão, articulação e termos e símbolos variados 368
Encontrando Notas na Guitarra 369

APÊNDICE B: 96 Acordes Comuns 373

APÊNDICE C: Como Usar o DVD 377
Relacionando o Texto ao DVD 377
Requisitos do Sistema 378
O que Você Encontrará no DVD 379
Faixas de áudio 379
Videoclipes 385
Música digital 387
Materiais para sua própria música e acordes 387

ÍNDICE 389

Introdução

Hum, então você quer tocar guitarra? E por que não iria querer?

Você deve aceitar este fato: no mundo da música, as guitarras estabelecem o que é legal (e não estamos sendo tendenciosos aqui). Desde os anos 1950, muitos dos maiores showmen do rock & roll, blues e country tocam guitarra. Lembre-se de Chuck Berry fazendo seus saltos no palco (o "duck walk", ou "passo de pato") enquanto tocava "Johnny B. Goode", Jimi Hendrix se lamentando em sua Stratocaster canhota e invertida (e, às vezes, flamejante), Bonnie Raitt tocando guitarra slide, Garth Brooks com seu violão e suas camisas de flanela, o bending poderoso e o vibrato expressivo de B. B. King em sua guitarra "Lucille", ou os estilos suaves de guitarra de jazz de Jim Hall. (Até mesmo Elvis Presley, cujo talento para a guitarra talvez não tenha excedido cinco acordes, ainda utilizou eficazmente a guitarra no palco como um acessório.) Essa lista continua.

Tocar guitarra poderá colocá-lo na frente da banda, onde você estará livre para perambular, cantar e fazer contato visual com seus fãs. Tocar violão poderá torná-lo uma grande estrela ao redor da fogueira no acampamento de férias. E tocar qualquer tipo de guitarra poderá levar a música até a sua alma e se tornar um passatempo permanente e valioso.

Sobre Este Livro

Guitarra Para Leigos, tradução da 3ª Edição, traz tudo o que um guitarrista iniciante ou intermediário precisa: desde comprar a guitarra até fazer ajustes, tocar, cuidar dela... Este livro explica tudo!

Por mais incrível que pareça, muitos aspirantes a guitarristas nunca realmente pegaram o gosto por tocar porque tinham a guitarra errada. Ou talvez porque as cordas eram muito difíceis de serem pressionadas para baixo (causando muita dor). *Guitarra Para Leigos*, tradução da 3ª Edição, ao contrário de alguns outros livros que poderíamos mencionar, não supõe que você já tenha a guitarra certa — ou até mesmo qualquer guitarra. Neste livro, você encontrará tudo o que precisa saber (desde um guia do comprador e estratégias de compra até acessórios para estilos específicos) para adequar-se à guitarra e ao equipamento que são ideais para suas necessidades e seu orçamento.

A maioria dos livros sobre guitarra quer que você pratique na guitarra da mesma maneira que você pratica no piano. Primeiro, você aprende onde as notas enquadram-se na pauta; depois, aprende sobre o tempo adequado para segurar as notas; em seguida, você pratica as escalas; e, por fim, o grande benefício será praticar músicas e mais músicas irreconhecíveis que você provavelmente não gostará de tocar. Se estiver procurando por esse tipo de livro de guitarra rotineiro, você definitivamente veio ao lugar errado. No entanto, não se preocupe, pois é fácil encontrar esse tipo de livro.

A verdade é que muitos dos maiores guitarristas não sabem como ler música e muitos dos que sabem ler aprenderam só após terem aprendido a tocar guitarra. Repita conosco: você não precisa ler música para tocar guitarra. Repita esse mantra até que você acredite nele, porque esse princípio é o centro do projeto de *Guitarra Para Leigos*, tradução da 3ª Edição.

Uma das coisas mais legais sobre a guitarra é que, embora você possa dedicar toda a sua vida para aperfeiçoar suas habilidades, você pode começar fingindo logo cedo. Nós supomos que, em vez de se concentrar em entender o que compasso 3/4 significa, você quer tocar músicas — músicas reais (ou, pelo menos, músicas conhecidas). Nós também queremos que você toque, porque é o que o deixará motivado e praticando.

Então, como *Guitarra Para Leigos*, tradução da 3ª Edição, cumpre o prometido? Que bom que você perguntou. A lista a seguir lhe mostrará como este livro dá início rapidamente a sua aprendizagem e desenvolvimento na guitarra real:

» **Observe as fotos.** Digitações que você precisa saber aparecem em fotos neste livro. Apenas posicione suas mãos da maneira como mostramos nas fotos. É muito simples.

» **Leia a tablatura para guitarra.** Tablatura para guitarra é um atalho específico de guitarra para ler música que, na verdade, lhe mostra quais cordas tocar e quais casas pressionar na guitarra para criar o som. A tab (como é conhecida por seus amigos e admiradores) dá um grande auxílio para que você seja capaz de tocar música sem que a leia. Não tente isso no piano!

» **Assista aos videoclipes e ouça as faixas de áudio.** Mais de 50 vídeos curtos habilitam-no a ver como técnicas-chave selecionadas são executadas. Você pode ouvir todas as músicas e exercícios do livro executadas em aproximadamente 100 faixas de áudio. É importante fazer isso por vários motivos: você poderá descobrir o ritmo da música, bem como quanto tempo precisará segurar as notas escutando em vez de lendo. Nós poderíamos lhe dizer diversas coisas legais sobre as faixas de áudio, tais como elas possuírem a guitarra apresentada em um canal e o acompanhamento em outro (para que você possa trocar usando o controle de balanço em seu estéreo), mas, ora bolas, nós não queremos nos vangloriar demais.

» **Veja a pauta à medida que melhora.** Para aqueles que cobrariam que *Guitarra Para Leigos*, tradução da 3ª Edição, não proporciona o suficiente em termos de leitura de música, nós respondemos: "Não se pressione!" A música para todos os exercícios e músicas aparece acima dos métodos de atalho.

Dessa forma, você terá o melhor dos dois mundos: você poderá associar a notação musical com o som que está fazendo depois que você já tiver aprendido como fazer o som. Muito legal, né?

Dedicar-se verdadeiramente à guitarra é um investimento sério e, assim como qualquer outro investimento sério, você precisa mantê-lo. *Guitarra Para Leigos*, tradução da 3ª Edição, lhe dará as informações que você precisa para trocar cordas e quais pequenos complementos deve manter guardados em sua case para guitarra.

Convenções Usadas Neste Livro

Este livro possui várias convenções para tornar tudo consistente e fácil de ser compreendido. Eis uma lista de convenções:

- **Mão direita e mão esquerda:** Em vez de dizer "mão de palhetar" e "mão de digitar" (o que soa muito forçado), nós dizemos "mão direita" para a mão que palheta ou dedilha as cordas e "mão esquerda" para a mão que segura a corda no braço. Pedimos desculpas a todos os leitores canhotos que estão usando este livro, e pedimos que leiam mão direita significando mão esquerda e vice-versa.
- **Notação dupla da música:** As músicas e os exercícios deste livro estão arranjados com a pauta padrão acima (ocupando a elevada e envolvente posição que merece) e a tablatura abaixo. O fato é que você pode usar ambos os métodos, mas não precisa vê-los ao mesmo tempo, como é o caso quando toca o piano.
- **Acima e abaixo, maior e menor (e assim por diante):** Se dissermos para você mover uma nota ou acorde *acima* no braço da guitarra ou *aumentar* no braço, queremos dizer aumentar em tom, ou em direção ao corpo da guitarra. Se dissermos para *abaixar* ou *diminuir* no braço, queremos dizer em direção à cabeça, ou diminuir em tom. Se quisermos dizer algo mais sobre esses termos, nós diremos. (Alguns de vocês, que seguram a guitarra com a cabeça inclinada de baixo para cima, podem precisar fazer um pequeno ajuste mental sempre que vir esses termos. Apenas lembre-se de que nós estamos falando de tom, não de posição, e você deveria apenas fazê-lo.)

Aqui estão mais algumas convenções para ajudá-lo a navegar neste livro:

- Palavras-chave em listas que trazem ideias importantes, que merecem sua atenção, estão em **negrito**.
- Palavras importantes estão em *itálico*, com uma definição por perto. Nós também usamos *itálico* para indicar ênfase.

Só de Passagem

Nós começamos com um livro repleto de coisas legais, empolgantes e úteis, mas o nosso editor nos disse que precisaríamos adicionar algumas coisas chatas e técnicas para equilibrar (brincadeira!).

Na verdade, conhecer a teoria por trás da música pode ajudá-lo a seguir para o próximo passo após dominar o básico de uma técnica. No entanto, essas explicações técnicas não são realmente necessárias para que você toque qualquer música básica. Por esse motivo, usamos um ícone chamado Papo de Especialista para indicar essas explicações que você pode pular e depois voltar, quando estiver mais avançado e tiver desenvolvido um sentimento intuitivo para o instrumento. Você também tem a nossa permissão para pular as barras laterais acinzentadas que encontrará em alguns capítulos. Não nos entenda mal; há algumas informações realmente boas. No entanto, você não perderá o ritmo se ignorá-las.

Penso que...

Nós não faremos muitas suposições sobre você. Não suporemos que você já possui uma guitarra. Não suporemos que você tem uma preferência por violões ou guitarras, ou que você prefere um estilo em particular. Nossa, este é um belo livro de igual oportunidade.

Bem, nós supomos algumas coisas. Supomos que você quer tocar uma guitarra, não um banjo, Dobro ou bandolim, e nos concentramos na variedade de seis cordas. Supomos que você seja novo no mundo da guitarra. E supomos que você queira começar a tocar guitarra rapidamente, sem se confundir com leitura de notas, claves e compassos. Você encontrará tudo sobre leitura de música neste livro, mas esse não é o nosso foco principal. Nosso foco principal é ajudá-lo a fazer músicas boas e interessantes na sua guitarra de seis cordas.

Como Este Livro Está Organizado

Nós dividimos o livro em dois tipos diferente de capítulos: capítulos de informação e capítulos para tocar. Os capítulos de informação lhe dirão algo sobre as pestanas e os parafusos da guitarra, tal como você deve afinar, selecionar a guitarra correta e cuidar dela. Os capítulos para tocar lhe darão as informações que você precisa (ou pensa que precisa) para tocar a guitarra.

Cada capítulo para tocar contém exercícios que lhe permitem praticar as habilidades que nós discutimos naquela seção específica. Perto do fim de cada capítulo para tocar, você encontrará uma seção de músicas para tocar que usam as técnicas vistas naquele capítulo. No início de cada uma dessas seções, você poderá encontrar uma lista de habilidades que você precisa ter e informações especiais sobre cada música.

Nós dividimos os capítulos de *Guitarra Para Leigos*, tradução da 3ª Edição, em oito partes lógicas para facilitar seu acesso. As partes foram organizadas da seguinte maneira:

Parte I: Então Você Quer Tocar Guitarra

A Parte I lhe oferece três capítulos de informações; coisas básicas de guitarra que você precisa saber antes de começar a tocar. O Capítulo 1 lhe ajuda a entender como nomear as várias partes da guitarra e o que elas fazem. O Capítulo 2 lhe diz como afinar a guitarra, tanto nela mesma quanto a uma fonte fixa — como um diapasão, piano ou afinador elétrico —, para que você possa estar afinado com outros instrumentos. O Capítulo 3 engloba as habilidades básicas que você precisa saber para ser bem-sucedido neste livro, tais como ler partitura, tocar, e produzir um som limpo, transparente e livre de zumbidos.

Parte II: Começando a Tocar: Princípios Básicos

Na Parte II, você começa realmente a tocar a guitarra. Todos os capítulos dessa parte lidam com tocar a guitarra, então "se toque" (e use péssimos trocadilhos). O Capítulo 4, o primeiro capítulo para tocar, lhe mostra a maneira mais fácil de começar a tocar músicas reais — com acordes maiores e menores. O Capítulo 5 aborda como tocar melodias simples usando notas simples. O Capítulo 6 adiciona um pouco de charme com alguns acordes de 7ª básicos. Lembre-se da velha piada sobre o turista que perguntou ao beatnik nova-iorquino, "Como você chega ao Carnegie Hall?" Resposta: "Praticando, rapaz, praticando". Bem, você pode não estar indo ao Carnegie Hall (mas, na realidade, quem somos nós para julgar?), mas praticar os básicos ainda é importante se você quiser se tornar um bom guitarrista.

Parte III: Além do Básico: Começando a Tocar Bem

A Parte III vai além das coisas simples, rumo a alguns materiais intermediários. O Capítulo 7 lhe mostra as técnicas usadas para tocar em posição, o que não só fará você soar bem, mas também fará você ter uma boa aparência. O Capítulo 8 lhe diz sobre como tocar duas notas simultaneamente, o que os músicos de cordas (inclusive guitarristas) chamam de *double-stops*. O Capítulo 9 fala sobre como tocar acordes com pestana, a qual se refere a usar um dedo transversalmente em todas as cordas e fazer acordes em frente àquele dedo. O Capítulo 10 leva a algumas técnicas especiais para criar efeitos de guitarra específicos, todos com belos nomes ressonantes, como hammer-ons, bends e slides.

Parte IV: Uma Mistura de Estilos

A Parte IV, a parte final dos capítulos para tocar, aborda os métodos usados em estilo de música específicos. O Capítulo 11, sobre o estilo rock, lhe diz sobre a importância de tocar usando a escala pentatônica menor, tocar solos seguindo padrões e outros detalhes do rock. (Esse capítulo também lhe dará algumas informações sobre o estilo country tocado com a escala pentatônica maior.) O Capítulo 12, sobre blues, lhe mostra mais boxes e articulações especiais do blues e lhe diz como fazer seu charme funcionar. O Capítulo 13, sobre música folk, lhe dá padrões específicos para tocar o som distinto da música folk (e também algumas técnicas para dedilhar). O Capítulo 14, sobre violão clássico, introduz algumas técnicas necessárias para tocar Bach e Beethoven. O Capítulo 15, sobre jazz, apresenta acordes de jazz, guitarra de base e solo.

Parte V: Sua Própria Guitarra

A Parte V contém dois capítulos designados para lhe ajudar a encontrar o equipamento certo. O Capítulo 16 mostra como encontrar não só a sua primeira guitarra para praticar, mas também a segunda e a terceira (que, às vezes, são mais difíceis do que a sua primeira). O Capítulo 17, sobre acessórios para guitarras, lhe dá diversas informações sobre amplificadores e indica os pequenos complementos necessários para compor um equipamento bom e completo.

Também estão inclusos dois capítulos sobre como cuidar da sua guitarra. O Capítulo 18 lhe explica o processo de troca das cordas, algo que você precisa saber se quiser tocar guitarra por mais de um mês. O Capítulo 19 aborda a manutenção e os reparos básicos que podem economizar seu dinheiro e permitir que você toque sua guitarra noite adentro.

Parte VI: A Parte dos Dez

A Parte dos Dez é uma marca *Para Leigos* que lhe dá informações divertidas e interessantes no estilo "os dez mais". O Capítulo 20 o inspira com os dez maiores guitarristas. E o Capítulo 21, sobre dez músicas clássicas com guitarra, pode atraí-lo para a loja de guitarra local para adquirir uma dessas belezuras para você.

Parte VII: Apêndices

Os apêndices deste livro abordam algumas questões importantes. O Apêndice A explica sucintamente o que todos esses símbolos estranhos na pauta significam e lhe diz o bastante sobre leitura de música. O Apêndice B lhe mostra uma tabela prática com os 96 acordes mais usados. O Apêndice C lhe conta sobre as faixas de áudio e os videoclipes que você pode usar com este livro.

Ícones Usados Neste Livro

Nas margens deste livro, você encontrará diversos ícones pequenos que tornarão sua jornada um pouco mais fácil.

TOQUE AGORA! Passe para a música real, para alguns instantes de satisfação na guitarra.

TOQUE ISSO! Este ícone indica que certas técnicas e peças de música escritas são apresentadas em faixas de áudio e/ou videoclipes, permitindo que você ouça e veja as técnicas em ação.

LEMBRE-SE Algo para escrever em um guardanapo e guardar na case da guitarra.

PAPO DE ESPECIALISTA Os porquês por trás do que você toca. Os materiais teóricos e, às vezes, obscuros que você pode pular se quiser.

DICA Conselhos técnicos que podem acelerar sua jornada à excelência na guitarra.

CUIDADO Tome cuidado, ou poderá causar algum dano à sua guitarra ou ao ouvido de alguém.

De Lá para Cá, Daqui para Lá

Guitarra Para Leigos, tradução da 3ª Edição, foi cuidadosamente idealizado para que você encontre o que quiser ou precisar saber sobre guitarra. Como cada capítulo é tão independente quanto possível, você poderá pular a informação que já domina e não se sentirá perdido. No entanto, você também pode seguir normalmente, do começo ao fim, e praticar a guitarra de modo que construa passo a passo sobre seu conhecimento prévio.

Para encontrar a informação que precisa, você pode simplesmente verificar o sumário para achar a área que lhe interessa, ou pode buscar por uma informação específica no índice no fim do livro.

Se você for um iniciante e estiver pronto para começar a tocar, você pode pular o Capítulo 1 e ir direto ao Capítulo 2, onde você afinará sua guitarra. Depois, folheie o Capítulo 3, sobre o desenvolvimento de habilidades que você precisa para tocar, e mergulhe direto no Capítulo 4. Embora você possa pular algumas informações nos capítulos para tocar, se você for um iniciante, pedimos para que leia os capítulos em ordem, um de cada vez. Além disso, você deve continuar no Capítulo 4 até que comece a formar calos em seus dedos, o que o ajudará a fazer os acordes soarem corretamente, sem zumbidos.

Se você ainda não possui uma guitarra, pode começar pela Parte V, o guia do comprador, e procurar pelo que você precisa em uma guitarra básica e prática. É melhor não gastar muito em uma guitarra cara até ter certeza de que esse instrumento é para você. Após ter comprado sua guitarra, você pode começar a tocar, o que é a parte mais divertida, não acha?

1
Então Você Quer Tocar Guitarra

NESTA PARTE . . .

Bom dia, senhoras e senhores, e bem-vindos ao *Guitarra Para Leigos*, tradução da 3ª Edição. Antes de decolarem, por favor, assegurem-se de revisar o Capítulo 1, que descreve as várias partes e nomes das guitarras e violões, e também não se esqueça de checar a afinação da sua guitarra, como descrito no Capítulo 2. Por fim, consulte o Capítulo 3 (ou o cartão localizado no bolso do assento à sua frente) para revisar a importante informação de operador para preparar o instrumento antes de tocá-lo. Sente-se. O tempo de voo com a guitarra pode durar o resto de sua vida, mas você certamente apreciará a viagem.

> **NESTE CAPÍTULO**
>
> Identificando as diferentes partes da guitarra
>
> Entendendo como a guitarra funciona

Capítulo 1
Noções Básicas de Guitarra

Todas as guitarras — sejam elas pintadas de roxo, com caveiras decoradas a jato de tinta e pinos luminosos, ou trabalhadas em um padrão de madeira maciça com acabamento em goma laca — compartilham certas características físicas que as fazem agir como guitarras e não como violinos ou tubas. Se estiver confuso sobre a diferença entre um headstock e um captador ou estiver pensando em qual parte da guitarra deve segurar abaixo do queixo, este capítulo é para você.

As seções seguintes descrevem as diferenças entre as várias partes da guitarra e lhe dirão quais partes são essas. Também explicaremos como segurar o instrumento e por que a guitarra soa da maneira que soa. E, caso você tenha nos levado a sério, não segure a sua guitarra abaixo do queixo — a menos, é claro, que você seja Jimi Hendrix.

Partes e Funcionamento de uma Guitarra

LEMBRE-SE

As guitarras se dividem em duas categorias básicas: *violões* (instrumentos acústicos) e *guitarras* (instrumentos elétricos). Do ponto de vista do equipamento, guitarras têm mais componentes e apetrechos do que violões. Os fabricantes de guitarras geralmente concordam, no entanto, que fabricar um violão é mais difícil do que fabricar uma guitarra. Essa é a razão pela qual, dadas as devidas características, violões custam tanto ou mais do que suas contrapartes elétricas. (Quando você estiver pronto para comprar uma guitarra ou acessórios para guitarra, pode verificar os capítulos 16 ou 17, respectivamente.) No entanto, ambos os tipos seguem a mesma abordagem básica para princípios como construção do braço e tensão das cordas. Essa é a razão porque ambos os violões e as guitarras apresentam formas e características similares, apesar de algumas diferenças radicais na produção do tom (a menos, é claro, que você pense que Segovia e Metallica sejam indistinguíveis). As Figuras 1-1 e 1-2 mostram as várias partes de um violão e de uma guitarra.

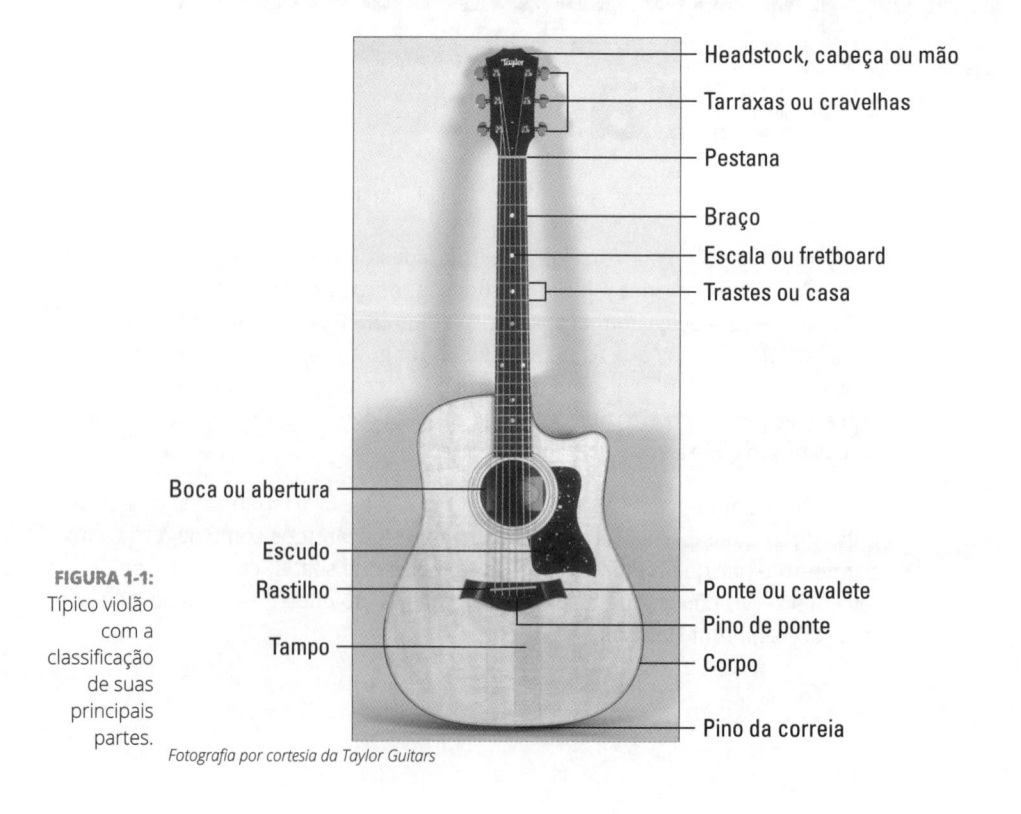

FIGURA 1-1: Típico violão com a classificação de suas principais partes.

Fotografia por cortesia da Taylor Guitars

Headstock, cabeça ou mão
Tarraxas ou cravelhas
Pestana
Braço
Escala ou fretboard
Trastes ou casa
Boca ou abertura
Escudo
Rastilho
Tampo
Ponte ou cavalete
Pino de ponte
Corpo
Pino da correia

LEMBRE-SE

A seguinte lista lhe dirá as funções das diferentes partes da guitarra:

- **Fundo (somente violão):** Parte do corpo que mantém os lados no lugar; composta por duas ou três peças de madeira.

- **Alavanca (somente guitarra):** Haste de metal anexada à ponte que varia a tensão das cordas por inclinar a ponte para trás e para frente. Também chamada de trêmolo, haste e vibrato.

- **Corpo:** Caixa que produz uma âncora entre o braço e a ponte e cria uma área de tocar para a mão direita. No violão, o corpo inclui uma câmara de som amplificadora que produz o tom. Na guitarra, consiste em um compartimento para o conjunto da ponte e potenciômetros (captadores assim como controles de tom e volume).

- **Cavalete ou ponte:** Suporte de metal (guitarra) ou de madeira (violão) que ancora as cordas ao corpo.

- **Pinos de ponte (somente violão):** Pinos de plástico ou madeira que são inseridos nos furos da ponte e mantêm as cordas presas a ela.

- **Pino da correia:** Lugar onde encaixa-se a extremidade da correia. Nas eletroacústicas (violões com captadores embutidos e potenciômetros), o pino muitas vezes duplica como um conector de saída onde você o encaixa.

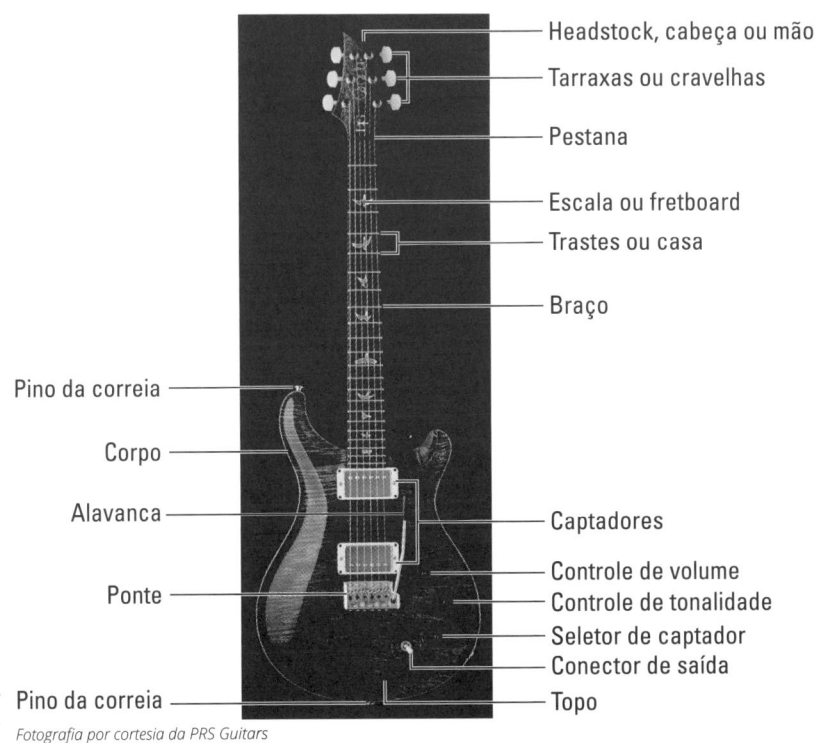

FIGURA 1-2: Típica guitarra com a classificação de suas principais partes.

Fotografia por cortesia da PRS Guitars

Rótulos: Headstock, cabeça ou mão; Tarraxas ou cravelhas; Pestana; Escala ou fretboard; Trastes ou casa; Braço; Pino da correia; Corpo; Alavanca; Ponte; Pino da correia; Captadores; Controle de volume; Controle de tonalidade; Seletor de captador; Conector de saída; Topo.

CAPÍTULO 1 **Noções Básicas de Guitarra**

» **Escala ou fretboard:** Um pedaço plano de madeira no formato de uma prancha posicionado sobre o braço, onde coloca-se os dedos da mão esquerda para produzir notas e acordes. A escala também é conhecida como fretboard, pois os trastes (frets) estão embutidos nela.

» **Trastes e casas:** Filetes de metal ou barras na perpendicular das cordas que encurtam o comprimento eficaz vibratório de uma corda, habilitando-as a produzir diferentes notas. O espaço entre dois trastes é chamado de casa, e elas definem cada nota existente na escala da guitarra ou violão.

» **Headstock ou mão:** A seção que contém as tarraxas (conjunto de engrenagens) e produz um lugar para o fabricante exibir seu logo.

» **Braço:** Uma longa peça de madeira que liga a cabeça ao corpo.

» **Pestana:** Sulco de nylon duro ou outra substância sintética que interrompe a vibração das cordas além do braço. As cordas passam através das ranhuras a caminho das cravelhas, na cabeça. A pestana é um dos dois pontos nos quais a área de vibração das cordas é interrompida (a outra é a ponte).

» **Conector de saída (somente guitarra):** Ponto de inserção para a corda que conecta a guitarra a um amplificador ou outro artifício eletrônico.

» **Seletor de captador (somente guitarra):** Chave que determina quais captadores estão atualmente ativos.

» **Captadores (somente guitarra):** Alavanca como ímãs que criam a corrente elétrica, que o amplificador converte em som musical.

» **Alavanca:** Nos violões, uma tira fina de plástico que fica dentro de uma ranhura na ponte; nas guitarras, peças de metal separadas que proporcionam o ponto de contato entre as cordas e a ponte.

» **Lateral ou faixas (somente violão):** Peças de madeira curvadas e separadas no corpo que se ligam ao topo pela parte de trás.

» **Pino da correia:** Metal inserido na frente ou no topo, e no final da correia. (Nem todos os violões têm um pino de correia. Se a guitarra não tiver um, prenda o topo da correia em volta do headstock.)

» **Cordas:** Os seis fios de aço (para guitarras e alguns violões) ou nylon (somente violões) que, esticados, produzem as notas. Embora não sejam estritamente parte da guitarra real (você as coloca e retira do topo da guitarra à vontade), as cordas são partes integrais do sistema completo, e a estrutura que gira em torno faz com que as cordas toquem com um som agradável. (Veja o Capítulo 18 para maiores informações sobre a troca das cordas.)

» **Topo:** O rosto da guitarra. No violão, essa peça é também o tampo, que produz quase todas as qualidades acústicas. Na guitarra, é meramente um cosmético ou uma capa decorativa que reveste o resto do material do corpo.

» **Tarraxas:** Mecanismos dentados que aumentam e diminuem a tensão das cordas, esticando-as em diferentes afinações. As cordas envolvem-se firmemente ao redor de um pino que se estende ao topo, ou rosto, da cabeça. O pino passa pelas costas da cabeça, onde os mecanismos se conectam às tarraxas.

» **Controles de volume e tom (somente guitarra):** Botões que variam a intensidade do som da guitarra e suas frequências graves ou agudas.

Como as Guitarras Produzem Som

Depois de conseguir reconhecer as partes básicas da guitarra (veja a seção anterior se precisar de ajuda), você também pode entender como essas partes funcionam juntas para produzir o som (no caso de você ter de escolher a categoria *Partes de uma Guitarra* em um jogo de perguntas e respostas ou ter uma discussão pesada com outro guitarrista sobre vibração e comprimento das cordas). Nós apresentamos esta informação só para que você saiba como sua guitarra soa da maneira que soa, em vez de soar como um kazoo ou um acordeão. O importante é lembrar que a guitarra produz o som, mas você produz a música.

Cordas fazendo o seu trabalho

Qualquer instrumento musical deve conter algumas partes que se movem em um movimento normal, repetido para produzir um som musical (uma nota sustentada, ou afinações). Na guitarra, essa parte é a vibração das cordas. A corda que você empregou certa tensão e colocou em movimento (palhetando-a ou dedilhando-a) produz um som previsível — por exemplo, a nota A (Lá). Se você afinar uma corda em sua guitarra, em diferentes tensões, terá diferentes sons. Quanto maior for a tensão da corda, mais alta será a afinação.

LEMBRE-SE

Você não poderia fazer muita coisa com sua guitarra se, no entanto, a única maneira de mudar a afinação fosse ajustar constantemente a tensão das cordas toda vez que as tocasse. Então, os guitarristas valem-se de uma outra maneira para mudar a afinação da corda — encurtando seu efetivo comprimento vibratório. Eles o fazem sob pressão — andando de um lado para o outro e resmungando. Brincadeira, guitarristas nunca ficam sob esse tipo de pressão, a menos que não tenham segurado suas guitarras por alguns dias. Guitarristicamente falando, *pressão* refere-se ao ato de empurrar a corda contra a escala para que vibre só entre o traste (filete de metal) e a ponte. Dessa maneira, movendo a mão esquerda para cima e para baixo no braço (em direção da ponte e à pestana, respectivamente), você pode mudar a afinação confortavelmente e com mais facilidade.

PAPO DE ESPECIALISTA

O fato de instrumentos menores, como bandolins e violinos, serem mais altos na afinação do que violoncelos e baixos (e guitarras, por falar nisso) não é um mero acaso. Suas afinações são mais altas porque suas cordas são menores. A tensão das cordas de todos esses instrumentos pode estar intimamente relacionada, fazendo com que sintam algo consistente em resposta às mãos e dedos, mas a drástica diferença no comprimento das cordas é o que resulta na enorme diferença de afinação entre elas. Esse princípio também é verdadeiro em animais. Um Chihuahua tem um latido com afinação mais alta do que um São Bernardo porque suas cordas — digo, suas cordas vocais — são muito menores.

Usando as duas mãos juntas

A guitarra normalmente requer duas mãos trabalhando juntas para criar música. Se você quiser tocar, digamos, o C (Dó) central no piano, tudo o que precisa fazer é pegar seu dedo indicador, posicioná-lo sobre a tecla branca apropriada abaixo do logotipo do piano e pressioná-la: *donnnng*. Um aluno da pré-escola pode soar como Elton John tocando somente o C central, pois apenas um dedo de uma mão pressionando uma tecla faz o som.

A guitarra é diferente. Para tocar o C central na guitarra, você precisa levar seu dedo indicador da mão direita e pressioná-lo na 2ª corda (isso é, pressioná-lo em direção à escala) até o segundo traste. No entanto, essa ação sozinha não produz um som. Você deve palhetá-las ou dedilhá-las na segunda corda com sua mão direita para produzir um C central audível. *Leitores de música, tomem nota*: a guitarra soa como uma oitava abaixo do que seu tom por escrito. Por exemplo, tocando o que se escreve na partitura, o C (dó) central é, na realidade, encontrado na 1ª casa da 2ª corda (de baixo para cima).

Notas sobre o braço: semitons e casas

PAPO DE ESPECIALISTA

O menor *intervalo* (unidade de distância musical em tom) da escala musical é o *semitom*. No piano, as teclas brancas e pretas alternadas representam esse intervalo (com exceção dos lugares onde você encontra duas teclas brancas adjacentes sem nenhuma tecla preta entre elas). Para executar semitons em um instrumento de teclado, mova seu dedo para cima e para baixo até a próxima tecla disponível, branca ou preta. Na guitarra, as casas que são separados pelos trastes — ou filetes de metal horizontais (ou barras) que você vê embutidos na escala, correndo perpendicularmente às cordas — representam esses semitons. Ir para cima ou para baixo nos semitons na guitarra significa mover sua mão esquerda um traste de cada vez, aumentando ou diminuindo no braço.

Comparando como violões e guitarras geram som

A vibração das cordas produz notas diferentes na guitarra. No entanto, você deve ser capaz de *ouvir* essas notas, ou enfrentará uma daquelas questões filosóficas que discutem se um som existe mesmo que não seja ouvido. Para um violão, não há problema, porque um instrumento acústico produz seu próprio amplificador na forma de uma câmara de som côncava que estimula seu som... Bem, acusticamente.

Mas uma guitarra não faz praticamente nenhum som acústico (bem, só um pouquinho, como um mosquito zumbidor, mas nem de longe o suficiente para encher um estádio ou enfurecer seu vizinho). Um instrumento elétrico cria seu som por completo através de meios eletrônicos. A vibração das cordas continua sendo a fonte do som, mas a câmara de som côncava não é o que faz as vibrações sonoras. Em vez disso, as vibrações perturbam, ou *modulam*, o campo magnético que os *captadores* — ímãs envolvidos em filetes posicionados embaixo das cordas — produzem. Como as vibrações das cordas modulam o campo magnético dos captadores, o captador produz uma corrente elétrica mínima que reflete exatamente aquela modulação.

LEMBRE-SE

Guitarras, então, produzem som tanto amplificando as vibrações das cordas acústicas (passando as ondas sonoras através de uma câmara côncava) quanto eletronicamente (amplificando e retirando a corrente através do alto-falante). Esse é o processo físico, afinal. Como a guitarra produz sons *diferentes* — e aqueles que você quer produzir — é você quem decide e quem controla as notas que aquelas cordas produzem. A pressão com a mão esquerda é o que muda essas notas. Os movimentos da sua mão direita não somente ajudarão a produzir o som colocando a corda em movimento, mas também determinarão o *ritmo* (a batida ou pulso), o *tempo* (a velocidade da música) e o *sentimento* (interpretação, estilo, desenvolvimento, charme, etc.) desses tons. Coloque os movimentos das duas mãos juntas e elas criarão música — farão a música da guitarra.

> **NESTE CAPÍTULO**
>
> Contando cordas e trastes
>
> Afinando a guitarra relativamente a ela mesma
>
> Afinando a uma fonte fixa

Capítulo 2
Afinando Sua Guitarra

A *finação* é para os guitarristas o que estacionar é para os motoristas: uma atividade diária e necessária que pode ser difícil e atormentadora para dominar. Diferente do piano, onde um profissional afina e você nunca precisa ajustar até a próxima vez que o afinador profissional vier visitar, a guitarra normalmente é afinada por seu dono — e precisa de ajuste constante.

Uma das maiores injustiças da vida é que, antes de tocar músicas na guitarra, você deve passar pelo esmerado processo de ter seu instrumento afinado. Felizmente para os guitarristas, existem apenas seis cordas para afinar em oposição às duzentas do piano. Também é encorajador o fato de que você pode usar vários e diferentes métodos para ter sua guitarra afinada, como este capítulo descreve.

Antes de Começar: Cordas e Casas pelos Números

Vamos começar pelo primeiro quadrante ou, neste caso, pela primeira corda. Antes de afinar sua guitarra, você precisa saber como se referir aos dois principais participantes: cordas e trastes.

» **Cordas:** As cordas são numeradas consecutivamente de 1 até 6. A 1ª corda é a mais fina, localizada próximo ao chão (quando você segura a guitarra na posição de tocar). Trabalhando mais para cima, a 6ª corda é a mais grossa, próxima ao teto.

DICA

Recomendamos que você memorize o nome das letras das cordas soltas (E, A, D, G, B, E, da 6ª para a 1ª), de modo que não fique limitado a referir-se a elas pelos números. Uma maneira fácil de memorizar as cordas soltas em ordem é lembrando-se da frase "**E**d **A**dora **D**inamite; **G**rande **B**omba, **E**d".

» **Casas:** *Casa* refere-se ao espaço onde você põe seu dedo da mão esquerda ou à barra de metal fina que atravessa a escala. Sempre que você for tocar a guitarra, *casa* significa o espaço entre as barras de metal — onde você pode fixar confortavelmente um dedo da mão esquerda. (Apresentamos casas e outras partes importantes da guitarra no Capítulo 1.)

A primeira casa é a região entre a *pestana* (a tira fina entalhada que separa a cabeça do braço) e a primeira barra de metal. A quinta casa, então, é o quinto quadrante acima da pestana — tecnicamente, a região entre a quarta e a quinta barra de metal da pestana.

DICA

A maioria das guitarras possui uma marca na quinta casa, assim com um desenho decorativo embutido na escala ou um ponto sobre a superfície do braço, ou ambos.

LEMBRE-SE

Mais um ponto importante para se lembrar. Você encontrará os termos *cordas soltas* e *cordas presas* deste ponto do livro em diante. Eis o que esses termos significam:

» **Corda solta:** A corda que você toca sem pressioná-la com o dedo da mão esquerda.

» **Corda presa:** A corda que você toca enquanto a pressiona em um traste particular.

Afinando a Guitarra Nela Mesma pelo Método da Quinta Casa

Afinação relativa é assim nomeada porque você não precisa de nenhuma referência exterior para afinar o instrumento. Assim que as cordas estejam afinadas em certa relação entre elas, você pode criar afinações sonoras e harmoniosas. Contudo, essas mesmas notas podem se transformar em sons semelhantes a uma briga de gato se você tentar tocar junto de outro instrumento; porém, assim como você afina as cordas relativamente uma à outra, a guitarra está em afinação com ela mesma.

Para afinar a guitarra usando o método relativo, escolha uma corda como ponto de partida — digamos, a 5ª corda. Deixe a afinação da corda como está; então afine todas as outras cordas relativas à 5ª corda.

O *método da quinta casa* tem seu nome derivado do fato de que você quase sempre toca a corda na quinta casa e então compara o som da nota àquela da próxima corda solta. No entanto, você precisa ser cuidadoso, porque a quarta casa (o ensaio ciumento na quinta casa) faz uma aparição no final do processo.

Aqui está como deixar sua guitarra afinada usando o método da quinta casa (veja o diagrama da Figura 2-1, que descreve todos os cinco passos):

1. **Toque a quinta casa da 6ª (E grave) corda (a mais grossa, próxima do teto) e então toque a 5ª (A) corda (a próxima).**

    Deixe ambas soarem juntas (em outras palavras, deixe a 6ª corda continuar vibrando enquanto você toca a 5ª corda). Suas frequências devem igualar. Se elas não parecerem completamente iguais, determine se a 5ª corda está mais alta ou mais baixa do que a 6ª corda.

    - Se a quinta corda parecer mais baixa ou *frouxa*, afine sua tarraxa com sua mão esquerda (no sentido anti-horário, olhando diretamente para a tarraxa) para aumentar a afinação.

    - Se a 5ª corda parecer *apertada*, ou estiver soando mais alta, use sua tarraxa (no sentido horário, olhando diretamente para a tarraxa) para abaixar a frequência.

    DICA Você pode ir muito longe com a tarraxa se não tomar cuidado; então, você precisa reverter seus movimentos. De fato, se você *não puder* dizer se a 5ª corda está alta ou baixa, afine-a frouxa intencionalmente (isto é, afine-a muito baixa) e então retorne à afinação desejada.

2. **Toque a quinta casa da 5ª (A) corda e então toque a 4ª (D) corda solta.**

   Deixe ambas soarem juntas. Se a 4ª corda parecer frouxa ou apertada relativa à 5ª corda pressionada, use a tarraxa da 4ª corda para ajustar sua afinação de forma adequada. Novamente, se você não tiver certeza se a 4ª corda está mais alta ou mais baixa, "reafine-a" em uma direção — frouxa, ou mais baixa, é melhor — e então volte.

3. **Toque a quinta casa na 4ª (D) corda e então toque a 3ª (G) corda solta.**

   Deixe ambas soarem juntas novamente. Se a 3ª corda parecer frouxa ou apertada relativa à 4ª corda com pestana, use a tarraxa da 3ª corda para ajustar a afinação adequadamente.

4. **Toque a quarta (*não* a quinta!) casa na 3ª (G) corda e então toque a 2ª (B) corda solta.**

   Deixe ambas soarem juntas. Se a 2ª corda parecer frouxa ou apertada, use sua tarraxa para ajustar a afinação adequadamente.

5. **Toque a quinta (sim, volte à quinta desta vez) casa na 2ª (B) corda e então toque a 1ª corda (E agudo) solta.**

   Deixe ambas soarem juntas. Se a 1ª corda parecer frouxa ou apertada, use a tarraxa para ajustar a afinação adequadamente. Se estiver satisfeito com ambas as cordas produzindo a mesma afinação, você sintonizou ao máximo (isto é, "máximo" como em alta afinação) cinco cordas da guitarra relativa à 6ª corda fixa (desintonizada). Agora sua guitarra está sintonizada nela mesma.

TOQUE ISSO! Você pode querer voltar atrás e repetir o processo, porque algumas cordas podem ter saído da sintonia. Para pegar o jeito do método de afinação da 5º casa e igualar cordas soltas com cordas presas, confira o Videoclipe 1.

Videoclipe 1

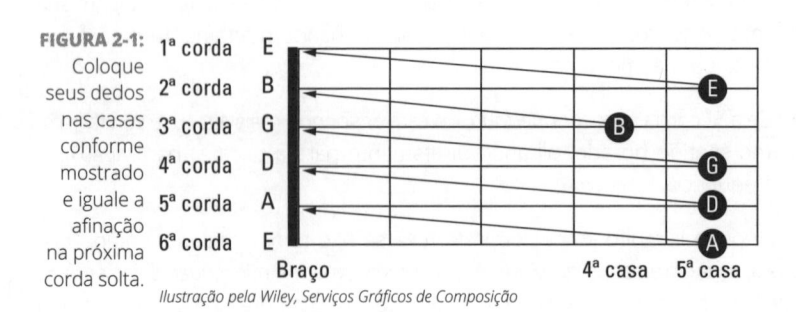

FIGURA 2-1: Coloque seus dedos nas casas conforme mostrado e iguale a afinação na próxima corda solta.

1ª corda E
2ª corda B
3ª corda G
4ª corda D
5ª corda A
6ª corda E

Braço   4ª casa   5ª casa

Ilustração pela Wiley, Serviços Gráficos de Composição

DICA — Quando você afina no modo normal, usa sua mão esquerda para girar a tarraxa. Porém, após remover seu dedo da corda em que estava fazendo pestana, ela para de soar; assim, você pode não ouvir mais a corda que está tentando afinar (a corda presa) à medida que ajusta a corda solta. No entanto, existe um modo para afinar as cordas soltas enquanto mantém seu dedo da mão esquerda na corda presa. Simplesmente use sua mão direita! Após acertar duas cordas em sucessão (a corda presa e a corda solta), pegue sua mão direita e alcance sua mão esquerda (a qual permanece imóvel enquanto você pressiona a corda) e gire a tarraxa da corda apropriada até que ambas cordas toquem o mesmo som.

Afinando a Guitarra a uma Fonte Externa

Deixar a guitarra afinada com ela mesma através do método da 5º casa, visto na seção anterior, é bom para seu ouvido, mas não tão prático se você precisar tocar com outros instrumentos ou vozes que estão acostumadas às referências de afinação padrões (veja a seção "Experimentando o diapasão de garfo", um pouco mais adiante neste capítulo). Se quiser trazer sua guitarra ao mundo de outras pessoas ou instrumentos, você precisa saber como afinar em uma fonte fixa, como um piano, um diapasão de sopro, de garfo ou eletrônico. Usá-los como fonte assegura que todos estão tocando pelas mesmas regras de afinação. Além disso, sua guitarra e cordas são construídas para a produção de afinação otimizada se você afina por uma afinação padrão.

As seções seguintes descrevem algumas maneiras típicas de afinar sua guitarra usando referências fixas. Esses métodos não só o capacitam a estar afinado, mas também a fazer bonito com os outros instrumentos da vizinhança.

Afinando junto com o piano

Visto que consegue manter tão bem sua afinação (precisando apenas de afinação bienal ou anual, dependendo das condições), o piano é uma ótima ferramenta a ser usada para afinar uma guitarra. Supondo que você tenha um teclado eletrônico ou um piano bem afinado por perto, tudo o que precisa é igualar as cordas soltas da guitarra com as teclas apropriadas do piano. A Figura 2-2 mostra um teclado de piano e as cordas soltas da guitarra correspondentes.

Colocando o diapasão de sopro para trabalhar

Obviamente, se você estiver na praia com sua guitarra, não vai querer colocar um piano na traseira do seu carro, mesmo que você seja muito exigente sobre afinação. Portanto, você precisa de um dispositivo menor e mais prático que forneça notas de referência de afinação padrão. Aí entra o *diapasão de sopro*. O diapasão de sopro evoca imagens de líderes de coro severos e matronais que franzem seus lábios enrugados ao redor de uma harmônica circular que transmite um chiado anêmico, ordenando instantaneamente as vozes relutantes do coro. No entanto, diapasões de sopro servem a seu propósito.

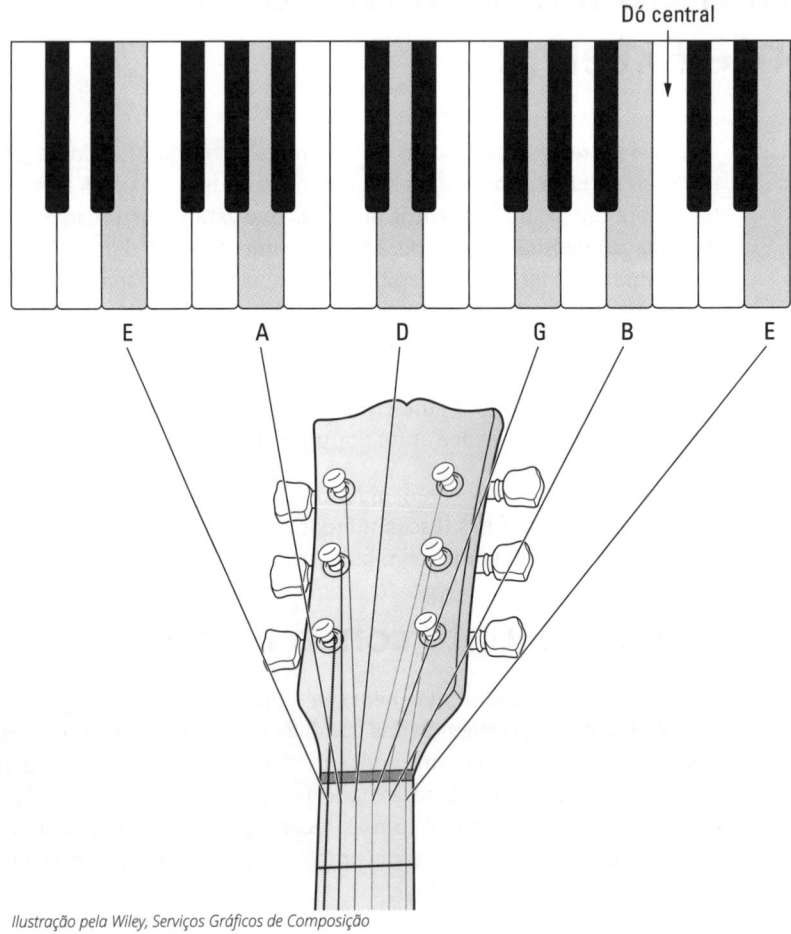

FIGURA 2-2: Visão do teclado de um piano, assinalando as teclas correspondentes às cordas soltas da guitarra.

Ilustração pela Wiley, Serviços Gráficos de Composição

Para guitarristas, existem diapasões de sopro especiais, os quais consistem em diapasões que tocam somente as notas das cordas soltas da guitarra (porém soando em um alto alcance) e nenhuma das notas centrais. A vantagem de um diapasão de sopro é que você pode segurá-lo firme em sua boca enquanto sopra, mantendo suas mãos livres para afinar. A desvantagem do diapasão de sopro é que, às vezes, você pode demorar um pouco ouvindo um som produzido pelo vento contra um som da corda pressionada. Mas, com prática, você pode afinar com um diapasão de sopro com tanta facilidade quanto você afina com o piano. E um diapasão de sopro se adapta mais facilmente ao bolso de sua camisa do que um piano!

Experimentando o diapasão de garfo

Depois que você souber o suficiente para distinguir afinações, precisará de apenas uma única referência para deixar sua guitarra inteira afinada. O diapasão de garfo oferece um único som, que geralmente vem em um único sabor: A (Lá; acima do C/Dó central que vibra em 440 ciclos por segundo, comumente conhecido como A-440). Mas essa nota é realmente tudo o que você precisa. Se você afinar sua 5ª corda solta (A) ao diapasão de garfo A (embora o A da guitarra soe em um alcance mais baixo), você pode afinar qualquer outra corda àquela corda usando o método de afinação relativa que discutimos na seção "Afinando a Guitarra Nela Mesma pelo Método da Quinta Casa", anteriormente neste capítulo.

Usar um diapasão de garfo requer uma pequena sutileza. Você deve golpear o garfo contra algo firme, como uma mesa ou uma joelheira, e então segurá-lo próximo do seu ouvido ou situar a haste (ou alça) — e *não* os dentes (ou dentes do garfo) — contra algo que ressoe. Esse ressoador pode ser mais uma vez uma mesa ou até mesmo o topo da guitarra (você pode segurá-lo entre os dentes, o que deixa suas mãos livres! Isso realmente funciona!). Ao mesmo tempo, você deve, de alguma forma, tocar uma nota A (Lá) e afinar à nota do garfo. O processo é parecido com pegar suas chaves de casa no bolso enquanto está com os braços carregados de mercadorias. A tarefa pode não ser fácil, mas se você praticar bastante, eventualmente se tornará um especialista.

Escolhendo o afinador eletrônico

A maneira mais rápida e precisa para afinar é utilizando um *afinador eletrônico*. Esse aparelho prático parece possuir poderes mágicos. Afinadores eletrônicos novos, feitos especialmente para guitarras, geralmente podem perceber qual corda você está tocando, dizer de qual nota você está próximo e indicar se você está afrouxando (diminuindo) ou apertando (aumentando). A única coisa que esses aparelhos não fazem é afinar as tarraxas por você (ainda que tenhamos escutado que estão trabalhando nisso). Alguns afinadores antigos do tipo gráfico caracterizam um interruptor que seleciona qual corda você quer afinar. A Figura 2-3 mostra um típico diapasão eletrônico.

FIGURA 2-3:
O afinador eletrônico afina em um piscar de olhos.

Fotografia por cortesia da KORG USA, Inc.

Você também pode plugar sua guitarra no afinador (se estiver usando um instrumento eletrônico) ou usar o microfone embutido do afinador para afinar um violão. Em ambos os tipos de diapasões — aquele onde você seleciona as cordas e aquele que percebe automaticamente a corda — o visor indica duas coisas: de que nota você está perto (E, A, D, G, B, E ou Mi, Lá, Ré, Sol, Si, Mi) e se você está afrouxando ou apertando aquela nota.

Afinadores eletrônicos geralmente são alimentados por baterias 9 volts ou duas pilhas AA, que podem durar por um ano com uso regular (até dois ou três anos com uso ocasional). Muitos afinadores eletrônicos são baratos (a partir de R$34,00) e valem o custo. Você também pode encontrar afinadores em forma de aplicativos para smartphones e outros dispositivos portáteis na web. (Para mais informações sobre afinadores, veja o Capítulo 17.)

Usando faixas de áudio

Antes que nos esqueçamos, você tem à disposição mais uma fonte fixa como referência de afinação: as faixas de áudio do *Guitarra Para Leigos*, tradução da 3ª Edição.

TOQUE ISSO!

Para a sua conveniência na hora da afinação, tocamos as cordas soltas na Faixa 1 das faixas de áudio que vêm junto com este livro. Ouça o tom de cada corda solta lentamente, uma de cada vez (da 1ª até a 6ª, ou da mais fina à mais grossa), e afine as cordas soltas da sua guitarra a essas das faixas de áudio. Volte ao início da Faixa 1 para repetir as notas de afinação o tanto quanto for necessário para deixar suas cordas afinadas com as cordas das faixas de áudio.

O benefício de usar a Faixa 1 para ajudá-lo na afinação é que ela sempre repete o tom exato que está gravado e nunca aperta ou afrouxa, nem mesmo um pouquinho. Portanto, você pode utilizar a Faixa 1 a qualquer momento para ter notas afinadas perfeitas.

> **NESTE CAPÍTULO**
>
> Posicionando seu corpo e suas mãos antes de tocar
>
> Lendo digramas de acorde, tablatura e barras de ritmo
>
> Tocando acordes

Capítulo 3

Pronto para Tocar

Guitarras são instrumentos de uso amigável. Elas se encaixam confortavelmente nos braços da maioria dos humanos e o modo natural com que suas mãos caem sobre as cordas é exatamente a posição na qual você deveria tocar. Neste capítulo, lhe diremos tudo sobre boas técnicas de postura e como posicionar suas mãos — como se você fosse uma jovem socialite formando-se na escola de boas maneiras.

Nós só brincamos porque nos preocupamos. No entanto, você realmente precisa lembrar que boa postura e posição, no mínimo, previnem esforço e fadiga, e o melhor, ajudam a desenvolver bons hábitos de concentração e som. Após posicionarmos corretamente a guitarra, repassaremos algumas habilidades básicas para decifrar músicas e mostraremos como tocar um acorde.

Assumindo as Posições

Você pode tanto sentar quanto ficar de pé enquanto toca guitarra, e a posição que escolher não fará praticamente diferença nenhuma em seu som ou técnica. A maioria das pessoas prefere praticar sentada, mas levanta-se quando se apresenta publicamente. (*Nota*: A única exceção para a opção de sentar ou levantar é o violão clássico, que você normalmente toca sentado. A prática ortodoxa é tocar somente sentado. Isso não significa que você *não possa* tocar um estilo clássico de violão ou música clássica enquanto estiver de pé, mas a adoção de uma postura séria em relação ao violão clássico requer que você sente-se enquanto toca. Veja o Capítulo 14 para mais detalhes.)

Nas seções seguintes, descreveremos as posturas sentada e de pé para tocar guitarra e mostraremos como você deve posicionar as suas mãos.

Sente-se e jogue um feitiço

Para segurar a guitarra na posição sentada, repouse a *cintura* do instrumento em sua perna direita. (A cintura é a parte recuada da guitarra entre os *turnos* superiores e inferiores, que são as partes salientes que se parecem com ombros e quadris.) Posicione seus pés levemente separados. Equilibre a guitarra ligeiramente apoiada em seu antebraço sobre o turno de baixo, conforme mostrado na Figura 3-1. Não use a mão esquerda para segurar o braço. Você deve ser capaz de tirar totalmente sua mão esquerda da escala sem que a guitarra caia no chão.

A técnica do violão clássico, por outro lado, requer que você segure o instrumento sobre sua perna *esquerda* e não na direita. Essa posição coloca o centro do violão próximo ao centro do seu corpo, tornando o instrumento mais fácil de ser tocado, especialmente com a mão esquerda, porque assim você pode executar melhor as difíceis posições dos dedos nas músicas de violão clássico. O Capítulo 14 mostra a posição sentada do violão clássico.

Você deve também elevar o violão clássico, o que pode ser feito tanto elevando sua perna esquerda com um *apoio de pé* (a maneira tradicional) ou usando um *apoio de braço* que vai entre sua coxa esquerda e a parte de baixo do violão (a maneira moderna). Esse acessório possibilita que seu pé esquerdo permaneça no chão enquanto eleva o violão.

FIGURA 3-1: Típica posição sentada.

Fotografia por cortesia da Cherry Lane Music

Levante-se e faça a sua parte

LEMBRE-SE

Para ficar de pé e tocar a guitarra, você precisa de uma correia que deve ser presa com segurança a ambos os pinos de correia da guitarra (ou amarrada de outra maneira à guitarra). Em seguida, você pode levantar e ver o quanto é legal olhar no espelho com aquela guitarra passada sobre seus ombros. Talvez seja preciso ajustar a correia para deixar a guitarra em uma altura confortável para ser tocada.

CUIDADO

Se a sua correia escorrega do pino enquanto está tocando na posição de pé, você tem 50% de chance de pegá-la antes que ela atinja o chão (se você for rápido e experiente com guitarras escorregadias). Portanto, não arrisque sua guitarra usando uma correia velha ou desgastada ou uma com buracos como Pete Townshend demonstrou diversas vezes.

Seu corpo faz um ajuste natural indo da posição sentada à posição de pé, então não tente analisar demais onde seus braços ficam em relação à posição sentada. Apenas relaxe e, acima de tudo, *mantenha a pose*. (Você é um guitarrista agora! Manter a pose é tão importante quanto saber tocar... Bem, *quase*.) A Figura 3-2 mostra uma típica posição de pé.

FIGURA 3-2:
Típica posição de pé.

Fotografia por cortesia da Cherry Lane Music

Pressione com a mão esquerda

Para ter uma ideia do posicionamento correto da mão esquerda sobre a guitarra, estenda-a com a palma para cima, solte o punho e coloque seu polegar próximo a seus primeiro e segundo dedos. Todos os nós devem estar curvados. Sua mão deve estar assim depois que você segurar o braço da guitarra. O polegar desliza ao longo da traseira do braço, mais reto do que se estivesse fazendo um punho, mas não rígido. Os nós dos dedos ficam curvados, estando pressionados ou relaxados. Mais uma vez, a mão esquerda deve repousar naturalmente sobre o braço da guitarra — como se você estivesse pegando uma ferramenta que usou durante toda a vida.

TOQUE ISSO!

Para *pressionar* uma nota, pressione a ponta do seu dedo sobre a corda, mantendo seu nó curvado. Tente colocar a ponta do dedo para baixo, verticalmente sobre a corda, como um ângulo. Essa posição exerce uma pressão maior sobre a corda e também previne que os lados do dedo toquem as cordas adjacentes — o que causa tanto um zumbido quanto um *abafo* (amortecendo a corda, ou prevenindo que ela toque). Use seu polegar nessa posição abaixo do braço para ajudar a *segurar* a escala em um aperto maior. O Videoclipe 2 mostra como pressionar corretamente os dedos da sua mão esquerda sobre a escala.

Quando tocar em uma casa particular, lembre-se de não colocar seu dedo diretamente sobre os filetes de metal, mas entre os dois trastes (ou entre a pestana e o primeiro filete). Por exemplo, se você estiver tocando a quinta casa, coloque seu dedo no quadrante entre o quarto e o quinto filete. Não o coloque no centro do quadrante (no meio, entre os filetes), mas perto do filete superior. Essa técnica lhe dará um som mais límpido e prevenirá trasteado.

A pressão da mão esquerda requer força, mas não sucumba à tentação de acelerar o processo de forçar suas mãos através de meios artificiais. Aumentar a força na mão esquerda leva tempo. Você pode ver propagandas de equipamentos para fortalecer a mão e acreditar que esses produtos apressem a resistência da mão esquerda. Embora não possamos declarar que esses equipamentos não funcionem (e o mesmo ocorre com o método caseiro de segurar uma raquete ou uma bola de tênis), uma coisa é certa: nada ajudará você a construir a capacidade de pressão da sua mão esquerda melhor ou mais rápido do que simplesmente tocar guitarra.

Por causa da força que sua mão esquerda exerce enquanto pressiona, outras partes do seu corpo podem se esticar para compensar. Em intervalos periódicos, assegure-se de que você está relaxando seu ombro esquerdo, o qual tem uma tendência a levantar enquanto você trabalha em sua pressão. Faça intervalos frequentes para "deixar cair o ombro". Assegure-se também que seu cotovelo esquerdo não se estenda para o lado, como o de algum convidado grosseiro em um jantar. Você precisa manter seu braço e antebraço paralelos ao lado do corpo. Relaxe seu cotovelo de modo que o mantenha ao seu lado.

Para manter uma boa posição da mão esquerda, você precisa mantê-la confortável e natural. Se a sua mão começar a machucar ou doer, *pare de tocar e descanse.* Assim como qualquer outra atividade que requer desenvolvimento muscular, o descanso habilita seu corpo a se desenvolver.

Nas seções seguintes, daremos mais detalhes específicos sobre pressão da mão esquerda para violão clássico e guitarra.

Esforços eletrônicos

Braços de guitarras são mais estreitos (da 1ª corda à 6ª) e mais rasos (da escala à traseira do braço) do que os violões. Por essa razão, as guitarras são mais fáceis de pressionar. Mas o espaço entre cada corda é menor, então você está mais propenso a tocar e amortecer uma corda adjacente com os dedos pressionados. No entanto, a maior diferença entre pressionar sobre uma guitarra e sobre um violão com corda de nylon ou de aço é a ação.

A *ação* da guitarra refere-se a quão tensas, ou não, as cordas estão e, em menor escala, como estão fáceis de serem pressionadas. Em uma guitarra, a pressão das cordas é como passar uma faca quente pela manteiga. A ação mais fácil sobre uma guitarra permite que você use uma posição da mão esquerda mais relaxada do que normalmente faria sobre um violão, com a palma da mão esquerda voltada levemente para fora. A Figura 3-3 mostra uma foto da mão esquerda repousando sobre a escala de uma guitarra, pressionando uma corda.

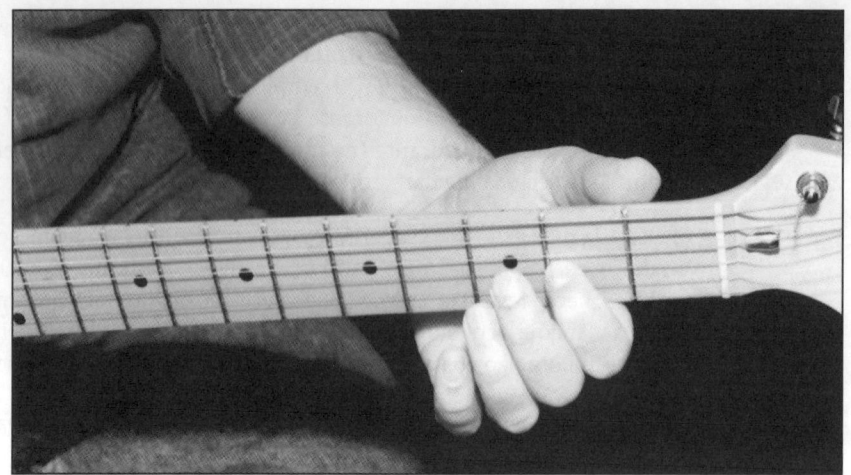

FIGURA 3-3: O braço da guitarra repousa confortavelmente entre o polegar e o primeiro dedo assim que o primeiro dedo pressiona a nota.

Fotografia por cortesia da Cherry Lane Music

Condições clássicas

Como violões de cordas de nylon têm uma escala larga e são o modelo escolhido para a música clássica, seus braços exigem uma aproximação da mão esquerda levemente mais formal. Tente deixar o lado da palma dos nós (o lado que conecta seus dedos à sua mão) próximo e paralelo ao lado do braço, pois assim os dedos correrão em perpendicular às cordas e todos os dedos estarão com a mesma distância do braço. (Se a sua mão não ficar perfeitamente paralela, o dedo mindinho "flutuará" ou estará mais longe do braço do que o dedo indicador.) A Figura 3-4 mostra a posição correta da mão esquerda para um violão de corda de nylon.

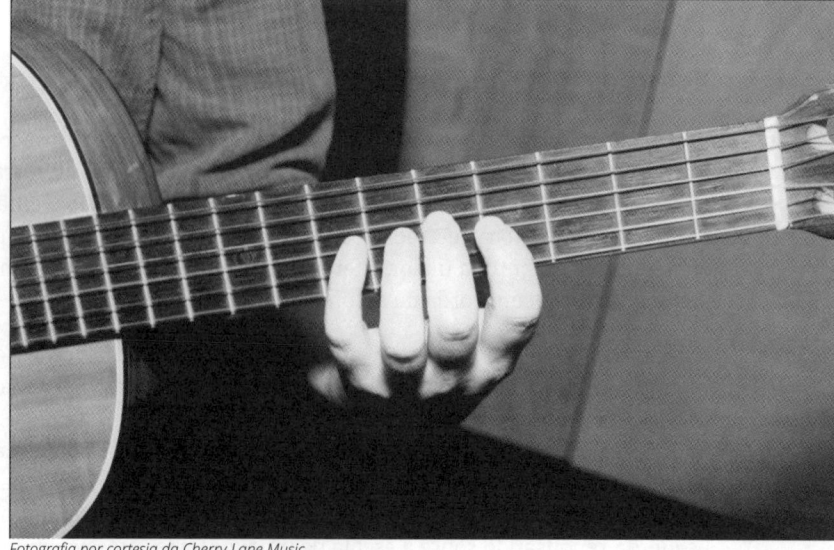

FIGURA 3-4: Posição correta da mão esquerda para o violão clássico.

Fotografia por cortesia da Cherry Lane Music

Posição da mão direita

LEMBRE-SE

Se você segurar a guitarra em seu colo e cobrir seu braço direito sobre o turno superior, sua mão direita, levemente estendida, atravessa as cordas sobre um ângulo de 60 graus. Essa posição é boa para tocar com uma palheta. Para estilo dedilhado, você precisa virar sua mão direita mais perpendicular às cordas. Para violão clássico, você precisa manter a mão direita próxima a um ângulo de 90 graus, se possível.

TOQUE ISSO!

Nas seções seguintes, daremos orientações sobre como tocar com a mão direita usando uma palheta e com seus dedos. Veja o Videoclipe 3 para conferir se você está tocando corretamente.

Se você estiver usando uma palheta

Você faz quase todos os toques de guitarra com uma palheta, independentemente de estar tocando rock & roll, blues, jazz, country ou pop. No violão, você pode tocar tanto com uma palheta quanto com seus dedos. Em ambos, guitarra e violão, você toca a maior parte do *ritmo* (acompanhamento de acorde) e praticamente todas as ligaduras (melodias de uma única nota) segurando a palheta, ou *plectro* (o termo antigo), entre o polegar e o dedo indicador. A Figura 3-5 mostra a maneira correta de segurar uma palheta — com apenas a ponta para fora, perpendicular ao polegar.

FIGURA 3-5: Técnica correta de segurar a palheta.

Fotografia por cortesia da Cherry Lane Music

Se estiver *swingando* (tocando ritmo), você toca nas cordas com a palheta usando o movimento do pulso e do cotovelo. Para um toque mais forte, você deve adicionar mais cotovelo na mistura. Para tocar solo, use apenas movimentos mais econômicos do pulso. Não segure a palheta muito firme enquanto estiver tocando — e acostume-se a derrubá-la muito nas primeiras semanas em que a estiver usando.

DICA

As palhetas vêm em vários *padrões*. O padrão da palheta indica o quão firme, ou grossa, ela é.

» Palhetas mais finas são mais fáceis de manejar pelo iniciante.

» As palhetas médias são as mais populares, porque são flexíveis o bastante para tocar confortavelmente o ritmo, mas também firmes o bastante para os solos.

» As palhetas heavy podem parecer pesadas à primeira vista, mas são a melhor escolha para profissionais, e eventualmente todos os instrumentistas habilitados as utilizam (embora alguns as evitem — sendo Neil Young um dos maiores exemplos).

Se você estiver usando seus dedos

Se você evita parafernália como palhetas e quer tocar ao natural com sua mão direita, você pode dedilhar (embora você possa dedilhar com palhetas revestidas, individuais e especiais, que são anexadas a seus dedos — chamadas de *fingerpicks*). *Dedilhar* significa que você toca a guitarra puxando as cordas com os dedos da mão direita individualmente. O polegar toca as cordas graves, ou baixas, e os dedos tocam as cordas *agudas*, ou altas. Ao dedilhar, você usa a ponta dos dedos para tocar as cordas, posicionando a mão acima da abertura (se você estiver tocando violão) e mantendo o pulso estacionário, mas não rígido. Manter um arco leve também ajuda. O Capítulo 13 contém mais informações sobre o estilo dedilhado, incluindo figuras mostrando as posições corretas da mão.

PAPO DE ESPECIALISTA

Por causa dos toques especiais da mão direita que você usa para tocar o violão clássico (o *toque livre* e o *toque de pausa*), você deve manter seus dedos quase perfeitamente na perpendicular às cordas para executar a técnica correta. A aproximação perpendicular possibilita que seus dedos se arrastem contra as cordas com o máximo de força. Veja o Capítulo 14 para maiores informações sobre o toque de pausa e o toque livre.

Focando na Notação da Guitarra

Embora você não precise ler música para tocar guitarra, os músicos têm desenvolvido alguns truques ao longo dos anos que auxiliam na comunicação de ideias básicas, como estrutura da música, construção e progressão dos acordes e figuras rítmicas importantes. Pegue os equipamentos de taquigrafia para *diagramas de acorde*, *barras de ritmo* e *tablatura* (a qual descreveremos nas seções seguintes) e estará seguro para começar a captar licks mais rápido do que Vince Gill dedilhando após tomar três xícaras de café.

DICA

Nós prometemos que você não precisa saber ler música para tocar guitarra. Com a ajuda dos diagramas de acorde, tablatura e barras de ritmo que explicaremos nesta seção, além de ouvir como todo este material soa como mágica nas faixas de áudio e videoclipes, você aprenderá tudo o que precisa para entender e tocar guitarra. Começando pelo Capítulo 4, ouça com atenção às faixas de áudio e aos videoclipes e siga os exemplos escritos correspondentes para assegurar que você entendeu como ambos se relacionam.

Entendendo o diagrama de acordes

LEMBRE-SE

Não se preocupe — ler um diagrama de acordes *não é* como ler música; é muito mais simples. Tudo o que você precisa fazer é entender onde pôr seus dedos para formar um acorde. Um acorde é definido como o som simultâneo de três ou mais notas.

A Figura 3-6 mostra a anatomia de um gráfico de acorde, e a lista a seguir explica brevemente o que as diferentes partes do diagrama significam:

» *A grade com seis linhas verticais e cinco horizontais* representa a escala da guitarra, como se colocasse a guitarra sobre o chão ou uma cadeira e olhasse direto para a parte superior do braço de frente.

» As *linhas verticais* representam as cordas da guitarra. A linha vertical na extrema esquerda é a 6ª corda baixa e a linha vertical mais para a direita é a 1ª corda alta.

» As *linhas horizontais* representam os trastes. A linha horizontal grossa na parte de cima é a pestana da guitarra, onde a escala termina. Portanto, o primeiro traste é, na verdade, a segunda linha vertical a partir de cima. (Não deixe que estas descrições o confundam; apenas olhe para a guitarra.)

» Os *pontos* que aparecem nas linhas verticais das cordas entre as linhas horizontais do traste representam notas que você pressiona.

» Os *numerais* diretamente abaixo de cada linha da corda (abaixo da última linha do traste) indicam quais dedos da mão esquerda você usa para pressionar aquela nota. Na mão esquerda, 1 = dedo indicador; 2 = dedo médio; 3 = dedo anular; 4 = dedo mínimo. Você não usa o polegar para pressionar, exceto em certas circunstâncias raras.

» Os símbolos *X* ou *O* diretamente acima de algumas linhas da corda indicam cordas que você deixa soltas (não pressiona) ou que você não toca. Um *X* (não mostrado na Figura 3-6) sobre a corda significa que você não toca aquela corda com sua mão direita. Um *O* indica uma corda solta que você toca.

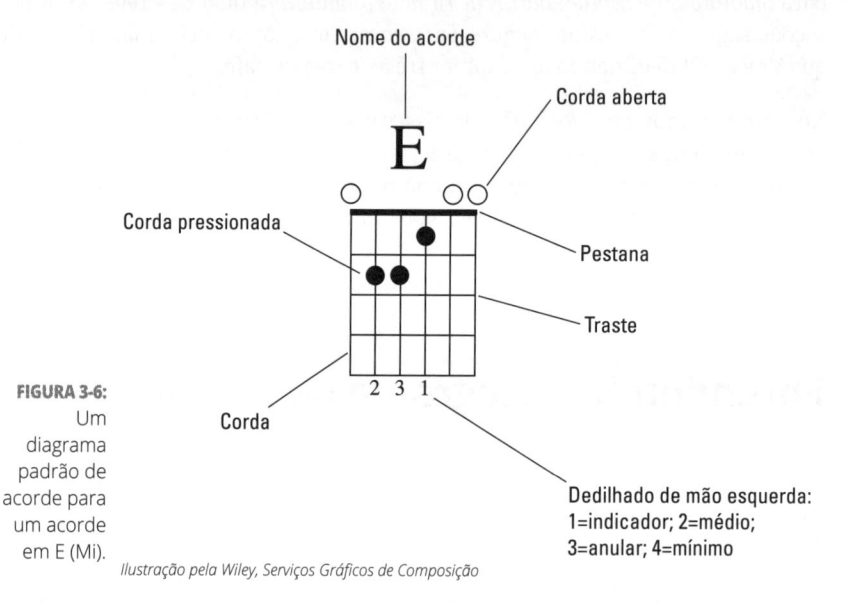

FIGURA 3-6: Um diagrama padrão de acorde para um acorde em E (Mi).

Ilustração pela Wiley, Serviços Gráficos de Composição

LEMBRE-SE Se um acorde começar em um traste *diferente* do primeiro traste (como você pode ver nos Capítulos 11 e 12), um numeral aparece na direita do diagrama, próximo à linha superior do traste, para indicar em que casa você realmente começa. (Em alguns casos, a linha superior não é a pestana.) Na maioria dos casos, no entanto, você lida principalmente com acordes que caem no alcance dos quatro primeiros trastes da guitarra. Acordes que caem no alcance dos quatro primeiros trastes tipicamente utilizam cordas soltas, então são chamados de acordes *soltos*.

Olhando a tablatura

LEMBRE-SE *Tablatura* (ou apenas *tab*, para encurtar) é um sistema de notação que representa graficamente as casas e as cordas da guitarra. Ao passo que diagramas de acorde mostram uma maneira estática, tablaturas mostram como tocar música em um período de tempo. Para todos os exemplos musicais que aparecem neste livro, você vê a *tablatura* sob o grupo de notação padrão. O segundo grupo reflete exatamente o que está acontecendo no grupo musical regular acima dele — porém em *linguagem de guitarra*. Tab é específico de guitarra

— de fato, muitos chamam simplesmente de tab de guitarra. A tab não diz que *nota* tocar (como C (Dó) ou F♯ (Fá♯) ou E♭ (Mi♭)). No entanto, lhe dirá qual corda pressionar e onde exatamente na escala *pressionar* aquela corda.

A Figura 3-7 mostra a tablatura e algumas notas de exemplos e um acorde. A linha superior da tablatura representa a 1ª corda da guitarra, E (Mi) aguda. A linha inferior da tablatura corresponde à 6ª corda da guitarra, E (Mi) grave. As outras linhas representam as outras quatro linhas do meio — a segunda linha inferior é a 5ª corda, e assim por diante. O número que aparece sobre qualquer linha dada lhe diz para pressionar aquela corda em uma casa numerada. Por exemplo, se você vir o número 2 sobre a segunda linha superior, você precisa pressionar a 2ª corda na segunda casa acima da pestana (na verdade, o espaço entre as primeiras e segundas barras de metal). Um 0 sobre a linha significa que você toca uma corda solta.

FIGURA 3-7: Três exemplos de tablatura.

Lendo tabelas de ritmo

Músicos utilizam uma variedade de truques de taquigrafia para indicar certas direções musicais. Eles utilizam essa taquigrafia porque, embora um conceito musical particular por si só seja simples o bastante, notar aquela ideia em forma musical de escrita padrão pode revelar-se complicado e enfadonho. Por isso utilizam uma "cola" ou um "mapa" para cumprir a tarefa e ainda evitar o problema de ler (ou escrever) música.

Barras de ritmo são barras invertidas (/) que simplesmente lhe dizem *como* tocar ritmicamente, mas não *o que* tocar. O acorde em sua mão esquerda determina o que você toca. Digamos, por exemplo, que você veja o diagrama mostrado na Figura 3-8.

FIGURA 3-8: Uma medida de um acorde E (Mi).

Se você vir algum símbolo de acorde com quatro barras sobre ele, como mostrado na figura, você sabe que deve tocar o acorde E (Mi) e tocar em quatro tempos. O que você não vê, no entanto, é o número de diferentes tons de notas abraçando várias linhas em uma pauta, incluindo vários furos centrais de mínimas e uma grande quantidade de semínimas — resumindo, toda aquela bobagem que você precisou memorizar no primário só para tocar "Mary Had a Little Lamb". Tudo o que você precisa lembrar sobre este diagrama específico é "tocar um acorde E (Mi) em quatro tempos". Simples, não é mesmo?

Descobrindo como Tocar um Acorde

Acordes são os blocos básicos de construção da música. Você pode tocar um acorde (o som simultâneo de três ou mais notas) de várias maneiras sobre a guitarra — *arranhando* (arrastando uma palheta ou a parte de trás de seus dedos da mão através das cordas em um único movimento rápido), *dedilhando* (com dedos individuais da mão direita), ou até mesmo tocando nas cordas com sua mão aberta ou pulso. (Certo, isso é raro, a menos que você faça parte de uma banda de heavy metal.) Mas você não pode apenas tocar *qualquer* grupo de notas; você deve tocar um grupo de notas organizadas em algum arranjo musical significante. Para o guitarrista, isso significa aprender algumas formas de acorde da mão esquerda.

Depois de entender (um pouco) sobre notação da guitarra, como descrevemos nas seções precedentes, sua melhor aposta é simplesmente se jogar e tocar seu primeiro acorde. Sugerimos que comece com E (Mi) maior, porque é um acorde da guitarra particularmente amigável e que você usará bastante.

Depois que pegar o jeito de tocar acordes, você eventualmente descobrirá que pode mover vários dedos em posições diferentes simultaneamente. Por agora, no entanto, apenas coloque seus dedos um por vez sobre as casas e cordas, como indicam as seguintes instruções (você também pode se encaminhar à Figura 3-6):

1. **Coloque seu primeiro dedo (indicador) sobre a 3ª corda, primeira casa (na verdade, entre a pestana e o primeiro filete do traste, mas próximo ao filete).**

    Não pressione com força até que você tenha seus outros dedos no lugar. Aplique apenas pressão o bastante para manter seu dedo se movendo pela corda.

2. **Coloque seu segundo dedo (médio) sobre a 5ª corda (pulando sobre a 4ª corda), segunda casa.**

    Novamente, aplique apenas pressão o bastante para manter seus dedos no lugar. Você tem agora dois dedos sobre a guitarra, sobre as 3ª e 5ª cordas, com uma corda ainda não pressionada (a 4ª) no meio.

3. **Coloque seu terceiro dedo (anular) sobre a 4ª corda, segunda casa.**

    Você pode precisar mover seu dedo anular um pouco para mantê-lo encaixado entre o primeiro e segundo dedos e abaixo do traste.

TOQUE ISSO! A Figura 3-9 mostra uma foto de como seu acorde E deveria parecer após todos os seus dedos estarem corretamente posicionados. Agora que seus dedos estão posicionados, toque todas as seis cordas com sua mão direita para ouvir seu primeiro acorde, E. Veja passo a passo como formar um acorde E assistindo ao Videoclipe 4.

FIGURA 3-9: Repare como os dedos curvam-se e os nós dobram em um acorde E.

Fotografia por cortesia de Jon Chappell

LEMBRE-SE Uma das coisas mais difíceis de fazer ao tocar acordes é evitar *zumbido*. O zumbido aparece se você não estiver comprimindo completamente e forte o suficiente quando você pressiona. Um zumbido também pode surgir se o dedo pressionado acidentalmente entra em contato com uma corda adjacente, impedindo aquela corda de tocar livremente. Sem remover seus dedos das casas, tente "deitar e rolar" seus dedos sobre suas pontas para eliminar quaisquer zumbidos quando você for tocar a corda.

Começando a Tocar: Princípios Básicos

NESTA PARTE . . .

Esta parte do livro é onde as coisas realmente começam a *acontecer*, do mesmo modo que Woodstock foi um acontecimento (de fato, se você quiser apelidar esta parte de Woodstock, não tem problema). Na verdade, esta é a parte onde você realmente começa a tocar guitarra. O Capítulo 4 lhe apresenta algumas ferramentas que se tornarão suas melhores amigas: posições soltas de acordes maiores e menores. Essas gracinhas são a maneira mais rápida e fácil de começar a fazer música reconhecida na guitarra, além de serem uma parte constante da música da guitarra. Se você só trabalhar duro em um capítulo deste livro, que seja o Capítulo 4. O Capítulo 5 lhe mostra os básicos de melodias de nota simples, para que você possa injetar alguma melodia em seu toque. Finalmente, esta parte termina com um pouco de pimenta no Capítulo 6, quando adicionamos à mistura os acordes de 7ª básicos.

> **NESTE CAPÍTULO**
>
> Conferindo acordes nas famílias A, D, G e C
>
> Tocando músicas usando acordes maiores e menores básicos
>
> Aquecendo com as antigas

Capítulo 4
Comece Dedilhando Acordes

Acompanhar a si mesmo enquanto canta suas músicas favoritas — ou enquanto alguém as canta, se a sua voz não for tão melodiosa — é uma das melhores maneiras de pegar acordes básicos de guitarra. Se você sabe como tocar acordes básicos, pode tocar várias músicas populares logo de cara — desde "Skip to My Lou" até "Louie Louie".

Neste capítulo, organizaremos os acordes maiores e menores em famílias. Uma *família de acordes* é simplesmente um grupo de acordes relacionados. Dizemos que são *relacionados* porque você usa frequentemente esses acordes juntos para tocar músicas. O conceito é o mesmo que coordenar a cor de suas roupas ou reunir um grupo de alimentos para criar uma refeição balanceada. Acordes em família funcionam juntos como manteiga de amendoim e chocolate (mas acordes são menos pegajosos). Ao longo do caminho, ajudaremos você a expandir seu vocabulário de notação da guitarra quando começar a desenvolver seu toque de acorde e suas habilidades de dedilhar.

LEMBRE-SE Pense em uma família de acordes como uma planta. Se um dos acordes — aquele que parece a base da música (na verdade, o acorde com que você começa e termina a música) — é a raiz da planta, os outros acordes na família são os diferentes galhos crescendo da mesma raiz. Juntos, a raiz e os galhos formam a família. Coloque todos juntos e você terá um jardim viçoso... Ou fará uma música. Por falar nisso, o termo técnico para uma família é *tom*. Portanto, você pode dizer algo como "Esta música usa acordes da família A" *ou* "Esta música está no tom de A".

Acordes na Família A

A família A é uma família popular para tocar músicas na guitarra, porque, como outras famílias que apresentaremos neste capítulo, seus acordes são fáceis de tocar. Isso acontece porque os acordes da família A contêm *cordas soltas* (cordas que você toca sem pressionar qualquer nota). Acordes que contêm cordas soltas são chamados de *acordes soltos*, ou *acordes de posição solta*. Ouça "Fire and Rain", de James Taylor, para escutar o som de uma música que usa acordes da família A.

Os acordes básicos na família A são A, D e E. Cada um desses acordes é o que conhecemos por acorde *maior*. Um acorde que é nomeado sozinho pela letra do nome, como esses (A, D e E), é sempre maior. (Veja o quadro "Qualidades de acorde" neste capítulo para uma explicação sobre diferentes tipos de acordes.) As seções seguintes explicam como dedilhar e tocar acordes na família A.

Digitando acordes da família A

LEMBRE-SE Quando dedilha acordes, você usa a "bola" da ponta de seus dedos, colocando-as apenas atrás do traste (do lado próximo às tarraxas). Arqueie seus dedos para que as pontas dos dedos caiam em perpendicular ao braço. E assegure-se de que suas unhas da mão esquerda estejam curtas para que elas não o impeçam de pressionar as cordas sempre para baixo na escala.

A Figura 4-1 mostra o dedilhado para os acordes A, D e E — os acordes básicos na família A. (Se tiver dúvidas sobre a leitura de diagramas de acordes, verifique a informação no Capítulo 3.)

QUALIDADES DE ACORDE

Acordes têm qualidades diferentes, o que não tem nada a ver com o fato de serem bons ou ruins. A *qualidade* pode ser definida como a *relação* entre as diferentes notas que compõem o acorde — ou simplesmente como o acorde soa.

Além de maior, outras qualidades incluem *menor, de 7ª, de 7ª menor e de 7ª maior*. A lista a seguir descreve cada um desses tipos de qualidade de acorde:

- **Acordes maiores:** São simplesmente acordes que têm um som estável.
- **Acordes menores:** São simplesmente acordes que têm um som suave, às vezes triste.
- **Acordes de 7ª:** São acordes que soam melancólicos, amedrontados.
- **Acordes de 7ª menores:** Esses acordes soam macios e jazzísticos.
- **Acordes de 7ª maiores:** Esses acordes soam brilhantes e jazzísticos.

Cada tipo de acorde, ou de qualidade de acorde, tem um tipo diferente de som, e você pode distinguir o acorde simplesmente ao ouvi-lo. Ouça, por exemplo, o som de um acorde maior tocado em A, D e E. (Para mais informações sobre acordes de 7ª, de 7ª menor e de 7ª maior, confira o Capítulo 6.)

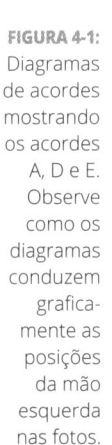

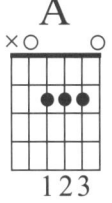

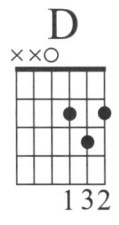

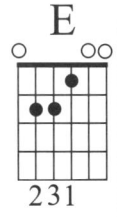

FIGURA 4-1: Diagramas de acordes mostrando os acordes A, D e E. Observe como os diagramas conduzem graficamente as posições da mão esquerda nas fotos.

Ilustrações da Wiley, Serviços Gráficos de Composição; fotografias por cortesia de Jon Chappell

CUIDADO: *Não* toque quaisquer cordas marcadas com um X (a 6ª corda sobre o acorde A e as 5ª e 6ª cordas sobre o acorde D). Toque apenas as cinco cordas de cima (5ª até a 1ª) no acorde A e as quatro cordas de cima (4ª até a 1ª) no acorde D. Tocar seletivamente nas cordas pode ser difícil no começo, mas persista e você pegará o jeito. Se você tocar uma corda marcada com um X, nós o pegaremos e revogaremos seus privilégios de tocar na hora.

Tocando acordes da família A

Use sua mão direita para tocar esses acordes da família A com um dos que se seguem:

- Uma palheta
- Seu polegar
- As costas das unhas dos seus dedos (em um movimento de pincelar em direção ao chão)

TOCANDO DOLOROSAMENTE

Tocar acordes pode ser um pouco doloroso no início. (Quer dizer, para você, não para quem estiver escutando; nós não somos *tão* cruéis assim.) Não importa o quão resistente você seja, se nunca tocou guitarra antes, as pontas dos dedos da sua mão esquerda são macias. Portanto, pressionar uma corda de guitarra vai fazê-lo sentir a ponta de seus dedos quase como se estivesse martelando um espigão de ferrovia com as mãos nuas (ai!).

Em resumo, *pressionar as cordas dói*. Essa situação não é de toda esquisita — na verdade, é muito comum para guitarristas iniciantes. (Bem, é esquisita se você gostar da dor.) Você precisa desenvolver calos grossos nas pontas dos dedos para sentir-se completamente confortável tocando guitarra. Pode levar semanas ou meses até construir essas camadas protetoras de carne morta, dependendo de quanto e com que frequência você toca. Porém, depois que você finalmente conseguir os calos, nunca mais os perderá (completamente, pelo menos).

Você pode desenvolver os calos tocando os acordes básicos deste capítulo repetidas vezes. À medida que progride, também ganha força nas mãos e nos dedos e sente-se mais confortável, de forma geral, enquanto toca guitarra. Antes que perceba o que está acontecendo, friccionar uma guitarra se tornará tão natural quanto acenar para seu melhor amigo.

Como qualquer rotina de condicionamento físico, assegure-se de parar e descansar se começar a sentir seus dedos e mãos doerem. Construir esses calos leva tempo, e não se pode apressar o tempo (ou o amor, como diria Diana Ross).

Comece a tocar ou dedilhar a partir da corda mais grave do acorde (o lado do acorde em direção ao teto quando você segura a guitarra) e dedilhe em direção ao chão.

TOQUE ISSO!

Uma *progressão* é simplesmente uma série de acordes que você toca um após o outro. A Figura 4-2 apresenta uma simples progressão no tom de A e lhe instrui a tocar cada corda — na ordem mostrada (leia da esquerda para a direita) — em quatro tempos. Use todos os *downstrokes* (arrastando sua palheta através das cordas em direção ao chão) conforme você toca. Ouça o exemplo na Faixa 2 para escutar o ritmo dessa progressão e tente tocar junto. Você também pode assistir ao Videoclipe 5 para ver e ouvir a Figura 4-2.

FIGURA 4-2: Uma progressão de acorde simples no tom de A (usando apenas acordes na família A).

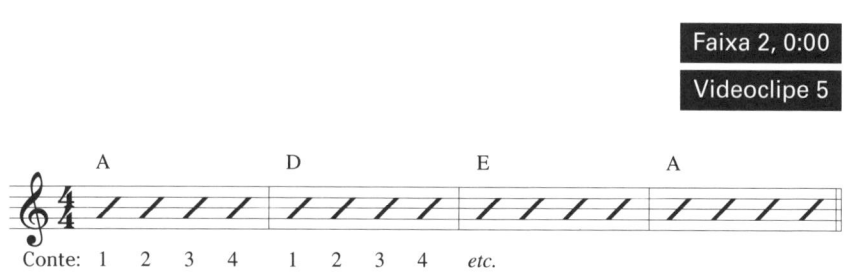

Faixa 2, 0:00
Videoclipe 5

Após tocar cada corda em quatro tempos, você segue uma linha vertical na música que segue os quatro símbolos de tocar. Essa linha é uma *barra de compasso*. Não é algo que você toque. Barras de compasso separam visualmente a música em pequenas seções conhecidas como *compassos*. (Você pode usar esses termos um no lugar do outro; ambos significam a mesma coisa.) Os compassos tornam a música escrita mais fácil de ser entendida, porque quebram a música em pedaços pequenos e digeríveis. Veja o Apêndice A para maiores informações sobre barras de compasso e compassos.

Não hesite ou pare na barra de compasso. Mantenha a mesma velocidade do seu toque do começo ao fim, mesmo que você toque "entre os compassos" — isto é, no "espaço" imaginário do fim de um compasso ao começo do próximo que a barra de compasso representa. Comece a tocar tão devagar quanto necessário para ajudar a manter a batida constante. Você sempre pode acelerar à medida que se tornar mais confiante e proficiente em seu posicionamento e troca de acorde.

Tocando uma progressão do começo ao fim, você começa a desenvolver força na mão esquerda e calos na ponta de seus dedos. Tente (e tente... e tente...).

TOQUE AGORA!

Se quiser tocar uma música agora mesmo, você pode. Passe para a seção "Tocando Músicas com Acordes Maiores e Menores Básicos", no fim deste capítulo. Agora que já conhece os acordes soltos básicos na família A, você pode tocar "Kumbaya". Mande ver!

Acordes na Família D

Os acordes básicos que formam a família D são D, Em (pronuncia-se Mi menor), G e A. Portanto, a família D divide dois acordes básicos soltos com a família A (D e A) e introduz dois novos: Em e G. Como você já aprendeu a tocar D e A na seção anterior, só precisa trabalhar sobre mais dois acordes (abordados nas seções seguintes) para adicionar a família D inteira ao seu repertório: Em e G. Ouça "Here Comes The Sun", dos The Beatles, ou "Who Says", de John Mayer, para escutar o som da música que utiliza acordes da família D.

LEMBRE-SE

Menor descreve a qualidade de um tipo de acorde. Um acorde menor tem um som diferente daquele do acorde maior. Você pode caracterizar o som de um acorde menor como *triste, melancólico, assustador* ou até mesmo *nefasto*. Lembre-se de que a relação das notas que formam o acorde determina a qualidade do acorde. Um acorde que é nomeado pela letra maiúscula seguida por um pequeno "m" é sempre menor.

Digitando acordes da família D

A Figura 4-3 lhe mostra como montar os dois acordes básicos na família D que não estão na família A. Note que nenhumas das cordas em cada diagrama de acorde possuem um símbolo X, então você tem de tocar todas as cordas sempre que tocar um acorde G ou Em. Se você quiser, vá em frente e comemore arranhando sua palheta ou seus dedos da mão direita através das cordas em um grande *keraaaang*.

FIGURA 4-3: Os acordes Em e G. Perceba que todas as seis cordas estão disponíveis para tocar em cada acorde.

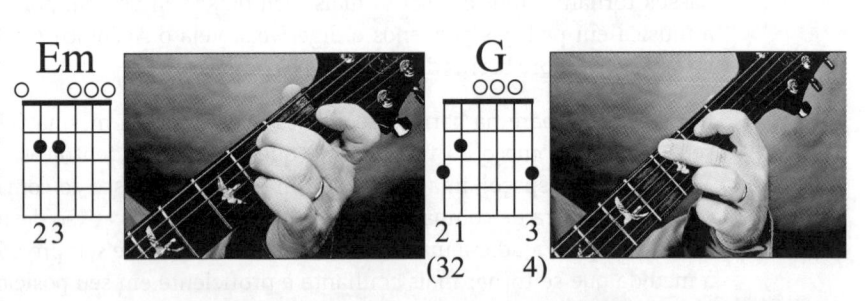

Ilustrações da Wiley, Serviços Gráficos de Composição; fotografias por cortesia de Jon Chappell

DICA

Tente o seguinte para aprender rapidamente como tocar Em e ouvir a diferença entre as qualidades dos acordes maiores e menores: toque E, que é um acorde maior, e então tire seu dedo indicador da 3ª corda. Agora você está tocando Em, que é a versão do acorde menor de E. Alternando entre os dois acordes, você pode facilmente ouvir a diferença em qualidade entre os acordes maior e menor.

PRATICANDO E FICANDO BOM

Pode soar óbvio dizer que quanto mais você pratica, melhor você fica, mas é verdade. No entanto, talvez o mais importante seja o seguinte conceito: *quanto mais você pratica, mais rápido você fica bom*. Embora não haja uma quantidade exata de tempo estipulada para praticar para "ficar bom", uma regra prática é treinar no mínimo 30 minutos todo dia. Também há um consenso de que praticar em intervalos regulares é melhor do que juntar o tempo equivalente da semana toda (digamos, três horas e meia) em uma seção prática.

Se, no início, você descobrir uma nova técnica difícil de ser dominada, atenha-se a ela até finalmente pegar o jeito. Para melhorar na guitarra, sugerimos o seguinte:

- **Separe um certo tempo para praticar todo dia.**
- **Junte-se com seus amigos que tocam guitarra e os coloque para ouvir o que você está fazendo.**
- **Crie um ambiente de prática onde você tenha privacidade, longe de distrações (TV, conversas, sua mãe chamando para jantar, e assim por diante).**
- **Assista a vídeos de guitarristas que toquem o tipo de música que você gosta e que você gostaria de aprender.**

Perceba também a posição alternativa para G (2-3-4 em vez de 1-2-3). À medida que suas mãos ganham força e tornam-se mais flexíveis, você precisa trocar para a posição 2-3-4 em vez da posição fácil e inicial 1-2-3 (a versão mostrada na Figura 4-3). Você pode trocar para outros acordes com mais facilidade e eficiência usando a posição 2-3-4 para G.

Tocando acordes da família D

Na Figura 4-4, você toca uma simples progressão de acorde usando acordes da família D. Perceba a diferença no toque desta figura em comparação ao da Figura 4-2.

- Na Figura 4-2, você toca cada corda quatro tempos por compasso. Cada dedilhado possui um pulso, ou batida.
- A Figura 4-4 divide o segundo toque de cada compasso (ou a segunda batida) em dois dedilhados — cima e baixo —, ambos os quais possuem juntos o tempo de uma batida, significando que você deve tocar cada dedilhado em duas batidas, duas vezes mais rápido do que você faz em dedilhado normal.

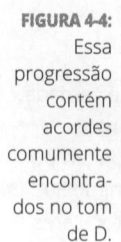

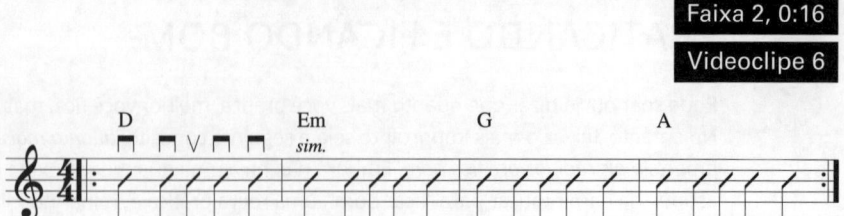

FIGURA 4-4: Essa progressão contém acordes comumente encontrados no tom de D.

Faixa 2, 0:16
Videoclipe 6

TOQUE ISSO!
O símbolo adicional ⊓ com o símbolo significa que você palheta para baixo, em direção ao chão, e V significa que você palheta para cima, em direção ao teto. (No entanto, se você tocar guitarra enquanto estiver de ponta cabeça, deve inverter essas duas últimas instruções.) O termo *sim.* é uma abreviação da palavra italiana símile, que lhe instrui a continuar tocando de uma maneira similar — nesse caso, a continuar dedilhando em um padrão *baixo, baixo-cima, baixo, baixo*. Você pode ver o movimento dos downstrokes e upstrokes no Videoclipe 6.

Se estiver usando apenas seus dedos para dedilhar, toque os upstrokes com as costas da unha do seu polegar sempre que você vir o símbolo V.

TOQUE AGORA!
Conhecer os acordes soltos básicos na família D (D, Em, G e A) permite que você toque uma música no tom de D agora mesmo. Se você passar para a seção "Tocando Músicas com Acordes Maiores e Menores Básicos", um pouco mais adiante neste capítulo, pode tocar a música "Swing Low, Sweet Chariot" agora mesmo. Vá lá!

Acordes na Família G

Ao aprender sobre famílias de acordes relacionados (como A, D e G), você leva seu conhecimento de família para família, pois já conhece alguns acordes devido a famílias anteriores. Os acordes básicos que formam a família G são G, Am, C, D e Em. Se você já conhece G, D e Em (que descrevemos nas seções precedentes, sobre as famílias A e D), pode tentar agora Am e C. Ouça "You've Got a Friend", de James Taylor, ou "Every Rose Has Its Thorn", do Poison, para escutar o som da música que leva acordes da família G.

Digitando acordes da família G

Na Figura 4-5, você vê os dedilhados para Am e C, os novos acordes que você precisa tocar na família G. Perceba que montar esses dois acordes é similar: cada um possui o dedo 1 sobre a 2ª corda, primeira casa, e o dedo 2 sobre a 4ª corda, segunda casa. (Somente o dedo 3 deve mudar — adicionando ou removendo-o — na troca entre esses dois acordes.) Ao mover entre esses acordes, mantenha esses dois primeiros dedos no lugar, sobre as cordas. Trocar acordes é sempre mais fácil se você não precisa mover todos os seus dedos para novas posições. As notas que diferentes acordes dividem são conhecidas como *notas comuns*. Perceba o *X* acima da 6ª corda em cada um desses acordes. Não toque aquela corda enquanto executar C ou Am (estamos falando sério!).

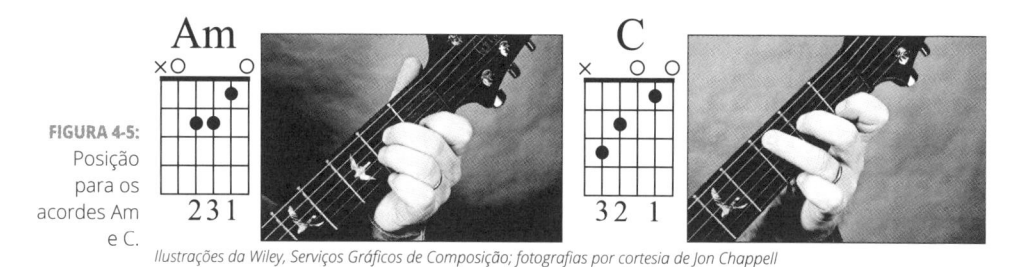

FIGURA 4-5: Posição para os acordes Am e C.

Ilustrações da Wiley, Serviços Gráficos de Composição; fotografias por cortesia de Jon Chappell

Tocando acordes da família G

A Figura 4-6 mostra uma progressão de acorde simples que você pode tocar usando acordes da família G. Toque essa progressão várias vezes até se acostumar a trocar acordes e a desenvolver aqueles calos na mão esquerda. Isso se torna mais fácil após um tempo. Nós prometemos!

TOQUE ISSO!

Perceba que, em cada compasso, você toca as batidas 2 *e* 3 baixo-cima. Ouça o CD para escutar esse som; veja o Videoclipe 7 para ver a figura tocada.

TOQUE AGORA!

Conhecer os acordes soltos básicos na família G (G, Am, C, D e Em) permite que você toque uma música no tom de G agora mesmo. Passe para a seção "Tocando Músicas com Acordes Maiores e Menores Básicos", um pouco mais adiante neste capítulo, e você poderá tocar "Auld Lang Syne".

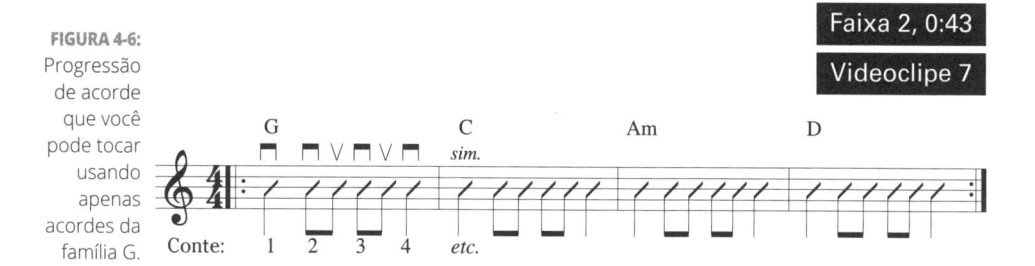

FIGURA 4-6: Progressão de acorde que você pode tocar usando apenas acordes da família G.

Faixa 2, 0:43
Videoclipe 7

CAPÍTULO 4 **Comece Dedilhando Acordes** 51

Acordes na Família C

A última família de acordes que precisamos abordar é a C. Algumas pessoas dizem que C é o tom mais fácil de ser tocado, porque C usa somente as notas de teclas brancas do piano em sua escala musical e, portanto, é como um ponto inicial da teoria musical — o ponto em que tudo (e, geralmente, todos) começam na música. Nós escolhemos deixar a família C por último neste capítulo porque ela é tão fácil que possui um monte de acordes em sua família — muitos para serem dominados de uma só vez.

Os acordes básicos que formam a família C são C, Dm, Em, F, G e Am. Se você praticou as seções precedentes sobre os acordes das famílias A, D e G, conhece C, Em, G e Am. (Caso contrário, verifique-os.) Então, nesta seção, você precisa aprender apenas mais dois acordes: Dm e F. Depois que tiver aprendido esses dois acordes adicionais, você conhecerá todos os acordes maiores e menores básicos que descrevemos neste capítulo. Ouça "Dust in the Wind", do Kansas, ou "The Boxer", de Simon & Garfunkel, para escutar o som da música que utiliza acordes da família C.

Digitando acordes da família C

Na Figura 4-7, você vê os novos acordes de que precisa para tocar na família C. Perceba que ambos acordes Dm e F possuem um segundo dedo sobre a terceira corda, segunda casa. Segure essa nota em comum conforme você troca entre esses dois acordes.

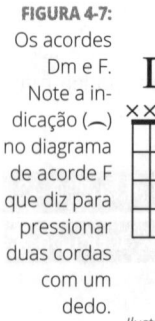

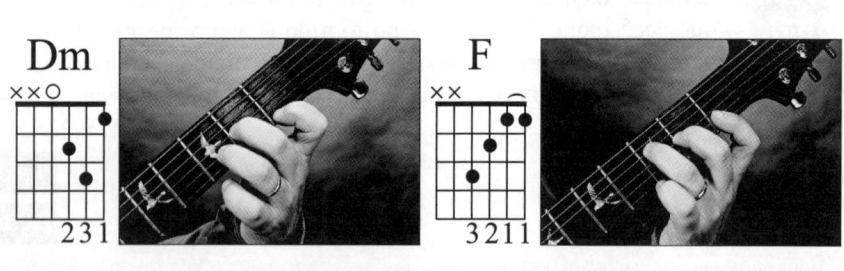

FIGURA 4-7: Os acordes Dm e F. Note a indicação (⌒) no diagrama de acorde F que diz para pressionar duas cordas com um dedo.

Ilustrações da Wiley, Serviços Gráficos de Composição; fotografias por cortesia de Jon Chappell

Muitas pessoas acham o acorde F o mais difícil de todos os acordes maiores e menores básicos a ser tocado. Isso acontece porque F não utiliza cordas soltas e também requer que se faça *pestana*. Uma pestana é o que você toca pressionando duas ou mais cordas de uma vez com um só dedo da mão esquerda. Para tocar um acorde F, por exemplo, você usa seu primeiro dedo para pressionar as 1ª e 2ª cordas na primeira casa simultaneamente.

DICA

Você deve exercer uma pressão extra no dedo para tocar com pestana. De início, você pode perceber que, conforme executa um acorde (toque apenas as quatro cordas de cima, como os X no diagrama do acorde indicam), escuta alguns trastejados ou cordas abafadas. Experimente mudar a posição de seu dedo indicador. Tente ajustar o ângulo do seu dedo ou tente girá-lo levemente para o lado. Continue tentando até descobrir a posição para seu primeiro dedo que permita que as quatro cordas soem claramente quando você as tocar.

Tocando acordes da família C

TOQUE ISSO!

A Figura 4-8 mostra uma progressão de acordes simples que você pode tocar usando acordes da família C. Toque a progressão várias vezes para se acostumar a trocar entre acordes nessa família e, claro, para ajudar a desenvolver aqueles sórdidos calinhos. O Videoclipe 8 mostra o movimento da mão esquerda para a figura sincopada no meio de cada haste.

Veja a Figura 4-8. Perceba a pequena linha curvada juntando a segunda metade da batida 2 à batida 3. Essa linha é conhecida como *ligadura*. Uma ligadura lhe diz para não tocar a segunda nota de duas notas ligadas (nesse caso, a primeira sobre a batida 3). Em vez disso, segure o acorde nessa batida (deixe soando) sem voltar a tocar com sua direita.

FIGURA 4-8: Progressão de acorde simples que você pode tocar usando acordes da família C.

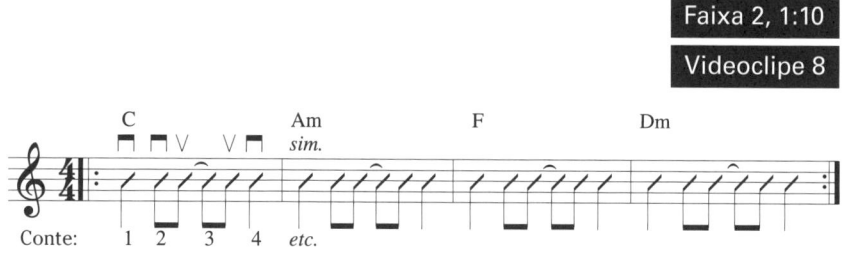

Faixa 2, 1:10
Videoclipe 8

TOQUE ISSO!

Ouça a Faixa 2 para escutar o som dessa execução. Esse leve efeito rítmico vibrante é um exemplo de *síncope*. Na síncope, o músico pode tocar uma nota (ou acorde) que você não esperava ouvir ou falhar ao tocar a nota (ou acorde) onde você esperava ouvi-la.

PAPO DE ESPECIALISTA

Você provavelmente espera tocar notas sobre as batidas (1, 2, 3, 4). Porém, no exemplo da Figura 4-8, você não toca nenhum acorde na batida 3. Essa variação no padrão da execução faz o acorde sobre a batida 2 ½ parecer *grifada* (ou, como os músicos dizem, *acentuada*). Essa acentuação interrompe o pulso normal (esperado) da música, resultando na ligadura da música. A síncope quebra o padrão regular de batidas e apresenta um elemento surpresa na música. O balanço entre expectativa e surpresa na música é o que prende o interesse de um ouvinte (bem, isso e a promessa de tira-gosto grátis no intervalo).

TOQUE AGORA! Para tocar uma música que use acordes da família C agora mesmo, passe para a música "Michael, Row the Boat Ashore", na próxima seção. Boa viagem!

Tocando Músicas com Acordes Maiores e Menores Básicos

Nesta seção é onde introduzimos a *música real* — você sabe, *canções*. Se os títulos aqui levarem-no de volta àqueles dias de fogueira de acampamento, nas distantes férias de sua juventude, não tenha medo, acampador jovem de alma. Embora pareçam simples, essas músicas ilustram princípios universais que podem ser levados a — será que devemos dizer isto? — gêneros musicais mais *descolados*. Aprenda primeiro sobre essas músicas e você logo estará pronto para tocar a música de sua escolha — nós prometemos!

PAPO DE ESPECIALISTA Você pode perceber que todos os exemplos de execução que providenciamos neste capítulo têm apenas quatro compassos. Aí você deve se perguntar: todos os exercícios devem ser limitados dessa maneira? Não, mas compositores, muito comumente, escrevem músicas em frases de quatro compassos. Portanto, o comprimento desses exercícios prepara você para passagens existentes em músicas reais. Você também pode perceber que cada exemplo de execução é em tempo 4/4, o que significa que cada compasso contém quatro batidas. Por algum motivo? A maioria das músicas populares contém quatro batidas por compasso, então o compasso 4/4 presente nos exercícios também prepara você para tocar músicas reais. (Veja o Apêndice A para maiores informações sobre compasso.)

Nos exemplos que podem ser encontrados nas seções anteriores a este capítulo, você toca cada acorde por um compasso inteiro. Porém, nesta seção de músicas atuais, você às vezes toca um acorde simples por mais de um compasso, e às vezes muda os acordes dentro de um compasso simples. Ouça as faixas de áudio para escutar o rimo de trocas de acorde conforme você segue o número de batida (1, 2, 3, 4) que aparece abaixo da pauta da guitarra.

DICA Depois que você puder tocar confortavelmente essas músicas, tente memorizá-las. Dessa forma, você não precisará ficar olhando para um livro enquanto tenta desenvolver seu ritmo.

DICA Se você enjoar dessas músicas — ou da forma como você as toca —, mostre-as a um amigo guitarrista e peça a ele para tocá-las usando os padrões de execução e posições de acorde que nós indicamos. Escutar outra pessoa tocando o ajudará a ouvir as músicas objetivamente e, se o seu amigo for talentoso, você poderá aprender um truque ou outro. Tente introduzir um pouco de *personalidade* em seu toque, mesmo que você esteja apenas dedilhando uma música folk.

Veja a seguir algumas informações especiais para ajudar a tocar as músicas desta seção:

» **Kumbaya:** Para tocar "Kumbaya" (a música da fogueira de acampamento mais conhecida), você precisa saber como tocar os acordes A, D e E (veja a seção "Tocando acordes da família A", no início deste capítulo), como tocar usando todos os downstrokes e como começar uma fogueira usando apenas dois gravetos e algumas folhas secas.

O primeiro compasso dessa música é conhecido como um compasso *aleatório*, o qual é incompleto, começando a música com uma ou duas batidas faltando — nesse caso, as duas primeiras. Durante o compasso aleatório, a guitarra mostra uma *pausa*, ou um silêncio musical. Não toque durante a pausa; comece a tocar sobre a sílaba *ya* na batida 1. Perceba também que estão faltando duas batidas na última barra — batidas 3 e 4. As batidas faltosas no último compasso permitem que você repita o compasso aleatório em toques repetidos da música e fazem aquele compasso combinar com o primeiro compasso incompleto, totalizando o requisito de quatro batidas.

» **Swing Low, Sweet Chariot:** Para tocar "Swing Low, Sweet Chariot", você precisa saber como tocar os acordes D, Em, G e A (veja a seção "Tocando acordes da família D", no início deste capítulo), como tocar baixo e baixo-cima e como cantar igual a James Earl Jones.

A música começa com uma batida aleatória e a guitarra tem uma pausa nessa batida. Perceba que a batida 2 dos compassos 2, 4 e 6 possui dois toques em vez de um. Palhete essas batidas para baixo e depois para cima (⊓ e V) com cada palhetada duas vezes mais rápida que uma palhetada normal.

» **Auld Lang Syne:** Para tocar "Auld Lang Syne", você precisa saber como tocar os acordes G, Am, C, D e Em (veja a seção "Tocando acordes da família D", no início deste capítulo), como tocar baixo e baixo-cima e o que "Auld Lang Syne" significa.

O compasso 8 é um pouco complicado, porque você toca três acordes diferentes no mesmo compasso (Em, Am e D). Na segunda metade do compasso, você troca de acordes a cada batida — uma batida por acorde. Pratique somente a troca do compasso 8 lentamente, várias vezes. Em seguida, toque a música.

Na troca entre G e C (compassos 4-6 e 12-19), dedilhar G com os dedos 2, 3 e 4 em vez de 1, 2 e 3 faz o acorde trocar mais fácil. Se você toca o acorde desse jeito, o segundo e o terceiro dedos formam uma camada que simplesmente se move sobre uma corda.

» **Michael, Row the Boat Ashore:** Para tocar "Michael, Row the Boat Ashore", você precisa saber como tocar os acordes C, Dm, Em, F e G (veja a seção "Tocando acordes da família C", no início deste capítulo), como trocar o dedilhado de colcheia sincopada (veja a seção "Tocando acordes da família C", no início deste capítulo) e o significado da palavra *hootenanny*.

TOQUE ISSO!

O padrão tocado aqui é *sincopado*. O toque que normalmente ocorre na batida 3 é *antecipado*, significando que, na verdade, vem metade de uma batida antes. Esse tipo de síncope dá à música um toque latino. Ouça a Faixa 6 para escutar o ritmo executado.

LEMBRE-SE

Nos acordes Dm e F, você não deve tocar as duas cordas menores (a 6ª e a 5ª). Para o acorde C, não toque a corda de baixo (a 6ª).

FAIXA 3 — Kumbaya

FAIXA 4 Swing Low, Sweet Chariot

CAPÍTULO 4 Comece Dedilhando Acordes

FAIXA 5 | **Auld Lang Syne**

58   PARTE 2   **Começando a Tocar: Princípios Básicos**

FAIXA 6 Michael, Row the Boat Ashore

[Partitura: Michael, Row the Boat Ashore — Voz e Guitarra]

Letra: Mi-chael, row the boat a-shore, al-le-lu-ia. Mi-chael, row the boat a-shore, al-le-lu-ia.

Acordes: C | F C Em | Dm C G C

Conte: 3 4 | 1 2 3 4 etc.

Divertindo-se com Acordes Maiores e Menores Básicos: A Progressão "Oldies"

Conforme prometemos na introdução deste capítulo, agora você pode tocar várias músicas populares, se souber os acordes maiores e menores básicos. Uma coisa legal que você pode fazer agora é tocar *oldies* — músicas do fim dos anos 1950 e início dos anos 1960, como "Earth Angel" e "Duke of Earl". Essas músicas são baseadas no que, às vezes, chamamos de *progressão oldies*. Uma progressão oldies é uma série de quatro acordes; eles são repetidos várias vezes para formar o acompanhamento da música.

LEMBRE-SE

Você pode tocar a progressão oldies em qualquer tom, mas os melhores tons de guitarra para a progressão oldies são C e G. No tom de C, os quatro acordes que formam a progressão são C-Am-F-G. No tom de G, os acordes são G-Em-C-D. Tente executar a progressão em cada tom tocando quatro palhetadas para baixo por acorde. Toque os quatro acordes várias vezes, na sequência dada. Se você precisar de ajuda com a montagem desses acordes, verifique a seção "Acordes na Família C" e "Acordes na família G", no início deste capítulo.

A diversão começa quando você canta oldies enquanto acompanha a si mesmo com uma progressão oldies. Conforme canta uma música particular, você encontrará o tom (C ou G) que melhor se adapta ao seu alcance (vocal), então utilize-o. Tocar oldies pode tornar-se viciante, mas a boa notícia é que, se não conseguir parar, você desenvolverá seus calos rapidamente.

TOQUE AGORA!

Para algumas músicas, você toca quatro batidas por acorde; para outras, você toca oito ou duas. A seguir, listamos algumas músicas que você pode tocar com a progressão oldies agora mesmo. Próximo a cada uma delas, mostramos quantas vezes você toca cada acorde. Não se esqueça de cantar. Divirta-se!

- **All I Have to Do Is Dream**: Dois toques por acorde
- **Breaking Up Is Hard to Do**: Dois toques por acorde
- **Denise**: Dois toques por acorde
- **Duke of Earl**: Quatro toques por acorde
- **Earth Angel**: Dois toques por acorde
- **Hey Paula**: Dois toques por acorde
- **A Hundred Pounds of Clay**: Quatro toques por acorde
- **In the Still of the Night** (aquela do Five Satins, não a do Cole Porter): Quatro toques por acorde
- **Little Darlin'**: Oito toques por acorde
- **Please, Mr. Postman**: Oito toques por acorde
- **Runaround Sue**: Oito toques por acorde
- **Sherry**: Dois toques por acorde
- **Silhouettes**: Dois toques por acorde
- **Take Good Care of My Baby**: Quatro toques por acorde
- **Tears on My Pillow**: Dois toques por acorde
- **Teenager in Love**: Quatro toques por acorde
- **There's a Moon Out Tonight**: Dois toques por acorde
- **You Send Me**: Dois toques por acorde

> **NESTE CAPÍTULO**
>
> Entendendo como ler tablatura
>
> Usando o posicionamento correto da mão esquerda
>
> Usando estilos alternados de palhetada
>
> Tocando músicas com notas simples

Capítulo 5

Tocando Melodias — Sem Ler Música!

A maioria dos livros sobre guitarras apresenta melodias como uma forma de ensinar a ler música. De fato, a meta principal da maioria dos livros sobre guitarras não é ensinar a tocar guitarra no mundo real, mas ensinar a ler música através da guitarra. A diferença é significativa.

Se você aprende a tocar guitarra através de um livro, pode eventualmente tocar músicas de ninar em semínimas e mínimas perfeitas. Porém, se você aprende a tocar como a maioria dos guitarristas aprende — com amigos lhe mostrando licks ou usando seu ouvido —, você pode vir a tocar "Smoke on the Water", "Sunshine of Your Love", "Blackbird" e o repertório inteiro de Neil Young. Tudo isso mostra que você *não precisa ler música para tocar guitarra*.

Certo, então talvez ler música seja uma habilidade válida. No entanto, o propósito deste capítulo não é ensiná-lo a ler; é ensiná-lo a tocar. Se precisarmos lhe mostrar um lick, usaremos a *tablatura* — um sistema de notação especial designado especialmente para mostrar *como você toca guitarra*. Ou o encaminharemos às faixas de áudio e videoclipes para que você possa ouvir a batida. Ou ambos.

Nós oferecemos melodias neste capítulo principalmente para que você possa acostumar suas mãos a tocar notas simples. Dessa forma, quando decidir que quer tocar como um guitarrista *de verdade* — alguém que combina acordes, melodias, riffs e licks em um todo —, você estará pronto para arrasar.

Nota: Por falar nisso, um *lick* é uma frase pequena, melódica, muitas vezes composta imediatamente e tocada uma só vez. Um *riff* é uma frase curta e melódica, composto frequentemente para ser a figura de acompanhamento principal na música (como em "Você consegue tocar o riff de 'Day Tripper'?").

Lendo Tablatura

DICA

Os números na tablatura (ou *tab*) lhe dizem quais casas sobre quais cordas pressionar com sua mão esquerda. Um 0 indica uma corda solta. Ouvindo as faixas de áudio ou assistindo aos videoclipes, você pode escutar quando tocar essas notas. E só para assegurar, de modo completamente redundante, também incluímos a notação padrão pelas seguintes razões:

- Para pessoas que já leem música
- Para pessoas que planejam ler o Apêndice A (sobre como ler música) e aplicar o que leram ali
- Para pessoas que querem desenvolver gradualmente a habilidade de ler música (pelo menos por osmose, se não estudando rigorosamente) ao ouvir as faixas de áudio ou assistir aos videoclipes e seguir junto com a notação de ritmo
- Para nós, os autores, que recebemos por página

Nas próximas seções, daremos detalhes sobre como ler a tablatura de cima para baixo e da esquerda para direita.

Começando do alto

A música presente neste livro possui uma pauta dupla: notação padrão de música na parte superior e tab na parte inferior.

- A pauta superior é para os leitores de música ou para as pessoas interessadas em notação padrão.
- A pauta inferior mostra a mesma informação (menos o ritmo), mas em números tab.

LEMBRE-SE

A pauta funciona da seguinte maneira:

» A linha superior da pauta representa a corda *superior* da guitarra (E agudo ou "Mizinho"). Esse posicionamento das cordas na pauta pode momentaneamente confundi-lo, porque a corda superior na pauta — a 1ª — é, na verdade, a corda próxima ao chão quando você segura a guitarra em posição de tocar. No entanto, acredite em nós, o arranjo é mais intuitivo dessa maneira e, após você ter se acostumado, não pensará nisso novamente.

Por falar nisso, se você segurar a guitarra plana em seu colo, com o braço virado para o teto, a 1ª corda é a corda mais distante de você, assim como a linha superior quando você vê a pauta na página.

» A segunda linha tab a partir da superior representa a 2ª corda (B) e assim por diante para baixo até a linha tab inferior, que representa a 6ª corda (E grave ou "Mizão") da guitarra.

» Na tab de guitarra, as linhas representam cordas e os números representam casas. A tab não dirá, porém, quais dedos da mão esquerda usar. (Nem a notação padrão, por falar nisso.) No entanto, falaremos mais sobre o posicionamento dos dedos adiante.

Da esquerda para a direita

Assim como em leitura de texto ou de música, em leitura tab, você começa da esquerda e segue até a direita. Usando a Figura 5-1 como exemplo, comece com a primeira nota, a qual você toca na primeira casa da 2ª corda. A colocação do número tab na segunda linha a partir da superior lhe diz para tocar a corda B — a próxima junto ao E agudo ou "Mizinho" — e o número 1 lhe diz para colocar seu dedo na primeira casa. Vá em frente e toque aquela nota, e então siga para a próxima, que é também sobre a 2ª corda, primeira casa. Continue e toque as notas em ordem, até chegar ao fim. (Não se preocupe agora com os símbolos sobre os números; nós os explicaremos mais tarde, na seção "Usando Palhetadas Alternadas", ainda neste capítulo.)

TOQUE ISSO!

As linhas verticais que aparecem na tablatura após algumas notas são *barras de compasso*. Elas dividem a pauta em pequenas unidades de tempo, chamadas de *medidas* ou *compassos*. Os compassos ajudam você a contar batidas e quebrar a música em unidades menores e mais manejáveis. Na Figura 5-1, você vê quatro compassos de quatro batidas cada. Veja o Apêndice A para maiores informações sobre batidas e compassos.

FIGURA 5-1:
Uma melodia em notação padrão e tab. As linhas tab representam cordas e os números sobre as linhas representam números da casa.

Faixa 7

Videoclipe 9 & 10

Conte: 1 2 3 4 1 2 3 4 1 2 3 4 1 2 3 4

LEMBRE-SE

Depois que tiver entendido o conceito de superior versus inferior e esquerda versus direita na pauta e também tiver entendido que as linhas significam cordas e que os números sobre as linhas indicam a posição da casa, você pode ouvir as faixas de áudio, assistir aos videoclipes e facilmente seguir (e tocar) a tab. As duas mídias, digital e impressa, servem para reforçar uma a outra. Se você ainda não percebeu, está aprendendo a tocar guitarra à maneira multimídia. (Mande--nos um e-mail com seu comprovante de compra e nós enviaremos para você um anel decodificador e óculos de realidade virtual! Brincadeira!)

Controlando a Digitação da Mão Esquerda

Após ter entendido como ler a tablatura de guitarra, você sabe quais casas pressionar, mas pode ainda não ter ideia sobre quais dedos usar para pressionar as casas. Bem, nós podemos esclarecer isso rapidamente. Normalmente, você não precisa de nenhuma notação para alertá-lo sobre quais dedos usar, porque frequentemente toca em posição. Acompanhe nosso raciocínio por um instante.

Uma posição sobre a guitarra é um grupo de quatro casas consecutivas; por exemplo, casas 1, 2, 3, 4 ou 5, 6, 7, 8. A primeira casa em uma série de quatro marca o início de uma nova posição; por exemplo, casas 2, 3, 4 e 5, casas 3, 4, 5, 6 e assim por diante também são posições. No entanto, a maneira mais fácil de tocar melodias na guitarra é tocá-las na *primeira* ou *segunda posição* — isto é, usando casas 1 até 4 ou casas 2 até 5 —, porque essas posições estão próximas à pestana, permitindo a você utilizar facilmente as cordas soltas, bem como as notas pressionadas na hora de tocar uma melodia.

Posição solta consiste na combinação de todas as cordas soltas mais as notas na primeira ou segunda posição — assim como os acordes que você toca baixo no braço usando cordas soltas (A, D, Em e assim por diante) são conhecidos como *acordes soltos*. (Para maiores informações sobre acordes soltos, verifique o Capítulo 4.)

LEMBRE-SE Em qualquer posição, cada dedo toca as notas de uma casa específica — e só daquela casa. O dedo indicador sempre toca as notas da casa mais baixa nessa posição (*mais baixa* significa próximo à pestana ou nut), com os outros dedos cobrindo as outras casas em ordem sequencial. Na primeira posição, por exemplo, os números da casa correspondem aos dedos — o primeiro dedo (o dedo indicador) toca as notas da primeira casa; o segundo dedo (o dedo médio) toca as notas na segunda casa; e assim por diante. Usar um dedo por casa permite a você trocá-los entre as notas rapidamente.

DICA Conforme você toca as melodias de posição solta presentes neste capítulo, assegure-se de pressionar os dedos da mão esquerda para baixo corretamente, como visto a seguir:

» Pressione para baixo sobre a corda com a ponta do seu dedo um pouco *antes* do traste (em direção à pestana);

» Mantenha a última junta do dedo perpendicular (ou tão próximo do perpendicular quanto possível) à escala.

Usando Palhetadas Alternadas

Quando você toca uma música, usa ambas as mãos ao mesmo tempo. Após ter entendido quais notas pressionar com sua mão esquerda, você precisa saber como tocar as cordas com a direita.

DICA Você pode usar tanto uma palheta quanto os dedos da sua mão direita para tocar notas simples; neste momento, utilize uma palheta, segurando-a firmemente entre o polegar e o dedo indicador (perpendicular ao polegar, apenas com a ponta para fora). Verifique o Capítulo 3 para maiores informações sobre como segurar a palheta. (Nós discutimos sobre tocar com os dedos nos Capítulos 13 e 14.)

Palhetadas alternadas é a técnica de palhetar com a mão direita que utiliza ambos *downstrokes* (em direção ao chão) e *upstrokes* (em direção ao teto). A vantagem da palhetada alternada é que você pode tocar notas sucessivas rapidamente, de uma maneira suave e fluente. Notas simples que você precisa tocar relativamente rápido quase sempre requerem palhetadas alternadas.

Tente a seguinte experiência:

1. **Segure sua palheta entre seu polegar e o dedo indicador da mão direita.**

   Novamente, veja o Capítulo 3 para maiores informações sobre como segurar a palheta.

2. **Usando apenas downstrokes, palhete a 1ª corda solta repetidamente tão rápido quanto possível (baixo-baixo-baixo-baixo e assim por diante).**

   Tente tocar de modo tão suave e regular quanto possível.

3. **Agora tente a mesma coisa, mas alternando downstrokes e upstrokes (baixo-cima-baixo-cima e assim por diante).**

   Esse movimento alternante parece muito mais rápido e suave, não acha?

A razão pela qual você pode tocar mais rápido com palhetadas alternadas é clara. Para tocar dois downstrokes sucessivos, você precisaria trazer a palheta de volta para cima da corda E *de qualquer forma*. Porém, ao palhetar a corda com a palheta no caminho de volta (usando um upstroke) em vez de evitá-la, você pode aumentar sua velocidade.

Verifique para assegurar que você entendeu o conceito de palhetada alternada seguindo os dois próximos passos. Os símbolos para um downstroke e para um upstroke são os mesmos utilizados no Capítulo 4.

Para tocar um downstroke (o símbolo ⊓ sobre a tab), siga estes passos:

1. **Comece com a palheta levemente acima da corda (no lado do teto).**
2. **Toque a corda em um movimento descendente (em direção ao chão).**

Para tocar um upstroke (o símbolo V sobre a tab), siga estes passos:

1. **Comece com a palheta sob a corda (no lado do chão).**
2. **Toque a corda em um movimento ascedente (em direção ao teto).**

TOQUE ISSO! A melodia no exemplo da pauta que nós lhe mostramos na Figura 5-1 é, na verdade, aquela de "Old MacDonald Had a Farm". Tente tocar aquela melodia para ver como soa. Primeiro, toque a melodia lentamente, usando apenas downstrokes. Em seguida, toque rapidamente usando palhetadas alternadas, conforme indicam os símbolos acima da pauta. Confira o seu trabalho com a palheta de acordo com o Videoclipe 10. Uma palheta aqui, outra ali, não deixe a palheta sumir...

Tocando Músicas com Melodias Simples

No Capítulo 4, todas as músicas que você toca são em tempo 4/4. As músicas deste capítulo, por outro lado, estão em vários compassos. (O *compasso* indica o número de batidas por compasso: 4, 3, 2 e assim por diante; veja o Apêndice A para maiores informações sobre batidas e compassos.) Você deve tocar todas essas músicas em posição solta. (Veja a seção "Controlando a Digitação da Mão Esquerda", no início deste capítulo.)

Você provavelmente já conhece as músicas deste capítulo, mas nunca pensou sobre elas em um sentido musical — em que compasso elas estão e que ritmo usam — e certamente nunca pensou em "I-A-I-A-Ô" como downstrokes e upstrokes alternados.

LEMBRE-SE

O fato que várias supostas músicas folk simples — melodias sobre as quais você nunca pensou duas vezes antes — agora fazem-no sentir-se lento e desajeitado conforme tenta tocá-las é um pouco desanimador. No entanto, tocar guitarra é um esforço cumulativo. Cada técnica que você adquire, mesmo que pratique em "Little Brown Jug", aplica-se a *todas* as músicas que utilizam essas mesmas técnicas, desde Van Morrison até Beethoven, de "Moondance" a "Moonlight Sonata". Não desista da parte técnica, e o resto virá a seguir.

Aqui estão algumas informações úteis sobre as músicas para ajudá-lo:

» **Little Brown Jug**: Para tocar essa música, você precisa saber como contar duas batidas por compasso (veja o Apêndice A), como colocar notas na primeira posição (veja a seção "Controlando a Digitação da Mão Esquerda", no início deste capítulo) e como fazer uma música sobre estar bêbado parecer adequada para criancinhas.

Essa música possui apenas duas batidas por compasso (e não quatro). O compasso (2/4) lhe diz isso. Toque todas as notas pressionadas na primeira posição usando os mesmos dedos da mão esquerda numerados como números da casa — isto é, use o primeiro dedo para a primeira casa, o segundo dedo para a segunda casa, e assim por diante. Siga as indicações ⊓ e V acima dos números tab para downstrokes e upstrokes. O *sim.* significa que deve continuar no mesmo padrão de palhetada para o resto da música.

» **On Top of Old Smoky:** Para tocar essa música, você precisa saber como contar três batidas por compasso (veja o Apêndice A), como colocar notas na primeira posição (veja a seção "Controlando a Digitação da Mão Esquerda", no início deste capítulo) e como fazer uma música sobre infidelidade soar inocente e bem-humorada.

Essa velha favorita possui três batidas por compasso, conforme o compasso (3/4) indica. Ela está em posição solta — aquela que combina primeira posição com cordas soltas. Utilize os mesmos números dos dedos para pressionar conforme o número da casa indicada. Nós não indicamos nenhum símbolo para a palhetada para cima e para baixo nessa música; utilize seu próprio julgamento e palhete as notas da música da maneira que pareça mais natural para você. Algumas dessas notas podem ser tocadas usando tanto upstrokes quanto downstrokes.

» **Swanee River:** Para tocar essa música, você precisa saber como contar quatro batidas por compasso (veja o Apêndice A), como colocar notas na segunda posição (veja a seção "Controlando a Digitação da Mão Esquerda", no início deste capítulo) e como soar politicamente correto enquanto toca uma música sobre escravidão.

Essa antiga melodia sobre o Sul dos Estados Unidos possui quatro batidas por compasso, conforme o compasso 4/4 indica. Toque essa música usando a posição aberta que combina a *segunda posição* com as cordas soltas — isto é, seu primeiro dedo toca as notas sobre a segunda casa, seu segundo dedo toca as notas da terceira casa e seu terceiro dedo toca as notas do quarto traste.

CUIDADO

Você também pode tocar a música usando a *primeira posição* com cordas soltas, mas tocá-la dessa forma é muito difícil. (Dedos 1 e 3 são mais fortes do que 2 e 4.) Tente, se você não acredita em nós. Viu só — nós lhe dissemos! (Ah, e veja a seção "Controlando a Digitação da Mão Esquerda", no início deste capítulo, se você não sabe que posições está tocando.)

Veja os símbolos para as palhetadas para cima e para baixo sobre a pauta. Toque downstrokes (⊓) para as notas que caem sobre as batidas e upstrokes (V) para as notas que caem entre as batidas. Novamente, *sim*. Significa continuar tocando aquele mesmo padrão palhetado até o fim.

PAPO DE ESPECIALISTA

A propósito, o atual título da música é "Old Folks at Home", mas a maioria das pessoas a chama apenas de "Swanee River". (É a música que desconcertou Ralph Kramden no jogo *The $99,000 Answer* naquele antigo episódio de *Honeymooners,* um antigo seriado americano. A melodia foi escrita por Stephen Foster — e não Ed Norton!)

FAIXA 8 Little Brown Jug

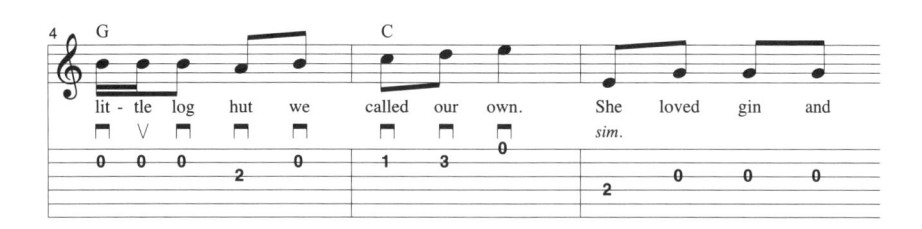

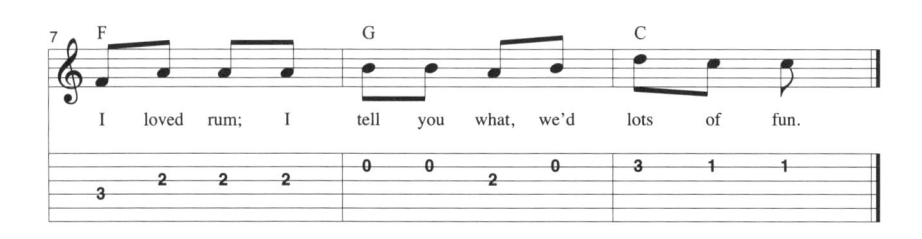

FAIXA 9 On Top of Old Smoky

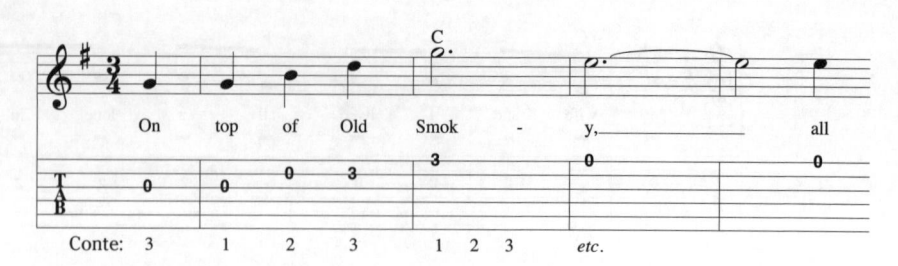

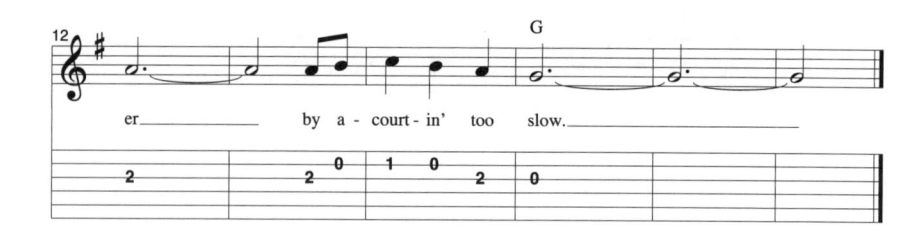

Conte: 3 1 2 3 1 2 3 *etc.*

70   PARTE 2 Começando a Tocar: Princípios Básicos

FAIXA 10 **Swanee River (Old Folks at Home)**

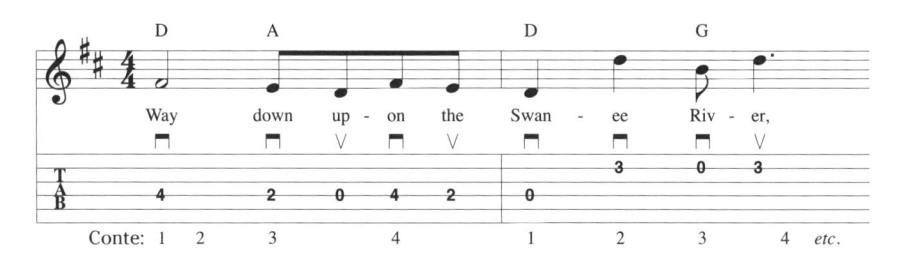

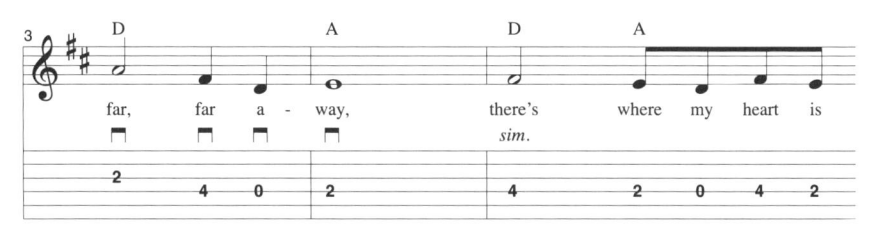

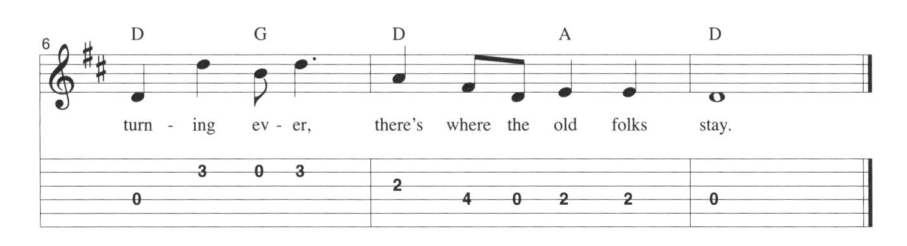

CAPÍTULO 5 Tocando Melodias — Sem Ler Música!

> **NESTE CAPÍTULO**
>
> Tocando acordes de 7ª da dominante, menor e maior
>
> Tocando músicas que utilizam os acordes de 7ª
>
> Divertindo-se com os acordes de 7ª

Capítulo 6

Adicionando Algum Tempero com Acordes de 7ª

Neste capítulo, nós lhe mostraremos como tocar os *acordes de 7ª* de posição solta. Acordes de 7ª não são mais difíceis de tocar do que os simples acordes maiores ou menores que descrevemos no Capítulo 4, mas seu *som* é mais complexo do que os acordes maiores e menores (porque eles são compostos de quatro notas diferentes, em vez de três) e seu uso na música é um pouco mais especializado.

Essa situação é como a das facas em sua cozinha. Qualquer faca grande e afiada pode cortar tanto a pizza quanto o abacaxi, mas, depois de gastar muito tempo fazendo ambos, você perceberá que precisa usar uma faca gizmo laminada circular para a pizza e um cutelo para o abacaxi. Esses utensílios podem não ser tão versáteis nem tão populares quanto suas facas comuns, mas, se você estiver fazendo uma pizza havaiana, essa é a melhor opção. Quanto mais suas habilidades culinárias se desenvolvem, mais você aprecia cutelaria especializada. E quanto mais suas habilidades auditivas se desenvolvem, mais você entende onde substituir acordes de 7ª com os acordes maiores e menores mais comuns. Os diferentes acordes de 7ª podem fazer o blues soar "mais blues" e o jazz soar "mais jazz".

Os acordes de 7ª vêm em diversas variedades e cada tipo possui um som, ou qualidade, diferente. Neste capítulo, apresentamos os três tipos de acordes de 7ª mais importantes que você encontra ao tocar guitarra — 7ª da dominante, 7ª menor e 7ª maior.

Acordes de 7ª da Dominante

Dominante parece um nome divertido e técnico para um acorde que é chamado por um simples "sete" se você agrupá-lo com um símbolo de acorde com nome de letra. Se você diz apenas C7 ou A7, por exemplo, está se referindo ao acorde de 7ª da dominante.

PAPO DE ESPECIALISTA

Na verdade, o termo *dominante* refere-se ao 5º grau da escala maior — mas não se preocupe sobre a teoria.

O mais importante é chamar os acordes de "7ª da dominante" meramente para distingui-los de outros tipos de acordes de 7ª (7ª menor e 7ª maior). Perceba, também, que o termo *dominante* não tem nada a ver com roupas de couro e colares pontudos. Você pode ouvir o som de 7ª da dominante nas músicas "Wooly Bully", de Sam the Sham and the Pharaohs, e "I Saw Her Standing There", dos The Beatles.

D7, G7 e C7

Os acordes D7, G7 e C7 estão entre os mais comuns das 7ª da dominante soltas. (Para maiores informações sobre acordes soltos, veja o Capítulo 4.) A Figura 6-1 mostra diagramas desses três acordes que os guitarristas frequentemente utilizam juntos para tocar músicas.

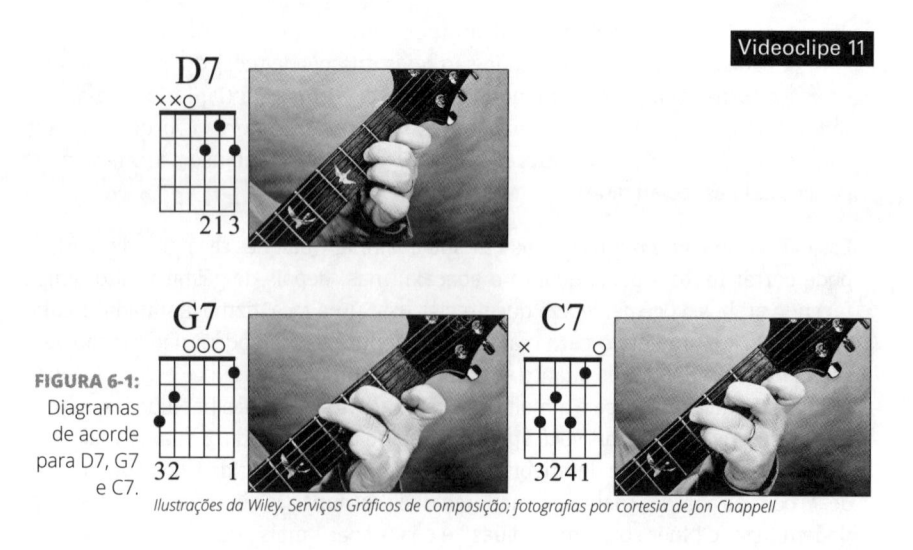

FIGURA 6-1: Diagramas de acorde para D7, G7 e C7.

Ilustrações da Wiley, Serviços Gráficos de Composição; fotografias por cortesia de Jon Chappell

Se você já sabe como tocar C (o qual nós introduzimos no Capítulo 4), pode formar C7 adicionando seu mindinho sobre a 3ª corda (na terceira casa).

Note os X sobre a 5ª e 6ª cordas do acorde D7. Não toque essas cordas. Da mesma forma, para o acorde C7, não toque a 6ª corda. Confira o movimento da mão direita no Videoclipe 11 para observar como a sua mão direita deveria ficar.

Pratique a sequência D7, G7 e C7. Você não precisa de música escrita para esse exercício, então é uma questão de honra fazê-lo. Tente tocar D7 quatro vezes, G7 quatro vezes e, então, C7 quatro vezes. Você precisa acostumar sua mão esquerda para sentir os acordes e trocar entre eles.

Se você quiser tocar uma música agora mesmo usando esses novos acordes, passe para a seção "Músicas com Acordes de 7ª", mais adiante neste capítulo. Você pode tocar "Home on the Range" com os acordes que conhece.

E7 (a versão de dois dedos) e A7

Mais dois acordes de 7ª que você geralmente usa juntos para tocar músicas são os acordes E7 e A7. A Figura 6-2 mostra como tocar esses dois acordes soltos de 7ª.

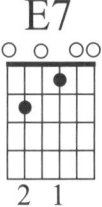

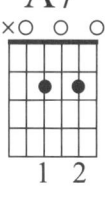

FIGURA 6-2: Diagramas de acorde para E7 e A7.

Ilustrações da Wiley, Serviços Gráficos de Composição; fotografias por cortesia de Jon Chappell

Se você sabe como tocar E (verifique o Capítulo 4), pode formar E7 simplesmente removendo seu 3º dedo da 4ª corda.

Essa versão do acorde de 7ª, como a figura mostra, utiliza somente dois dedos. Você também pode tocar uma posição solta do acorde E7 com quatro dedos (conforme descrevemos na seção seguinte). Por ora, no entanto, toque a versão de dois dedos, porque é mais fácil de pressionar rapidamente, especialmente se você estiver começando.

Pratique E7 e A7 tocando cada acorde quatro tempos, trocando entre eles. Lembre-se de evitar tocar na 6ª corda sobre o acorde A7.

Se você quiser tocar uma música que utilize esses dois novos acordes soltos de 7ª agora mesmo, passe para a seção "Músicas com Acordes de 7ª", mais adiante neste capítulo, e toque "All Through the Night".

E7 (a versão de quatro dedos) e B7

Dois dos mais populares acordes de 7ª de posição solta são a versão de quatro dedos do acorde E7 e o acorde B7. A Figura 6-3 mostra como tocar os acordes E7 de quatro dedos e B7. A maioria das pessoas pensa que esse E7 possui um voicing (arranjo vertical das notas) melhor do que o E7 de dois dedos. Muitas vezes, o acorde B7 é usado junto do E7 para tocar algumas músicas. Lembre-se de evitar tocar na 6ª corda sobre o acorde B7.

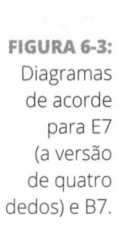

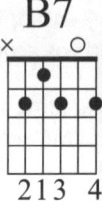

FIGURA 6-3: Diagramas de acorde para E7 (a versão de quatro dedos) e B7.

Ilustrações da Wiley, Serviços Gráficos de Composição; fotografias por cortesia de Jon Chappell

DICA

Se você já sabe como tocar E (veja o Capítulo 4), pode formar esse E7 simplesmente adicionando seu mindinho sobre a 2ª corda (na terceira casa).

Pratique esses acordes tocando cada um quatro tempos, trocando entre eles. Enquanto isso, perceba que seu segundo dedo toca a mesma nota na mesma casa em cada acorde — aquele na segunda casa da 5ª corda. Essa nota é um *tom comum* (isto é, comum a ambos os acordes). Trocando entre os dois acordes, mantenha o dedo para baixo segurando a 5ª corda — fazendo isso a troca fica mais fácil.

DICA

Sempre pressione as notas comuns quando estiver trocando de acordes. Elas produzem uma âncora de estabilidade para a sua mão esquerda.

TOQUE AGORA!

Para usar esses acordes em uma música agora mesmo, passe para a seção "Músicas com Acordes de 7ª", mais adiante neste capítulo, e toque "Over the River and Through the Woods".

Acordes de 7ª Menor — Dm7, Em7 e Am7

Os acordes de 7ª menor diferem dos acordes da 7ª da dominante em seu caráter mais macio e com mais jazz. Os acordes de 7ª menor são aqueles que você ouve em "Moondance", do Van Morrison, e nos versos de "Light My Fire", do The Doors.

A Figura 6-4 mostra diagramas para os três acordes de 7ª menor (m7) de posição solta: Dm7, Em7 e Am7. (Veja o Capítulo 9 e o Apêndice B para mais informações sobre acordes de 7ª menor.)

FIGURA 6-4: Diagramas de acorde para Dm7, Em7 e Am7.

Ilustrações da Wiley, Serviços Gráficos de Composição; fotografias por cortesia de Jon Chappell

Perceba que o Dm7 utiliza *pestana* de duas cordas — isto é, você pressiona duas cordas com um único dedo (o primeiro dedo, nesse caso) na primeira casa. Fazendo um leve ângulo com seu dedo ou girando-o para o lado pode ajudá-lo a pressionar essas notas firmemente e eliminar quaisquer trastejados quando você tocar o acorde. As 6ª e 5ª cordas possuem um X sobre elas. Não toque essas cordas enquanto toca.

DICA Você toca o acorde Am7 praticamente como o acorde C que nós mostramos no Capítulo 4; apenas erga seu terceiro dedo para fora do acorde C — e você tem o acorde Am7. Trocando entre os acordes C e Am7, lembre-se de pressionar as duas notas comuns com seus primeiro e segundo dedos. Dessa forma, você pode trocar entre os acordes muito mais rápido. E, se você sabe como tocar um acorde F (veja o Capítulo 4), pode formar Dm7 simplesmente removendo seu terceiro dedo.

Acordes de 7ª Maior — Cmaj7, Fmaj7, Amaj7 e Dmaj7

Os acordes de 7ª maior diferem dos acordes de 7ª da dominante e dos acordes de 7ª menor em seu caráter alegre e jazzy. Você pode ouvir esse tipo de acorde no início de "Ventura Highway", do America, "Don't Let the Sun Catch You Crying", de Gerry and the Pacemakers, e "Hard Shoulder", de Mark Knopfler.

A Figura 6-5 mostra quatro acordes de 7ª maior (maj7) de posição solta. (Para mais informações sobre acordes de 7ª maior, verifique o Capítulo 9 e o Apêndice B.)

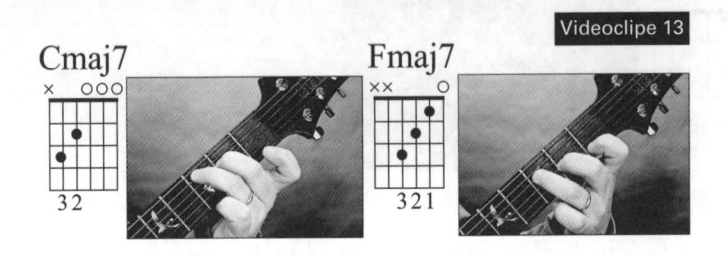

FIGURA 6-5: Diagramas de acorde para Cmaj7, Fmaj7, Amaj7 e Dmaj7.

Ilustrações da Wiley, Serviços Gráficos de Composição; fotografias por cortesia de Jon Chappell

TOQUE ISSO! Note que o Dmaj7 utiliza uma pestana de três cordas com o primeiro dedo. Girar o primeiro dedo levemente para o lado faz com que o acorde seja mais fácil de ser tocado. Veja o Videoclipe 13 para ter certeza de que a posição do seu primeiro dedo está igual à do vídeo. Não toque as 6ª e 5ª cordas conforme você toca Dmaj7 ou Fmaj7 (veja o X nos diagramas da Figura 6-5). E não toque a 6ª corda sobre Amaj7 ou Cmaj7.

DICA Movendo entre Cmaj7 e Fmaj7, perceba que o segundo e o terceiro dedos movem-se como uma forma fixa sobre as cordas na troca entre esses acordes. O primeiro dedo não pressiona qualquer corda no acorde Cmaj7, mas mantenha-o torcido e equilibrado sobre a primeira casa da 2ª corda para que você possa trazê-lo levemente para baixo ao trocar para o Fmaj7.

Pratique trocando (tocando quatro tempos cada um) entre Cmaj7 e Fmaj7 e entre Amaj7 e Dmaj7.

TOQUE AGORA! Para usar esses acordes em uma canção agora mesmo, confira a próxima seção e toque "It's Raining, It's Pouring" e "Oh, Susanna".

Músicas com Acordes de 7ª

Ouça as faixas de áudio para ouvir o ritmo de execução dessas músicas conforme você segue a notação da batida no som da guitarra. Se tiver dificuldade de lembrar como tocar os acordes, pegue a cola presente no início do livro e consulte a parte de trás para ver algumas dicas. Não tente tocar a linha vocal. Ela é apenas uma referência.

Aqui estão algumas informações úteis sobre as músicas para ajudá-lo:

» **Home on the Range:** Para tocar "Home on the Range", você precisa saber como tocar os acordes C, C7, F, D7 e G7 (veja o Capítulo 4 para os acordes de C e F e a seção "Acordes de 7ª da Dominante", anteriormente neste capítulo, para os outros), como tocar um padrão "bass strum strum" e como uivar como um coiote.

Na música, você vê as palavras *bass strum strum* sobre as batidas de ritmo. Em vez de simplesmente tocar o acorde com três batidas, toque apenas a nota mais grave do acorde sobre a primeira batida e então execute as notas restantes do acorde sobre as batidas 2 e 3. O *sim.* significa tocar esse padrão do começo ao fim.

» **All Through the Night:** Para tocar "All Through the Night", você precisa saber como tocar os acordes D, E7 (use a versão de dois dedos para essa música), A7 e G (veja o Capítulo 4 para os acordes de D e G e a seção sobre os acordes E7 e A7, anteriormente neste capítulo), como ler sinais repetidos e como ficar acordado durante essa musiquinha sonolenta.

Na música, você vê *sinais repetidos*, os quais lhe dizem para tocar certos compassos duas vezes (nesse caso, você toca compassos 1, 2, 3, 4, e então compassos 1, 2, 3, 5). Um sinal repetido consiste de uma linha vertical grossa e uma linha vertical fina (de um lado a outro da pauta) com dois pontos próximos a elas. Um sinal repetido que marca o *início* de uma sessão a ser repetida tem os pontos à direita das linhas verticais. Você vê isso no início do compasso 1. Um sinal repetido que marca o *fim* de uma sessão a ser repetida tem os pontos à *esquerda* das linhas verticais, como no fim do compasso 4.

» **Over the River and Through the Woods:** Para tocar "Over the River and Through the Woods", você precisa saber como tocar os acordes A, D, E7 (use a versão de quatro dedos) e B7 (veja o Capítulo 4 para os acordes de A e D e a seção sobre a versão de quatro dedos de E7 e B7, anteriormente neste capítulo), como tocar em tempo 6/8 (veja o parágrafo seguinte) e o caminho para a casa da vovó (no caso do seu cavalo tropeçar e você precisar abandoná-lo).

O compasso 6/8 possui um ritmo alegre — como se a música galopasse ou mancasse. "When Johnny Comes Marching Home Again" é outra música conhecida que você toca em compasso 6/8. (Veja o Apêndice A para maiores informações sobre compassos.) Conte apenas duas batidas por compasso — não seis — com cada grupo de notas de três oitavos soando como uma grande batida; caso contrário, você soará como um coelho que tomou três xícaras de café.

» **It's Raining, It's Pouring:** Para tocar "It's Raining, It's Pouring", você precisa saber como tocar os acordes Amaj7 e Dmaj7 (veja a seção "Acordes de 7ª Maior", anteriormente neste capítulo) e como cantar com uma voz chorosa e muito irritante.

Essa música é uma versão mais animada da canção de ninar antiga "It's Raining, It's Pouring", também conhecida como a zombaria de crianças "Billy Is a Sissy" (ou qualquer outro nome que você queira colocar no título). Os acordes de 7ª maior que você toca nessa música soam jazzy e dão a qualquer música um som moderno. Utilize todos os downstrokes sobre os acordes.

» **Oh, Susanna:** Para tocar "Oh, Susanna", você precisa saber como tocar os acordes Cmaj7, Dm7, Em7, Fmaj7, Am7, D7, Dm7, G7 e C (veja o Capítulo 4 para C e várias seções anteriores neste capítulo para os diferentes acordes de 7ª) e como equilibrar um banjo em seu joelho enquanto viaja pelo Sul dos Estados Unidos.

O arranjo de "Oh, Susanna" utiliza três tipos de acordes de 7ª: 7ª da dominante (D7 e G7), 7ª menor (Dm7, Em7 e Am7) e 7ª maior (Cmaj7 e Fmaj7). Usar 7as menores e 7as maiores dá à música um som animado. Utilize todos os downstrokes sobre os acordes.

PAPO DE ESPECIALISTA

Para que você não pense que esse esforço em "animar" uma música folk simples é uma novidade, ouça a bela interpretação de "Oh, Susanna" de James Taylor, no álbum *Sweet Baby James*, de 1970, para escutar algo similar. Ele consegue dizer "banjo" sem soar antiquado.

FAIXA 11 Home on the Range

FAIXA 12 All Through the Night

CAPÍTULO 6 **Adicionando Algum Tempero com Acordes de 7ª**

FAIXA 13 — **Over the River and Through the Woods**

FAIXA 14 It's Raining, It's Pouring

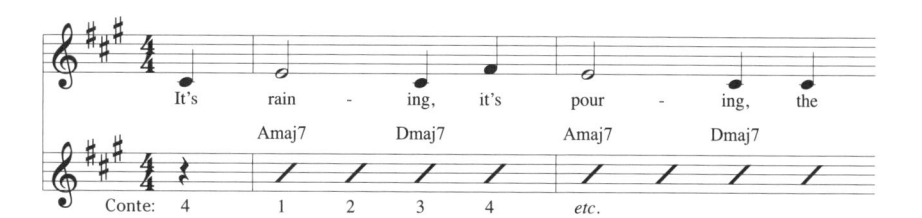

CAPÍTULO 6 **Adicionando Algum Tempero com Acordes de 7ª**

FAIXA 15 Oh, Susanna

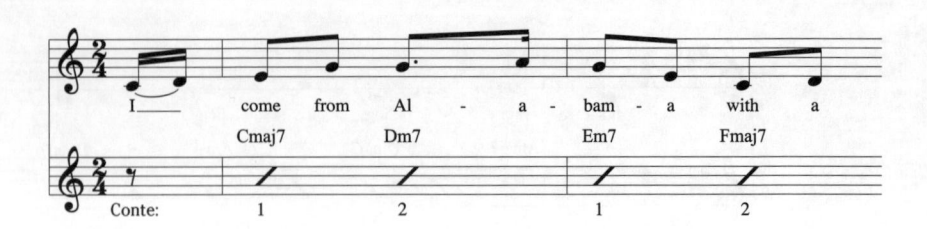

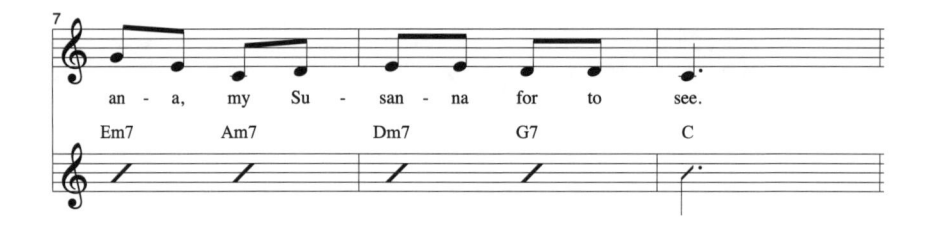

Divertindo-se com Acordes de 7ª: O Blues de 12 Compassos

É claro que tocar guitarra não se resume a músicas folk e canções de ninar. Às vezes, você pode aprender algo muito legal. E o que há de mais legal do que o blues? Conhecendo alguns acordes de 7ª da dominante e estando apto a tocar quatro batidas por compasso, você já possui os domínios básicos para tocar 99% de todas as músicas blues já escritas.

Noventa e nove por cento?! Isso mesmo! O blues de 12 compassos segue uma fórmula simples de acorde, ou *progressão*, que envolve três 7ª da dominante. Nessa progressão, você não precisa conhecer nenhum novo acorde ou técnica; precisa apenas saber quais três acordes da dominante tocará — e em que ordem. Nas seções seguintes, explicaremos como tocar o blues de 12 compassos e você verá como é fácil escrever seu próprio blues.

Tocando o blues de 12 compassos

O tom de E é um dos melhores "tons de guitarra" para tocar o blues. A Figura 6-6 mostra a progressão do acorde para um blues de 12 compassos em E. Pratique esse padrão e familiarize-se com a troca de acordes em uma progressão do blues. Note que, no modelo da Figura 6-6, você toca apenas três acordes diferentes — E7, A7 e B7 — e os toca em uma ordem específica, com cada acorde durando um certo número de compassos, como se segue: E7 (quatro compassos), A7 (dois compassos), E7 (dois compassos), B7 (um compasso), A7 (um compasso), E7 (um compasso) e B7 (um compasso).

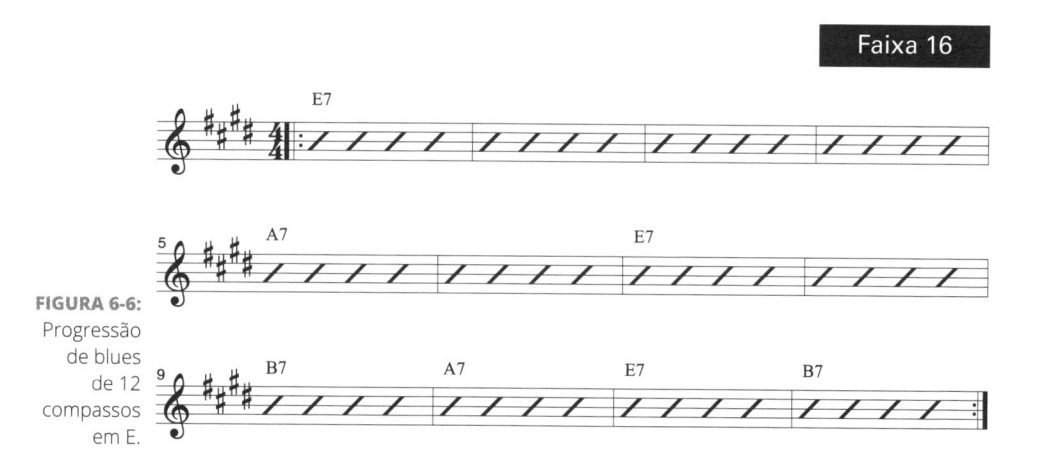

Faixa 16

FIGURA 6-6: Progressão de blues de 12 compassos em E.

As músicas em blues de 12 compassos mais famosas são "Rock Around the Clock", "Blue Suede Shoes", "Roll Over Beethoven", "Long Tall Sally", "Kansas City", "The Twist", "The Peppermint Twist" e "Johnny B. Goode". Você pode tocar qualquer uma dessas músicas agora mesmo, cantando e observando o esquema de 12 compassos na Figura 6-6. (Para mais informações sobre blues de 12 compassos, veja os Capítulos 11 e 12.)

Escrevendo seu próprio blues

É fácil escrever letras para blues. (Apenas pense em qualquer música de Little Richard.) Geralmente, você repete algumas linhas e então termina com algo inesperado — por exemplo:

> My baby she done left me, and she stole my best friend Joe. My baby she done left me, and she stole my best friend Joe. Now I'm all alone and cryin', 'cause I miss him so[1].

---

1 Meu amor me deixou, e ela roubou meu melhor amigo Joe. Meu amor me deixou, e ela roubou meu melhor amigo Joe. Agora estou sozinho e chorando, porque eu sinto muita falta dele.

Tente compor algumas letras, improvise uma melodia e aplique-as à progressão do blues que nós esboçamos aqui.

LEMBRE-SE

Como uma regra, uma boa música blues deve incluir os seguintes elementos:

» Um assunto que lide com adversidade ou injustiça

» Um local ou situação de miséria

» Péssima gramática

Utilize a Tabela 6-1 para encontrar elementos que se encaixem em seus blues.

TABELA 6-1   **Elementos para uma Boa Música Blues**

Elementos da Música	Blues Bom	Blues Ruim
Assunto	Traição, infidelidade, seu charme	Taxas de juros elevadas, uma iminente correção do mercado, a escassez da boa vontade
Local	Memphis, Bayou, a prisão	Aspen, Rodeo Drive, Starbucks
Gramática	"Meu amor me levou a mal."	"Meu companheiro foi insensível às minhas necessidades."

Por que você não compõe uma música? Chame-a de "Blues dos Calos da Mão Esquerda" e fale sobre como as cordas más machucam a ponta dos seus dedos. Em seguida, veja o Capítulo 12 para maiores informações sobre o blues.

3
Além do Básico: Começando a Tocar Bem

NESTA PARTE . . .

Após ter aprendido sobre os básicos de se tocar guitarra e seus dedos terem parado de gritar de dor depois de uma sessão prática, você desejará ir a alguns territórios mais avançados. Este é o lugar ideal para você! O Capítulo 7 lhe introduz a posição para tocar, na qual você não mais palheta ou dedilha cordas soltas; em vez disso, elas são pressionadas. No Capítulo 8, você descobre como tocar double-stops — pequenos acordes de duas notas que enriquecem e suavizam seu som. O Capítulo 9 lhe diz sobre os acordes com pestana, os quais são realmente úteis porque, após ter dominado a posição do dedo, você poderá mover aquela posição para cima ou para baixo no braço da guitarra para criar novos acordes. Por fim, o Capítulo 10 lhe mostra licks especiais que você pode usar para realmente se destacar!

> **NESTE CAPÍTULO**
>
> Tocando acordes de 7ª da dominante, menor e maior
>
> Tocando músicas que utilizam os acordes de 7ª
>
> Divertindo-se com os acordes de 7ª

Capítulo 7

Tocando em Posição

Uma das coisas que denunciam que você é um guitarrista iniciante é tocar apenas no braço, em posição solta, e tocar somente melodias de notas simples. À medida que você aprende mais, descobre como pode usar o braço inteiro para expressar suas ideias musicais. Neste capítulo, você se arrisca para além da posição solta, rumo à posição de tocar.

Tocando Escalas e Exercícios em Posição

Ao ouvir uma música ressonante e complicada, tocada por guitarristas famosos, você pode imaginar suas mãos esquerdas pulando sobre a escala com tranquilidade. Porém, geralmente, se você vir esses guitarristas no palco ou na TV, descobrirá que suas mãos esquerdas quase não se movem. Esses guitarristas estão tocando em posição.

LEMBRE-SE

Tocar em posição significa que sua mão esquerda permanece fixa no braço, com cada dedo mais ou menos permanentemente designado para uma casa específico, e que você pressiona cada nota — você não usa nenhuma corda solta. Se você estiver tocando em *quinta posição*, por exemplo, seu primeiro dedo toca a quinta casa, seu segundo dedo toca a sexta casa, seu terceiro dedo toca a sétima casa e seu quarto dedo toca a oitava casa. Portanto, uma *posição* possui esse nome devido ao traste que seu primeiro dedo toca. (O que os guitarristas chamam de *posição solta* consiste na combinação de todas as cordas soltas mais as notas em primeira e segunda posição.)

Além disso, permite a você tocar notas onde sintam e soem melhor sobre a escala — não apenas onde você pode tocá-las mais facilmente (assim como as notas de corda solta em posição solta), tocar em posição faz você parecer maneiro — como um veterano! Pense desta forma: tanto uma layup quanto uma enterrada valem dois pontos no basquete, mas só no último caso o apresentador grita: "A galera vai ao delírio!"

Nas seções seguintes, explicaremos as diferenças entre tocar em posição e tocar com cordas soltas; também forneceremos uma série de exercícios para ajudá-lo a ficar confortável para tocar em posição.

Tocando em posição versus tocando com cordas soltas

Por que tocar em posição? Por que não utilizar a posição solta e cordas soltas o tempo todo? Nós daremos os dois principais motivos:

» **É mais fácil tocar melodias com notas mais agudas.** Tocar em posição solta possibilita tocar só até a quarta ou quinta casa. Se quiser tocar mais agudo do que isso, tocar em posição permite a você tocar notas de forma harmoniosa e econômica.

» **Você pode transpor instantaneamente qualquer padrão ou frase que conheça em posição a outro tom simplesmente movendo sua mão para outra posição.** Como tocar em posição não envolve cordas soltas, tudo o que você toca é *móvel*.

PAPO DE ESPECIALISTA

As pessoas costumam achar que tocar guitarra em posições mais baixas é mais fácil do que tocar nas mais altas. Na verdade, as notas mais altas não são mais difíceis de serem tocadas: elas são apenas mais difíceis de serem lidas na notação padrão se você não for até o final de um livro de método convencional (onde ler notas altas é geralmente poupado até o último capítulo). Porém, aqui, você não está focando em ler música, mas em tocar guitarra — arrisque-se com as notas altas quando quiser.

Tocando exercícios em posição

TOQUE ISSO!

A escala maior (você sabe, o som dó-ré-mi-fá-sol-lá-si-dó familiar que você obtém ao tocar as teclas brancas do piano começando do C) é um bom ponto para começar a praticar as habilidades de que você precisa para tocar em posição. A Figura 7-1 mostra uma escala maior de C em segunda posição. Embora você possa tocar essa escala em posição solta, toque-a como indica a pauta na figura, porque você deve começar a praticar sua posição de tocar. Se não estiver familiarizado com tocar escalas, toque junto com o Videoclipe 14.

FIGURA 7-1: Uma escala de uma oitava em C maior na segunda posição.

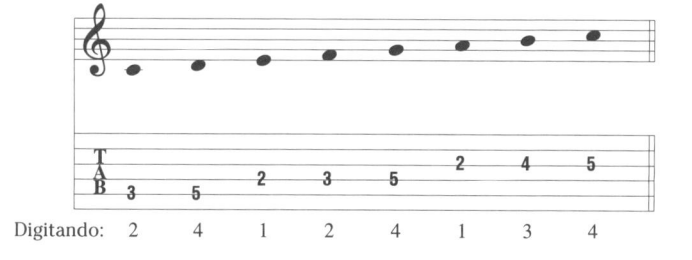

Videoclipe 14

Digitando: 2 4 1 2 4 1 3 4

LEMBRE-SE

A coisa mais importante sobre tocar em posição é a localização da sua mão esquerda — em especial, a posição e o posicionamento dos dedos da sua mão esquerda. A lista a seguir contém dicas para o posicionamento dos dedos e da sua mão esquerda:

» **Mantenha seus dedos sobre as casas apropriados durante todo o tempo em que você estiver tocando.** Por você estar em segunda posição nessa escala, mantenha seu primeiro dedo sobre a segunda casa, seu segundo dedo sobre a terceira casa, seu terceiro dedo sobre a quarta casa e seu quarto dedo sobre a quinta casa o tempo todo — até mesmo se não estiverem pressionando nenhuma nota no momento.

» **Mantenha todos os dedos próximos à escala, prontos para tocar.** No início, seus dedos podem mostrar uma tendência a se endireitarem e erguerem para fora da escala. Essa tendência é natural, então se esforce para mantê-los curvados e segurá-los para baixo sobre as casas onde eles devem estar posicionados.

> » **Relaxe!** Embora você possa pensar que precise focar intensamente toda a sua energia para executar essa manobra corretamente ou posicionar aquele dedo do jeito certo, você não precisa. Na verdade, você está trabalhando em simplesmente adotar a aproximação mais natural e relaxada para tocar a guitarra. (Você pode não achar tão natural neste instante, mas eventualmente pegará a manha. Sério!) Fique tranquilo, mas esteja atento aos seus movimentos. Seu braço esquerdo está, por exemplo, subindo como o do Corcunda de Notre Dame? Verifique-o periodicamente para assegurar que está livre de tensões. E lembre-se de respirar fundo com frequência, especialmente se estiver sentindo-se tenso.

DICA

Veja a Figura 7-1 e note que a partitura indica a digitação da mão esquerda sob os números da tab. Esses indicadores não são importantes porque a posição por si só indica isso. Porém, se quiser, você pode ler os números do dedo (em vez dos números da tab) e tocar na escala de C (Dó) dessa forma (fique atento à pauta para checar em qual corda você está). Então, se memorizar as digitações, você terá um *padrão móvel* que permite tocar uma escala maior em qualquer tom.

Toque a *escala de uma oitava* (que tem o alcance de apenas oito notas) mostrada na Figura 7-1 usando tanto upstrokes quanto downstrokes — isto é, usando palhetadas alternadas (cima e baixo). Tente descender também (você deve praticar todas as escalas ascendendo e descendendo). (Veja o Capítulo 5 para mais informações sobre palhetadas alternadas.) **Nota**: Essa escala não está na faixa de áudio; você já a conhece — é o familiar dó-ré-mi-fá-sol-lá-si-dó.

TOQUE ISSO!

Depois de praticar a escala de uma oitava por um tempo, você pode passar para o próximo nível. A Figura 7-2 mostra uma escala de duas oitavas em C maior (com o alcance de 15 notas) na sétima posição. Note que essa escala requer que você toque todas as seis cordas. Assista ao Videoclipe 15 para ajudá-lo a orientar sua mão esquerda a tocar na 7ª posição.

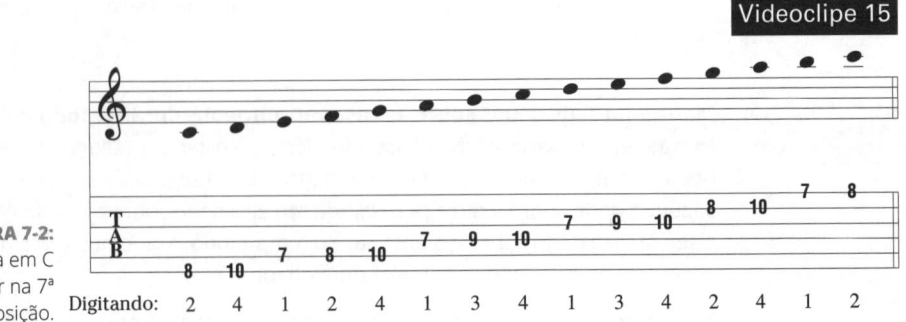

FIGURA 7-2: Escala em C maior na 7ª posição.

Digitando: 2 4 1 2 4 1 3 4 1 3 4 2 4 1 2

DICA

Para ajudá-lo a lembrar de pressionar seus dedos sobre as casas apropriadas o tempo todo, mesmo que eles não estejam tocando no momento, e a manter seus dedos próximos à escala, nós oferecemos um trocadilho com uma velha expressão: mantenha seus amigos perto, seus inimigos mais perto e seus trastes ainda mais perto.

Pratique tocando a escala mostrada na Figura 7-2 para cima e para baixo no braço, usando palhetadas alternadas. Se você memorizar o padrão digitado (mostrado sobre os números tab), poderá tocar qualquer escala maior simplesmente movendo sua mão para baixo ou para cima para uma posição diferente. Tente fazer isso. E, em seguida, desafie o pianista mais próximo para uma competição de *transposição* (mudança de tom) usando a escala maior.

LEMBRE-SE Toque escalas vagarosamente em um primeiro momento para assegurar que suas notas soem limpas e suaves, então aumente sua velocidade gradualmente.

Trocando de posição

As músicas não são tão simples que se possa tocá-las todas em uma única posição, e a vida seria incrivelmente estática se pudesse. Na realidade, geralmente você precisa tocar uma passagem ininterrupta que o leva a diferentes posições. Para executá-la com sucesso, você precisa dominar a *troca de posições* com a autoconfiança de um político experiente.

TOQUE ISSO! Andrés Segovia, lenda do violão clássico, inventou digitações para todas as 12 escalas maiores e menores. (Veja o Capítulo 20 para maiores informações sobre Segovia.) A Figura 7-3 mostra como Segovia tocou a escala de duas oitavas em C maior. Isso difere das duas escalas na seção precedente porque requer uma troca de posição no meio da escala.

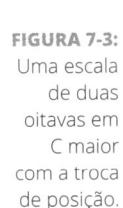

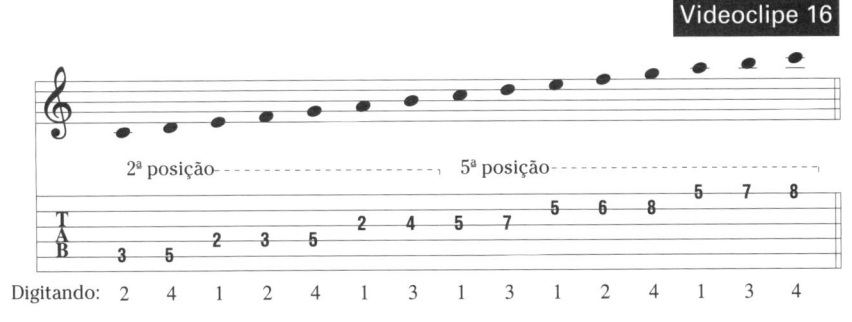

FIGURA 7-3: Uma escala de duas oitavas em C maior com a troca de posição.

DICA Toque as primeiras sete notas na segunda posição e então troque para a quinta posição, deslizando suavemente seu primeiro dedo para a quinta casa (3ª corda). Conforme você toca a escala descendente, toque as primeiras oito notas em quinta posição e então troque para a segunda posição, deslizando suavemente seu terceiro dedo para a quarta casa (3ª corda). O importante é que a troca de posição soe contínua. Ao escutar, ninguém seria capaz de dizer que você troca de posições. O truque está no deslizar suave do primeiro (ascendendo) ou terceiro (descendendo) dedo.

Você deve praticar esse deslize suave para que soe ininterrupta e continuamente. Isole apenas duas notas envolvidas (3ª corda, quarta casa e 3ª corda, quinta casa) e então as toque várias vezes conforme mostrado na escala, até que você possa fazê-las soar como se não estivesse trocando de posição.

Criando seus próprios exercícios para adquirir força e destreza

Algumas pessoas fazem diversos tipos de exercícios para desenvolverem seus toques em posição. Elas compram livros que contêm nada além de exercícios de toque de posição. Alguns desses livros visam desenvolver habilidades de leitura de partitura e outros visam desenvolver a força e a destreza dos dedos da mão esquerda. No entanto, você não precisa desses livros. Você pode compor seus próprios exercícios para adquirir força e destreza (e a leitura de partituras não interessa neste momento, porque você está lendo números tab).

Para criar seus próprios exercícios, pegue a escala maior de duas oitavas mostrada na Figura 7-2 e numere as 15 notas da escala de 1 até 15. Em seguida, componha algumas combinações matemáticas simples que você pode praticar tocando. Veja alguns exemplos a seguir:

» 1-2-3-1, 2-3-4-2, 3-4-5-3, 4-5-6-4, e assim por diante (veja a Figura 7-4a).

» 1-3-2-4, 3-5-4-6, 5-7-6-8, 7-9-8-10, e assim por diante (veja a Figura 7-4b).

» 15-14-13, 14-13-12, 13-12-11, 12-11-10, e assim por diante (veja a Figura 7-4c).

A Figura 7-4 mostra como esses números se parecem na música e na tab. Lembre-se, essas notas são apenas padrões sugeridos para memorizar e ajudar a construir destreza.

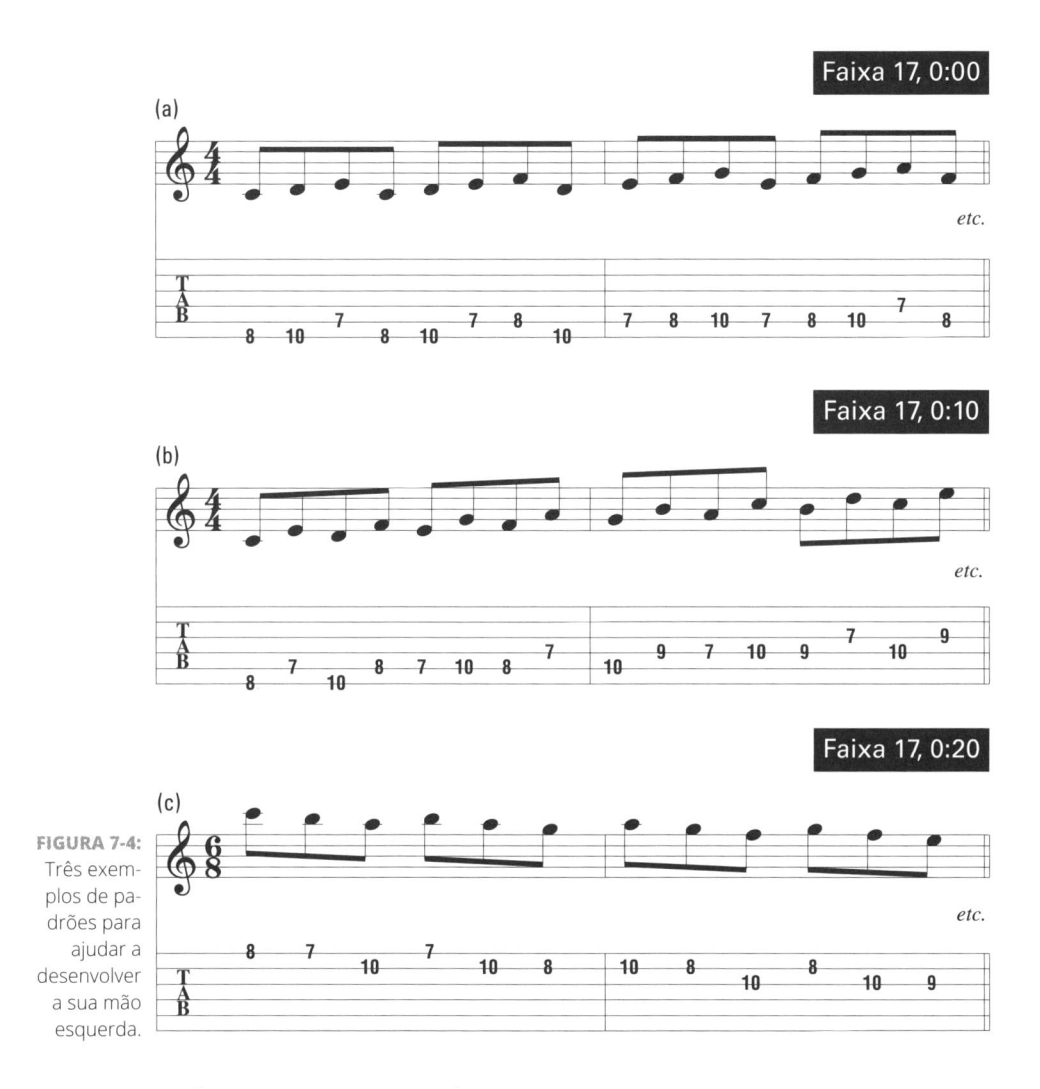

FIGURA 7-4: Três exemplos de padrões para ajudar a desenvolver a sua mão esquerda.

Você entendeu a ideia. Você pode compor centenas de permutações e praticá-las infinitamente — ou até que enjoe. Estudantes de piano possuem um livro chamado *Hanon* que contém muitas permutações da escala para ajudar a desenvolver a força e a independência dos dedos. Você pode checar esse livro para ter ideias sobre permutação, mas compor as suas próprias é provavelmente mais fácil.

Praticando Músicas em Posição

Certos tons caem confortavelmente em certas posições na guitarra. As músicas são baseadas em tons, então, se você tocar uma música em um tom específico, ela também cairá confortavelmente em certa posição. Você pode ver a importância de tocar em posição com uma clareza cristalina nos vários capítulos da Parte IV deste livro. Rock, jazz, blues e country exigem certas posições para que o som criado seja autêntico.

Dizer que a melodia de uma música soa melhor se você tocá-la em uma posição em vez de outra pode parecer um pouco arbitrário para você. Mas acredite em nós — tocar um lick de Chuck Berry em A (Lá) é quase impossível a não ser em quinta posição. Licks de country que você toca em A, por outro lado, caem mais confortavelmente em segunda posição e tentar tocá-los em qualquer outra posição é querer dificultar as coisas para você mesmo.

LEMBRE-SE

Isso é uma das coisas notáveis sobre a guitarra: a melhor posição para certo estilo não apenas soa melhor para seus ouvidos, mas também é mais confortável para suas mãos. E é isso que faz tocar guitarra ser tão divertido.

Toque essas músicas lendo os números tab e ouça as faixas de áudio; perceba o quanto é divertido tocar para cima do braço em vez de tocar para baixo em posição solta, como os iniciantes tocam.

LEMBRE-SE

Quando você tocar em posição, lembre-se de manter sua mão esquerda em posição fixa, perpendicular ao braço, com seu primeiro dedo em uma determinada casa e os outros dedos seguindo em ordem, um por casa. Segure seus dedos sobre as casas apropriadas, bem próximos à escala, mesmo que eles não estejam pressionando notas no momento.

Aqui estão algumas informações úteis para ajudá-lo a tocar as músicas:

» **Simple Gifts:** Para tocar essa música, você precisa saber como tocar em quarta posição (veja a seção "Tocando Escalas e Exercícios em Posição", no início deste capítulo) e o que *'tis* e *'twill* significam.

Essa música está no tom de A, tornando a quarta posição ideal, porque você encontra todas as notas entre a quarta e a sétima casas. Como você não toca nenhuma corda solta nessa música, memorize as digitações e então tente tocar a mesma melodia em outras posições e tons. A digitação é a mesma em qualquer posição, mesmo que os números tab mudem. Vá lá tentar.

» **Turkey in the Straw:** Para tocar essa música, você precisa saber como tocar em sétima posição (veja a seção "Tocando Escalas e Exercícios em Posição", no início deste capítulo) e o que "day-day to the wagon tongue" significa.

Quando você toca essa música, vê que o tom de G cai agradavelmente na 7ª posição (com todas as notas da música caindo entre a 7° e a 10° casas). Assim como "Simple Gifts" (ou qualquer outra música tocada sem cordas soltas), se você memorizar o padrão de digitação, pode transpor a música para tons diferentes simplesmente movendo o padrão para uma casa inicial mais alta ou mais baixa.

FAIXA 18 Simples Gifts

'Tis a gift to be sim-ple, 'tis a gift to be free, 'tis a gift to come down where you ought to be. And when we find our-selves in the place just right, 'twill be in the val-ley of love and de-light.

CAPÍTULO 7 **Tocando em Posição**

FAIXA 19 — Turkey in the Straw

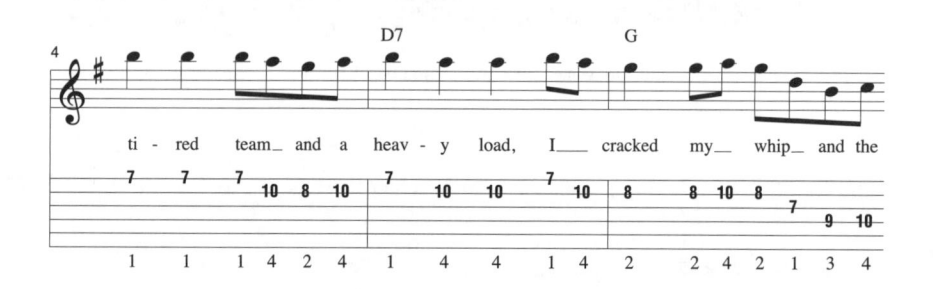

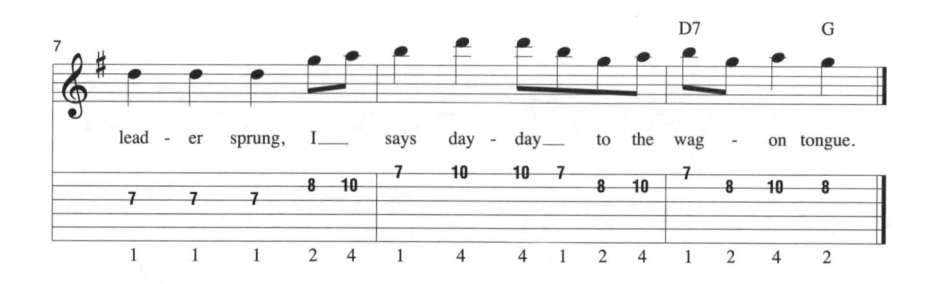

As — I was a-go-ing on — down the road with a ti-red team — and a heav-y load, I — cracked my — whip — and the lead-er sprung, I — says day - day — to the wag - on tongue.

> **NESTE CAPÍTULO**
>
> Tocando double-stops para cima, para baixo e pelo braço
>
> Praticando músicas em double-stops

Capítulo 8
Dobrando com Double-Stops

O termo *double-stop* não se refere a voltar ao mercado porque você esqueceu de comprar leite. *Double-stop* é uma gíria da guitarra para tocar duas notas de uma só vez — algo que a guitarra pode fazer com relativa facilidade, mas que é impossível em instrumentos musicais de sopro feitos de madeira e apenas marginalmente bem-sucedido em instrumentos de corda arqueados. (Na verdade, os guitarristas roubaram o termo dos violonistas, mas rapidamente tornaram os double-stops seus de verdade.) Este capítulo mostra como tocar double-stops.

DICA

Por falar nisso, não há nada de especial em pressionar as notas de um double-stop. Pressione-as da mesma forma que você faz com os acordes ou notas simples.

Começando com o Básico de Double-Stops

Você experimenta a capacidade da guitarra tocando mais de uma nota simultaneamente enquanto toca um acorde, mas também pode tocar mais de uma nota em um contexto melódico. Tocar double-stops é uma boa forma de tocar em harmonia consigo mesmo. A guitarra é tão competente em toques double-stops que alguns gêneros musicais — como o rock & roll dos anos 1950, o country e a música Mariachi (você sabe, a música que as bandas de rua mexicanas tocam) — utilizam double-stops como uma característica de seus estilos.

Nas seções seguintes, definiremos double-stops e lhe ajudaremos a sentir-se confortável com eles através de alguns exercícios.

Definindo double-stops

Um double-stop não é nada mais do que duas notas que você toca ao mesmo tempo. Está classificado em algum ponto entre uma nota simples (uma nota) e um acorde (três ou mais notas). Você pode tocar um double-stop sobre cordas adjacentes ou cordas não-adjacentes (pulando cordas). Os exemplos e músicas que você encontra neste capítulo, no entanto, envolvem apenas double-stops em cordas adjacentes, porque são mais fáceis de tocar.

PAPO DE ESPECIALISTA

Se você tocar uma melodia em double-stops, ela soará mais doce, rica, inteira e bonita do que se tocá-la usando apenas notas simples. E, se você tocar um *riff* em double-stops, ele soará mais forte e mais inteiro — os double-stops criam um som mais potente. Verifique alguns riffs de Chuck Berry — "Johnny B. Goode", por exemplo — e você verá que ele usa double-stops o tempo todo.

Tentando exercícios em double-stops

Você pode tocar double-stops de duas formas: usando apenas um par de cordas (as primeiras duas cordas, por exemplo) — movendo os double-stops para cima e para baixo no braço — ou em uma área do braço usando pares de cordas *diferentes* e movendo os double-stops pelo braço (primeiro toque a 5ª e a 4ª corda, por exemplo, e então a 4ª e a 3ª, e assim por diante).

Tocando double-stops para cima e para baixo no braço

TOQUE ISSO!

Comece com a escala de C maior que você toca em *terças* de double-stop (notas que são duas letras à parte, tais como C-E, D-F e assim por diante), exclusivamente sobre as duas primeiras cordas, ascendendo no braço. Esse tipo de padrão de double-stop aparece na Figura 8-1. A digitação da mão esquerda não aparece abaixo dos números tab nessa pauta, mas não é difícil de entendê-la. Comece com seu primeiro dedo para o primeiro double-stop (você precisa apenas de um dedo para pressionar esse primeiro double-stop, porque a primeira corda permanece solta). Então, para todos os outros double-stops na escala, utilize os dedos 1 e 3 se as notas estiverem a duas casas de distância uma da outra (o segundo e o terceiro double-stops, por exemplo) e utilize dedos 1 e 2 se as notas estiverem a uma casa uma da outra (o quarto e o quinto double-stops, por exemplo). Com sua mão direita, toque apenas as 1as e 2as cordas. Assista ao Videoclipe 17 para ver o movimento ascendente da mão esquerda e a digitação correta.

FIGURA 8-1: Uma escala em C maior que você toca em double-stops, ascendendo no braço sobre um par de cordas.

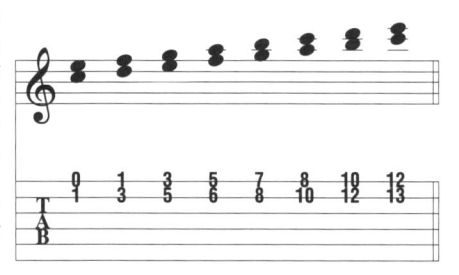

Faixa 20, 0:00
Videoclipe 17

Tocando double-stops pelo braço

TOQUE ISSO!

Tocar double-stops pelo braço é provavelmente mais comum do que tocar para cima e para baixo no braço sobre um par de cordas. A Figura 8-2 mostra uma escala em C maior que você toca em terças em posição solta, movendo pelo braço. O Videoclipe 18 mostra como isso é feito. Novamente, o exemplo na figura não mostra as digitações para cada double-stop, mas você pode utilizar os dedos 1 e 2 se as notas estiverem a uma casa uma da outra (o primeiro double-stop, por exemplo) e os dedos 1 e 3 se as notas estiverem a duas casas uma da outra (o segundo double-stop, por exemplo).

FIGURA 8-2: Uma escala em C maior que você toca em double-stops, movendo pelo braço em posição solta.

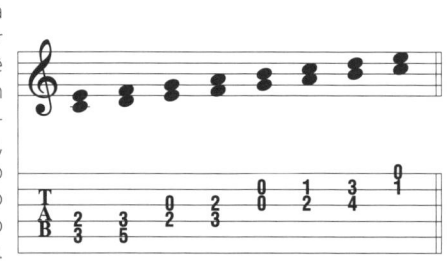

Faixa 20, 0:11
Videoclipe 18

É muito comum em músicas de rock e blues tocar double-stops pelo braço, onde as duas notas que compõem o double-stop estão sobre a mesma casa (o qual você toca como uma pestana em duas cordas). Verifique os Capítulos 11 e 12 para maiores informações sobre rock e blues.

> **DICA** Para ouvir double-stops em ação, escute o início de "Margaritaville", de Jimmy Buffett; a versão de Leo Kottke da música "Little Martha", dos Allman Brothers; "Brown-Eyed Girl", de Van Morrisson; "Johnny B. Goode", de Chuck Berry; as introduções de "Homeward Bound" e "Bookends", de Simon & Garfunkel; e a introdução de "I Won't Give Up", de Jason Mraz.

Tocando Músicas em Double-Stops

Double-stops podem fazer a sua música soar muito legal (como quando Chuck Berry arrebenta em "Jonny B. Goode") ou podem dar às suas passagens melódicas uma doçura extra (como quando dois cantores harmonizam um com o outro). Nas músicas a seguir, você pode soar tanto legal ("Double-Stop Rock") quanto doce ("Aura Lee" e "The Streets of Laredo").

Portanto, prepare seus dedos para formarem muitos pequenos *acordes de duas notas* (ou seja, double-stops) nessas maravilhas. Como dissemos, para manter as coisas agradáveis e fáceis, colocamos todos os double-stops em cordas adjacentes (não é necessário silenciar as cordas "no intervalo"). Eis aqui uma dica para tornar as coisas ainda mais fáceis: quando duas notas de um double-stop caírem em uma mesma casa (o que acontece muito em "Double-Stop Rock", inspirada em Chuck Berry), toque-as como um pequeno acorde (com um único dedo).

Aqui estão algumas informações úteis para ajudá-lo a tocar as músicas:

» **Aura Lee:** Para tocar essa música — tornada famosa por Elvis Presley como "Love me Tender" —, você precisa saber como tocar double-stops para cima e para baixo no braço sobre a 1ª e a 2ª cordas (veja a seção apropriadamente intitulada "Tocando double-stops para cima e para baixo no braço", no início deste capítulo) e como girar sua pélvis enquanto ergue um lado do seu lábio superior.

Você toca esse arranjo de "Aura Lee" exclusivamente nas duas primeiras cordas, movendo para cima e para baixo no braço. Nas escalas de double-stop que você pratica nas Figuras 8-1 e 8-2, as duas notas do double-stop se movem para cima e para baixo juntas. Em "Aura Lee", as duas notas do double-stop às vezes se movem na mesma direção e às vezes em direções opostas. Outras vezes, uma das notas se move para cima ou para baixo enquanto a outra permanece estática. Direções mistas tornam um arranjo mais interessante. Toque e ouça "Aura Lee" e você verá o que queremos dizer.

Perceba que o posicionamento da mão esquerda aparece abaixo dos números tab. Se o mesmo dedo toca notas sucessivas, mas em casas diferentes, uma linha inclinada indicará a troca de posição (como nos compassos 5 e 9). Para a sua palhetada da mão direita, utilize todos os downstrokes. Lembre-se de repetir os quatro primeiros compassos (como indicam os sinais repetidos próximos a eles) antes de continuar com o compasso 5. (Verifique o Apêndice A para mais informações sobre sinais repetidos.) E torne a música terna, como Elvis fez.

» **The Streets of Laredo:** Para tocar essa música, você precisa saber como tocar double-stops pelo braço (veja a seção "Tocando double-stops pelo braço", no início deste capítulo) e como soar jovial enquanto toca uma música sobre uma conversa com um cadáver.

Nesse arranjo, você toca double-stops pelo braço, próximo à parte inferior do braço. Os double-stops dão à música um som doce e bonito — algo essencial para um tête-à-tête entre um transeunte e um cowboy mumificado. A tab não indica o posicionamento, mas você pode usar os dedos 1 e 2 para double-stops que estiverem a uma casa um do outro, e 1 e 3 para double-stops que estiverem a duas casas um do outro. Para a palhetada da mão direita, utilize todos os downstrokes.

» **Double-Stop Rock:** Para tocar essa música, você não tem de saber como o "pato anda", mas precisa ser capaz de tocar double-stops com uma atitude rock & roll à moda Chuck Berry.

Nesse arranjo, você toca double-stops pelo braço, a maior parte em 5ª posição (veja a seção "Tocando double-stops pelo braço", anteriormente neste capítulo). Usando apenas três frases de um compasso, repetidas várias vezes, você toca um blues de 12 acordes na chave A (veja o Capítulo 6 para mais informações sobre blues de 12 acordes). Note que a digitação para a frase tocada contra o acorde E7 (compasso 9) é o mesmo para a frase tocada contra o acorde D7 (compasso 5); na verdade, as duas frases são as mesmas, embora duas casas separadas.

FAIXA 21 **Aura Lee**

(1.) As the black-bird in the spring 'neath the wil-low tree
(2.) sat and piped, I heard him sing, sing of Au-ra Lee.

Au-ra Lee, Au-ra Lee, maid of gold-en hair,

sun-shine came a-long with thee and swal-lows in the air.

104 PARTE 3 **Além do Básico: Começando a Tocar Bem**

FAIXA 22 — The Streets of Laredo

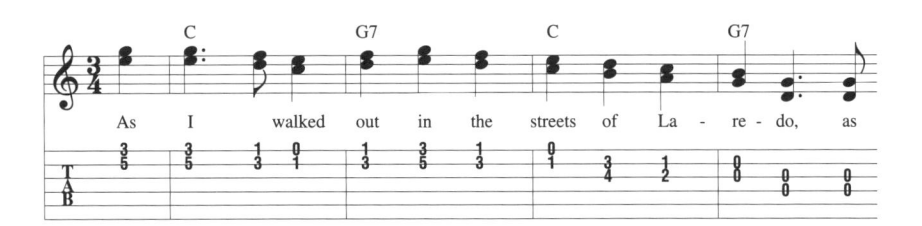

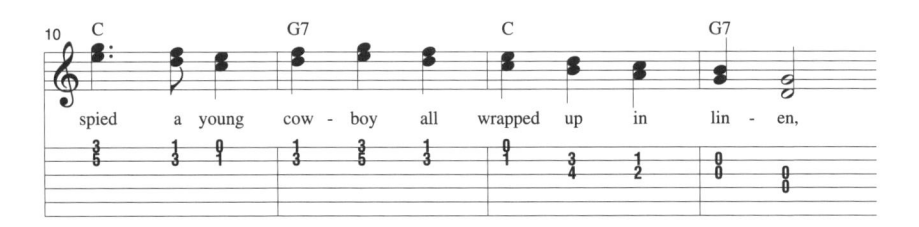

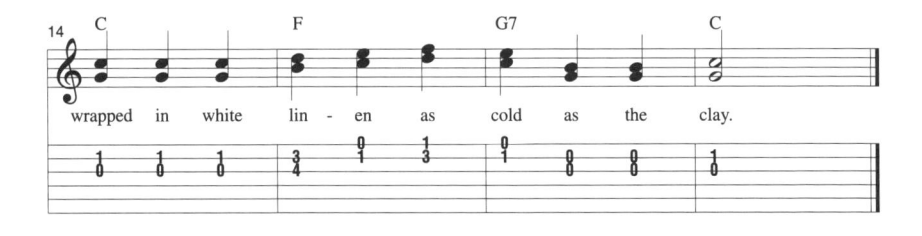

As I walked out in the streets of Laredo, as I walked out in Laredo one day, I spied a young cowboy all wrapped up in linen, wrapped in white linen as cold as the clay.

CAPÍTULO 8 Dobrando com Double-Stops

FAIXA 23 Double-Stop Rock

106 PARTE 3 **Além do Básico: Começando a Tocar Bem**

NESTE CAPÍTULO

Começando com acordes com pestana baseados em E

Movendo-se para acordes com pestana baseados em A

Praticando power chords

Tocando música com acordes com pestana e power chords

Capítulo 9
Esticando: Acordes com Pestana

Neste capítulo, mostraremos como tocar acordes que você pode mover por todo o braço. Ao contrário dos acordes de posição solta, que podem ser tocados apenas em um lugar, acordes móveis podem ser tocados em qualquer casa. Na maioria desses *acordes móveis*, você toca o que é chamado de pestana (*barre*, em inglês, que pronuncia-se "bar").

LEMBRE-SE

Quando você toca com pestana, um dos dedos da sua mão esquerda (geralmente o indicador) pressiona para baixo todas ou a maioria das cordas em um certo traste, permitindo que os dedos restantes toquem uma forma de acorde imediatamente acima (em direção ao corpo da guitarra) do dedo de pestana. Pense que seu dedo de pestana é como um tipo de pestana móvel ou capo e seus dedos restantes como tocando certas formas de acordes de posição solta diretamente sobre ele. (Veja o Capítulo 13 se você não tiver certeza de como um capo funciona.) Um acorde com pestana móvel não contém cordas soltas — apenas notas pressionadas. Você pode deslizar essas notas pressionadas para cima ou para baixo no braço para diferentes posições e produzir outros acordes da mesma qualidade.

Acordes com pestana móveis são também baseados em E (Mi), tendo seus nomes tirados das notas que você toca sobre a 6ª (E grave, "Mizão") corda, ou baseados em A (Lá), tendo seus nomes tirados das notas que você toca sobre a 5ª (A) corda. Trataremos de ambos os tipos de acordes neste capítulo. Também daremos a você uma rápida lição sobre *power chords*, que não são acordes nem maiores nem menores e normalmente são formados por apenas duas ou três cordas mais baixas de uma pestana ou acorde de posição solta.

Acordes Maiores com Pestana Baseados em E

Um dos acordes com pestana móveis mais úteis é o baseado no acorde solto de E. (Veja o Capítulo 4 se não tiver certeza sobre como posicionar um acorde E solto.) Nas seções seguintes, você começará a trabalhar nas pestanas com um acorde em E de posição solta, a descobrir como encontrar a casa correta para qualquer acorde maior e a praticar algumas progressões.

Começando com um acorde E de posição solta

A melhor maneira de compreender esse acorde com pestana é começar com um acorde E de posição solta. Siga estes passos (como mostrado na Figura 9-1) e assista ao Videoclipe 19, se necessário:

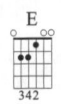

1. **Toque um acorde E solto, mas, em vez de usar o posicionamento normal da mão esquerda 2-3-1, utilize os dedos 3-4-2.**

   Essa digitação deixa seu primeiro dedo (indicador) livre, suspenso sobre as cordas.

2. **Coloque seu primeiro dedo sobre todas as seis cordas do outro lado da pestana (o lado próximo às tarraxas).**

   Colocar seu dedo indicador sobre as cordas nesse local não afeta o som do acorde, porque as cordas não vibram desse lado da pestana. Estender seu primeiro dedo através da largura das cordas, no entanto, ajuda-o a "sentir" a posição de um acorde com pestana. Não pressione muito forte com qualquer um de seus dedos, pois você moverá o acorde.

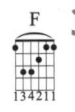

3. **Pegue a forma inteira da mão esquerda do Passo 2 e deslize uma casa para cima (em direção ao corpo da guitarra), de modo que seu primeiro dedo barre o primeiro traste e seus dedos do acorde E também tenham avançado uma casa.**

Agora você está na posição do acorde F (porque F é uma casa mais alta do que E) e pode pressionar para baixo todas as cordas com seu dedo indicador.

4. **Tente tocar as notas do acorde, uma nota por vez (da 6ª corda até a 1ª), para ver se todas as notas soam claramente.**

   As primeiras vezes que você tentar esse acorde, as chances são grandes de que algumas notas não soarão claramente e que seus dedos da mão esquerda doerão.

DICA Você pode utilizar essa técnica de "deslizar para cima de um acorde de posição solta" para formar todos os acordes com pestana deste capítulo. (Mas nós também lhe mostraremos outra abordagem nos próximos capítulos.)

FIGURA 9-1: A pestana F.

Fotografia por cortesia de Jon Chappell

DICA Ter dificuldade ao começar a criar uma pestana F é normal (desencorajador, mas normal). Então, antes que você desista da guitarra e opte pelo saxofone, aqui estão algumas dicas para ajudá-lo a dominar esse acorde complicado:

» Assegure-se de alinhar seu polegar da mão esquerda na parte de trás do braço da guitarra sob o ponto entre seu primeiro e segundo dedos. Essa posição lhe dá o poder máximo enquanto exerce pressão.

» Em vez de segurar seu primeiro dedo totalmente achatado, gire-o um pouco para o lado.

» Mova seu cotovelo do braço esquerdo para próximo do seu corpo, até o ponto em que esteja tocando seu corpo na cintura. Conforme toca acordes de posição solta, você normalmente percebe que segura seu cotovelo levemente para fora do corpo. Isso não ocorre com os acordes com pestana.

» Se você escutar cordas abafadas, procure ver se os seus dedos da mão esquerda estão tocando apenas as cordas apropriadas e não evitando de soarem as adjacentes. Tente exercer mais pressão com os dedos e assegure-se de tocar sobre as pontas dos dedos para ter uma folga extra. Os calos e a experiência o ajudarão a obter um som claro em um acorde com pestana.

LEMBRE-SE Você precisa exercer mais pressão para pressionar no fim do braço (na primeira casa) do que você exerce, digamos, na quinta casa. Tente mover seu acorde F para cima e para baixo no braço em diferentes casas da guitarra para verificar que tocar o acorde fica mais fácil quando você move para cima no braço. Lembre-se de que a essência dessa forma de acorde é ser *móvel*. Ao contrário do que seus professores de escola primária possam ter dito, não fique parado! Mexa-se!

DICA Tocar acordes com pestana em uma guitarra é mais fácil do que em um violão. Os *calibre das cordas* (a espessura das cordas) são mais leves na guitarra e a ação (a distância entre as cordas e a escala) é menor do que no violão. Se você utiliza o violão e está tendo dificuldade com os acordes com pestana, tente tocá-los na guitarra (mas não em uma dessas baratas de casa de penhor) e perceba a diferença. Talvez isso o inspire a continuar.

Encontrando a casa correta para cada acorde maior com pestana baseado em E

Já que você pode tocar um acorde F como um acorde com pestana, agora você pode, através do milagre dos acordes móveis, tocar *qualquer acorde maior* — todos os 12 — simplesmente movendo pelo braço. Para determinar o nome de cada acorde, você simplesmente tem de saber o nome da nota que está tocando sobre a 6ª (E grave, "Mizão") corda — porque todos os acordes com pestana baseados em E têm seu nome a partir da 6ª corda (assim como os acordes E soltos).

PAPO DE ESPECIALISTA Cada casa é uma metade de cada casa adjacente. Então, se o acorde com pestana da primeira casa é F, o acorde com pestana da segunda casa é F♯; se o acorde com pestana da terceira casa é G, o acorde com pestana da quarta casa é G♯; e assim por diante até a décima segunda casa. Verifique o Apêndice A para uma lista dos nomes das notas sobre a corda "Mizão".

Após ter alcançado a décima segunda casa, as notas — e, portanto, os acordes com pestana que você toca naquelas casas — se repetem: o acorde com pestana da décima terceira casa é o mesmo da primeira (F); a décima quarta é a mesma da segunda (F♯); e assim por diante. As casas trabalham como um relógio: 13 equivale a 1, 14 equivale a 2 e assim por diante.

Tocando progressões usando acordes maiores com pestana baseados em E

TOQUE ISSO! Uma boa maneira de desenvolver seu conforto e confiança ao tocar acordes com pestana é praticar uma *progressão*, que é uma série de acordes. Ouça a Faixa de Áudio 24 para escutar como é a progressão de quatro compassos usando acordes maiores com pestana baseados em E. A Figura 9-2 mostra o exercício. Abaixo da pauta, você vê a casa correta do primeiro dedo para cada acorde. O Videoclipe 20 ilustra como a mão esquerda se move ao redor do braço.

Utilize apenas acordes com pestana para esse exercício (e para todos os exercícios deste capítulo), ainda que você saiba tocar esses acordes como acordes de posição solta. Toque o acorde C, por exemplo, barrando no oitavo traste. Depois toque A na quinta casa, G na terceira casa e F na primeira casa. Utilize o posicionamento do acorde F para todos esses acordes.

FIGURA 9-2: Progressão usando acordes com pestana baseados em E.

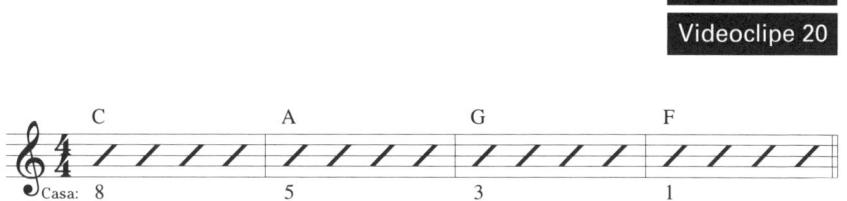

Faixa 24, 0:00
Videoclipe 20

DICA

Tentar fazer todas as seis cordas soarem claramente sobre cada acorde pode ser um pouco trabalhoso. Você pode dar um descanso aos seus dedos da mão esquerda, liberando a pressão conforme desliza de um acorde para o próximo. Essa ação de *movimentar e liberar* pode ajudá-lo a desenvolver um pouco de sutileza e evitar que fique cansado facilmente. Você não precisa segurar o braço com força o tempo todo — apenas enquanto estiver dedilhando o acorde.

Embora você possa parar completamente se a sua mão começar a dar cãibra, tente continuar; como ocorre com qualquer esforço físico, você eventualmente construirá sua força e vigor. Sem dúvida, acordes com pestana são o triatlo do toque de guitarra, então se prepare.

TOQUE ISSO!

Para demonstrar a versatilidade das progressões do acorde com pestana, aqui está um exemplo que tem uma progressão sincopada e soa um pouco como a música do The Kinks. Na síncope, você toca um acorde (ou nota) onde não esperava ouvi-lo ou falha ao tocar um acorde (ou nota) que esperava ouvir. (The Kinks, no caso de você não se lembrar, era uma banda inglesa dos anos 1960 de proto-punk que nos deu alguns clássicos como "You Really Got Me", "So Tired" e "Lola".) A Figura 9-3 mostra como tocar essa progressão usando acordes maiores com pestana. Como os dois acordes se movem para trás e para frente rapidamente, o tempo livre (o período em que você pode relaxar seus dedos) é muito curto. Verifique a Faixa de Áudio 24 para ouvir como esse exercício deve soar antes de você decidir substituir Ray Davies em uma turnê mundial.

FIGURA 9-3: Progressão sincopada usando acordes maiores com pestana baseados em E.

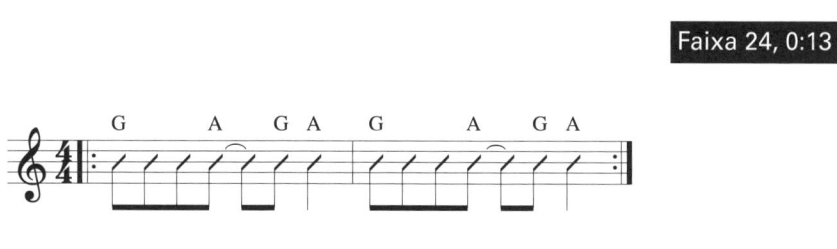

Faixa 24, 0:13

Acordes Menores de 7ª da Dominante e de 7ª Menor com Pestana Baseados em E

Depois que já estiver familiarizado com a sensação e o movimento dos acordes maiores com pestana, comece a adicionar outras qualidades de acorde ao seu *repertoire* (que é uma extravagante palavra francesa para "conjunto de artifícios", a qual os músicos utilizam frequentemente quando discutem suas músicas).

A boa notícia é que tudo o que você sabe sobre mover acordes sobre o braço — obtendo um tom claro e soante das notas individuais do acorde (você está praticando, não está?) e a ação de movimentar e liberar que você utiliza ao tocar acordes maiores com pestana — é levado para as outras formas de acordes com pestana. Tocar uma forma menor, uma 7ª ou uma 7ª menor com pestana não é mais difícil fisicamente do que tocar um maior com pestana. Portanto, à medida que você praticar todos os vários acordes com pestana, deverá perceber que as coisas começam a ficar um pouco mais fáceis. (Vá ao Capítulo 4 para uma introdução aos acordes menores; discutimos acordes de 7ª da dominante e de 7ª menor no Capítulo 6.)

Dominando acordes menores

Formar um acorde *menor* com pestana baseado em E é igual a formar um acorde maior com pestana, conforme explicamos nos passos da seção "Acordes Maiores com Pestana Baseados em E", anteriormente neste capítulo. Você pode seguir essa série de passos, começando com um acorde solto Em, mas digitando-o com os dedos 3-4 (em vez de como você geralmente digita o acorde, como descrevemos no Capítulo 4). Depois, coloque seu primeiro dedo atravessando todas as cordas do outro lado da pestana e então deslize a forma uma casa para cima, produzindo um acorde Fm.

DICA

Conforme explicamos na seção "Acordes Maiores com Pestana Baseados em E", anteriormente neste capítulo, você pode utilizar essa técnica de "deslizar para cima de um acorde de posição solta" para formar todos os acordes com pestana deste capítulo. No entanto, você não precisa passar por tudo isso. Os seguintes passos simples descrevem outra forma de abordar o acorde com pestana Fm:

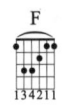

1. Toque um acorde maior com pestana F.

Veja a seção "Acordes Maiores com Pestana Baseados em E", anteriormente neste capítulo.

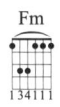

2. Remova seu segundo dedo da 3ª corda.

O primeiro dedo com pestana, o qual já está pressionando para baixo todas as cordas, agora pressiona a nova nota sobre a terceira corda.

Isso é tudo o que você precisa fazer. Você muda instantaneamente um acorde maior com pestana para um acorde menor com pestana removendo apenas um dedo. Agora, usando novamente o gráfico da corda "Mizão" presente no Apêndice A como referência, você pode tocar qualquer um dos acordes menores movendo o acorde Fm à casa apropriada. Para tocar um acorde com pestana Am, por exemplo, apenas mova a pestana até o quinto traste.

DICA

Se você não tiver certeza que está tocando um acorde com pestana sobre a casa correta, tente alternar o acorde com sua forma de posição solta, tocando primeiro a pestana e então a forma solta. Toque as duas versões em sucessão rápida, várias vezes. Você pode então ouvir se os dois acordes são o mesmo ou se são diferentes.

Tente tocar a progressão simples mostrada na Figura 9-4, que utiliza ambos acordes maiores e menores com pestana (toque C na 8º casa, Am na 5º casa, Fm na 1º casa e G na 3º casa).

FIGURA 9-4: Progressão utilizando tanto acordes maiores quanto menores com pestana.

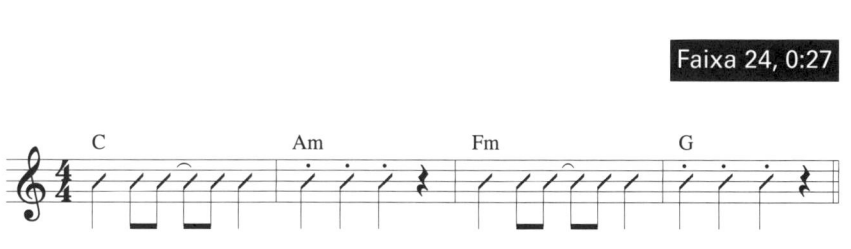

Os pontos acima das barras invertidas nos compassos 2 e 4 da Figura 9-4 são chamados de marcas de staccato. Eles lhe dirão para reduzir as notas curtas (em vez de tocar *daahh-daahh-daahh*, toque *di-di-di*). A melhor maneira de reduzir essas notas é liberar levemente a pressão da sua mão esquerda logo após ter tocado o acorde. Os símbolos no fim dos compassos 2 e 4 são chamados *pausas*. Não toque durante uma pausa.

Agora tente tocar a progressão mostrada na Figura 9-4 duas casas mais alta do que a figura indica. Essa variação de duas casas lhe dá uma progressão D-Bm-Gm-A. Você acabou de *transpor* (mudou o tom) a progressão rápida e facilmente — através da mágica dos acordes móveis.

Aprofundando acordes de 7ª da dominante

Acordes de 7ª da dominante possuem um som mais agudo e complexo do que acordes maiores diretos. Trocar de um acorde de 7ª da dominante com pestana para um acorde maior com pestana, no entanto, é tão fácil quanto trocar de um acorde maior para um menor com pestana — você apenas precisa suspender um único (embora diferente) dedo.

Para trocar de um acorde maior F com pestana, siga estes passos:

1. **Digite um acorde maior F com pestana, conforme descrevemos na seção "Acordes Maiores com Pestana Baseados em E", anteriormente neste capítulo.**

2. **Remova seu quarto dedo da 4ª corda.**

   O primeiro dedo com pestana agora faz pestana na nova nota do acorde.

Tente tocar a progressão simples mostrada na Figura 9-5 usando acordes maiores e de 7ª da dominante com pestana (toque G na 3º casa, A7 na 5º casa, C na 8º casa e D7 na 10º casa).

FIGURA 9-5: Progressão usando acordes de 7ª com pestana maior e da dominante.

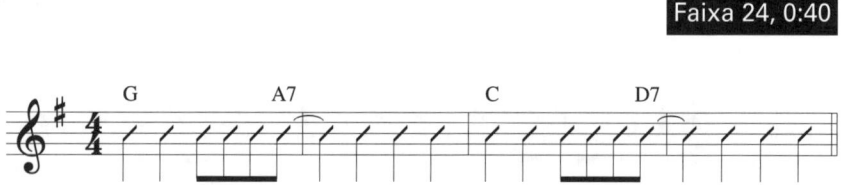

Faixa 24, 0:40

G   A7   C   D7

Tocar a progressão da Figura 9-5 em diferentes tons é tão simples quanto começar em uma posição diferente da terceira casa e mover a mesma distância. De onde quer que você comece, simplesmente mova duas casas para cima para o segundo acorde, mais três casas para cima para o terceiro acorde, e então mais duas casas para cima para o quarto e último acorde.

DICA

Diga em voz alta o nome dos acordes que você tocar para ajudá-lo a associar seus nomes com suas posições. Embora acordes móveis façam transposição sobre a guitarra em um estalo, memorizar apenas o padrão do movimento das mãos em vez dos nomes dos acordes que você está tocando é muito mais fácil. Portanto, diga os nomes dos acordes enquanto você os toca. Após várias repetições, você virá a saber instintivamente que está tocando um acorde B7 na sétima casa.

Tentando acordes de 7ª menor

Acordes de 7ª menor possuem um som mais macio, jazzy e complexo do que os dos acordes menores diretos. Você pode formar um acorde de 7ª menor com pestana baseado em E simplesmente combinando as ações que você fez para trocar de maior para menor e maior para 7ª da dominante.

Para mudar um acorde F maior com pestana para um acorde Fm7 com pestana, siga estes passos:

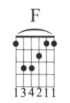

1. **Toque um acorde F maior com pestana, conforme descrevemos na seção "Acordes Maiores com Pestana Baseados em E", anteriormente neste capítulo.**

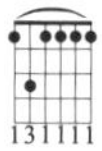

2. **Remova seu segundo dedo da 3ª corda e seu quarto dedo da 4ª corda.**

   O primeiro dedo com pestana, o qual já está pressionando para baixo todas as cordas, pressiona as novas notas sobre as 3ª e 4ª cordas.

Para ajudá-lo a se acostumar com acordes de 7ª menor com pestana, criamos o exercício mostrado na Figura 9-6 (toque G na 3º casa, Bm7 na 7º casa e Am7 na 5º casa). Ouça a Faixa de Áudio 24 para verificar como ele soa.

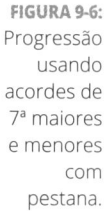

FIGURA 9-6: Progressão usando acordes de 7ª maiores e menores com pestana.

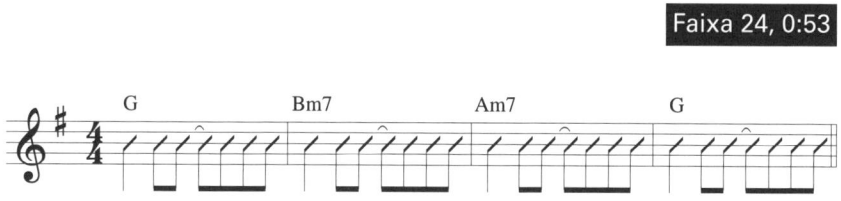

Você pode tocar essa progressão em diferentes tons simplesmente começando por acordes além de G e movendo o número determinado de casas para montar o próximo acorde. Após o primeiro acorde, simplesmente mova quatro casas para cima para o segundo acorde, duas casas para baixo para o terceiro acorde e mais duas casas para baixo para o último acorde. (Você pode transpor as outras progressões desta seção de maneira similar.)

Diga os nomes dos acordes enquanto você os toca. Diga bem alto. Não estamos brincando. Você precisa enjoar de tanto ouvir sua própria voz dizendo o nome desses acordes em suas posições corretas para *nunca mais* esquecer que você toca Am7 — o terceiro acorde dessa progressão — na quinta casa.

Combinando acordes de pestana baseados em E

O que é isto que nós estamos escutamos? Deve ser o tamborilar das patinhas de uma rena. No próximo exercício, como mostrado na Figura 9-7, você pode praticar muitos acordes com pestana baseados em E sobre todo o braço, tocando a progressão do acorde da música "We Wish You a Merry Christmas". Para ajudá-lo nesse exercício, indicamos a casa numerada do seu primeiro dedo pressionando para cada acorde.

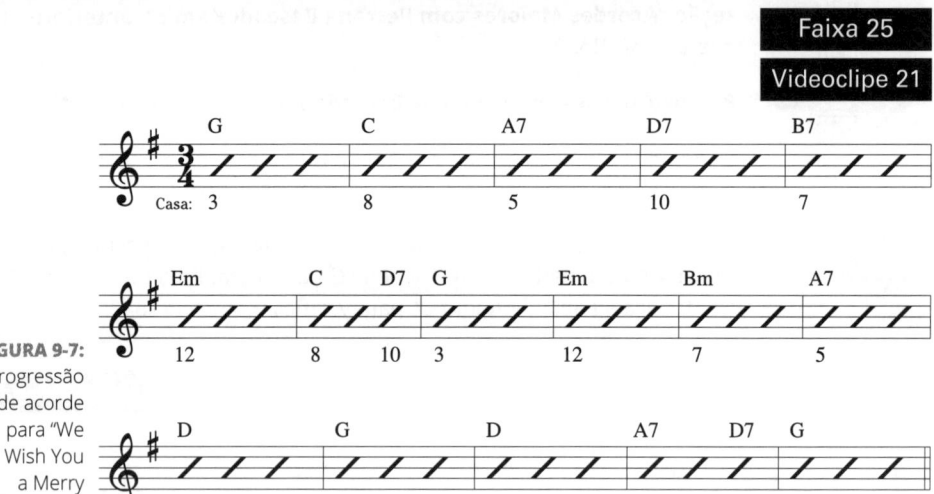

Faixa 25

Videoclipe 21

FIGURA 9-7: Progressão de acorde para "We Wish You a Merry Christmas".

G	C	A7	D7	B7
Casa: 3	8	5	10	7

Em	C	D7	G	Em	Bm	A7
12	8	10	3	12	7	5

D	G	D	A7	D7	G
10	3	10	5	10	3

DICA

Se você estiver tocando um violão de corda de nylon, não pode tocar um acorde Em na décima segunda casa — o corpo do violão fica no caminho. (Mesmo em um de corda de aço, é praticamente impossível tocar esse acorde.) Substitua por um acorde Em de posição aberta, mas toque-o com os dedos 3 e 4 para manter sua mão na formação de pestana.

Nota: Na seção "Músicas com Acordes com Pestana e Power Chords", logo mais neste capítulo, você pode encontrar outra versão dessa música, com melodias e letra — mas não pule para lá até dominar seus acordes com pestana *baseados em A*! (Veja a seção seguinte para ter uma noção.)

Acordes Maiores com Pestana Baseados em A

Nas seções seguintes, introduziremos outro grupo de acordes maiores com pestana, os acordes com pestana *baseados em A*. O acorde maior com pestana baseado em A se parece com o acorde A solto (mas com uma digitação diferente, que nós mostraremos a você na seção seguinte) e tem esse nome de letra devido à casa sobre a 5ª corda, onde você coloca seu primeiro dedo com pestana.

A teoria parece simples o bastante, mas você poderá perceber que esse acorde é um pouco mais difícil de tocar do que o acorde maior com pestana baseado em E. Não se preocupe, porque nós temos um substituto esperando por você que envolve apenas dois dedos. No entanto, por ora, nos obedeça e crie um acorde com pestana baseado em A de acordo com as direções presentes na próxima seção.

Tocando o acorde maior com pestana baseado em A

Para tocar um acorde maior com pestana baseado em A, siga estes passos e veja o Videoclipe 22:

1. **Faça um acorde solto A, mas, em vez de usar a digitação normal de 1-2-3, utilize 2-3-4.**

   Essa posição deixa seu primeiro dedo (indicador) livre e pronto para atuar como dedo com pestana. (Se você não tem certeza de como fazer um acorde solto A, veja o Capítulo 4.)

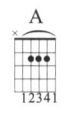

2. **Coloque seu primeiro dedo sobre todas as seis cordas, acima da pestana (o lado próximo às tarraxas).**

   Já que você toca apenas as cinco cordas de cima para os acordes com pestana baseados em A, você *pode* colocar seu dedo sobre apenas cinco cordas. No entanto, a maioria dos guitarristas cobre todas as seis cordas com a pestana, porque é mais confortável e previne a 6ª corda solta de soar acidentalmente.

   Nesse momento, colocar seu dedo indicador sobre as cordas não afeta o som do acorde porque as cordas não vibram desse lado da pestana. Agora, você está apenas tendo a sensação da posição do acorde. Não pressione muito forte com nenhum de seus dedos, porque você moverá o acorde.

3. Pegue a forma inteira da mão esquerda do Passo 2 e deslize de modo que seu primeiro dedo barre o primeiro traste, produzindo um acorde B♭, conforme mostrado na Figura 9-8.

FIGURA 9-8: O acorde B♭ com pestana.

Fotografia por cortesia de Jon Chappell

Após montar o acorde B♭, tente tocar as notas do acorde, uma corda por vez (da 5ª corda até a 1ª), para ver se todas as notas soam claramente. Se alguma nota ficar abafada, verifique se os seus dedos da mão esquerda estão tocando apenas as cordas apropriadas e não estão prevenindo as cordas adjacentes de tocarem. Se o som ainda estiver um pouco abafado, você precisará exercer mais pressão com seus dedos.

Tocando a casa correta para cada acorde maior com pestana baseado em A

Já que você pode tocar um acorde B♭ como um acorde com pestana, pode tocar agora todos os 12 acordes maiores com pestana baseados em A — mas apenas se você souber os nomes de todas as notas sobre a 5ª corda. Todos os acordes com pestana baseados em A possuem seus nomes devido à 5ª corda (assim como os acordes soltos de A). Consulte o Apêndice A para ver os nomes das notas sobre a 5ª corda.

LEMBRE-SE

As notas e as casas funcionam como um relógio. Após passar das 12, elas repetem, então a décima terceira casa é a mesma da primeira (B♭); a décima quarta é a mesma da segunda (B); e assim por diante.

Tocando progressões usando acordes maiores com pestana baseados em A

Antes de começar a tocar quaisquer progressões usando acordes maiores com pestana baseados em A, você precisa saber que a maioria dos guitarristas não as posiciona como descrevemos antes (veja a Figura 9-8). Consulte a Figura 9-9 para ver outra forma de montar esse acorde (usando o acorde B♭

na primeira casa, por exemplo). Utilize seu dedo anelar para fazer pestana em três notas na terceira casa.

FIGURA 9-9: Posição alternativa para o acorde maior com pestana baseado em A.

Ilustração da Wiley, Serviços Gráficos de Composição; fotografia por cortesia de Jon Chappell

DICA

O mais complicado sobre a posição da Figura 9-9 é que, para a primeira corda soar, você precisa contorcer seu terceiro dedo, elevando o nó do dedo médio para fora (veja a foto). Algumas pessoas conseguem realizar essa posição e outras não — é como mexer as orelhas. As pessoas que não conseguem (suspender seus dedos, e não mexer as orelhas) podem usar a posição mostrado na Figura 9-10.

FIGURA 9-10: Outra posição alternativa para o acorde maior com pestana baseado em A.

Ilustração da Wiley, Serviços Gráficos de Composição; fotografia por cortesia de Jon Chappell

LEMBRE-SE

Se você tocar o acorde B♭ com pestana como mostrado na Figura 9-10 (com a 1ª corda não tocada), assegure-se de que a 1ª corda não soe acidentalmente. Para manter a 1ª corda em silêncio, evite tocá-la com sua mão direita ou abafe-a (amortecendo-a levemente) com o terceiro dedo.

Teste todas as três digitações e escolha aquele que o agrade mais, mas nós apostamos que você decidirá pela forma mostrada na Figura 9-10.

TOQUE ISSO!

O exercício mostrado na Figura 9-11 utiliza acordes maiores com pestana baseados em A e possui um som claro e sonoramente pesado. Você pode dar um descanso aos seus dedos da mão esquerda para liberar a pressão conforme desliza de um acorde para o outro. Assista ao Videoclipe 23 para ver a "liberação de pressão" em ação. Não esqueça que você pode (e deve) transpor essa progressão para outros tons movendo o padrão inteiro para um novo ponto inicial. Faça isso para todos os exercícios deste capítulo. Perceba, também, as marcas de staccato no compasso 4 (toque-o *di-di-di*).

FIGURA 9-11: Progressão usando acordes maiores com pestana baseados em A.

Faixa 26, 0:00
Videoclipe 23

C   F   G

Traste: 3   8   10

Acordes Menores de 7ª da Dominante, de 7ª Menor e de 7ª Maior com Pestana Baseados em A

Nós admitimos que o acorde maior com pestana baseado em A é excêntrico no que diz respeito ao posicionamento da mão esquerda. No entanto, todas as outras formas baseadas em A são muito mais lógicas e confortáveis em termos de posição da mão esquerda.

Para o restante das formas baseadas em A, você não encontra nenhuma contorção esquisita da mão ou novas técnicas. Tudo o que você faz é desenvolver uma variedade de formas diferentes para enriquecer seu vocabulário de acordes.

Acordes menores

Para formar um acorde menor com pestana baseado em A, você *poderia* seguir passos iguais aos que descrevemos na seção "Acordes Maiores com Pestana Baseados em A", anteriormente neste capítulo. Toque um acorde solto Am, usando um dedilhado 3-4-2 em vez de 2-3-1 (veja o Capítulo 4 se precisar de ajuda com o acorde solto Am); coloque seu primeiro dedo atravessando todas as cordas do outro lado da pestana; e então deslize a forma uma casa para cima e pressione para baixo firmemente, produzindo um acorde B♭m.

DICA

Porém, se quiser, você pode formar o acorde B♭m pulando o processo de "deslizar para cima de um acorde solto" e apenas colocando seus dedos diretamente sobre as casas, conforme indicado pelo diagrama do primeiro acorde na Figura 9-12. Verifique suas cordas individualmente para ver se elas estão limpas e livres de zumbidos. (Perceba que também estamos dando a você as digitações para B♭7, B♭m7 e B♭maj7 na Figura 8-12. Maiores informações sobre esses acordes nas sessões seguintes.)

FIGURA 9-12: Acordes com pestana B♭m, B♭7, B♭m7 e B♭maj7.

Ilustração da Wiley, Serviços Gráficos de Composição

A progressão vista na Figura 9-13 é típica para uma música de rock, folk ou country e utiliza ambos os acordes maiores e menores com pestana baseados em A. Dirija-se ao Apêndice A se precisar do traste apropriado (sobre a corda A) para cada acorde.

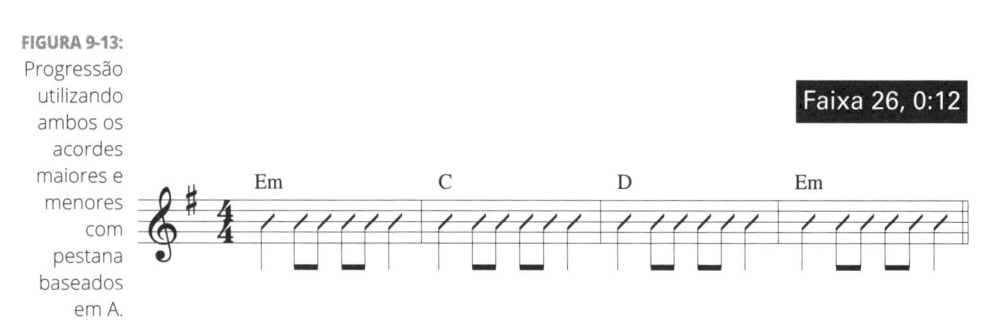

FIGURA 9-13: Progressão utilizando ambos os acordes maiores e menores com pestana baseados em A.

Faixa 26, 0:12

Acordes de 7ª da dominante

Os acordes de 7ª da dominante soam bluesy e funky se comparados aos acordes maiores. Dirija-se à Figura 9-12 para ver a digitação para um acorde com pestana B♭7 (baseado em A). Lembre-se de que você pode "deslizar para cima" para esse acorde a partir de um acorde A7 de posição solta de dois dedos (mas apenas se você utilizar a digitação 3-4 para o A7).

Agora, utilizando o gráfico da corda A no Apêndice A para encontrar a casa apropriada para qualquer acorde com pestana baseado em A, tente tocar a progressão simples mostrada na Figura 9-14, a qual utiliza acordes maiores, menores e da 7ª dominante baseados em A.

FIGURA 9-14: Progressão utilizando acordes maiores, menores e da 7ª da dominante.

Faixa 26, 0:26

Acordes de 7ª menor

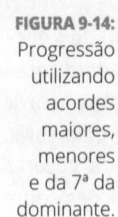

Os acordes de 7ª menor soam suaves e jazzy se comparados aos acordes maiores. Você pode formar o acorde B♭m7 "deslizando para cima" a partir de um acorde Am7 de posição solta (usando a digitação 3-2), ou você pode se dirigir ao exemplo mostrado na Figura 9-12 e colocar seus dedos diretamente sobre as casas para o B♭m7. (O Capítulo 6 explica como tocar um acorde Am7 de posição livre.)

A progressão simples que a Figura 9-15 mostra utiliza acordes menores de 7ª baseados em A, exclusivamente. Se você precisar, utilize o Apêndice A para encontrar a casa apropriada para cada acorde.

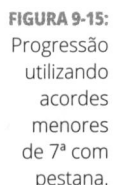

FIGURA 9-15: Progressão utilizando acordes menores de 7ª com pestana.

Faixa 26, 0:42

Acordes de 7ª maior

Os acordes de 7ª maior possuem um som claro e jazzy se comparados aos acordes maiores. (Você pode já ter percebido isso, mas, na seção sobre acordes com pestana baseados em E, anteriormente neste capítulo, nós não incluímos o acorde de 7ª maior. Fizemos isso porque você não toca esse tipo de acorde na forma com pestana.)

Você pode formar o acorde B♭maj7 "deslizando para cima" a partir de um acorde de posição solta Amaj7 (utilizando a digitação 3-2-4), ou você pode se dirigir ao exemplo mostrado na Figura 9-12 e colocar seus dedos diretamente sobre as casas para o acorde com pestana. (O Capítulo 6 diz como você pode tocar um acorde de posição solta Amaj7.)

A progressão simples mostrada na Figura 9-16 utiliza acordes de 7ª menor e de 7ª maior com pestana baseados em A. Utilize o Apêndice A para encontrar a casa apropriado para cada acorde, se necessário.

FIGURA 9-16: Progressão utilizando acordes de 7ª menor e de 7ª maior com pestana.

Faixa 26, 0:55

[Partitura: Dmaj7 | Em7 | F#m7 | Em7]

O exercício mostrado na Figura 9-17 utiliza a progressão de acorde para a música "We Wish You a Merry Christmas". Toque essa progressão utilizando apenas acordes com pestana baseados em A. Para ajudá-lo nesse exercício, nós indicamos em qual casa deve colocar seu primeiro dedo com pestana para cada acorde. Você pode perceber que os acordes são diferentes daqueles do outro exemplo de "We Wish You a Merry Christmas" (dirija-se à Figura 9-7), mas isso ocorre apenas porque utilizamos um acorde inicial diferente aqui.

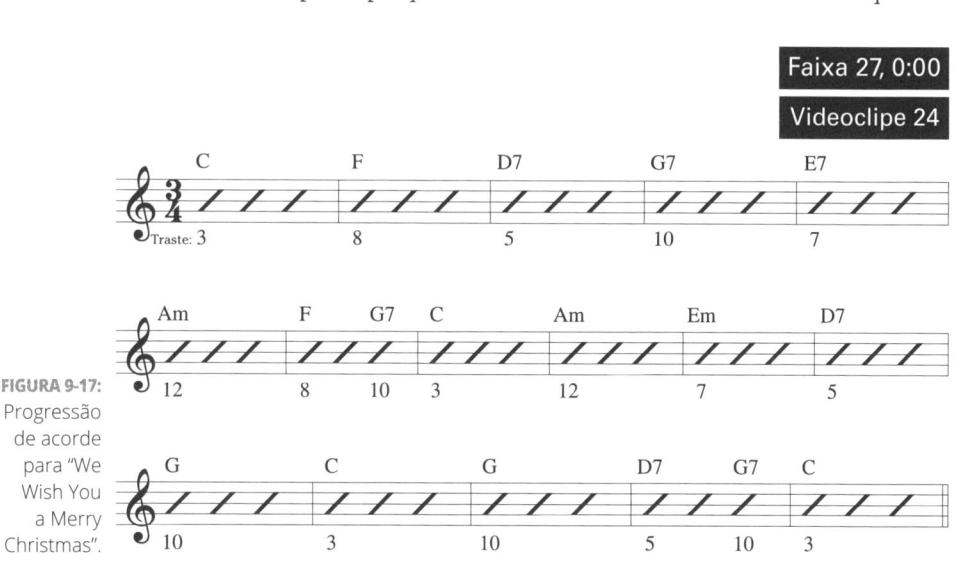

Faixa 27, 0:00

Videoclipe 24

[Partitura em 3/4:
Linha 1: C (Traste: 3) | F (8) | D7 (5) | G7 (10) | E7 (7)
Linha 2: Am (12) | F (8) | G7 (10) | C (3) | Am (12) | Em (7) | D7 (5)
Linha 3: G (10) | C (3) | G (10) | D7 (5) | G7 (10) | C (3)]

FIGURA 9-17: Progressão de acorde para "We Wish You a Merry Christmas".

DICA

Se você estiver tocando com um violão de corda de nylon, terá problemas ao tocar o acorde Am na décima segunda casa — o corpo do violão fica no caminho (e tocar o acorde também não é nada fácil na corda de aço). Substitua o acorde de posição solta Am, mas utilize a digitação 3-4-2 para manter sua mão na posição com pestana.

PAPO DE ESPECIALISTA

Você pode ter percebido, ao tocar os exercícios deste capítulo — e especialmente os exercícios de "We Wish You a Merry Christmas" —, que sua mão esquerda salta em movimentos inesperados e convulsivos. Isso ocorre porque você está tocando todos os acordes requeridos utilizando apenas uma forma de acorde — tanto a forma baseada em E quanto a forma baseada em A. Se combinar formas, você apoia sua seleção de acorde na economia de movimentos. Os acordes F e B♭ estarão cinco casas distantes um do outro se você utilizar a mesma forma com pestana, mas estarão na mesma casa (a primeira) se você utilizar a forma baseada em E para F e a forma baseada em A para B♭. Tocar músicas fica mais fácil conforme você adiciona acordes adicionais ao seu arsenal.

TOQUE AGORA! Para ver o quanto é mais fácil tocar "We Wish You a Merry Christmas" se você utilizar ambos os acordes com pestana baseados em A e os acordes com pestana baseados em E, verifique a seção "Músicas com Acordes com Pestana e Power Chords", logo mais neste capítulo.

Power Chords

Um power chord — não confunda com power cord (o cabo que fornece eletricidade para seu engraxador de sapatos motorizado) — normalmente não é nada mais do que as duas ou três notas mais baixas de uma posição solta regular ou de um acorde com pestana. Muitas vezes, os guitarristas utilizam power chords no rock para criar um som mais grave. Power chords são mais fáceis de tocar do que são suas respectivas versões completas e não contêm uma qualidade maior ou menor, então eles podem estar em qualquer tipo de acorde. Além disso, é muito divertido tocá-los!

Tocando power chords

Um *power chord* consiste em apenas duas notas diferentes que estão sempre cinco passos à parte, como A-E ou C-G (conte o nome das letras em seus dedos para confirmar que, de A para E e de C para G, há cinco passos de distância). No entanto, o acorde que você tocar pode envolver mais do que duas cordas, porque você pode estar *multiplicando* cada uma das notas que forma o power chord — isto é, tocando as mesmas notas em diferentes oitavas (e sobre cordas diferentes).

Como a maioria dos outros acordes, existem dois tipos de power chords:

» **Soltos:** Nós mostramos os power chords de posição solta mais comuns — E5, A5 e D5 — na Figura 9-18. Esses acordes são meramente as duas ou três notas mais graves dos acordes simples E, A e D de posição solta que descrevemos no Capítulo 4.

» **Móveis:** Power chords móveis são simplesmente as duas ou três notas mais graves dos acordes com pestana móveis que descrevemos nas seções precedentes a este capítulo. Assim como os acordes com pestana móveis, power chords móveis são baseados em E, tendo seus nomes das notas que você toca sobre a 6ª (E grave) corda, ou baseados em A, tendo seus nomes das notas que você toca sobre a 5ª (A) corda. A Figura 9-19 mostra os power chords F5 e B♭5 que você toca na primeira casa, mas você pode movê-los para qualquer casa, determinando seus nomes a partir dos gráficos presentes no Apêndice A sobre as cordas "Mizão" e A. Ou, melhor ainda, você pode determinar o nome dos power chords memorizando os nomes das notas sobre a 6ª e a 5ª corda — e então não precisará utilizar o Apêndice A! (É só uma dica.)

	Versão de duas cordas	Versão de três cordas	Versão de três cordas, digitação alternativa
Power chord aberto E5	E5	E5	E5
Power chord aberto A5	A5	A5	A5
Power chord aberto D5	D5	D5	

FIGURA 9-18: Power chords E5, A5 e D5.

DICA Normalmente, os power chords de duas cordas e de três cordas são permutáveis. Em algumas situações, como nas figuras para tocar no estilo Chuck Berry que apresentaremos no Capítulo 10, a versão de duas cordas é preferível.

	Versão de duas cordas	Versão de três cordas	Versão de três cordas, digitação alternativa
Power chord móvel baseado em E	F5	F5	F5
Power chord móvel baseado em A	B♭5	B♭5	B♭5

FIGURA 9-19: Power chords (móveis) F5 e B♭5.

Sabendo quando usar power chords

TOQUE ISSO!

No rock tradicional (e até mesmo em algumas músicas pop), os guitarristas geralmente substituem full chords por power chords para dar ao acompanhamento (especificamente à parte de ritmo da guitarra) um som mais escasso e seco do que aquele que você obtêm com full chords. Isso ocorre para permitir que a parte vocal se sobressaia mais na música. Você pode ouvir esse tipo de som do power chord em músicas antigas, como "Johnny B. Goode" e "Peggy Sue". A progressão mostrada na Figura 9-20 ilustra os power chords que você utiliza para produzir esse tipo de som. Toque essa progressão usando tanto os power chords de duas cordas quanto os de três cordas. Assista ao Videoclipe 25 para entender o modo correto de tocar power chords.

O símbolo ≻ é chamado de *acento*. Ele lhe diz para tocar as notas acentuadas um pouco mais alto do que as outras notas — ou seja, para acentuá-las. Às vezes, os acentos formam um padrão rítmico que dá à música um certo sabor, como um sabor latino, um sabor de Bo Diddley, um sabor de polka e até mesmo um sabor tutti-frutti.

Em músicas hard rock e heavy metal, os guitarristas muitas vezes gostam de utilizar um som pesado e nefasto em seus acordes. Eles fazem isso tocando notas baixas com *distorção* — um sinal sonoro nebuloso que ocorre se o sinal for poderoso demais para o circuito elétrico dos amps e das caixas de som.

Faixa 28, 0:00

Videoclipe 25

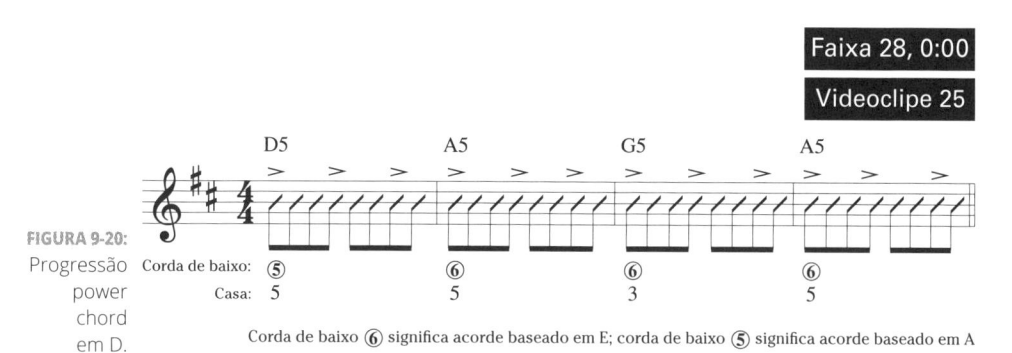

FIGURA 9-20: Progressão power chord em D.

Corda de baixo ⑥ significa acorde baseado em E; corda de baixo ⑤ significa acorde baseado em A

Os guitarristas de hard rock e heavy metal amam tocar power chords em vez de full chords, pois power chords soam mais graves (principalmente porque não incluem as cordas altas). Além disso, o tom distorcido realmente os limita aos power chords, porque full chords (acordes com mais de duas notas diferentes) não soam bem com distorção pesada.

TOQUE ISSO!

A progressão mostrada na Figura 9-21 ilustra um típico riff de heavy metal utilizando tanto power chords móveis quanto de posição solta. Se você tiver uma guitarra e um amplificador ou um instrumento de efeito que permita *acelerá-lo* (veja o Capítulo 16), utilize distorção enquanto pratica essa progressão, como você ouve na Faixa de Áudio 28. Você pode utilizar a versão de duas cordas ou a versão de três cordas dos power chords, mas é a versão de duas cordas que pode ser ouvida na Faixa de Áudio 28.

Faixa 28, 0:14

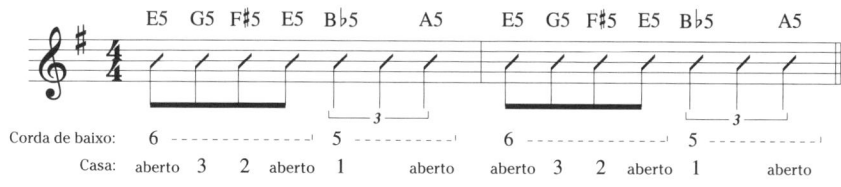

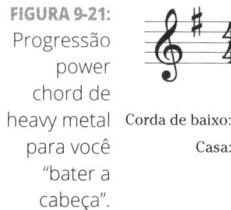

FIGURA 9-21: Progressão power chord de heavy metal para você "bater a cabeça".

Corda de baixo ⑥ significa acorde baseado em E; corda de baixo ⑤ significa acorde baseado em A

TOQUE AGORA!

Para tocar uma música com power chords agora mesmo, verifique "Three Metal Kings" na seção seguinte.

Músicas com Acordes com Pestana e Power Chords

Agora é que a diversão começa. Você revisitará uma música que pode já ter tocado em algum ponto (dirija-se às Figuras 9-7 e 9-17, anteriormente neste capítulo), mas, nesta seção, mostraremos como é mais fácil tocar uma música se você combinar formas de acordes diferentes.

Aqui estão algumas informações úteis sobre as músicas para ajudá-lo:

» **We Wish You a Merry Christmas:** Para tocar "We Wish You a Merry Christmas", você precisa saber

- como tocar acordes com pestana baseados em E (veja as seções "Acordes maiores com pestana baseados em E" e "Acordes menores de 7ª da dominante, de 7ª menor e de 7ª maior com pestana baseados em E", anteriormente neste capítulo);

- como tocar acordes com pestana baseados em A (veja as seções "Acordes maiores com pestana baseados em A" e "Acordes menores de 7ª da dominante, de 7ª menor e de 7ª maior com pestana baseados em A", anteriormente neste capítulo);

- como tocar guitarra vestindo uma fantasia abafada e com um travesseiro amarrado na barriga.

As progressões de acorde para essa música aparecem duas vezes em exercícios neste capítulo, primeiro no exercício da Figura 9-7, quando foram praticados acordes com pestana baseados em E, e novamente no exercício da Figura 9-17, quando foram praticados acordes com pestana baseados em A. Em cada um desses exercícios, sua mão esquerda deve pular sobre toda a escala. Combinando ambos os tipos de acordes com pestana (baseados em E e baseados em A), você pode tocar essa música com muito menos movimentos da mão esquerda. Minimizar os movimentos da mão esquerda permite que você toque mais rápido e mais suave, bem como alcance melhor *voice leading*, ou suavidade no movimento entre as notas individuais da troca de acordes (uma boa voice leading produz um som agradável).

» **Three Metal Kings:** Para tocar "Three Metal Kings" (baseada na clássica canção de Natal "We Three Kings of Orient Are"), você precisa saber como posicionar e tocar os power chords de posição livre e móveis para cima e para baixo no braço (veja a seção "Tocando power chords", anteriormente neste capítulo) e como elevar o volume do seu amplificador a 11 (à la Spinal Tap). Digitações com a mão esquerda não são indicados, então use qualquer um que o faça sentir-se confortável.

PAPO DE ESPECIALISTA

Note que usamos tab e não barras de ritmo para anotar essa música, porque ela tem um aspecto melódico, bem como um aspecto de corda, devido a alguns power chords existentes em diferentes vocalizações.

DICA

Lembre-se que power chords são apropriados para um som pesado e distorcido, e você pode utilizá-los no lugar das versões completas dos acordes, porque eles geralmente contêm as mesmas duas ou três notas inferiores. Então, se você está se sentindo um pouco rebelde ou um pouco malvado, aumente seu amplificador e toque "We Wish You a Merry Christmas" com power chords, um som distorcido e uma cara de mau.

FAIXA 29 We Wish You a Merry Christmas

*Corda de baixo ⑥ significa acorde baseado em E; corda de baixo ⑤ significa acorde baseado em A

FAIXA 30 | **Three Metal Kings**

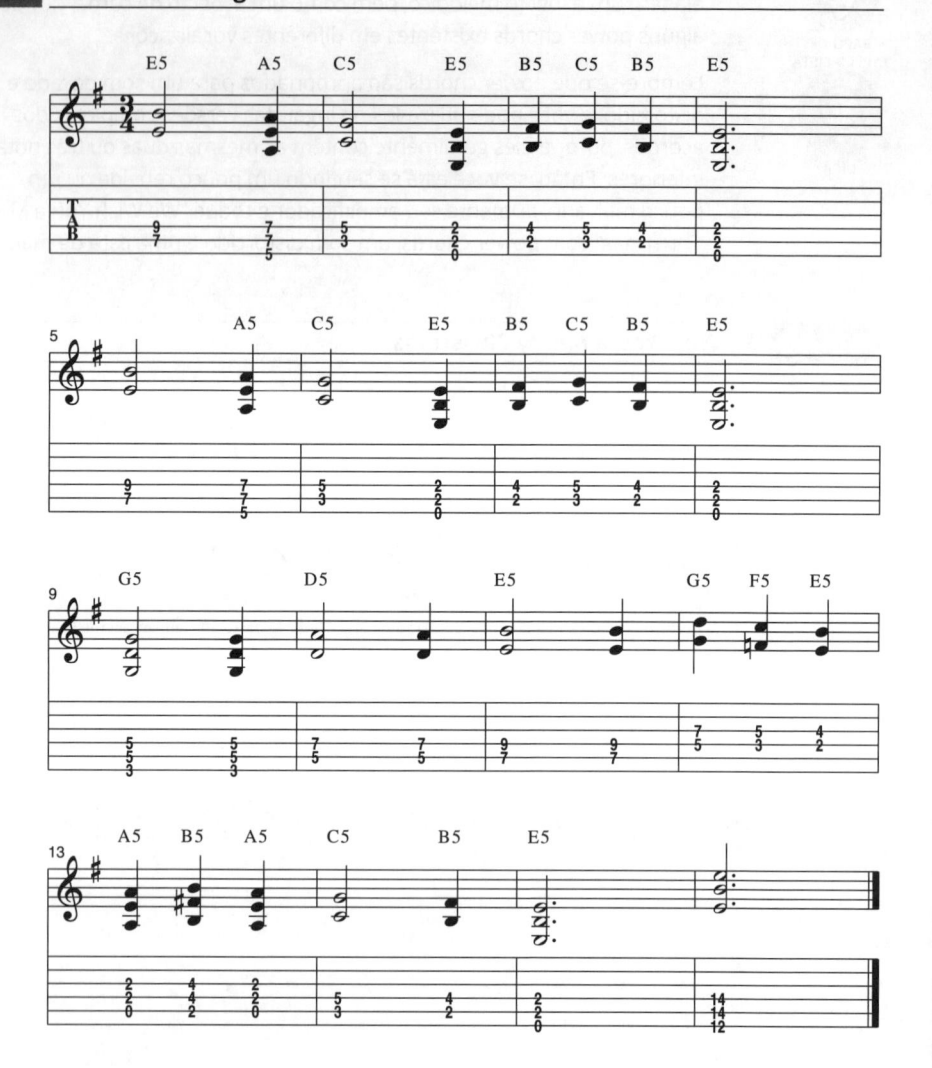

> **NESTE CAPÍTULO**
>
> Tocando hammer-ons e pull-offs
>
> Praticando slides e bends
>
> Usando vibratos e muting
>
> Tocando em um estilo integrado

Capítulo 10

Articulação Especial: Fazendo a Guitarra Falar

A *articulação* se refere a como você toca e conecta notas na guitarra. Veja por este lado: se tons e ritmos são *o que* você toca, articulação é *como* você toca. A articulação dá expressão à música e permite que você faça a sua guitarra falar, cantar e até chorar. De um ponto de vista técnico, algumas técnicas de articulação, como *hammer-ons, pull-offs, slides* e *bends*, permitem que você conecte notas suavemente, dando a seu toque um pouco de "lubrificante" (uma coisa boa, especialmente quando está tocando blues). Os *vibratos* adicionam vida às notas prolongadas (ou mantidas) que normalmente estão ali apenas como uma tartaruga morta, e o *muting* forma o som de notas individuais, dando a elas um som firme e reduzido.

LEMBRE-SE

À medida que começa a incorporar articulação em seu toque, você começa a exercitar mais controle sobre sua guitarra. Você não está meramente tocando "do modo correto" — você está tocando com um *estilo* individual.

CAPÍTULO 10 Articulação Especial: Fazendo a Guitarra Falar   131

Este capítulo lhe mostra como tocar todas as técnicas de articulação que você precisa para fazer sua guitarra falar. Após explicarmos cada técnica, apresentaremos alguns *licks idiomáticos* (frases musicais que se adaptam naturalmente a uma técnica ou estilo particular) para que você possa tocar a técnica em seu contexto.

Pegando o Jeito dos Hammer-ons

O *hammer-on* não se refere a tocar guitarra enquanto veste um cinto de ferramentas; hammer-on é uma técnica da mão esquerda que permite a você tocar duas notas consecutivas ascendentes palhetando apenas a primeira nota. O hammer-on tem seu nome derivado da ação do seu dedo da mão esquerda, o qual age como um martelo batendo na escala, ocasionando o som da nota daquela casa. Essa técnica faz a conexão entre as notas soar suave — muito mais suave do que se você simplesmente palhetasse cada nota separadamente.

Nota: Na notação tab (e na padrão) deste livro, a letra H com uma *ligadura* (uma linha curvada) indica um hammer-on. A ligadura conecta o número da primeira casa, ou nota, do hammer-on com o último, e o H aparece centralizado sobre a ligadura. Caso dois Hs apareçam sobre a ligadura, o hammer-on envolve três notas.

Tocando um hammer-on

Um hammer-on de corda solta (ou apenas *hammer*, para encurtar) é o tipo mais fácil de tocar. Veja a seguir os passos para um hammer-on de corda solta, como mostrado na Figura 10-1a:

1. **Palhete a corda solta G (a 3ª corda) como você geralmente faz.**

2. **Enquanto a corda solta ainda estiver tocando, use o dedo da sua mão esquerda (digo, o primeiro dedo) para tocar rápida e firmemente (ou bater, se você preferir) o segundo traste da mesma corda.**

   Se você trouxer seu dedo para baixo com força suficiente, ouvirá a nova nota (a segunda casa A) soando. Geralmente, sua mão esquerda não toca a casa; meramente o pressiona para baixo. No entanto, para produzir um som audível sem palhetar, você deve bater na corda com força, como se o seu dedo fosse um pequeno martelo vindo em direção à escala.

Faixa 31, 0:00
Videoclipe 26

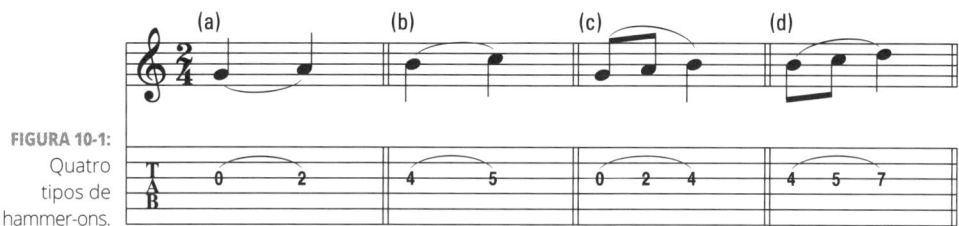

FIGURA 10-1: Quatro tipos de hammer-ons.

A Figura 10-1b mostra um hammer-on de uma corda pressionada na 3ª corda. Utilize o seu primeiro dedo para pressionar a primeira nota na quarta casa e tocar a corda; em seguida, enquanto a nota ainda estiver soando, utilize seu segundo dedo para martelar para baixo na quinta casa. Confira o Videoclipe 26 para ver os quatro hammer-ons da Figura 10-1.

Depois que tiver dominado o hammer-on de corda solta, você estará pronto para vários outros tipos, os quais abordaremos nas seções seguintes.

Double hammer-on

A Figura 10-1c mostra um *double hammer-on* na 3ª corda. Toque a corda solta e martele a segunda casa com seu primeiro dedo; em seguida, enquanto aquela nota ainda estiver soando, martele a corda novamente (na quarta casa) com seu terceiro dedo, produzindo uma conexão muito suave entre as três notas.

Não se apresse em pôr as notas juntas; essa é uma tendência quando você começa a trabalhar nos hammer-ons.

A Figura 10-1d mostra um double hammer-on sobre a mesma corda utilizando três notas pressionadas. Esse tipo de hammer-on é o mais difícil de ser tocado e requer alguma prática. Toque a nota na quarta casa, pressionando com seu primeiro dedo; martele a nota da quinta casa com seu segundo dedo; em seguida, martele a nota da sétima casa com seu quarto dedo.

Double-stop hammer-on

Você também pode tocar hammer-ons como double-stops. Os double-stop hammer-ons mais comuns — e mais fáceis de tocar — são aqueles onde ambas as notas double-stops repousam na mesma casa, permitindo que você faça *pestana* nelas (tocando-as com um dedo). (Veja o Capítulo 8 para mais informações sobre double-stops.)

A Figura 10-2a mostra um double-stop hammer-on a partir de cordas soltas (a 2ª e a 3ª). Após tocar as duas cordas soltas com uma palheta, e enquanto as cordas soltas ainda estiverem soando, bata para baixo com seu primeiro dedo na segunda casa, atravessando ambas as cordas ao mesmo tempo.

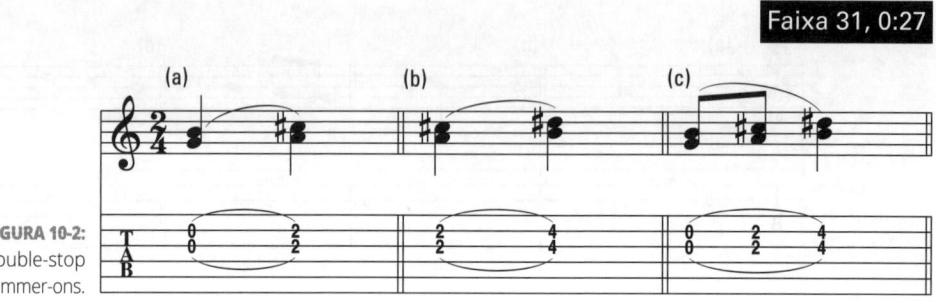

Faixa 31, 0:27

FIGURA 10-2: Double-stop hammer-ons.

Depois, tente um double-stop hammer-on a partir da segunda casa para a quarta, também sobre a 2ª e a 3ª corda, conforme mostrado na Figura 10-2b. Utilize seu primeiro dedo para fazer pestana na segunda casa e seu terceiro dedo para fazer pestana na quarta casa.

Agora, para ficar melhor ainda, tente um *double double-stop hammer-on*, sobre as mesmas cordas, conforme mostrado na Figura 10-2c. Comece com as cordas soltas; martele a segunda casa com pestana com seu primeiro dedo; em seguida, martele a quarta casa com pestana com seu terceiro dedo.

Hammer-on de lugar nenhum

A Figura 10-3 mostra o que chamamos de *hammer-on de lugar nenhum*. Não é um hammer-on típico, pois a nota martelada não segue uma nota mais baixa já soada. Na realidade, a nota martelada está sobre uma corda totalmente diferente da nota anterior. Soe a nota martelada pressionando-a com muita força (martelando-a) com o dedo da mão esquerda — forte o bastante para que a nota soe sem que você toque com a palheta. Você está martelando na 7º casa.

Faixa 31, 0:47

FIGURA 10-3: O hammer-on de lugar nenhum.

PAPO DE ESPECIALISTA

Por que você usaria esse tipo de hammer-on? Às vezes, em passagens rápidas, o padrão de digitação da sua mão direita não lhe dá tempo suficiente para aquele golpe extra de tocar quando você precisa dele. Mas você pode fazer a nota soar da maneira que quiser pressionando-a forte o bastante com um dedo da mão esquerda — martelando-a a partir de lugar nenhum.

Idiomatizando com hammer-ons

Nas Figuras 10-4 até 10-7, você vê alguns licks idiomáticos que utilizam hammer-ons. (Os números pequenos próximos às cabeças das notas na notação padrão indicam posição da mão esquerda.)

» O lick na Figura 10-4 utiliza hammer-ons de nota única a partir de cordas soltas. Você pode ouvir esse tipo de lick em uma música de rock, blues ou country. Tente executá-lo para pegar um pouco mais de prática com os hammer-ons.

Faixa 32

FIGURA 10-4: Hammer-on de nota única a partir de cordas soltas.

» Outro truque legal é tocar um acorde enquanto martela uma das notas. A Figura 10-5 mostra essa técnica — a qual James Taylor emprega frequentemente — no contexto da frase musical.

Faixa 33

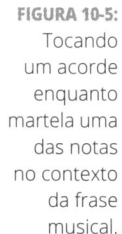

FIGURA 10-5: Tocando um acorde enquanto martela uma das notas no contexto da frase musical.

» A Figura 10-6 mostra hammer-ons de nota única envolvendo apenas notas pressionadas. Você pode ouvir esse tipo de lick em várias músicas de rock e blues. Palhetadas para baixo são indicadas pelo símbolo ⊓ e palhetadas para cima são indicadas pelo símbolo V. (O *sim.* significa que deve continuar tocando de uma maneira similar — aqui se referindo ao padrão de palhetada indicado.)

DICA

Mantenha seu primeiro dedo fazendo pestana na quinta casa para esse lick enquanto você o toca. Você obterá um som suave e descobrirá que assim é mais fácil de tocar.

Faixa 34, 0:00

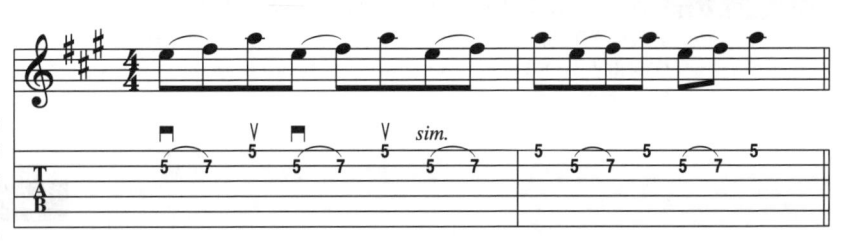

FIGURA 10-6: Hammer-ons a partir de nota única pressionada.

» A Figura 10-7 combina um double-stop hammer-on com um hammer-on de lugar nenhum na quinta posição. (Veja o Capítulo 7 para mais informações sobre tocar em posição.) Tente palhetar a última nota, e você poderá ver facilmente que o hammer-on de lugar nenhum é mais confortável do que a versão palhetada da nota.

Faixa 34, 0:08

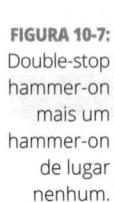

FIGURA 10-7: Double-stop hammer-on mais um hammer-on de lugar nenhum.

Soando Suave com Pull-Offs

O *pull-off* é outra técnica que permite conectar notas mais suavemente. Ele permite que você toque duas notas consecutivas descendentes palhetando apenas uma vez com a mão direita e, quando a primeira nota tocar, tirando seu dedo da corda. Quando você tira o dedo, a próxima nota mais baixa pressionada (ou solta) sobre a corda soa, em vez da primeira nota.

Você pode considerar um pull-off como o oposto de um hammer-on, mas aquele contraste particular não conta a história toda. Um pull-off também requer que você exerça uma leve puxada para o lado sobre a corda onde você está pressionando a nota digitada e, em seguida, libere a corda do seu dedo em um estalo quando tirar seu dedo da corda — um movimento similar ao do "jogo da pulga".

Nota: A notação tab (e a padrão) neste livro indica um pull-off através da letra P centrada sobre a ligadura (pequena linha curvada) conectando os dois números tab (ou notas).

As seções seguintes mostram tudo o que você precisa saber sobre conectar notas com a técnica pull-off e, quando tiver terminado de ler os passos e licks que fornecemos, você estará pronto para realizar o pull-off.

Tocando pull-offs

Um pull-off (ou *pull*, para encurtar) de uma corda solta é o tipo mais fácil para tocar. Veja a seguir os passos de um pull-off de corda solta, mostrado na Figura 10-8a:

1. **Pressione para baixo a 3ª corda na segunda casa com seu primeiro ou segundo dedos (o que for mais confortável) e palhete a nota normalmente com sua mão direita.**

2. **Enquanto a nota ainda estiver tocando, tire seu dedo da corda em um movimento inclinado (em direção à 2ª corda), de maneira que a 3ª corda soe — quase como se você estivesse puxando com o dedo da mão esquerda.**

   Se estiver tocando em velocidade, você não poderá puxar a corda quando remover seu dedo — você estará metade erguendo e metade puxando... Ou algo parecido. Faça testes até encontrar o movimento do dedo da mão esquerda que funcione melhor para você.

Faixa 35, 0:00
Videoclipe 27

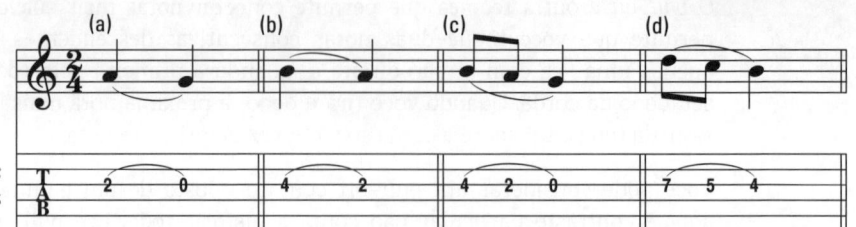

FIGURA 10-8: Quatro tipos de pull-offs.

A Figura 10-8b mostra um pull-off envolvendo apenas notas pressionadas. O fator crucial em tocar esse tipo de pull-off é que *você deve digitar ambas as notas pull-offs antes do tempo*. Nós colocamos essa parte final em itálico porque isso é muito importante. Esse requisito é uma das grandes diferenças entre um hammer-on e um pull-off. Você deve perceber, ou estabelecer, um pull-off antecipadamente. Veja a seguir os passos para tocar o pull-off pressionado mostrado na Figura 10-8b:

LEMBRE-SE

1. **Pressione para baixo a segunda casa da 3ª corda com seu primeiro dedo e a quarta casa da 3ª corda com seu terceiro dedo ao mesmo tempo.**

2. **Toque a 3ª corda com uma palheta e, enquanto a nota da quarta casa ainda estiver tocando, tire seu terceiro dedo da quarta casa (metade puxando, metade erguendo) para soar a nota da segunda casa (o qual você já está tocando).**

DICA

Tente evitar tocar acidentalmente a 2ª corda enquanto você tira o dedo. Você também pode perceber que, se não estiver pressionando para baixo aquela nota da segunda casa, você fará soar a corda solta em vez da segunda casa!

Depois que tiver pegado o jeito dos pull-off anteriores, você pode tentar o double pull-off e o double-stop pull-off nas seções seguintes.

Double pull-off

A Figura 10-8c mostra um *double pull-off* para a 3ª corda solta. Comece pressionando simultaneamente as duas primeiras notas (com seu primeiro e terceiro dedos). Palhete a corda e, em seguida, tire seu terceiro dedo para soar a nota na segunda casa; depois, tire seu primeiro dedo para soar a corda solta.

TOQUE ISSO!

A Figura 10-8d mostra um double pull-off sobre a 3ª corda usando apenas notas pressionadas. Comece com todas as três notas pressionadas (usando seu primeiro, segundo e quarto dedos). Palhete a corda e, em seguida, tire seu quarto dedo para soar a nota da quinta casa; depois, tire seu segundo dedo para soar a nota da quarta casa. Confira o Videoclipe 27 para ver os quatro pull-offs da Figura 10-8.

Double-stop pull-off

Você também pode tocar pull-offs como double-stops. Assim como ocorre com os hammer-ons, os *double-stops pull-offs* mais comuns e mais fáceis de tocar são aqueles em que ambas as notas double-stop repousam sobre a mesma casa, permitindo a você fazer pestana nelas (veja o Capítulo 8 para mais informações sobre os double-stops).

A Figura 10-9a mostra um double-stop pull-off para cordas soltas sobre a 2ª e 3ª cordas. Após tocar as notas na segunda casa, e enquanto as cordas ainda estiverem tocando, tire seu primeiro dedo (metade puxando, metade erguendo) de ambas as cordas ao mesmo tempo (em um movimento) para soar as cordas soltas.

Depois, tente um double-stop pull-off a partir da quarta até a segunda casa, conforme mostrado na Figura 10-9b. Coloque seu primeiro dedo na segunda casa, fazendo pestana na 2ª e 3ª corda, e coloque seu terceiro dedo na quarta casa (também fazendo pestana na 2ª e 3ª corda) ao mesmo tempo. Palhete as cordas e, em seguida, tire seu terceiro dedo da quarta casa para soar as notas na segunda casa de ambas as cordas.

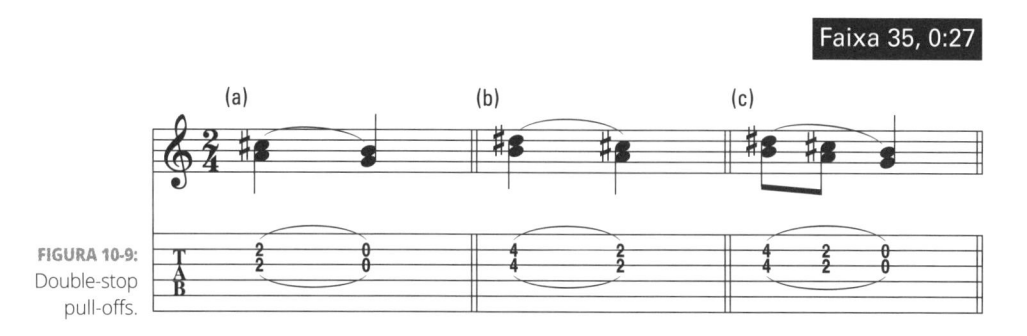

FIGURA 10-9: Double-stop pull-offs.

Agora tente um *double double-stop pull-off*, sobre as mesmas cordas, conforme mostrado na Figura 10-9c. Esse tipo de pull-off é similar ao que você toca no exemplo mostrado na Figura 10-9b, exceto que, após as notas da segunda casa soarem, você tira seu primeiro dedo da segunda casa para soar as cordas soltas.

Idiomatizando com pull-offs

Nas Figuras 10-10 e 10-11, você vê dois licks idiomáticos usando pull-offs.

» A Figura 10-10 envolve pull-offs de notas únicas para cordas soltas. Você pode ouvir esse tipo de lick em muitas músicas de rock e blues.

FIGURA 10-10: Pull-offs de notas únicas para cordas soltas.

Faixa 36, 0:00

» A Figura 10-5, na seção "Idiomatizando com hammer-ons", anteriormente neste capítulo, lhe mostra como tocar um acorde enquanto martela sobre a nota daquele acorde. A Figura 10-11 mostra a técnica oposta: tocar um acorde enquanto puxa uma nota para fora. A passagem nesta figura começa com dois pull-offs de notas únicas, apenas para você exercitar a técnica.

Faixa 36, 0:09

FIGURA 10-11: Tocando um acorde enquanto puxa uma das notas.

Escorregando com Slides

Um *slide* é uma técnica de articulação na qual você toca uma nota e, em seguida, move seu dedo da mão esquerda ao longo da corda para uma casa diferente. Essa técnica permite que você conecte duas ou mais notas leve e rapidamente. Também permite que você troque de posições na escala continuamente.

Existem muitos tipos de slides. Os mais básicos são descritos a seguir (mostraremos como dominar esses slides, exceto talvez pelo último, nas seções seguintes):

» Slides entre duas notas onde você palheta apenas a primeira nota.

» Slides entre duas notas onde você palheta ambas as notas.

» Slides a partir de uma nota indefinida, algumas casas acima ou abaixo da nota alvo. (A nota é indefinida porque você começa o slide com pouquíssima pressão do dedo, aumentando-a gradualmente até chegar à casa alvo.)

» Slides a partir de um tom indefinido, algumas casas acima ou abaixo da nota inicial. (O tom é indefinido porque você aumenta gradualmente a pressão do dedo, à medida que se distancia da casa inicial.)

» Slides em base.

Nota: Na notação da tablatura (e na padrão), nós indicamos um slide com uma linha inclinada (seja aproximando a nota, conectando duas notas ou seguindo uma nota).

Tocando slides

O nome dessa técnica, *slide*, lhe dá uma boa dica sobre como tocá-la. Você desliza (slide) um dedo da mão esquerda para cima e para baixo da corda, mantendo contato com ela, até chegar a uma nova nota. Às vezes, você conecta duas notas (por exemplo, você desliza da sétima casa até a nona) e, às vezes, você conecta uma nota (de uma casa dada) com uma nota *indefinida* (você produz notas indefinidas palhetando a corda enquanto adiciona ou libera gradualmente a pressão do dedo à medida que está deslizando). Descreveremos as duas técnicas na seção seguinte.

Conectando duas notas

A Figura 10-12a mostra uma ligadura (uma linha curva) junto com a linha inclinada. A ligadura indica que isso é um *deslizamento legato*, o que significa que você *não palheta a segunda nota*. Toque a primeira nota na nona casa normalmente, segurando a nota por uma batida. Na batida 2, enquanto a corda ainda estiver tocando, deslize rapidamente seu dedo da mão esquerda para a décima segunda casa, mantendo o dedo inteiro pressionado o tempo todo. Essa ação faz com que a nota na décima segunda casa soe sem que você a palhete.

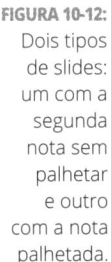

FIGURA 10-12: Dois tipos de slides: um com a segunda nota sem palhetar e outro com a nota palhetada.

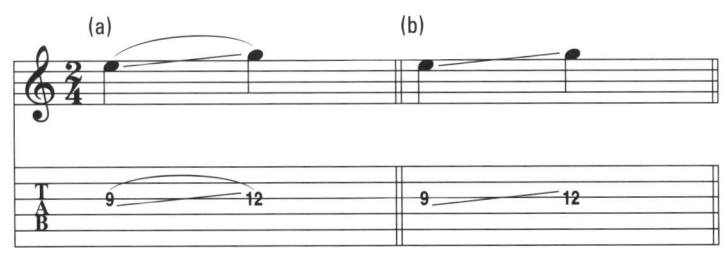

TOQUE ISSO!

Na Figura 10-12b, que indica um slide *sem* uma ligadura, você palheta a segunda nota. Toque e segure a nota da nona casa por uma batida; em seguida, na batida dois, deslize para cima até a décima segunda casa — mantendo o dedo inteiro pressionado o tempo todo enquanto desliza — e toque a corda com uma palheta apenas quando chegar à décima segunda casa. Assista ao Videoclipe 28 para ver as diferenças entre um slide arrastado e um não arrastado.

PAPO DE ESPECIALISTA

Se você tocar o slide da Figura 10-12b devagar o bastante, produzirá o que é conhecido como *glissando*. O glissando é um efeito que você ouve em harpas, pianos e guitarras, no qual todas as notas entre as duas notas principais soam.

Trabalhando com notas indefinidas

O que chamamos de *slide ascendente imediato* é um deslize rápido, não em ritmo, que serve para decorar apenas uma nota e não é algo que você utiliza para conectar duas notas diferentes. No exemplo mostrado na Figura 10-13a, você desliza até a nona casa a partir de algumas casas abaixo. Siga os seguintes passos:

1. **Comece o deslize a partir de três casas abaixo da casa alvo (a sexta casa, se a nona for o seu alvo), usando a pressão mínima do dedo.**

2. **Conforme seu dedo desliza, aumente gradualmente a pressão do seu dedo para que, ao chegar na casa alvo, você exerça a pressão total.**

3. **Toque a corda com a palheta enquanto seu dedo da mão esquerda estiver em movimento, em algum ponto entre a casa inicial e a casa alvo (a sexta e a nona casas, por exemplo).**

Faixa 37, 0:12

FIGURA 10-13: Slides ascendentes e descendentes imediatos.

O slide mostrado na Figura 10-13b é o que chamamos de *slide descendente imediato*. Esse tipo de deslize geralmente ocorre após você segurar a nota por um instante. Ele dá um final especial a uma nota longa. Siga os seguintes passos:

1. **Palhete a nota que a tab indica (neste caso, aquela sobre a décima segunda casa) da maneira normal.**

2. **Após deixar a nota soar na duração indicada, deslize seu dedo da mão esquerda para baixo pela corda, liberando gradualmente a pressão do dedo enquanto desliza, para criar um efeito de sumiço.**

   Após algumas casas, você deve levantar seu dedo completamente para fora da corda — a menos que você queira tocar o que é conhecido como *slide longo*. Nesse caso, você pode deslizar seu dedo completamente para baixo no braço, liberando a pressão do dedo (e finalmente removendo-o da corda) perto do fim do braço, tão próximo da pestana quanto você quiser.

Tocando licks idiomáticos usando slides

As Figuras 10-14 e 10-15 mostram dois licks idiomáticos usando slides.

» A Figura 10-14 mostra slides ascendentes imediatos, incluindo um double-stop slide com pestana. Utilize seu primeiro dedo para tocar o double-stop com pestana na quinta casa, deslizando até ele a partir de apenas uma ou duas notas abaixo. Esse lick tem um som típico de Chuck Berry.

Faixa 38

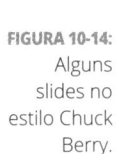

FIGURA 10-14: Alguns slides no estilo Chuck Berry.

» A Figura 10-15 (que também contém um hammer-on e um pull-off) mostra como você pode utilizar slides para mudar de posições suavemente (os números pequenos na notação padrão indicam a posição da mão esquerda). Aqui você move a partir da terceira posição para a quinta e volta até a terceira. Perceba que a tab indica os slides com ligaduras — então não palhete a segunda nota de cada slide. E siga as indicações dos upstrokes e downstrokes da tab (V e ⊓) — você palheta notas apenas cinco vezes, apesar de tocar nove notas!

DICA

FIGURA 10-15: Mudando de posições ao usar slides.

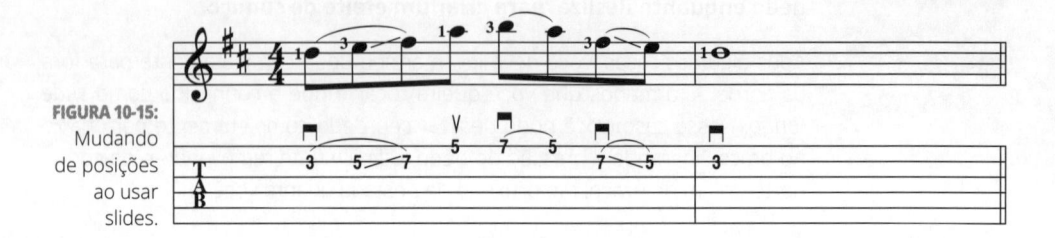

Esticando com Bends

Mais do que um tipo de articulação, o *string bend* é o que faz sua guitarra falar (ou cantar, ou chorar), dando ao instrumento quase todas as capacidades expressivas da voz. *Bending* não é nada mais do que utilizar um dedo da mão esquerda para puxar ou empurrar a corda para fora do seu alinhamento normal, esticando-a através da escala em direção à 6ª ou 1ª corda, aumentando assim o tom.

PAPO DE ESPECIALISTA

Conforme você curva (bend) a corda, esse aumento do tom pode ser leve ou notável. Há graus infinitos entre os bends leves e notáveis possíveis. E são esses graus que fazem a sua guitarra cantar.

Nota: A notação tab neste livro indica um bend utilizando uma seta curvada e um número ou uma fração (ou ambos) no alto da seta. A fração ½, por exemplo, significa que você curva a corda até que a nota esteja meio tom (o equivalente a uma casa) mais alta que o normal. O numeral 1 acima da seta curvada significa que você curva a corda até que sua nota esteja um tom inteiro (o equivalente a duas casas) mais alta que o normal. Você também pode encontrar frações como ¼ e ¾ ou números maiores, como 1 ½ ou 2, acima da seta curvada. Todas essas frações ou números lhe dizem quantos tons (inteiros) curvar a nota. No entanto, ½ e 1 são os bends mais comuns que você verá na maioria das notações.

Nota: A notação padrão neste livro indica uma bend com uma ligadura aguçada conectando o tom sem bend com o tom (bent) sonoro (veja a Figura 10-17 para exemplos de ligaduras aguçadas).

DICA

Você pode verificar se está curvando em sintonia tocando a nota alvo normalmente e comparando-a com a nota curvada. Se o bend indicar um tom inteiro (1) sobre a sétima casa da 3ª corda, por exemplo, toque a nona casa normalmente e ouça a nota com atenção. Em seguida, tente curvar a nota da sétima casa para igualar a nota da nona casa em sua cabeça.

Você geralmente não pode fazer as cordas curvarem em violões porque as cordas são muito grossas. Na guitarra, onde curvar as cordas é uma técnica importante, as cordas são mais finas.

Nas seções seguintes, mostraremos passo a passo o que você precisa saber para tocar bends e daremos alguns licks para você praticar.

PAPO DE ESPECIALISTA

As cordas são medidas em *calibres*, com esse termo se referindo ao diâmetro da corda em milímetros. Um jogo de cordas acústicas de calibre menor começa com o diâmetro para a 1ª corda em 0,12 milímetros, o que é considerado impossível de ser curvado, exceto pelos masoquistas mais dedicados. (Os guitarristas se referem ao jogo completo como *doze*.) Para guitarras, os calibres mais comuns começam com jogos que utilizam um calibre de 0,9 ou 0,10 milímetro para as cordas de cima (*nove* ou *dez*, para utilizar o vérnaculo). Você pode curvar com 0,11 e 0,12 (*onze* e *doze*) na guitarra, mas fazê-lo só é divertido se você gostar de sentir dor.

Tocando bends

Use a foto da Figura 10-16a como um ponto de partida para tocar um bend. Você toca esse bend sobre a 3ª corda com seu terceiro dedo, o que representa uma situação de curvatura muito comum — provavelmente a mais comum. Siga os seguintes passos:

1. **Coloque seu terceiro dedo sobre a sétimo casa, mas *apoie* o terceiro dedo colocando o segundo dedo na sexta casa e o primeiro dedo na quinta casa, todos ao mesmo tempo (veja a Figura 10-16a).**

   O primeiro e o segundo dedos não produzem qualquer som, mas adicionam força ao bend. Apoiar o bend com quaisquer outros dedos disponíveis é sempre uma boa ideia.

   DICA

2. **Palhete a 3ª corda com sua mão direita.**

3. **Após palhetar, use todos os três dedos juntos para puxar a corda em direção à 6ª corda, aumentando um tom inteiro (para o tom que você geralmente encontra na nona casa — veja a Figura 10-16b).**

FIGURA 10-16: Antes da curvatura (a) e depois da curvatura (b). a b
Fotografias por cortesia de Jon Chappell

DICA

Puxar sua mão ao braço conforme você executa o bend lhe dá uma alavancagem adicional. Usar um *calibre menor*, ou fino, de cordas na guitarra também torna a curvatura mais fácil.

A Figura 10-17 mostra como bends aparecem na notação padrão e na tab.

TOQUE ISSO!

» A Figura 10-17a mostra o que nós chamamos de *bend imediato*. Palhete a nota e, em seguida, curve para cima imediatamente.

» A Figura 10-17b é chamada de *curvar e liberar*. Palhete a nota; em seguida, curve-a (sem repalhetar) e descurve-a (libere-a sem repalhetar) para sua posição normal. Diferente do bend da Figura 10-17a, esse bend não é imediato; em vez disso, você o vê indicado em um ritmo específico (que pode ser ouvido na Faixa de Áudio 40). Você pode se referir a esse tipo de bend como *bend em ritmo* ou *bend medido*.

» A Figura 10-17c mostra como *pré-curvar* e liberar. Você pré-curva a nota, ou curva-a *antes* de tocá-la com a palheta. Curve a nota conforme você fez na Figura 9-17a, mas não palhete a corda até depois de tê-la curvado. Após palhetar a nota, descurve (libere sem repalhetar) a corda até sua posição normal. Para os leitores de música: note que, na notação padrão, a nota da casa que você digita — que é a nota que você solta (a nota não curvada) — é mostrada no início da figura como uma pequena nota nos parênteses.

Faixa 40

Videoclipe 29

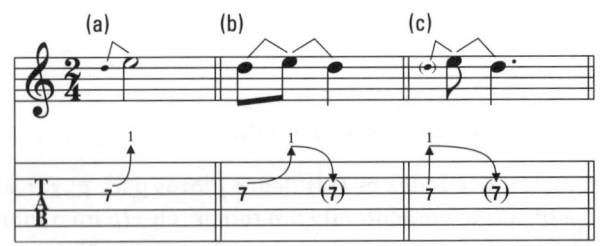

FIGURA 10-17: Três tipos de bends.

TOQUE ISSO!

Confira o Videoclipe 29 para ver como a mão esquerda se move nos três tipos de bends da Figura 10-17.

LEMBRE-SE

Quase sempre, conforme os exemplos na Figura 10-17 mostram, você empurra a corda em direção à 6ª corda (ou em direção ao teto). No entanto, se curvar as notas sobre as duas cordas inferiores (a 5ª e a 6ª corda), você *puxa* a corda em direção à 1ª corda (ou em direção ao chão) — do contrário, a corda deslizará direto para fora da escala.

Idiomatizando com bends

Nesta seção, você tocará licks que caracterizam uma variedade de bends, incluindo o bend imediato, o bend em ritmo, o bend release, o held bend e o double-stop bend. Nós lhe daremos detalhes de cada um desses bends nas seções seguintes.

Tocando bends imediatos em um solo de rock

A Figura 10-18 mostra uma figura de bend muito comum que você pode usar em um solo de rock. Note a digitação que a pauta de notação padrão indica para utilizar. Sua mão esquerda dificilmente se move — está presa na quinta posição (veja o Capítulo 7 para mais informações sobre posições), com o primeiro dedo fazendo pestana na 1ª e na 2ª corda na quinta casa. A segunda nota da figura (quinta casa, 2ª corda) coincide de ser a mesma nota que seu bend alvo, então você pode utilizar essa segunda nota para testar a exatidão do seu bend. Logo, você começa a sentir até que ponto precisa curvar uma corda para aumentar um tom inteiro ou meio tom. Todos os bends neste exemplo são bends imediatos.

DICA

Após tocar cada bend da 3ª corda, logo antes de palhetar a nota da 2ª corda, reduza a pressão do dedo para a nota bend. Essa ação faz com que a 3ª corda pare de tocar enquanto você palheta a 2ª corda.

Faixa 41

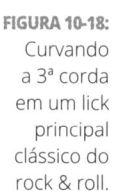

FIGURA 10-18: Curvando a 3ª corda em um lick principal clássico do rock & roll.

Tocando um bend imediato e um bend em ritmo no mesmo lick

TOQUE ISSO!

Na Figura 10-19, você curva a 2ª corda uma vez como um bend imediato e outra vez como um bend em ritmo. Ouça a Faixa de Áudio 42 para escutar como esse exemplo soa. Tecnicamente, como você está na décima segunda posição, deve usar seu quarto dedo para tocar a décima quinta casa. No entanto, indicamos que use o terceiro dedo, porque, se você estiver acima da décima segunda casa, os trastes estarão mais próximos, então seu terceiro dedo pode alcançar mais facilmente e é mais forte do que seu quarto dedo.

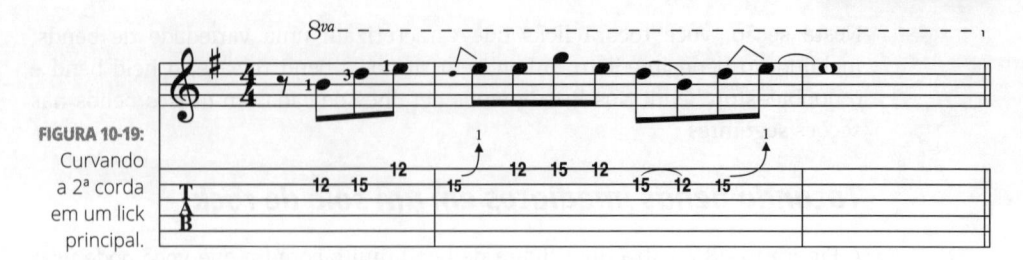

FIGURA 10-19: Curvando a 2ª corda em um lick principal.

Tocando um bend release

DICA

Você toca os exemplos mostrados nas Figuras 10-18 e 10-19 no que os guitarristas chamam de *padrão box* — um grupo de notas em uma posição que lembra vagamente o formato de uma caixa. Você pode usar esse padrão para improvisar os solos principais. (Para mais informações sobre padrões box e solos, veja os Capítulos 11 e 12.) **Nota:** A indicação 8ª sobre a notação musical padrão na Figura 10-19 lhe diz para tocar as notas uma oitava acima da escrita.

TOQUE ISSO!

A Figura 10-20 utiliza um pequeno padrão box em oitava posição. Esse exemplo caracteriza um bend release, no qual o bend é imediato e a liberação está em ritmo. Ouça a Faixa de Áudio 43 para escutar esse som.

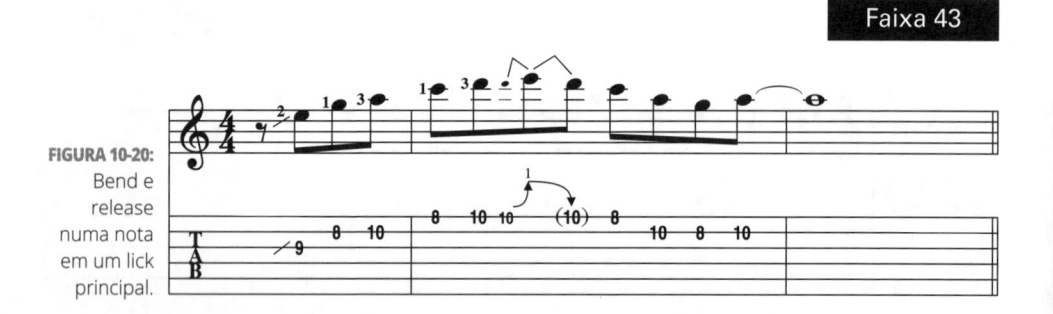

FIGURA 10-20: Bend e release numa nota em um lick principal.

Curvando uma corda em duas direções

LEMBRE-SE

Embora você curve a maioria das notas puxando uma corda em direção à 6ª corda, às vezes você pode precisar curvar uma corda para o outro lado, até mesmo em uma corda do meio ou superior (mas *não* sobre a 1ª corda, porque desliza para fora do braço se você o fizer). Você precisa utilizar esse tipo de bend de direção oposta quando a nota que segue um bend estiver sobre a corda que é adjacente à corda curvada. Você precisa curvar *para longe* da próxima corda; do contrário, a curvatura do seu dedo pode acidentalmente tocá-la, abafando-a.

A Figura 10-21 mostra dois bends de primeiros dedos e de meio tom sobre a 3ª corda. O primeiro curva em direção à 6ª corda, porque a nota seguinte está sobre a 2ª corda. (Lembre-se de que você está curvando *para longe* da nota seguinte.) A segunda, no entanto, curva em direção ao chão, porque a nota seguinte está na adjacente 4ª corda. Novamente, você está curvando para longe da próxima nota.

FIGURA 10-21: Curvando a mesma nota em duas diferentes direções. Os asteriscos e as notas de rodapé lhe dizem qual direção o bend deve seguir.

Faixa 44

*Bend em direção ao teto   **Bend em direção ao chão

Tentando um held bend

TOQUE ISSO!

Você pode criar um efeito interessante curvando uma nota, deixando-a soar em seu estado curvado, tocando uma nota sobre outra corda e, em seguida, tocando novamente a corda curvada e liberando-a. Muitos guitarristas de rock do sul e de country rock são fãs desse tipo de bend. A Figura 10-22 mostra essa técnica de *held bend*. Na notação, a linha pontilhada após a seta indica que você segura o bend não apenas quando você toca a 2ª corda, mas também quando você toca novamente a 3ª corda; a linha sólida curvada descendente mostra a liberação do bend. Assegure-se de curvar a 3ª corda em direção ao teto, de maneira que seu dedo curvado não atrapalhe a 2ª corda. Ouça a Faixa de Áudio 45 para escutar como esse lick soa.

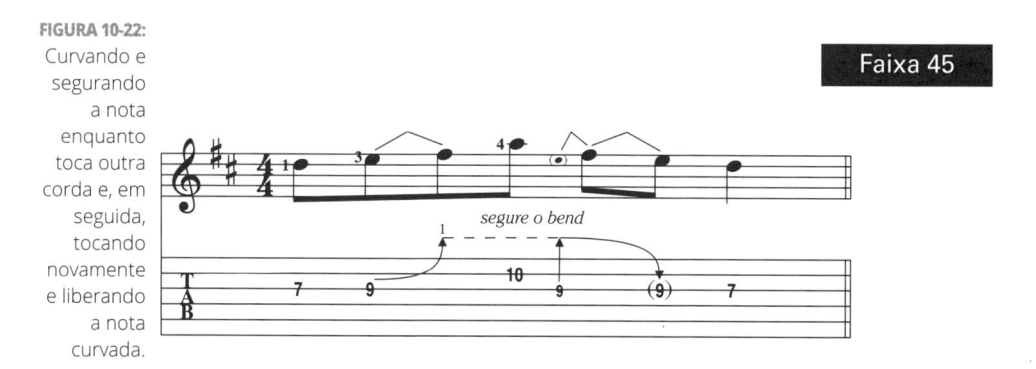

FIGURA 10-22: Curvando e segurando a nota enquanto toca outra corda e, em seguida, tocando novamente e liberando a nota curvada.

Faixa 45

segure o bend

CAPÍTULO 10 **Articulação Especial: Fazendo a Guitarra Falar**

Tocando um double-stop bend

DICA

Você também pode tocar bends como double-stops — você só precisa curvar duas cordas ao mesmo tempo, geralmente fazendo pestana nas duas cordas com um dedo. (Veja o Capítulo 8 para mais informações sobre double-stops.) A Figura 10-23 mostra um double-stop bend da 2ª e da 3ª corda no padrão box na quinta casa. Utilize seu primeiro dedo para tocar o double-stop da quinta casa; em seguida, utilize seu terceiro dedo para tocar o double-stop bend e release na sétima casa. A seta dupla na notação lhe diz para curvar ambas as notas. A propósito, ela é mostrada como uma seta única sobre o release do bend apenas para evitar desordem na notação — então vá em frente e libere as duas notas.

Faixa 46

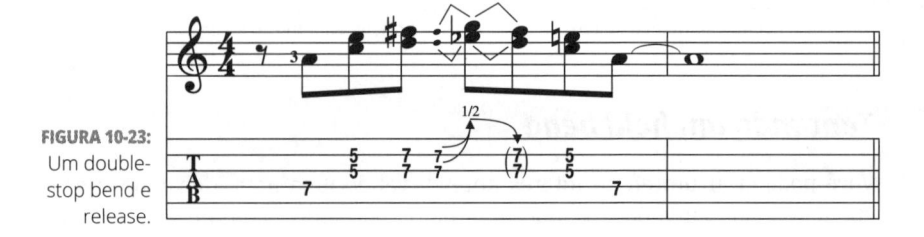

FIGURA 10-23: Um double-stop bend e release.

Variando Seu Som com Vibrato

Ao pensar no termo *vibrato*, pode vir à sua mente a voz flutuante de um cantor ou a mão agitada de um violinista. Na guitarra, no entanto, o *vibrato* é uma flutuação do tom estável e exata (e normalmente leve), quase sempre alcançada por curvar (bend) e liberar (release) rapidamente a nota em um grau leve. Um vibrato pode adicionar entusiasmo, emoção e vida a uma nota segura, ou sustentada.

O momento mais óbvio para aplicar o vibrato é quando você segura uma nota por um longo tempo. É nessa hora que você pode adicionar um pouco de emoção à nota usando o vibrato. Ele não dá apenas mais entusiasmo à nota, mas também aumenta o período sustentado da nota. Alguns guitarristas, como o grande B. B. King do blues, são conhecidos por sua técnica de vibrato expressiva. Ambas as notações tab e padrão indicam um vibrato através de uma linha ondulada no topo da pauta, sobre a nota em que você aplica a técnica.

Nas seções seguintes, descreveremos diferentes técnicas para produzir vibrato e ofereceremos atividades de prática.

Vendo métodos para produzir vibrato

Você pode produzir um vibrato de várias maneiras:

» **Você pode curvar levemente e liberar uma nota repetidas vezes, criando um efeito wah-wah-wah.** O tom médio do vibrato é levemente maior do que a nota inalterada. A técnica da mão esquerda para esse método é a mesma da técnica da curvatura — você move um dedo para trás e para frente, perpendicular à corda, criando uma flutuação na nota.

» **Você pode deslizar muito rapidamente seu dedo para trás e para frente ao longo do comprimento da corda, dentro de uma casa.** Embora você não esteja movendo seu dedo para fora da casa, a nota se torna levemente mais apertada conforme você move em direção à pestana e levemente mais frouxa conforme você move em direção à ponte. Consequentemente, a nota média do vibrato é a mesma da nota inalterada. Esse tipo de vibrato está reservado quase exclusivamente ao toque de violão clássico com cordas de nylon. (Veja o Capítulo 14 para mais informações sobre tocar violão clássico.)

» **Se a sua guitarra possui uma alavanca montada, você pode movê-la para cima e para baixo com sua mão direita, criando uma flutuação na nota.** Além de lhe dar maior flexibilidade rítmica e alcance da nota, a alavanca permite que você adicione vibrato a uma corda solta. Para mais informações sobre a alavanca, veja o Capítulo 1.

DICA O primeiro tipo de vibrato que mencionamos na lista anterior, o tipo curvar e liberar, é de longe o mais comum e é o mostrado nos exemplos deste capítulo. Apoie seu dedo de vibrato com outros dedos disponíveis, colocando-os todos sobre a corda ao mesmo tempo. Você pode tanto mover sua mão toda, girando-a no pulso e mantendo seu dedo fixo, quanto mover apenas seu(s) dedo(s). Tente ambas as maneiras e veja com qual você se sente mais confortável.

Praticando vibrato

DICA Você pode notar que tocar um vibrato é mais fácil se você ancorar sua mão esquerda sobre o braço enquanto toca. Pressione um pouco o braço entre a lateral do seu polegar e a parte da sua palma que fica um pouco abaixo do seu primeiro dedo. Essa ação lhe dá um encaixe melhor e ajuda a controlar a flutuação.

A Figura 10-24a mostra um vibrato na nona casa da terceira corda. Ancore sua mão, como descrevemos no parágrafo anterior, e curve levemente e libere a nota várias vezes. Tente esse vibrato com cada dedo. Teste-o em casas diferentes e sob cordas diferentes. A notação para o vibrato nunca lhe dirá quão rápido ou devagar você deve curvar e liberar — você decide. No entanto, independente se você toca um vibrato rápido ou devagar, assegure-se de manter a flutuação estável e exata.

A notação lhe diz, porém, se você deve fazer um vibrato *limitado* (isto é, curvar a corda apenas levemente — menos do que meio tom — para cada pulsação) ou *amplo* (curvar a corda para um grau maior — sobre meio tom ou mais). A Figura 10-24a mostra um vibrato regular (limitado) e a Figura 10-24b mostra um vibrato amplo, indicando o último através de uma linha ondulada (com picos e vales profundos). Tente tocar um vibrato amplo com cada dedo. Teste-o em casas diferentes e sob cordas diferentes.

Faixa 47

Videoclipe 30

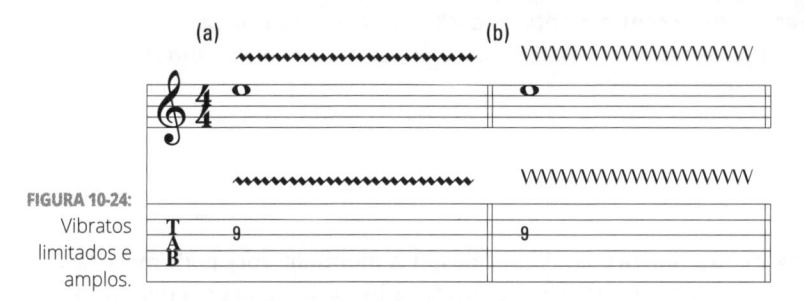

FIGURA 10-24: Vibratos limitados e amplos.

Se a nota que estiver segurando for uma nota curva (veja a seção "Esticando com Bends", anteriormente neste capítulo), você cria um vibrato por *liberar e curvar* (em vez de curvar e liberar) — porque a nota já está curvada quando você começa o vibrato. Essa ação faz com que a nota média seja mais baixa do que a nota segura (curvada), que produz a nota mais alta no vibrato.

Após um vibrato longo, os guitarristas frequentemente tocam um slide descendente, liberando gradualmente a pressão do dedo conforme vão, para dar ao vibrato um final especial. Outro truque é tocar uma nota longa sem vibrato por um instante e, em seguida, adicionar o vibrato perto do fim da nota. Esse *vibrato prolongado* é uma técnica que cantores utilizam com frequência.

DICA

Para praticar o toque de vibratos, toque os exemplos mostrados nas Figuras 10-19, 10-20 e 10-23 novamente, mas adicione vibrato à nota final de cada figura. Seja cuidadoso com o exemplo da Figura 10-19 — a última nota está curvada, então você precisa descurvá-la (liberá-la) e curvá-la para produzir o vibrato. Se quiser, termine cada vibrato com um pequeno deslize. (Veja a seção "Escorregando com Slides", anteriormente neste capítulo, para mais informações sobre essa técnica.).

Ficando Suave com Muting

Para abafar (*mute*) notas ou acordes na guitarra, você utiliza sua mão direita ou esquerda para tocar as cordas a fim de amortecer parcial ou completamente o som. Você aplica muting por uma das seguintes razões:

» Para criar um som abafado e pesado com um efeito
» Para prevenir barulhos indesejados de cordas que você não está tocando
» Para silenciar comerciais irritantes na TV

As seções a seguir mostram como usar o muting e fornecem algumas passagens para praticar.

Criando um som abafado e pesado com um efeito

Para usar muting para criar efeitos de percussão, repouse levemente sua mão esquerda nas seis cordas para impedir que soem quando você as tocar. Não as pressione completamente para baixo na escala (o que faria as notas pressionadas soarem), mas as pressione forte o suficiente para prevenir que as cordas vibrem. Em seguida, toque as cordas com a palheta para ouvir o som abafado. A notação tab indica esse tipo de muting colocando pequenos X sobre as linhas das cordas (e no lugar das notas atuais sobre a pauta padrão), conforme mostrado na Figura 10-25a.

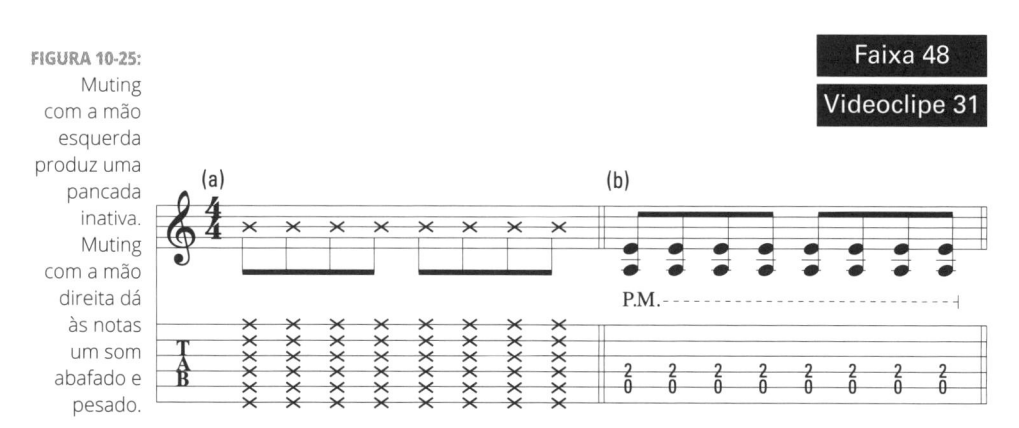

FIGURA 10-25: Muting com a mão esquerda produz uma pancada inativa. Muting com a mão direita dá às notas um som abafado e pesado.

Faixa 48
Videoclipe 31

TOQUE ISSO! Embora o *muting da mão esquerda* amorteça as cordas completamente, o *muting da mão direita* as amortece apenas parcialmente — em qualquer grau que você desejar. Com o muting parcial, você ainda pode discernir a nota das cordas.

Para realizar essa técnica, coloque o calcanhar da sua mão direita (o lado da sua mão) contra a ponte enquanto você toca. Pode ser um pouco desajeitado a princípio, mas não se preocupe. Com um pouco de prática, você conseguirá manter sua mão sobre a ponte e ainda tocar as cordas com a palheta. Enquanto move sua mão direita em direção à escala, você aumenta a quantidade de muting. Dessa maneira, você pode variar o grau do muting. A notação tab indica esse tipo de muting colocando as letras *P.M.* (de *palm mute*) sobre a pauta, com uma linha pontilhada indicando quando continuar o muting, conforme mostrado na Figura 10-25b. Confira o Videoclipe 31 para ver as posições de muting para as mãos esquerda e direita.

Prevenindo barulhos indesejados na corda

Como iniciante, você geralmente não se preocupa tanto em prevenir barulhos indesejados das cordas — você está muito envolvido em apenas colocar suas mãos em uma posição confortável sobre o instrumento. Porém, como guitarrista experiente, você previne barulhos indesejados das cordas o tempo todo, às vezes sem nem perceber. Veja a seguir alguns exemplos de como fazer isso:

» Se você digitar, digamos, a sétima casa da 3ª corda com seu terceiro dedo, seu terceiro dedo se apoia levemente contra a 2ª corda, prevenindo-a de tocar. E, conforme você palheta a corda com sua mão direita, sua palheta também aporta contra a 2ª corda, prevenindo-a de soar.

» Se você toca um acorde D de posição solta, mas não quer tocar a 6ª corda porque ela não pertence ao acorde, você pode trazer seu polegar esquerdo para cima em torno do braço levemente para tocar a 6ª corda, assegurando que ela não toque.

» Se você tocar um acorde que omita a corda do meio, precisa abafar aquela corda com um dedo da mão esquerda. Por exemplo, muitas pessoas, apenas porque acham que soa melhor, gostam de omitir a 5ª corda quando tocam um acorde G de posição solta (mesmo que essa corda geralmente seja pressionada para o acorde). O dedo que está tocando a 6ª corda se apoia contra a 5ª, abafando-a completamente.

Tocando licks idiomáticos "abafando"

Se você tocar o mesmo acorde várias vezes, especialmente um acorde com pestana em um padrão colcheia estável, pode criar interesse adicional ao, às vezes, erguer sua mão esquerda levemente para abafar as cordas. A alternação do acorde pressionado e o abafamento das cordas podem criar alguns efeitos de *síncope* (efeitos onde a acentuação normal e esperada das notas é alterada ou interrompida intencionalmente) interessantes. A Figura 10-26 demonstra essa técnica.

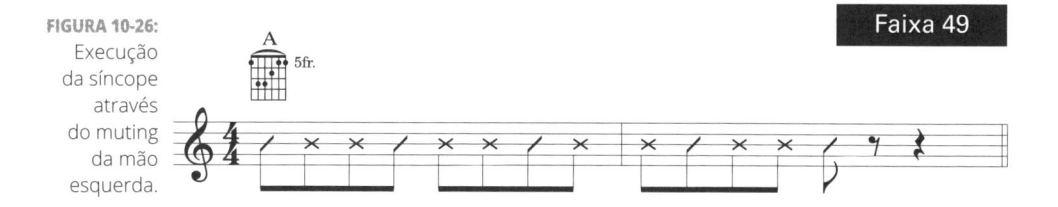

FIGURA 10-26: Execução da síncope através do muting da mão esquerda.

Faixa 49

A Figura 10-27 demonstra como usar o muting da mão direita em uma figura típica de ritmo de guitarra hard rock ou heavy metal. Mantenha o calcanhar da sua mão direita contra ou próximo da ponte enquanto toca as notas que a tab indica como palm mute (*P.M.*). No entanto, não amorteça muito as notas, pois você pode não discernir seus tons. Erga sua mão para as notas acentuadas (indicadas pelo símbolo >).

Faixa 50

FIGURA 10-27: Palm muting em um riff de hard rock.

Nas gravações de Johnny Cash e em outras gravações clássicas de country, você pode ouvir o som das guitarras de country abafadas. A Figura 10-28 está baseada em um acorde C simples, mas o palm muting dá o riff ao som country.

Faixa 51

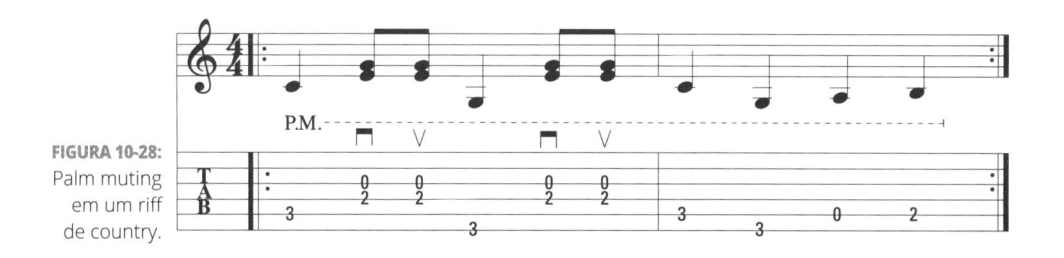

FIGURA 10-28: Palm muting em um riff de country.

Tocando uma Música com Articulação Variada

"The Articulate Blues" é uma peça solo pequena, no formato de um blues de 12 compassos, que emprega todas as articulações que discutimos neste capítulo. (Veja os Capítulos 6, 11 e 12 para maiores informações sobre a forma do blues de 12 compassos.) Ela combina notas únicas, acordes e riffs. É um estilo integrado de toque que os guitarristas utilizam de verdade. Olhando para a notação da música, você vê slides, pull-offs, bends, vibratos e hammer-on. A tab não indica nenhum muting, mas você pode utilizar essa técnica a qualquer momento para evitar barulhos indesejados; no compasso 5, por exemplo, você pode apoiar seu polegar esquerdo levemente contra a 6ª corda para preveni-la de soar enquanto você toca um acorde A7.

FAIXA 52 | **The Articulate Blues**

CAPÍTULO 10 Articulação Especial: Fazendo a Guitarra Falar

4 Uma Mistura de Estilos

NESTA PARTE . . .

Talvez você tenha crescido com um pôster de Jimi Hendrix em sua parede, ou talvez goste mais de Vince Gill. Independente se o seu herói da guitarra é Stevie Ray Vaughan, Joni Mitchell, B. B. King, Bonnie Raitt, Wes Montgomery ou Andrés Segovia, uma coisa é certa: a guitarra é um instrumento versátil. Nesta parte, você pode experimentar algumas das técnicas que permitem que o mesmo instrumento faça tantos tipos de música diferentes.

> **NESTE CAPÍTULO**
>
> Reconhecendo o rock & roll clássico
>
> Utilizando técnicas do rock moderno, do country rock e do rock do sul
>
> Tocando músicas de rock

Capítulo 11

Vamos Balançar: Noções Básicas da Guitarra Rock

Tocar guitarra de rock & roll é comprovadamente a maior diversão que você pode ter com um objeto inanimado em suas mãos. Com o volume bem alto e sua adrenalina transbordando, nada é tão bom quanto estabelecer um ritmo pesado ou arrasar diante de fãs empolgados — ou até mesmo diante do seu próprio sorriso de aprovação refletido no espelho. Tudo o que você precisa fazer é descobrir como tocar alguns padrões simples e logo você poderá girar como Elvis, andar como pato igual a Chuck Berry e girar como Pete Townshend.

LEMBRE-SE

Retirando toda a ousadia e representação, guitarra de rock é igual a qualquer outro estilo de guitarra. Você o absorve em passos simples e fáceis e, em seguida, pratica, pratica e pratica até que se torne natural. Após ter aprendido algum ritmo e algumas passagens principais e ter obtido as técnicas, o verdadeiro trabalho começa: fique em frente a um espelho e aperfeiçoe seus movimentos.

Neste capítulo, alcançaremos todas as notas certas — sons do rock clássico, do rock moderno e do rock do sul. Durante o percurso, você aprende algumas habilidades e técnicas aplicáveis a outros estilos, como tocar a partir de posições de box e utilizar maneiras alternativas para afinar sua guitarra.

Tocando o Rock & Roll Clássico

O rock & roll clássico está definido aqui como o estilo simples que teve Chuck Berry como precursor e que pode ser ouvido nas músicas dos The Beatles, The Rolling Stones, The Who, The Beach Boys e outros que basearam seu som em um sólido encaixe de guitarra de ritmo baseada em acorde. Também inclui o som dos roqueiros baseados em blues, como Jimi Hendrix, Jimmi Page, do Led Zeppelin, e Eric Clapton, do Cream.

Nas seções seguintes, explicaremos como tocar tanto a guitarra de ritmo quanto a guitarra solo no estilo rock & roll clássico.

Guitarra base

LEMBRE-SE

Cerca de 99% dos toques de guitarra de rock envolvem o que é conhecido como guitarra base. Para um guitarrista, *tocar ritmo* ou base significa suprir o acompanhamento ou apoiar o vocalista ou outro instrumento. Na maioria das vezes, esse acompanhamento envolve tocar acordes e, em menor grau, tocar riffs de nota simples ou de double-stop (duas notas tocadas de uma só vez; veja o Capítulo 8) em um registro mais baixo (as duas ou três cordas inferiores). Ouça os versos de "Johnny B. Goode", de Chuck Berry, ou "I Saw Her Standing There", dos The Beatles, para escutar uma boa e inalterada guitarra base, e ouça "Day Tripper", dos The Beatles, para conhecer um riff de notas graves. Ouça também praticamente qualquer música de Pete Townshend, do The Who, que é um dos principais guitarristas de guitarra base e quem imortalizou a técnica de "moinho de vento" — o movimento circular envolvente da mão direita que você pode utilizar para tocar acordes. E, embora ele seja conhecido principalmente por seu trabalho solo inovador, Eddie Van Halen é um dos melhores guitarristas base no gênero do rock moderno.

Acompanhamento de posição solta

O *estilo Chuck Berry*, uma figura de *ritmo simples* (acompanhamento padrão) em *posição solta* (usando cordas soltas), tem esse nome pelo fato de que quase todas as músicas de Berry usam esse padrão. A Figura 11-1 mostra o padrão para esse estilo.

PAPO DE ESPECIALISTA

O padrão na Figura 11-1 apresenta um movimento no interior do acorde entre duas notas, o quinto e o sexto *graus* (tons) da escala (isto é, da escala maior que corresponde a qualquer tom que você esteja tocando). (Você conhece a escala maior; aquela que você escuta quando toca todas as teclas brancas de

C (Dó) a C (Dó) no piano — o familiar *dó-ré-mi-fá-sol-lá-si-dó*.) No entanto, conhecer os graus não é importante. Você só precisa saber que os músicos às vezes se referem a essa figura como padrão *5 para 6*.

DICA

Para tocar essa base efetivamente, use as seguintes técnicas:

» Ancore seu primeiro dedo (na segunda casa) e adicione o terceiro dedo (na quarta casa) conforme você precisar.

» Não erga seu primeiro dedo enquanto adiciona o terceiro dedo.

» Palhete as notas usando downstrokes.

Note que todos os três acordes, A, D e E, usam a mesma digitação e que as cordas soltas fazem o padrão ser fácil de tocar.

Faixa 53

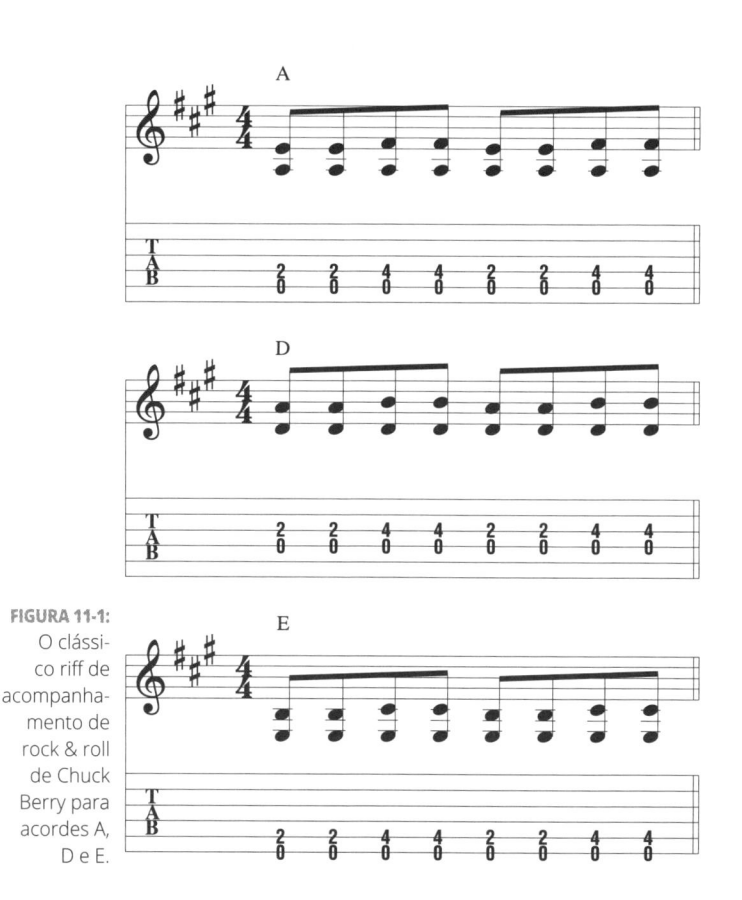

FIGURA 11-1: O clássico riff de acompanhamento de rock & roll de Chuck Berry para acordes A, D e E.

CAPÍTULO 11 **Vamos Balançar: Noções Básicas da Guitarra Rock**　163

O padrão do blues de 12 compassos

O padrão 5 para 6 parece maravilhoso, mas, para fazê-lo funcionar, você precisa colocá-lo em progressão. A Figura 11-2 mostra o que é conhecido como uma *progressão de blues de 12 compassos*, uma progressão de acorde comum em muitas músicas de rock: "Johnny B. Goode", "Roll Over Beethoven", "Tutti Frutti", "At the Hop" e "Blue Suede Shoes", para citar algumas.

LEMBRE-SE Perceba que a progressão de blues de 12 compassos na Figura 11-2 está no tom de A, utiliza o movimento 5 para 6 e possui símbolos do acorde maior acima das notas. A progressão de blues de 12 compassos pode ocorrer em qualquer tom e, frequentemente, utiliza acordes de sétima da dominante (como no Capítulo 6) em vez de acordes maiores.

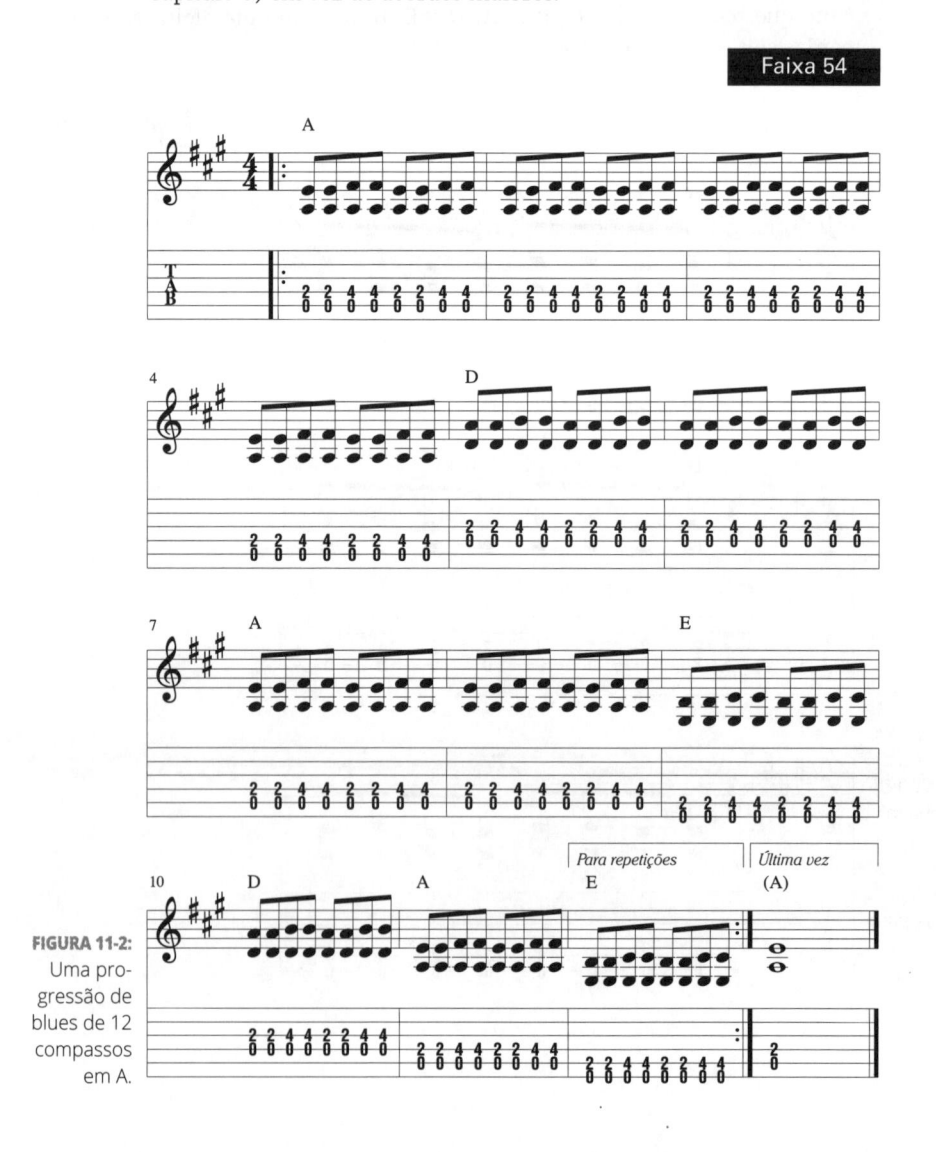

Faixa 54

FIGURA 11-2: Uma progressão de blues de 12 compassos em A.

Guitarra solo

Após adquirir um pouco de habilidade para um ritmo básico de rock & roll, você pode querer tentar algum solo, o que envolve simplesmente tocar notas simples sob um acompanhamento sustentado. Você pode tocar memorizando *licks*, que são frases curtas e independentes, ou pode improvisar criando melodias na hora. Nesta seção, apresentaremos os elementos fundamentais para solos de rock clássico maravilhosos, ajudaremos a adicionar alguma articulação, mostraremos como juntar tudo isso e terminaremos com algumas dicas sobre como construir seus próprios solos.

O que está por trás do Box I? A escala pentatônica menor

DICA

Você pode tocar solo agora mesmo, memorizando alguns padrões simples sobre o braço da guitarra, conhecidos como *boxes*, que produzem resultados instantâneos. Basicamente, os guitarristas memorizam um padrão de digitação que parece vagamente com o formato de um box (caixa) — por isso o termo *posição de box* — e utilizam notas daquele padrão (em diversas ordens) várias vezes por todo o solo ou uma seção do solo. Ao solar sob uma progressão de acorde básico, você pode continuar utilizando esse único padrão mesmo que as cordas mudem. Aprendendo os boxes neste capítulo, seu arsenal para solar sobre um blues de 12 compassos estará quase completo. (Para maiores informações sobre solar, veja o Capítulo 12.)

O primeiro box que mostraremos é feito de notas que são conhecidas como *escala pentatônica menor*, e é o box mais útil para o rock (e também é o pai dos boxes do blues — veja o Capítulo 12). Você não precisa pensar sobre teoria, escalas ou acordes — apenas sobre a posição dos dedos, a qual você memoriza. Esses padrões não contêm "notas erradas", então, apenas movendo seus dedos em tempo com uma faixa de ritmo, você pode tocar instantaneamente um solo de guitarra de rock & roll. Você nem sequer precisa adicionar água (o que é muito perigoso se você estiver tocando uma guitarra).

PAPO DE ESPECIALISTA

A escala pentatônica menor é uma escala de cinco notas; sua fórmula, em graus de escala (em comparação com a escala maior que começa a partir da mesma nota), é: 1, $\flat 3$, 4, 5, $\flat 7$. Se a nota da escala maior de C, por exemplo, está numerada de 1 até 7 — como a seguir: C(1), D(2), E(3), F(4), G(5), A(6), B(7) —, as notas da escala pentatônica menor C são C(1), E$\flat$($\flat$3), F4, G5, B$\flat$($\flat$7). Essa é a teoria, mas, neste momento, você vai apenas memorizar um padrão e utilizar seu ouvido — não seu cérebro — para guiar seus dedos.

A Figura 11-3 mostra escala pentatônica menor A de duas oitavas em quinta posição. (Veja o Capítulo 7 para mais informações sobre posições.) Esse exemplo é seu primeiro box, aqui chamado *Box I*.

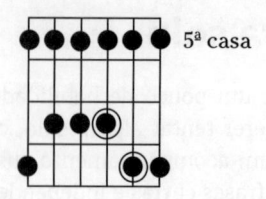

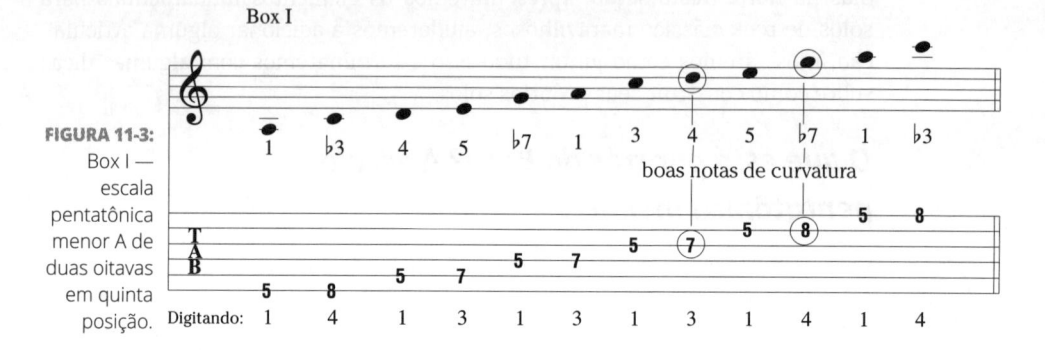

FIGURA 11-3: Box I — escala pentatônica menor A de duas oitavas em quinta posição.

boas notas de curvatura

LEMBRE-SE

Antes de prosseguir, assegure-se de que você entendeu como os diagramas do braço e a pauta correspondem. Perceba que o diagrama do braço não mostra um acorde, mas uma escala, onde as notas são tocadas uma por vez, da mais baixa até a mais alta (conforme mostrado na notação padrão e na tab a seguir).

Note, na figura que mostramos a você (embaixo das notas na notação padrão), o grau da escala (não tão importante) e (embaixo dos números tab) a digitação (muito importante) para cada nota; também mostramos a você quais notas são boas para curvar. Memorize a digitação até que você possa tocá-lo de olhos fechados. É *essencial* conhecer esse padrão se você quiser tocar guitarra de rock. Memorize-o. De verdade. Toque várias vezes, para cima e para baixo. Mesmo. (Nós estamos falando sério!)

DICA

Usamos o tom de A para todos os exemplos desta seção porque os acordes de acompanhamento (conforme mostrados na Figura 11-2) são fáceis de tocar e as notas solo caem no meio do braço, onde elas são confortáveis para tocar. No entanto, se você gosta de tocar solo em outros tons, mova seus padrões do box para cima ou para baixo no braço o número apropriado de casas. Por exemplo, para tocar no tom de B, mova seus boxes duas casas.

Ter um box para utilizar em improvisação de guitarra solo é o que torna tocar rock & roll clássico (ou blues) tão divertido. Você não precisa pensar — precisa apenas *sentir*. Claro, você não pode apenas tocar as cinco notas da escala para cima e para baixo, várias vezes — o que o deixaria entediado muito rápido. Em vez disso, utilize sua criatividade para criar licks utilizando a escala e adicionando *articulações* como bends, slides e hammer-ons até que você tenha um solo completo. (Veja o Capítulo 10 para maiores informações sobre técnicas de articulação.) Mostraremos como adicionar essas articulações na seção seguinte.

Adicionando articulações

LEMBRE-SE

O padrão de box mostra a você *o que* tocar, mas as articulações lhe mostram como tocar. As articulações incluem *hammer-ons*, *pull-offs*, *slides*, *bends* e *vibrato*. Esses elementos são o que faz um solo soar como um solo, o que dá expressão ao solo e o personaliza. O Capítulo 10 explica cada articulação passo a passo, mas nós lhe diremos aqui como *usar* as articulações para fazer alguns rocks virtuosos.

A Figura 11-4 mostra um lick de quatro compassos utilizando notas do Box I (a escala pentatônica menor) em ordem ascendente e descendente que você conecta utilizando hammer-ons e pull-offs. Perceba como o som fica mais suave e harmonioso, em oposição ao que você ouve quando palheta cada nota separadamente.

FIGURA 11-4: Usando hammer-ons e pull-offs no Box I.

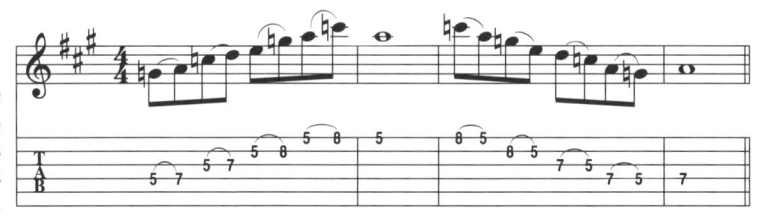

DICA

As *notas curvadas* (*bend*) são provavelmente o som mais legal em solos, mas o truque está em saber em quais notas fazer o bend e quando não fazer. Quando utilizam o Box I, os guitarristas gostam de dar bends nas notas sobre a 2ª e a 3ª corda porque a tensão parece correta e eles curvam em direção ao teto — a direção favorita deles. Comece dando um bend na nota do terceiro dedo sobre a 3ª corda e a nota do quarto dedo sobre a 2ª corda. (Veja o Capítulo 10 para mais informações sobre como fazer o bend.) A Figura 11-5 mostra uma frase de quatro compassos típica, apresentando o bend da 3ª e da 2ª corda no Box I.

A Figura 11-6 mostra uma típica frase de dois compassos apresentando um double-stop bend no Box I. A nota que está sobre a sétima casa da 2ª corda não é parte da escala pentatônica menor de A, mas soa bem de qualquer forma e é fácil de ser tocada, porque o terceiro dedo faz pestana em ambas as notas do double-stop.

DICA

Adicione vibrato à nota final para dar alguma expressão a ela.

FIGURA 11-5:
Curvando a 3ª e a 2ª corda no Box I.

FIGURA 11-6:
Bend double-stop no Box I.

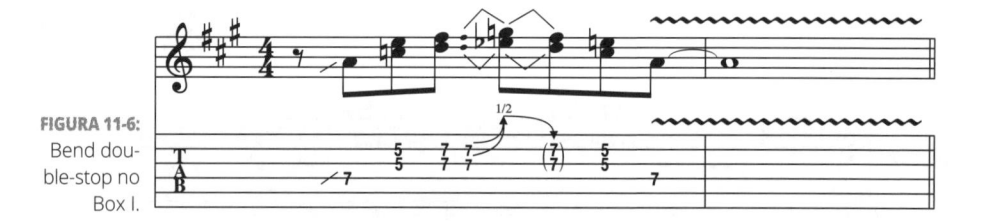

Construindo um solo utilizando o Box I

LEMBRE-SE

Um solo improvisado é algo que você cria e que ninguém pode mostrar a você exatamente como tocar. Mas nós podemos lhe mostrar as ferramentas para solar para que você possa praticar e sentir como é tocar um solo. No entanto, além disso, sua personalidade é que tem destaque.

TOQUE ISSO!

Por ora, comece sentindo o toque do solo sobre o padrão de acompanhamento do blues de 12 compassos que mostramos na Figura 11-2, o qual está incorporado na Faixa de Áudio 54.

DICA

Perceba que cada uma das frases (nas Figuras 11-4, 11-5 e 11-6) que mostramos na seção anterior, "Adicionando articulações", alterna um compasso ativo (contendo grande quantidade de notas) com um compasso *estático* (contendo apenas uma nota). Essa alternância entre atividade e pausa previne monotonia. Toque essas frases na ordem em que descrevemos nas instruções a seguir e você terá um solo de 12 compassos. (Se quiser, você pode tocar o solo várias vezes.) Para tocar tal solo, apenas siga estes passos:

1. **Para os primeiros quatro compassos do solo, toque o lick double-stop, mostrado na Figura 11-6 duas vezes.**

2. **Para os próximos quatro compassos do solo, toque um lick hammer-on/pull-off, conforme mostrado na Figura 11-4.**

3. **Para os últimos quatro compassos do solo, toque o lick "fazendo bend na 3ª e na 2ª corda" (dirija-se à Figura 11-5).**

TOQUE ISSO! Destacamos os passos anteriores na Figura 11-7. Tocar esse exemplo lhe dá uma noção de como é tocar um solo... Seu pequeno solo soa como uma série de frases — assim como deveria. O Videoclipe 33 mostra como a mão esquerda combina suavemente as diferentes frases.

Faixa 58

Videoclipe 33

FIGURA 11-7: Juntando três licks de Box I para criar um solo de 12 compassos.

Seguindo para Boxes II e III

Os próximos dois boxes, que nomeamos aqui de *Box II* e *Box III*, não mostram notas sobre todas as seis cordas como o Box I, porque os guitarristas geralmente tocam apenas as notas sobre as duas ou três cordas superiores.

LEMBRE-SE

O Box II consiste em cinco notas, conforme mostrado na Figura 11-8. Perceba que as duas notas superiores nesse box (na quinta casa) são também parte do Box I, mas, no Box I, você as toca com o mindinho ou com o terceiro dedo. Esse box mostra notas da escala pentatônica menor A na oitava posição. Novamente, na figura, nós mostramos o grau da escala e a digitação para cada nota, e destacamos qual nota é boa para fazer o bend.

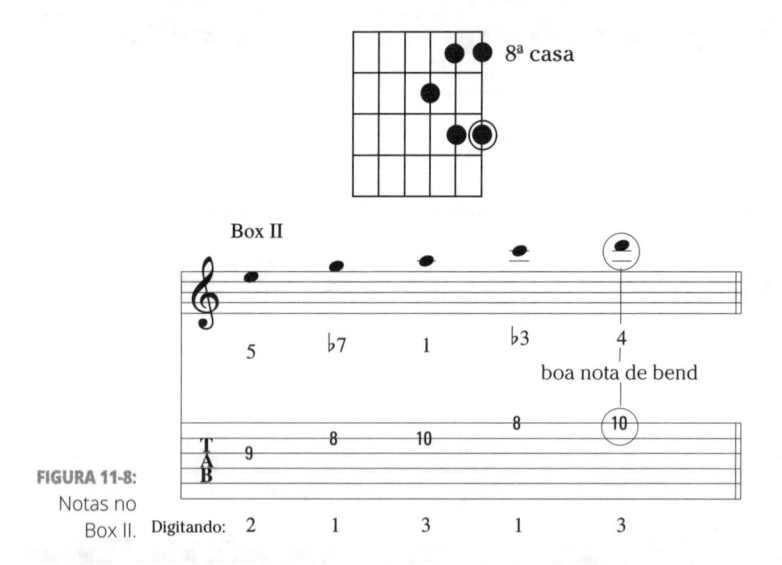

FIGURA 11-8: Notas no Box II.

DICA

O Box II é popular porque apresenta uma nota boa para o bend sob o terceiro dedo, a qual também vem a ser a nota mais alta no box. Em toque de solo, *alto* é algo bom. Você pode tocar a nota mais alta no box e então torná-la ainda mais alta fazendo um bend de um tom. Essa técnica produz um excelente efeito dramático. Tente.

Na Figura 11-9, você vê um lick típico usando notas do Box II que apresentam um bend (curva) sobre a nota mais alta do box.

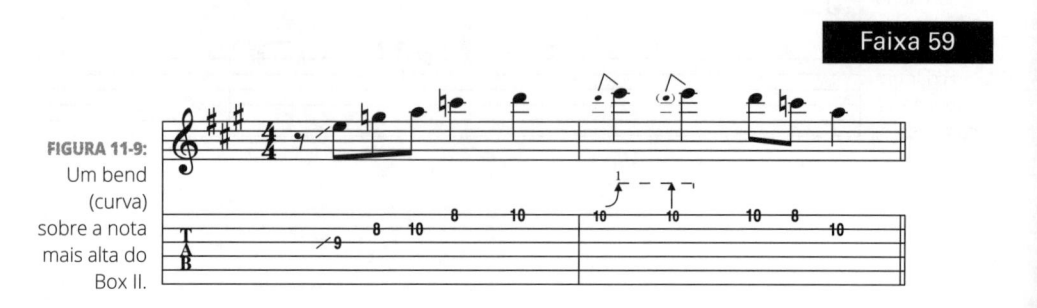

Faixa 59

FIGURA 11-9: Um bend (curva) sobre a nota mais alta do Box II.

O Box III é divertido porque algumas de suas notas não estão na escala pentatônica menor — mas, de qualquer forma, os guitarristas utilizam bastante esse box. A lista a seguir lhe diz todo o material que o Box III possui:

- O Box III é fácil de tocar e memorizar — é exatamente como o Box II, mas repousa duas casas para frente no braço.

- O Box III possui duas notas — F# (o sexto grau) e B (o segundo grau) — que não caem na escala pentatônica menor A. E isso é uma coisa boa. Essas duas notas foram emprestadas da *escala maior principal* (a escala maior que começa sobre a mesma nota; nesse caso, A) e, às vezes, os guitarristas gostam de adicioná-las à escala pentatônica menor para terem mais variedade e tempero. A *predominância* das notas da escala pentatônica menor é o que dá ao rock & roll clássico (e ao blues) o seu sabor — não a total exclusão de todas as outras notas.

- A nota boa para o bend no Box III cai sob o terceiro dedo.

- O primeiro grau da escala, a nota sobre a qual você frequentemente termina a frase, está sob o primeiro dedo na 2ª corda nesse box. Você tende a aplicar vibrato à nota final da frase (especialmente se você segurá-la), e essa nota fornece um dedo e uma corda ideais para um vibrato.

A Figura 11-10 mostra o Box III (em décima posição para o tom de A). Novamente, nós mostramos o grau da escala e a digitação para cada nota — e, mais uma vez, circulamos a nota que é boa para fazer o bend.

Muitas vezes, os guitarristas se concentram na 2ª e na 3ª corda do Box III, conforme mostrado na Figura 11-11, a qual descreve uma frase típica do Box III. Não se esqueça do vibrato na última nota!

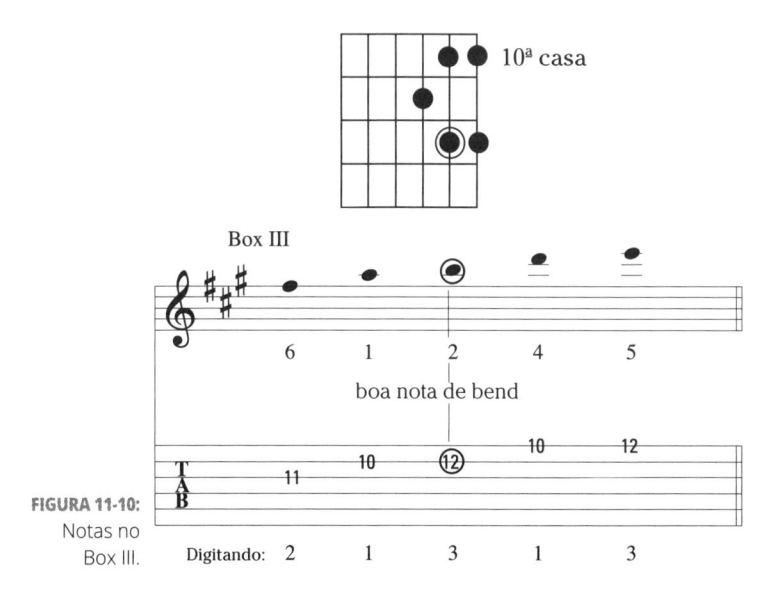

FIGURA 11-10: Notas no Box III.

FIGURA 11-11: Um lick típico usando Box III.

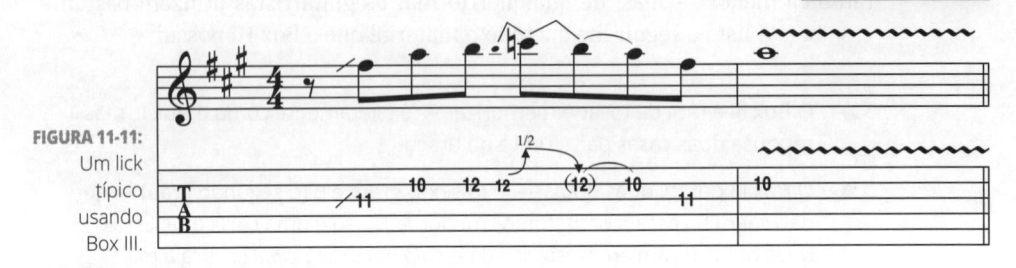

Se você quiser tocar uma música no estilo rock & roll clássico agora mesmo, passe para "Chuck's Duck", na seção "Tocando Músicas no Estilo Rock", logo mais neste capítulo.

Construindo um solo utilizando Boxes I, II e III

Esta seção simplesmente reúne licks dos três boxes que descrevemos nas seções anteriores. Você não precisa de nenhuma informação nova; só precisa reunir tudo o que você aprendeu se tiver lido as informações que demos nas seções anteriores. (Se você ainda não o fez, sugerimos que faça agora mesmo, antes de tentar praticar o solo que descrevemos aqui.) Em outras palavras, *após* fazer os tijolos, você pode reuni-los para construir uma casa.

Aqui, nós mostramos como construir um solo de 12 compassos contendo seis frases de dois compassos (utilizando três boxes), que nós abordaremos nas seções seguintes. Siga estes passos:

1. **Toque o lick double-stop do Box I, conforme mostrado na Figura 11-6.**

2. **Toque o lick "dando um bend na 3ª corda" do Box I, conforme mostrado na primeira metade da Figura 11-5.**

3. **Toque o lick do Box III, conforme mostrado na Figura 11-11.**

4. **Toque o lick "dando um bend na 2ª corda" do Box I, conforme mostrado na segunda metade da Figura 11-5.**

5. **Toque o lick do Box II, conforme mostrado na Figura 11-9.**

6. **Toque o lick double-stop do Box I novamente, conforme mostrado na Figura 11-6.**

TOQUE ISSO!

A Figura 11-12 lhe mostra a música dos passos anteriores. Ouça a Faixa de áudio 61 para escutar como soa esse som; assista ao Videoclipe 34 para ver e ouvir como ele é feito.

LEMBRE-SE

Após repetir esse solo várias vezes, você fica mais confortável para tocar solos com três boxes sobre uma progressão de blues de 12 compassos. A diversão começa quando você começa a fazer seus próprios solos. Veja a seguir algumas diretrizes para criar seu próprio solo:

» Pense em termos de frases curtas tocadas juntas. Você pode até tocar apenas uma frase curta várias vezes, mesmo que os acordes de acompanhamento mudem. Uma boa maneira de criar uma frase é fazer um som que possa ser cantado. Cante uma frase curta na sua mente, mas use notas do box.

» Adicione articulação — especialmente bends, porque eles soam muito bem. Adicione vibrato para cordas longas que terminam a frase, às vezes deslizando até o fim.

» Alterne entre atividade (grande quantidade de notas) e pausa (algumas notas, apenas uma nota ou até mesmo silêncio por algumas batidas).

» Mova de box para box para dar alguma variedade a seu solo.

Não se iniba ou se preocupe sobre cometer erros. Na nossa opinião, você não pode cometer erros, porque todas as notas nos boxes soam bem contra todos os acordes na progressão de acompanhamento. O único erro que você pode cometer é evitar solar por medo de soar imperfeito. Solar leva prática, mas você pode construir gradualmente sua confiança. Se estiver com vergonha de solar na frente das pessoas, comece acompanhando o CD quando ninguém puder ouvi-lo. Logo ninguém poderá pará-lo.

FIGURA 11-12: Reunindo seis licks de dois compassos de todos os três boxes para construir um solo de 12 compassos.

Ouça gravações para ter novas ideias à medida que você se torna mais confiante em seu toque. Conforme ouve uma gravação, você pode ser capaz de perceber exatamente o que os guitarristas estão tocando, porque a maioria deles utiliza os mesmos boxes, bends, vibratos, etc. que você. Alguns bons músicos para ouvir se quiser ter ideias são Chuck Berry, Jimi Hendrix, Eric Clapton e Eddie Van Halen.

Dominando o Rock Moderno

Enquanto a guitarra base do rock & roll clássico utiliza acordes simples, o rock moderno usa acordes além dos acordes maiores, menores e de 7ª básicos. *Acordes sus, acordes add, acordes invertidos* e acordes incomuns que resultam de reafinar sua guitarra são todos parte do léxico do rock moderno. Esses acordes permitem que você crie cores e texturas inteiramente novas de ritmos de guitarra que não são possíveis na afinação padrão. Esse som é um componente especialmente importante do movimento alternativo do rock dos anos 1990. Exploraremos os acordes do rock moderno nas seções seguintes.

Acordes sus e add

Os acordes, em geral, são construídos selecionando alternadamente as notas da escala maior. Por exemplo, se você constrói um acorde de três notas selecionando alternadamente as notas da escala maior de C (C-D-E-F-G-A-B), você possui C-E-G (um acorde C maior). Os membros do acorde (as notas individuais que formam o acorde) são rotulados segundo seus graus da escala: C é "1" (ou a *tônica* do acorde); E é "3" (ou a terça do acorde); e G é "5" (ou o *quinto* do acorde).

Em *acordes sus*, você substitui a terça do acorde pela quarta, como em sus4 (o qual pronuncia-se suss-quatro), ou, às vezes, pela segunda, como em sus2. O som resultante é incompleto ou não resolvido, mas cria um som interessante que não é nem maior nem menor.

Um *acorde add* é simplesmente um acorde básico (assim como um acorde maior) ao qual você adiciona uma nota extra. Por exemplo, se você pegar um acorde C e adicionar uma nota D a ele, você terá um acorde (com notas C-D-E-G) *Cadd2* (o qual pronuncia-se dó-add-dois). Esse acorde é diferente do *Csus2*, que não possui E (em seu lugar entra o D).

As seções seguintes cobrem acordes sus e acordes add de posição solta em mais detalhes.

Acordes sus de posição solta

Embora você possa tocar acordes sus como acordes com pestana móveis, os de posição solta são mais fáceis de serem tocados e são utilizados mais comumente pelos guitarristas. A Figura 11-3 mostra as formas para uma progressão que utiliza acordes Dsus4, Dsus2, Asus4 e Asus2.

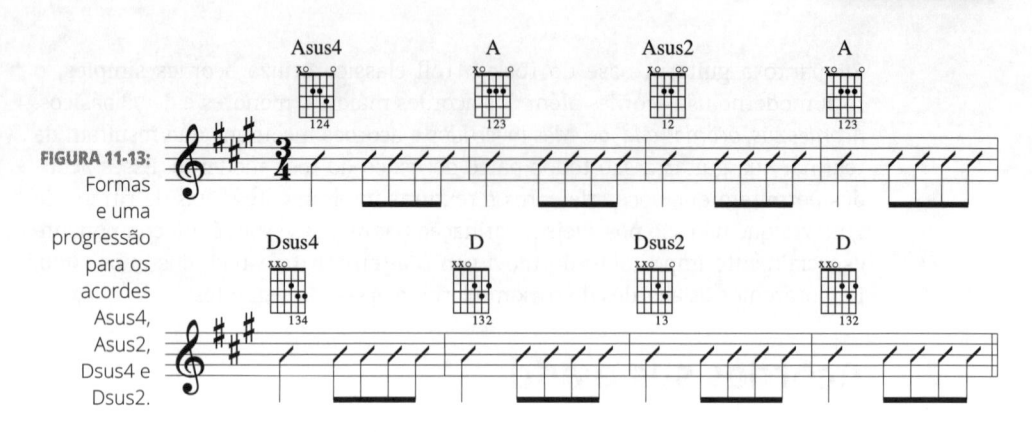

FIGURA 11-13: Formas e uma progressão para os acordes Asus4, Asus2, Dsus4 e Dsus2.

Acordes add de posição solta

Você pode tocar acordes add como acordes com pestana móveis, mas os acordes add de posição solta são os mais comuns e os mais fáceis de tocar. A Figura 11-14 mostra as formas e uma progressão para o Cadd9 (o qual adiciona uma nota D, o nono grau da escala de C, para as três notas que formam o acorde C maior básico) e os acordes G de "quatro dedos". O acorde G de "quatro dedos" não é um acorde add, mas você quase sempre utiliza essa digitação G antes ou depois do acorde Cadd9.

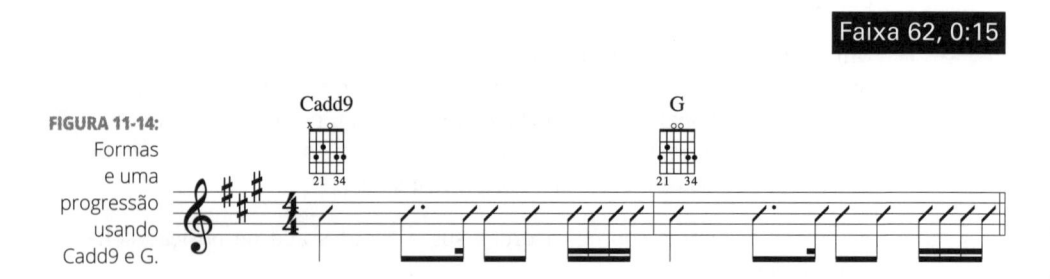

FIGURA 11-14: Formas e uma progressão usando Cadd9 e G.

Acordes invertidos

Os *acordes invertidos* são acordes coloridos e interessantes que adicionam pimenta e sabor ao rock moderno. Um acorde invertido é simplesmente um acorde com uma barra invertida em seu nome, como em Am/C (o qual pronuncia-se como A menor com baixo em C). Para a esquerda da barra invertida está o acorde. Para a direita da barra invertida está a nota *grave* para aquele acorde. Muitas vezes, a nota afinada mais baixa do acorde — a nota grave — é a *raiz* do acorde (a nota que dá nome ao acorde). Então, se você encontrar um acorde com um nome como Am, presumirá que a nota grave é A. Mas a raiz não é sempre a nota mais baixa do acorde. Na realidade, qualquer nota pode servir como uma nota grave, quer seja um tom de acorde além da raiz (como a terça ou a quinta do acorde) ou uma nota que não é nem mesmo membro do acorde. Se possui alguma nota grave não enraizada, você indica a nota grave colocando-a à direita da barra invertida. Portanto, Am/C significa que você está tocando um acorde A menor — mas com um C como a nota mais baixa.

Guitarristas frequentemente utilizam acordes invertidos em progressões, onde as linhas graves formam um escala ascendente ou descendente. Esse tipo de padrão grave dá interesse e unidade à progressão. Você pode ouvir uma progressão como essa na música "Whiter Shade of Pale", do Procol Harum. A Figura 11-15 mostra outra progressão usando acordes invertidos dessa maneira. Para liberar a linha grave, em cada compasso, toque apenas a nota inferior do acorde sobre a batida 1 e então toque o acorde sobre as batidas 2 e 3 (o que *bass strum strum* significa).

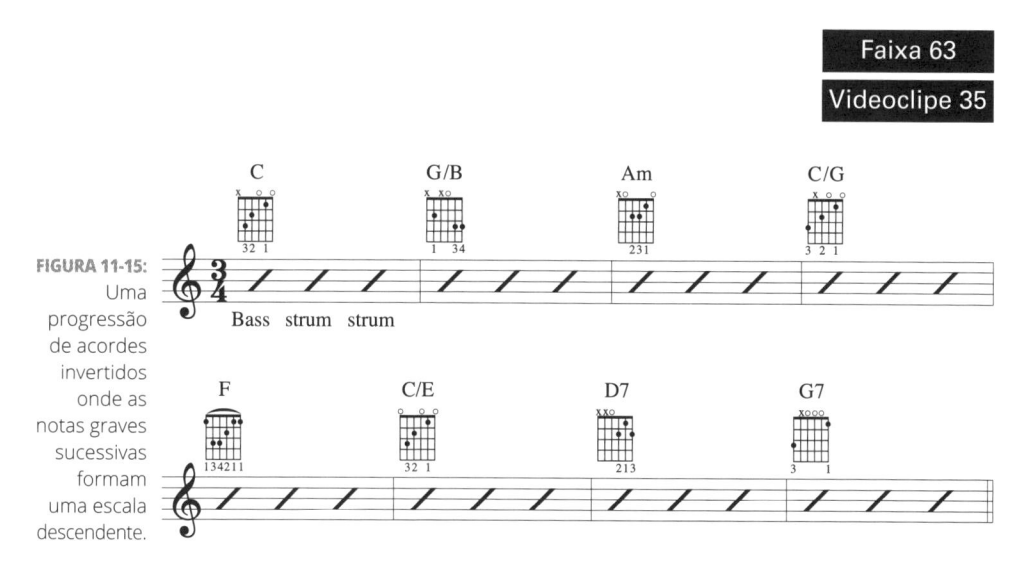

FIGURA 11-15: Uma progressão de acordes invertidos onde as notas graves sucessivas formam uma escala descendente.

Os acordes da Figura 11-15 mostram X nos diagramas de acorde, indicando quais cordas *não* tocar. Para manter uma corda soando, utilize o dedo da sua mão esquerda que faz pestana na corda afinada mais baixa adjacente, abafando-a ao tocá-la levemente.

Afinações alternativas

A música de guitarra do rock moderno dos anos 1980 e 1990 faz uso frequente de *afinações alternativas* — afinações além da afinação EADGBE padrão (veja o Capítulo 2). Utilizando afinações alternativas, você pode executar sons novos e excitantes que são impossíveis de realizar na afinação padrão. Afinações alternativas podem também permitir a você tocar licks ou acordes que são difíceis de tocar na afinação padrão, mas que são fáceis de tocar na afinação alternativa. No entanto, lembre-se: após ter reafinado sua guitarra, todos os seus posicionamentos de dedos familiares estarão perdidos. É por isso que aprender novos licks e riffs em afinações alternativas através da tab pode ser especialmente útil. Artistas tão diversos quanto Joni Mitchell, The Rolling Stones e Led Zeppelin utilizam afinações alternativas.

Nas seções seguintes, descreveremos dois tipos comuns de afinações alternativas: afinação drop-D e D solto.

Afinação drop-D (DADGBE)

DICA

A *afinação drop-D* (assim chamada porque você afrouxa, ou *drop-A*, a corda E grave até D) é uma afinação alternativa que está mais perto da afinação padrão — você aperta apenas a 6ª corda. Para aprender esse tipo de afinação, diminua (drop) sua 6ª corda até que soe uma oitava menor do que sua 4ª corda. Essa afinação permite que você toque um acorde D ou Dm com um D mais baixo como a raiz sobre a 6ª corda, dando a você um som completo e rico.

A Figura 11-16 mostra uma passagem típica na afinação drop-D, com um som bluesy. Dê um bend na nota da terceira casa da 6ª corda muito levemente (apenas um quarto de passo, o que é metade da metade de um passo). Para os leitores de música: perceba que a notação padrão indica um bend de quarto de tom com um deslize curto após a nota principal em questão.

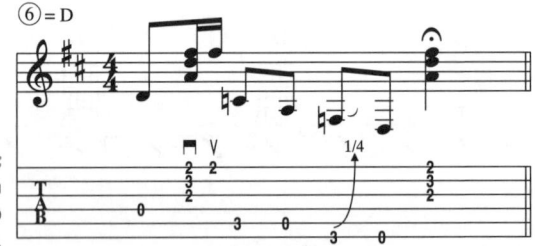

FIGURA 11-16: Frase típica em afinação drop-D.

Faixa 64, 0:00

DICA

Uma vantagem da afinação drop-D é que você pode tocar power chords baixos sobre as duas cordas inferiores como duas cordas com pestana, o que permite a você tocar riffs de power chords mais facilmente, conforme mostrado na Figura 11-17:

FIGURA 11-17: Um riff de power chord baixo em afinação drop-D.

Afinação em D solto (DADF#AD)

Em uma *afinação solta*, as cordas soltas formam o acorde maior. Na *afinação em D solto*, elas formam (surpresa!) um acorde D. Nessa afinação, a maioria dos acordes que você toca não é nada mais do que cordas soltas e um dedo fazendo pestana sobre todas as seis cordas. Você pode, por exemplo, tocar um acorde G simplesmente fazendo pestana na quinta casa inteiro com seu dedo indicador. Joni Mitchell fez uso extensivo dessa afinação em músicas como "Big Yellow Taxi".

Para fazer essa afinação, siga os seguintes passos:

1. **Diminua sua 6ª corda até que soe uma oitava abaixo do que sua 4ª corda.**

2. **Diminua sua 3ª corda para que iguale a nota da quarta casa da 4ª corda.**

3. **Diminua sua 2ª corda para que iguale a nota da terceira casa da 3ª corda.**

4. **Diminua sua 1ª corda para que iguale a nota da quinta casa da 2ª corda (que é uma oitava acima do que sua 4ª corda).**

PAPO DE ESPECIALISTA

Se aumentar todas as seis cordas em um tom inteiro (duas casas) a partir da afinação em D solto, você terá a afinação em E solto (EBEG#BE), que você pode considerar essencialmente como a mesma afinação do D solto, porque as relações entre as cordas permanecem as mesmas, embora as notas possam diferenciar.

Na Figura 11-18, você vê uma frase típica utilizando afinação em D solto que soa como algo que Joni Mitchell possa ter tocado em um de seus primeiros álbuns.

Outra afinação alternativa comum com a qual você pode se deparar é um G solto (DGDGBD, afinada da mais baixa para a mais alta), frequentemente usado por

Keith Richards, dos The Rolling Stones, em músicas como "Brown Sugar" e "Start Me Up". (Veja o Capítulo 13 para um exemplo que utiliza afinação em G solto.)

Faixa 65

Afinação de D solto (baixo para alto): D A D F# A D

FIGURA 11-18: Uma típica frase em afinação em D solto.

Conhecendo o Country Rock e o Southern Rock

Desde os tempos do The Eagles, The Greatful Dead e The Allman Brothers Band, o country rock e o rock do sul desfrutaram de sucesso com o público em geral. O som desses estilos se classifica em algum ponto entre aquele da música country direta e do blues, embora ambos sejam orientados demais ao rock para serem considerados country direto e não tenham limites definidos o bastante para se encaixarem no rock baseado em blues. O som levemente mais simples e mais importante desses estilos pode ser atribuído aos acordes que os guitarristas tipicamente utilizam e, em um grau maior, às escalas que eles utilizam nas passagens solo. Para sentir um pouco desse som, ouça a música de The Byrds, The Allman Brothers Band, The Marshall Tucker Band, Pure Prairie League, Lynyrd Skynyrd, The Greatful Dead e The Eagles.

Nas seções seguintes, descreveremos uma outra abordagem para tocar solos na qual você usa a *escala pentatônica maior* — uma escala que é diferente da escala pentatônica menor de blues que é tocada principalmente no rock & roll clássico e no blues. Você pode usar a escala pentatônica maior para solos de southern rock — e country rock —, bem como para variar um pouco os solos baseados em blues.

A escala pentatônica maior

LEMBRE-SE

Você pode definir as notas da escala pentatônica menor em qualquer tom como 1, ♭3, 4, 5, ♭7, em comparação com a escala maior principal. Você pratica a escala como um box memorizado, o que é muito bom. A *escala pentatônica maior*, por outro lado, utiliza as notas 1, 2, 3, 5, 6 da escala maior principal. É uma escala de cinco notas que não possui *alterações cromáticas* (isto é, notas que você altera aumentando ou diminuindo meio tom), então soa apenas como uma escala maior com duas notas deixadas de fora. A escala pentatônica maior é muito útil, porque ela praticamente faz a música por si só e você não toca nenhuma nota "errada". (Veja a seção "O que está por trás do Box I? A escala pentatônica menor", neste capítulo, para mais informações sobre graus da escala e a escala pentatônica menor.)

DICA

Após ter dominado a escala pentatônica menor, a escala pentatônica maior é muito fácil. Apenas mova a escala pentatônica menor para baixo três casas e pronto, você tem uma escala pentatônica maior. Apenas toque o mesmo padrão, e as notas, e tudo se encaixará.

Digamos, por exemplo, que você saiba que está tocando a escala pentatônica menor de A na quinta casa contra uma progressão de acorde no tom de A. Bem, leve aquele padrão principal para baixo até a segunda posição (onde seu dedo indicador da mão esquerda toca as notas sobre a segunda casa) e você terá uma escala pentatônica maior em A, apropriada para progressões de country rock e rock do sul. (Veja o Capítulo 7 para maiores informações sobre posições.)

A Figura 11-19 mostra uma escala pentatônica maior em A na segunda posição (Box I) e na quinta posição (Box II), junto com o grau da escala, a posição para cada nota e a nota boa para bend em cada box (circulada). Perceba que a única diferença verdadeira em relação à escala pentatônica *menor* é a casa inicial.

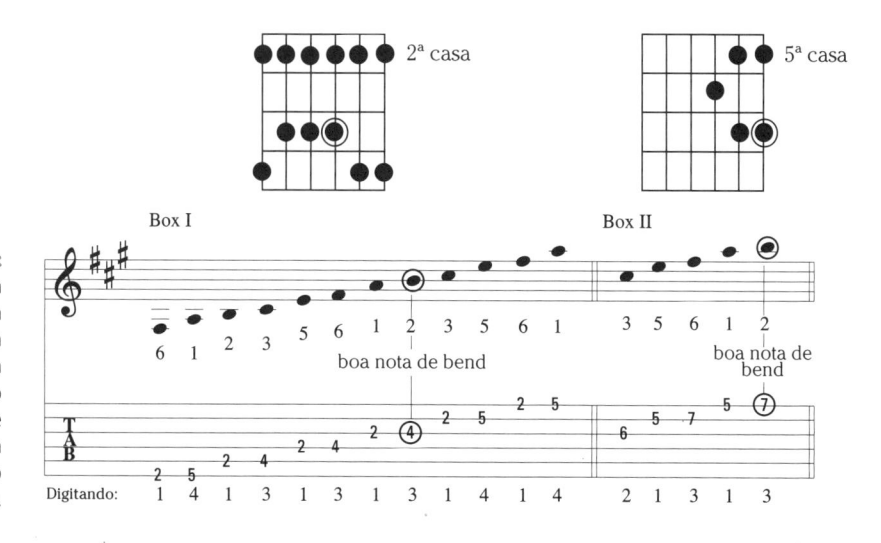

FIGURA 11-19: A escala pentatônica maior na segunda posição (Box I) e na quinta posição (Box II).

Licks baseados na escala pentatônica maior

A boa notícia é que, assim como na escala pentatônica menor, a escala pentatônica maior possui todas as vantagens: as notas curvadas repousam em bons lugares; você utiliza seu dedo indicador sobre cada corda do Box I para uma sensação sólida; e a escala é totalmente apropriada para o uso de hammer-ons, pull-offs e slides para mais possibilidades expressivas.

A má notícia é que, embora você ainda esteja em A, a digitação é trocada, então você não pode mais contar com apoiar sobre os dedos normais para finalizar seu solo. No entanto, não achamos que esse problema seja tão grande. Com apenas uma pequena reorientação (e seu ouvido), você logo encontrará boas alternativas.

DICA

Notas boas para terminar um solo pentatônico maior em A são as da segunda casa da 3ª corda (Box I) e da quinta casa da 1ª corda (Box I ou II).

TOQUE ISSO!

A Figura 11-20 mostra um lick de quatro compassos para você começar aquela jornada ao country do sul. Perceba que esse lick apresenta bends em ambas as posições (Boxes I e II) e um slide a partir do Box II voltando para o Box I. Assista ao Videoclipe 36 para ver como executar os bends e as mudanças de posição.

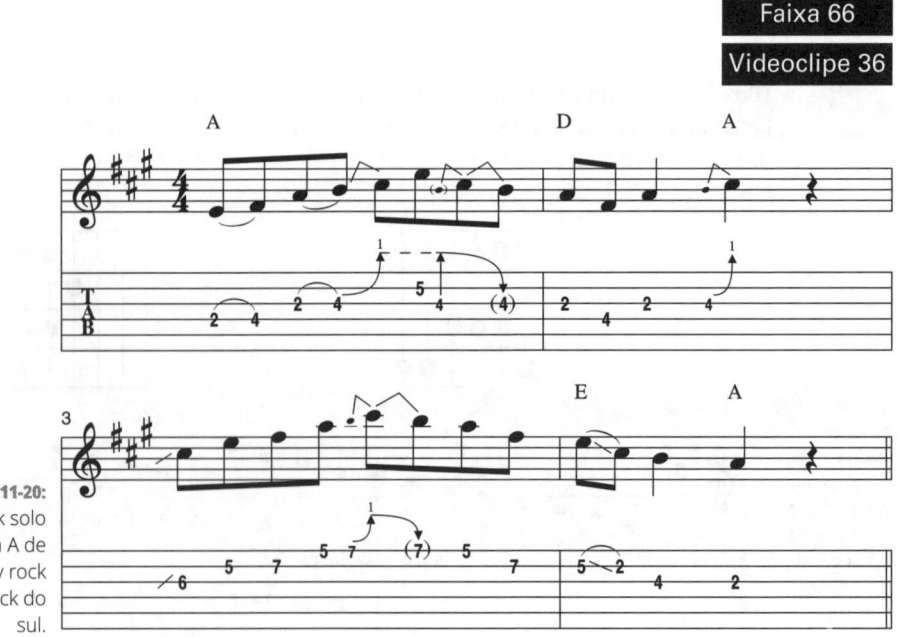

FIGURA 11-20: Um lick solo em A de country rock e rock do sul.

Se quiser tocar uma música no estilo de rock do sul (ou southern rock) agora mesmo, confira "Southern Hospitality" na próxima seção.

Tocando Músicas no Estilo Rock

Vista sua jaqueta de turnê e entre em sua limusine, porque você agitará completamente em estilo nesta parte do capítulo. As músicas desta seção cobrem dois estilos: o propositalmente bombástico rock & roll clássico dos anos 1950 e os tranquilamente charmosos country rock e southern rock dos anos 1970.

Aqui estão algumas informações especiais sobre as músicas para ajudá-lo:

» **Chuck's Duck:** Para tocar "Chuck's Duck", você precisa saber como tocar licks com a escala pentatônica menor (veja a seção "O que está por trás do Box I? A escala pentatônica menor", anteriormente neste capítulo), como tocar double-stops e double-stop bends (veja os Capítulos 8 e 10) e como dobrar um joelho e pular pelo palco sem precisar de uma cirurgia artroscópica depois.

Double-stops, a escala pentatônica menor e colcheias contínuas caracterizam o som do rock & roll clássico. Perceba os bends rápidos e explosivos na 3a corda nos compassos 6 até 9.

» **Southern Hospitality:** Para tocar "Southern Hospitality", você precisa saber como tocar licks com a escala pentatônica maior (veja a seção "A escala pentatônica maior", anteriormente neste capítulo), como tocar acordes sus, add e acordes invertidos (veja a seção "Dominando o Rock Moderno", anteriormente neste capítulo) e como cultivar uma barba extremamente longa.

Pegando a escala pentatônica menor e movendo para baixo três casas, você obtém uma escala pentatônica maior, a qual você pode usar para criar um som de country rock e rock do sul autêntico, no estilo de The Eagles, Poco e Pure Prairie League. Após tocar a parte principal, tente a parte da guitarra base, que apresenta acordes sus, add e acordes invertidos. Indicamos as digitações de acorde da mão esquerda para você, mas ouça o CD para conhecer o padrão de digitação da mão direita.

FAIXA 67 Chuck's Duck

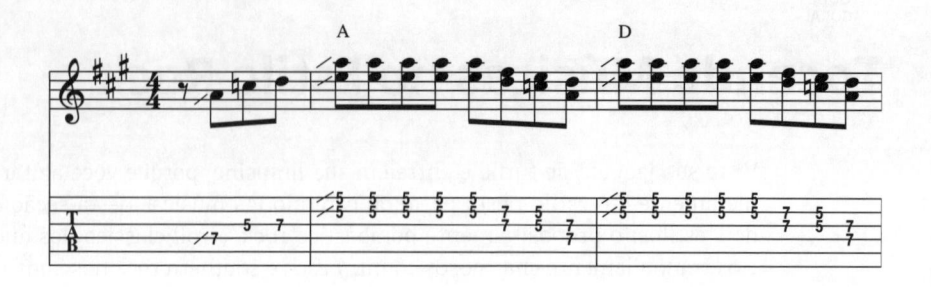

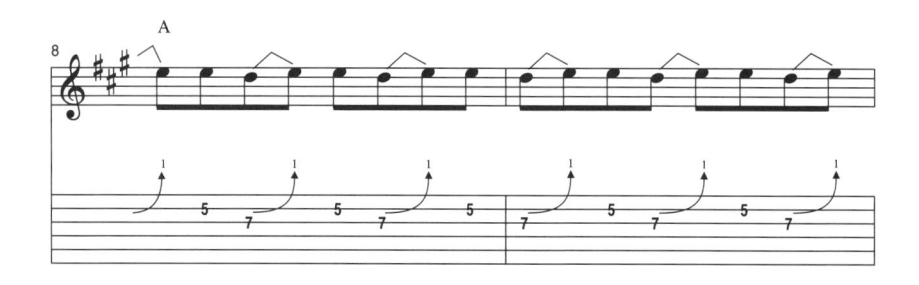

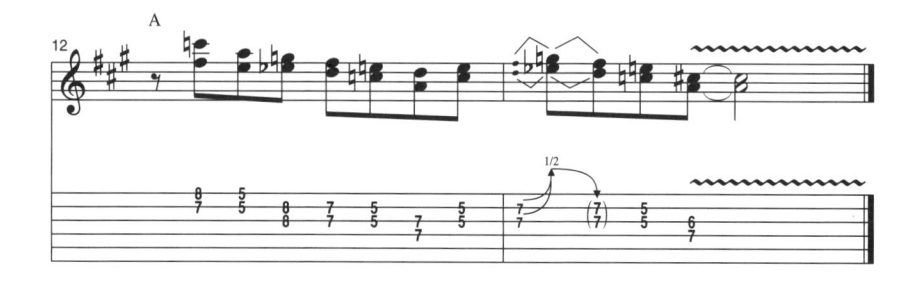

CAPÍTULO 11 Vamos Balançar: Noções Básicas da Guitarra Rock

FAIXA 68 — Southern Hospitality

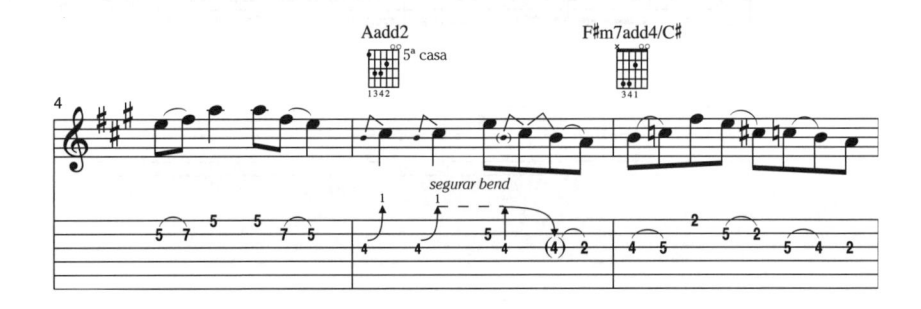

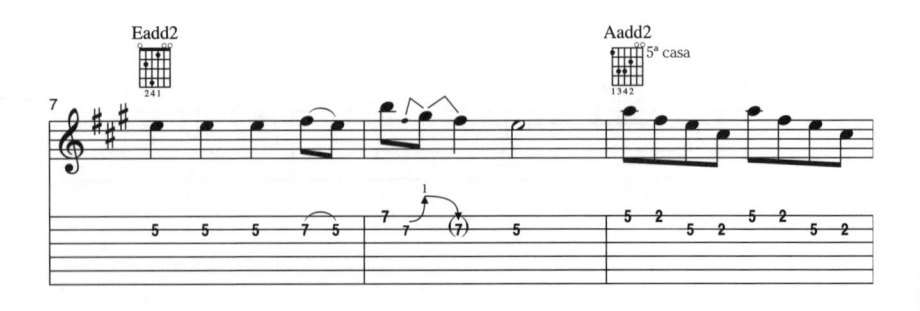

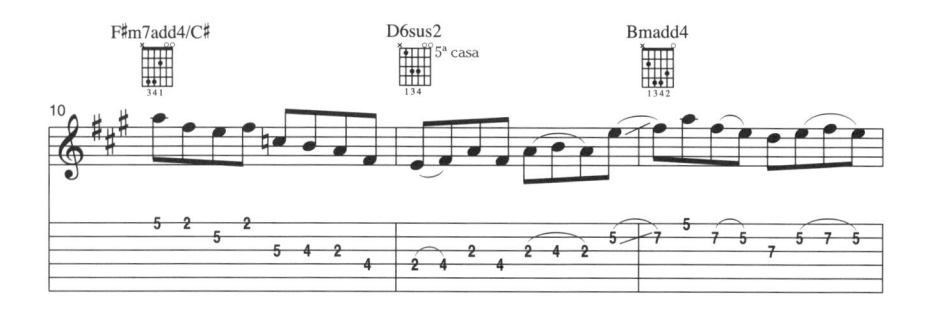

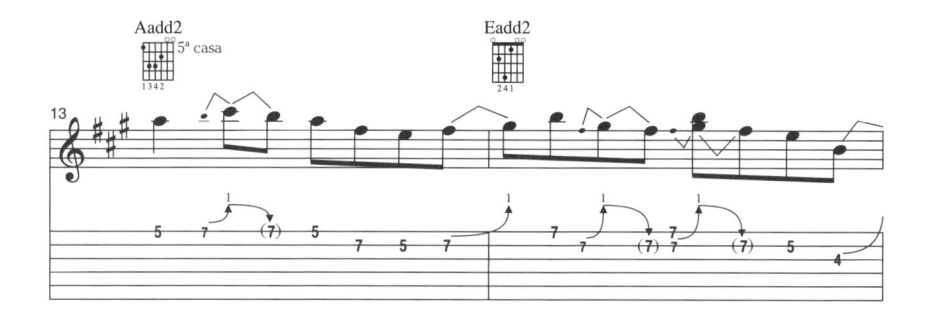

CAPÍTULO 11 **Vamos Balançar: Noções Básicas da Guitarra Rock**

> **NESTE CAPÍTULO**
>
> Tocando blues elétrico
>
> Tocando blues acústico
>
> Praticando músicas sobre mágoa e tristeza e parecer legal fazendo isso

Capítulo 12
Mais Azul que o Próprio Azul: Noções Básicas da Guitarra Blues

O blues é uma das formas mais populares de música de guitarra, tanto para o ouvinte quanto para o executante. E por que não? Quem poderia resistir aos ritmos fáceis, às melodias expressivas e às letras comoventes do blues? Nem toda forma de música pode aquecer seu coração enquanto o cantor lamenta seu sofrimento no corredor da morte por um assassinato que ele não cometeu, enquanto seu amor foge com seu melhor amigo. Ah, a doce tristeza.

No entanto, antes de ficarmos muito sentimentais, queremos lhe dizer por que tocar blues parece ter nascido para a guitarra. Uma das razões é que o blues é um estilo relativamente fácil de tocar (especialmente se comparado ao jazz ou à música clássica): os acompanhamentos padrões de blues são acessíveis e confortáveis para as mãos, e as melodias do blues se adaptam muito bem sobre o braço da guitarra por causa das escalas que o estilo utiliza e da maneira com que você afina as cordas de seu instrumento. E mais, o blues não é tecnicamente exigente e você pode tocar melhor de ouvido, com seu coração guiando o caminho.

Tocar os grandes blues — seguindo os passos de lendas como B. B. King ou Stevie Ray Vaughan — pode ser difícil, mas tocar blues muito bons agora mesmo é fácil se você conhecer a forma, um par de escalas e alguns movimentos simples do blues.

Neste capítulo, abordaremos blues elétrico e acústico. Durante o percurso, introduziremos mais boxes, a *escala blues*, a nomenclatura dos algarismos romanos e *turnarounds*.

Conectando-se ao Blues Elétrico

Blues elétrico é o tipo de blues que todos os gigantes do gênero tocam: Buddy Guy, B. B. King, Albert King, Albert Collins, Johnny Winter e Duane Allman, entre outros. Tocar guitarra de blues elétrico se divide em duas categorias: ritmo e solo. Exploraremos as duas categorias nas seções seguintes.

Blues de guitarra base

LEMBRE-SE

Tocar *base* é o que você faz quando não está tocando solo — como quando está acompanhando um cantor ou outro instrumento tocando acordes, figuras secundárias e riffs repetidos. Tocar base geralmente requer menos proficiência técnica do que tocar solo e depende mais do "ritmo" dos guitarristas do que de sua técnica. Para colocar o toque do acorde em algum tipo de contexto, você deve começar com a forma, ou progressão, mais popular do estilo, o blues de 12 compassos, e aplicar uma mãozinha no ritmo, conhecida como sensação *shuffle* (também chamada de sensação *swing* ou *triplet*).

Começando com a forma de blues de 12 compassos

As guitarras de blues e de rock são iguais no sentido de que ambas dependem muito da forma do blues de 12 compassos para a estrutura da música (veja o Capítulo 11). Tomando o tom de A como exemplo, a progressão do blues de 12 compassos consiste em quatro compassos de A, dois compassos de D, dois compassos de A, um compasso de E, um compasso de D e dois compassos de A. Na notação da música, a progressão do blues de 12 compassos se parece com o exemplo mostrado na Figura 12-1.

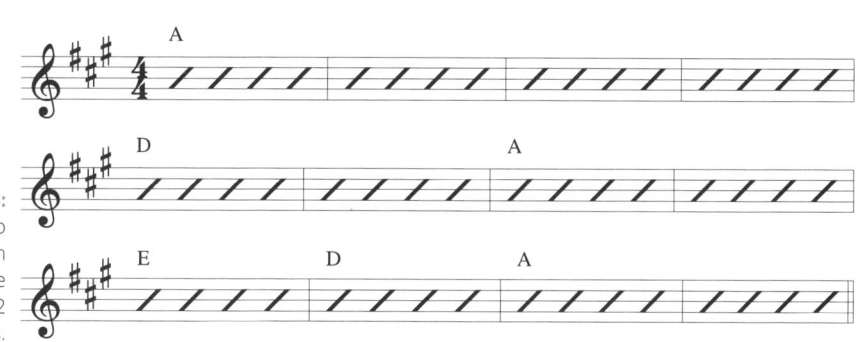

FIGURA 12-1: Progressão em A de um acorde de blues em 12 compassos.

LEMBRE-SE

Acordes em qualquer progressão comum, incluindo a progressão do blues vista na Figura 12-1, são frequentemente referidos por algarismos romanos. Esses numerais identificam os acordes genericamente no lugar do tom. Você sempre determina o algarismo romano I ao acorde que dá nome ao tom em que você está. Em seguida, você conta alfabeticamente, letra por letra, determinando outros números aos acordes.

Por exemplo, no tom de A (como na Figura 12-1), o acorde A é I (algarismo romano um), o D é IV (quatro), e o E é V (cinco). (Você pode contar o nome das letras nos dedos, começando por A, para confirmar que A é I, D é IV e E é V.) No tom de G, por outro lado, G é I, C é IV e D é V. Ao usar algum sistema, se decidir trocar de tom, você pode simplesmente dizer, "comece tocando no acorde IV (quatro) no compasso 5". Se você souber quais acordes são I, IV e V naquele tom, estará pronto para tocar. Veja a Tabela 12-1 para uma referência útil que mostra os acordes I, IV e V em tons comuns.

TABELA 12-1 Acordes I, IV e V em Tons Comuns

Tom	I	IV	V
A	A	D	E
C	C	F	G
D	D	G	A
E	E	A	B
F	F	B♭	C
G	G	C	D

DICA

Se estiver tocando seu acompanhamento de blues utilizando acordes com pestana (veja Capítulo 9), você pode lembrar dos acordes meramente por suas posições no braço. Digamos, por exemplo, que você esteja tocando uma progressão de blues em A. Se você fizer um acorde com pestana baseado em E na quinta casa (A), estará tocando o acorde I em A. Se você trocar para a forma

CAPÍTULO 12 Mais Azul que o Próprio Azul: Noções Básicas da Guitarra Blues

do acorde com pestana baseado em A no mesmo traste, agora estará tocando o acorde IV ou D. Mova o mesmo acorde com pestana baseado em A duas casas mais para cima no braço — para a sétima casa — e você estará tocando o acorde V, E. Veja como pode ser fácil tocar o blues! Utilize essas mesmas posições em qualquer lugar sobre o braço — um acorde com pestana baseado em E em qualquer casa, seguido por um acorde com pestana baseado em A na mesma casa, e mova aquela pestana duas casas para cima — e você saberá que a progressão I-IV-V para qualquer tom começa com a casa inicial.

Veja a seguir duas variações importantes da forma do blues de 12 compassos:

» **Troca rápida para IV:** Ainda utilizando o tom de A como exemplo, você substitui o acorde D (IV) pelo A (I) no compasso 2. Normalmente, você deve esperar até o compasso 5 para tocar o acorde IV, então trocar para ele no compasso 2 é rápido, por esse motivo o nome.

» **Turnaround:** Um turnaround é um acorde V que você toca no último compasso (compasso 12) em vez do acorde I. Essa troca ajuda a atrair a música de volta para o acorde I no primeiro compasso, *trazendo a progressão de volta* para o compasso 1. Um turnaround permite que você repita a progressão várias vezes, como desejar. Guitarristas de blues baseiam muitos licks principais apenas no turnaround do final da progressão. (Para mais informações sobre licks de turnaround, veja a seção "Turnarounds", mais adiante neste capítulo.)

Tente substituir os acordes de 7ª e de 9ª (A7, D9 ou E9) pelos acordes I-IV-V básicos para fazer a música soar ainda mais bluesy. (Veja a seção seguinte para mais informações sobre acordes de 9ª.)

Misturando a batida com um ritmo tercinado

O blues depende muito de uma sensação rítmica conhecida como *ritmo tercinado* (às vezes chamado de *ritmo de mistura* ou *ritmo de troca*). No terceto, você divide cada batida em três partes (em vez de duas, como ocorre normalmente). Você pode ouvir no CD a gravação da Figura 12-2, mas mostraremos aqui uma boa maneira para entender a diferença entre ritmo direto e ritmo tercinado. Recite em voz alta cada uma das seguintes frases, estalando seus dedos em cada sílaba maiúscula. (Assegure-se de estalar os seus dedos — isso é importante!)

1. **TWIN-kle TWIN-kle LIT-tle STAR.**

   Esse é um ritmo direto — cada estalo do dedo é uma batida, e você divide cada batida em duas partes.

2. **FOL-low the YEL-low brick ROAD.**

   Esse é um ritmo tercinado — cada estalo do dedo é uma batida, e você divide cada batida em três partes. Já que um grande número de blues utiliza o ritmo tercinado, você precisa saber como tocar uma figura de acompanhamento de blues de 12 compassos com esse ritmo.

A Figura 12-2 lhe mostra uma figura de acompanhamento — aqui com as variações de troca rápida para IV (compasso 2) e turnaround (compasso 12) — consistindo em nada mais do que acordes tocados em um ritmo de terceto. Tipicamente, o último compasso do blues utiliza uma progressão na qual você chega ao acorde final a partir de uma casa acima ou abaixo dele (veja o compasso 13). Veja o diagrama de acordes sobre a figura para as posições dos acordes de 9ª na música.

Se você souber como tocar uma figura de acompanhamento de rock boogie-woogie (em estilo Chuck Berry — veja o Capítulo 11), não deve ter nenhuma dificuldade para tocar a Figura 12-3, que é, na verdade, a mesma figura de acompanhamento de boogie (mas com a variação de troca rápida para IV), exceto que você a toca em um ritmo tercinado. Novamente, você chega ao último acorde a partir de uma casa acima. Toque junto com o Videoclipe 37 se você achar que isso o ajuda a ficar na linha.

FIGURA 12-2: Acompanhamento de blues de 12 compassos em um ritmo tercinado.

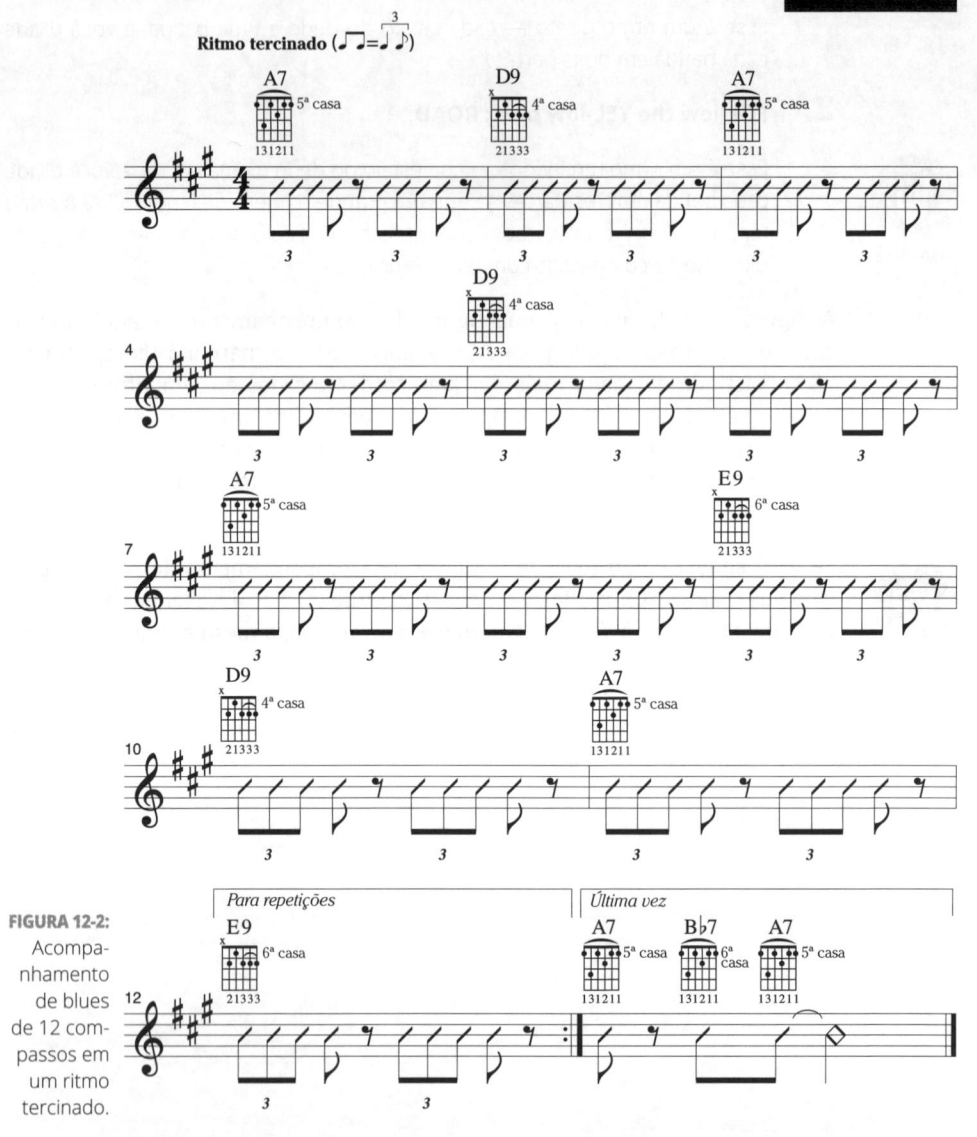

Nota: Na música da Figura 12-2, a equivalência que aparece perto das palavras *ritmo tercinado* indica que você deve substituir (ou misturar) oitavas tercinadas por colcheias diretas. Nas oitavas tercinadas, você segura a primeira nota de cada batida um pouco mais do que a segunda.

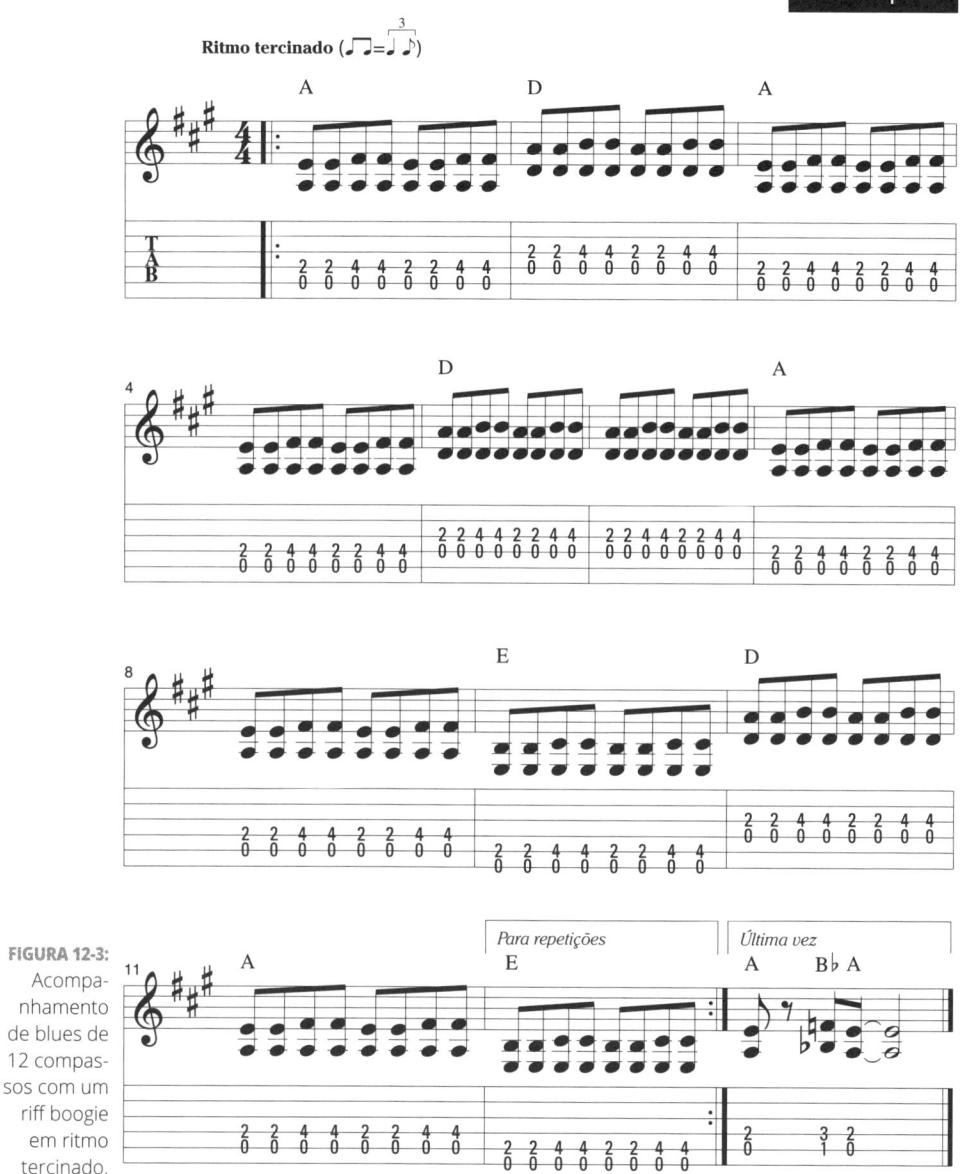

FIGURA 12-3: Acompanhamento de blues de 12 compassos com um riff boogie em ritmo tercinado.

CAPÍTULO 12 **Mais Azul que o Próprio Azul: Noções Básicas da Guitarra Blues**

DESMEMBRANDO LETRAS E ESTRUTURA DE BLUES

Ao lidar com o blues, uma boa maneira de manter a estrutura da música direta é pensar na progressão de 12 compassos como três frases de quatro compassos. Você pode fazer isso porque as letras de um blues típico geralmente estão na forma AAB (o que significa que as primeiras duas seções da música são iguais e a terceira é diferente), com cada uma das três seções formando quatro compassos. Uma música de blues típica pode ser algo como vemos a seguir, por exemplo:

- **Primeira frase:** "I woke up this morning; I was feeling mighty bad." Você canta essa frase sobre os primeiros quatro compassos da progressão de 12 compassos (I, I, I, I ou I, IV, I, I para a variação da troca rápida para IV).

- **Segunda frase:** "I woke up this morning; I was feeling mighty bad." Essa frase repete a mesma letra que você cantou na primeira frase, mas você a canta sobre o segundo dos quatro compassos da progressão (IV, IV, I, I).

- **Terceira frase:** "I can't stop thinking I lost the best gal I ever had." Essa frase é diferente das duas primeiras frases e você a canta sobre o último dos quatro compassos da progressão (V, IV, I, I — ou V, IV, I, V se você for repetir a progressão).

Geralmente, você canta cada frase vocal dentro dos dois primeiros compassos da frase de quatro compassos, dando ao instrumentalista (que talvez seja você mesmo!) a possibilidade de tocar alguns licks de blues durante os compassos 3 e 4 de cada frase, o que dá à música uma impressão de pergunta e resposta. No entanto, mesmo que você não esteja utilizando um vocalista em uma música específica, os instrumentalistas ainda podem tocar seguindo essa mentalidade de dois compassos mais dois compassos e impressão de pergunta e resposta em cada frase de quatro compassos.

Blues de guitarra solo

O solo de blues é uma linha de única nota melódica, consistindo na mistura de linhas compostas e frases improvisadas. Um grande solo principal inclui esses dois elementos em um conjunto contínuo e animado. As seções seguintes fornecem as ferramentas e técnicas que você precisa conhecer para criar seus próprios licks e solos com som de blues.

Começando com os boxes

Os guitarristas de blues improvisam, na maioria das vezes, utilizando *boxes* — assim como os guitarristas de rock. Um box é um padrão da escala — geralmente esquematizando uma escala pentatônica menor — que se parece vagamente com a forma de uma caixa. (Veja o Capítulo 11 para maiores informações sobre escalas pentatônicas menores e boxes.) Ao utilizar notas no box, você pode improvisar linhas solo que automaticamente soam boas quando você as toca sobre um acompanhamento de blues de 12 compassos.

Você pode já saber como utilizar boxes para tocar guitarra solo de rock & roll, a qual emprega as mesmas escalas e acordes que o blues. (E os descrevemos no Capítulo 11.) Se for assim, você não deve ter dificuldade para entender o exemplo da Figura 12-4, o qual mostra os três boxes que você pode utilizar para solar no tom de A que introduzimos no Capítulo 11; nós circulamos as notas que são boas para curvar (bending). (Para mais informações sobre bending, veja o Capítulo 10.)

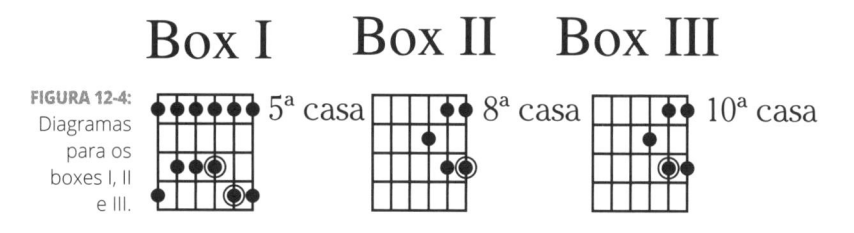

FIGURA 12-4: Diagramas para os boxes I, II e III.

Box I   Box II   Box III

5ª casa   8ª casa   10ª casa

A Figura 12-5 mostra dois boxes novos que você também pode utilizar para solar blues.

» Aquele que nós chamamos de *Box IV* (porque não existem nomes ou numerações padrões para os boxes) é similar ao Box III, exceto que o movemos três casas para cima até a décima terceira posição (para o tom de A) e eliminamos duas notas sobre a 1ª corda (veja o Capítulo 7 para mais informações sobre tocar em posição). Mais uma vez, nós circulamos a nota boa para fazer o bend. Toque as notas nesse box utilizando seu segundo dedo sobre a 3ª corda e seu primeiro e terceiro dedos sobre a 2ª corda.

» O *Box V* às vezes é considerado como uma extensão mais baixa do Box I. Use seu primeiro e terceiro dedos para tocar as notas em ambas as cordas.

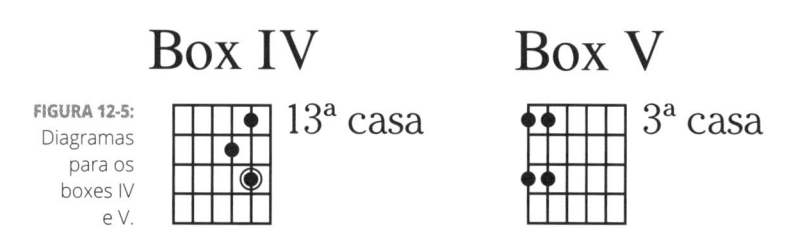

FIGURA 12-5: Diagramas para os boxes IV e V.

Box IV   Box V

13ª casa   3ª casa

PAPO DE ESPECIALISTA Você pode perceber que o Box I cobre todas as seis cordas, enquanto os outros boxes cobrem apenas duas ou três cordas. Na verdade, o que estamos mostrando a você nos Boxes II até V são *boxes parciais*. Versões completas desses boxes (usando todas as seis cordas) existem, mas, nas versões completas, você fica com algumas posições "ruins" ou desconfortáveis, como tocar as notas importantes com os dedos 2 e 4 em vez dos fortes 1 e 3 ou ter boas notas para um bend sob um dedo ruim para curvar. Por isso, a maioria dos guitarristas utiliza apenas os boxes parciais, como mostrados nas figuras.

DICA Se você souber como tocar licks típicos utilizando os Boxes I, II e III, o lick da Figura 12-6 que utiliza o Box IV não deve lhe dar problemas. Toque com um ritmo tercinado e assegure-se de aplicar vibrato na última nota para ter um efeito real do blues. (Veja o Capítulo 10 para mais informações sobre vibrato.) Perceba como o bend cai sob o terceiro dedo — o melhor dedo para curvar.

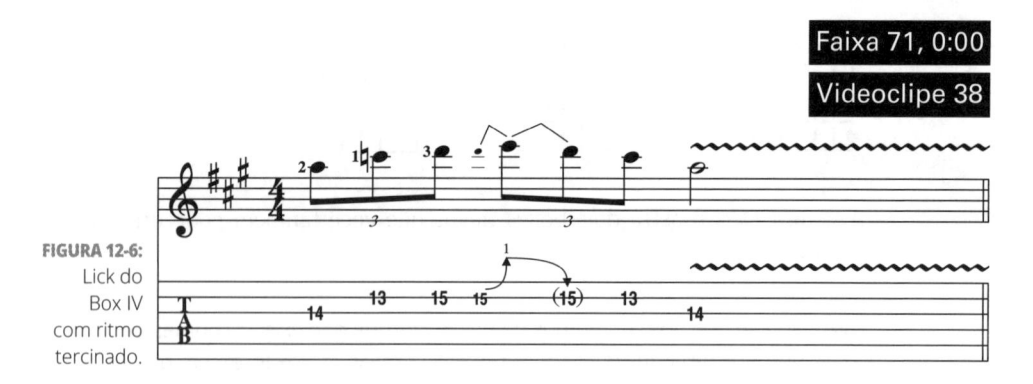

Faixa 71, 0:00
Videoclipe 38

FIGURA 12-6: Lick do Box IV com ritmo tercinado.

A Figura 12-7 mostra um lick típico que usa o Box V. Uma técnica comum de blues é deslizar pela 5ª corda (3º dedo) indo e voltando entre o Box V e o Box I. (Veja o Capítulo 10 para mais informações sobre deslizes.) Veja quão agradavelmente todas as notas recaem sob o 1º e o 3º dedos, até mesmo quando você move entre os boxes.

Faixa 71, 0:10

FIGURA 12-7: Lick do Box V com um deslize até o Box I.

Adicionando intensidade com notas adicionais

A escala pentatônica menor produz boas notas fora da escala (blue notes), mas adicionar duas notas a mais lhe dá uma paleta sônica ainda mais rica para a escolha de notas. A quinta diminuta e a terça maior ajudam a dar maior definição para uma linha introduzindo uma nota *dissonante* ou cheia de tensão (a quinta diminuta), ou outra nota que reforça a qualidade maior do acorde I (a terça maior).

PAPO DE ESPECIALISTA

Uma *quinta diminuta* é uma nota que está meio tom (ou uma casa) mais baixa do que a quinta justa da escala. Na escala pentatônica menor em A, por exemplo, a nota E é a quinta justa. (Conte os nomes das letras de A até E nos dedos para confirmar que E está cinco notas acima de A). A nota E♭ é, então, a *quinta diminuta*. Uma terça maior é uma nota que está meio tom (ou uma casa) mais alta do que a terça normal (menor) da escala pentatônica menor. Na escala pentatônica menor em A, por exemplo, a nota C é a *terça menor*. A nota C♯ é a *terça maior*. (Veja o Apêndice A para maiores informações sobre sustenidos e bemóis.)

CRIANDO A ESCALA DE BLUES COM A QUINTA DIMINUTA

LEMBRE-SE

A escala pentatônica de cinco notas funciona bem para o blues básico, mas, para fazer um som realmente funky e notório, toque na *quinta nota com bemol* (E♭ no tom de A) de vez em quando. Adicionar a quinta diminuta à escala pentatônica cria a escala de blues de seis notas. A quinta diminuta é particularmente dissonante, mas adiciona algum tempero a mais adocicada escala pentatônica menor direta. Porém, como com qualquer tempero, seja sal, funcho ou uma quinta diminuta, adicione-o moderada e criteriosamente.

Os Boxes I, II e IV, mostrados na Figura 12-8, consistem em notas da escala pentatônica menor. Dessa vez, as notas circuladas indicam o E♭ adicionado — o ♭5 (quinta diminuta) — e não as notas para o bend. O Box I mostra uma escala de blues em A completa (duas oitavas) em quinta posição, enquanto os Boxes II e IV mostram escalas de blues parciais que são boas para improvisação.

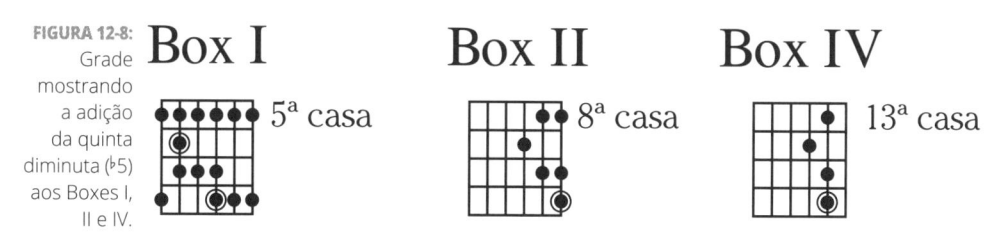

FIGURA 12-8: Grade mostrando a adição da quinta diminuta (♭5) aos Boxes I, II e IV.

Box I — 5ª casa
Box II — 8ª casa
Box IV — 13ª casa

A Figura 12-9 mostra um lick de blues do Box I típico, utilizando a escala de blues. Perceba que você pode produzir o E♭ de duas formas — tocando-o na oitava casa da 3ª corda ou curvando a nota da *sétima casa* (a típica nota boa para curvar no Box I) meio tom para cima.

As Figuras 12-10 e 12-11 mostram um lick da escala de blues típico, primeiro utilizando o Box II (em oitava posição) e, em seguida (o mesmo lick), utilizando o Box IV (em décima terceira posição). Novamente, você toca o ♭5 tanto diretamente quanto como uma nota com bend (com o terceiro dedo) em cada posição.

Faixa 72, 0:00

FIGURA 12-9: Lick da escala de blues usando Box I.

Faixa 72, 0:13

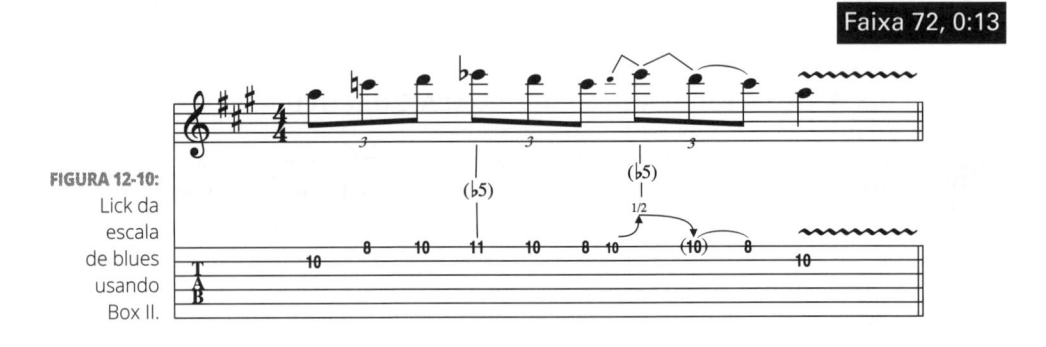

FIGURA 12-10: Lick da escala de blues usando Box II.

Faixa 72, 0:23

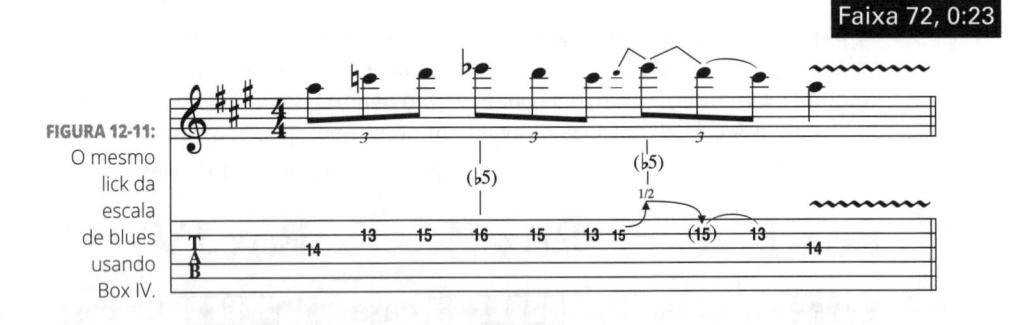

FIGURA 12-11: O mesmo lick da escala de blues usando Box IV.

EMPRESTANDO A TERÇA MAIOR

Outra nota que os executantes de blues comumente adicionam à escala pentatônica menor ou escala de blues é a terça maior. Você pode considerá-la uma nota que você "empresta" da escala pentatônica maior ou da escala maior completa. No tom de A, a terça maior adicionada é C♯, e a Figura 12-12 mostra onde ela se adapta no Box I (a nota no círculo). É a única nota que você toca com o seu segundo dedo se estiver utilizando o Box I (a menos que você também esteja utilizando a quinta diminuta que descrevemos na seção anterior).

Box I

FIGURA 12-12: Grade mostrando a adição da terça maior ao Box I.

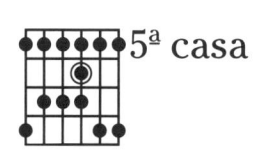

5ª casa

DICA

Com muita frequência, você martela (hammer-on) sobre a terça maior a partir da terça menor uma casa sob ela, conforme mostrado na Figura 12-13. (Veja o Capítulo 10 para maiores informações sobre hammer-ons.)

Faixa 73, 0:00

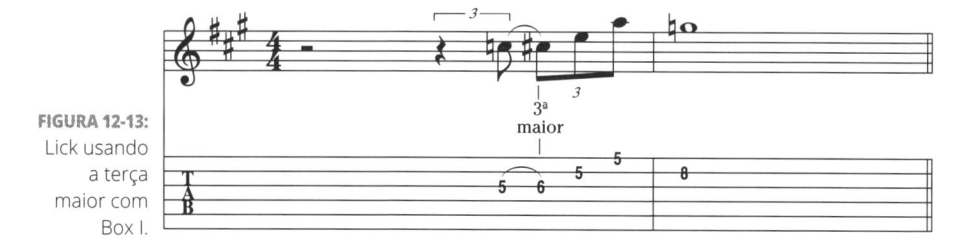

FIGURA 12-13: Lick usando a terça maior com Box I.

Mesmo que você utilize a escala pentatônica *menor* para solar, o tom de uma típica música de blues é *maior* (como em A maior), porque os guitarristas de ritmo tocam acordes secundários *maiores* (que contêm terças maiores). No lick double-stop, que ouvimos frequentemente nas músicas de Chuck Berry e The Beach Boys, o fim de um lick principal descendente costuma conter uma terça maior para ajudar a estabelecer o tom como maior em vez do menor, conforme mostrado na Figura 12-14.

Faixa 73, 0:10

FIGURA 12-14: Um riff de double-stop usando a terça maior com Box I.

Usando um fraseado curto

Embora os solos de blues utilizem muitas das mesmas técnicas que os solos de rock, como escalas, acordes e boxes, os dois estilos são diferentes na área do *fraseado*. O uso de muitas colcheias de fluxo contínuo frequentemente caracteriza solos de rock (pense no solo de "Johnny B. Goode"). No entanto, solos de blues (pense em B. B. King) geralmente empregam frases que são mais curtas e mais escassas (mais separadas) do que as do rock. (Veja o Apêndice A para mais informações sobre colcheias.)

LEMBRE-SE

Em uma melodia de blues típica, você pode ouvir uma frase muita curta, alguns espaços vazios e, em seguida, a repetição da mesma frase. Geralmente, essas frases curtas possuem uma qualidade vocal em que são expressivas, muitas vezes transmitindo dor e tristeza. Às vezes, se o guitarrista também for o vocalista, as frases vocais e as frases da guitarra são praticamente idênticas. A Figura 12-15 lhe mostra uma passagem curta que demonstra um conceito de frase curta. Perceba como a mesma figura (o pull-off da oitava casa à quinta) soa bem, mas diferente, se você tocar contra um acorde diferente (primeiro contra A7 e, em seguida, D7). Repetir a figura após a mudança do acorde é uma técnica de blues típica.

Faixa 74

FIGURA 12-15: Riff mostrando um típico fraseado de blues.

Movimentos de blues

TOQUE ISSO!

A Figura 12-16 mostra quatro movimentos típicos de blues. Um *movimento de blues* é simplesmente um *lick* curto, bem sonoro (uma frase musical independente). A Faixa de Áudio 75 demonstra como esses movimentos soam se você tocá-los no contexto de uma progressão.

Os movimentos de blues são fáceis de serem criados, visto que são muito curtos. Crie o seu próprio e veja como eles soam quando você os toca sobre as progressões de blues de 12 compassos mostradas nas Figuras 12-2 e 12-3.

TOQUE AGORA! Se você quiser tocar uma música de blues elétrico agora mesmo, utilizando os movimentos de blues da Figura 12-16, passe para "Chicago Shuffle", na seção "Tocando Músicas no Estilo Blues", mais adiante neste capítulo.

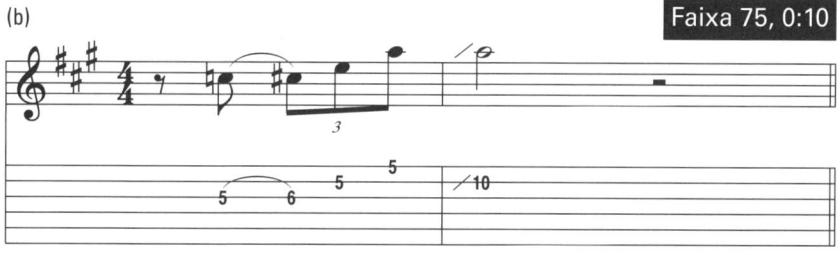

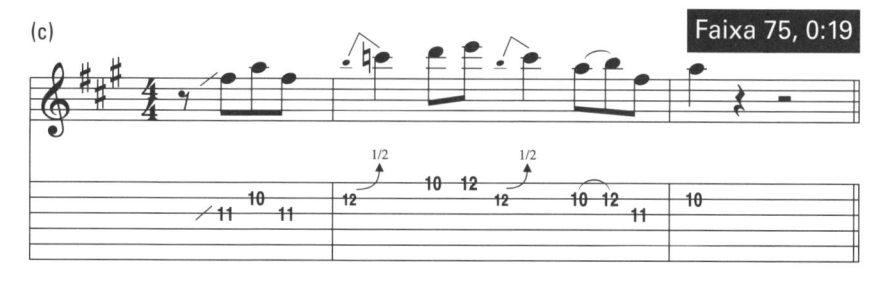

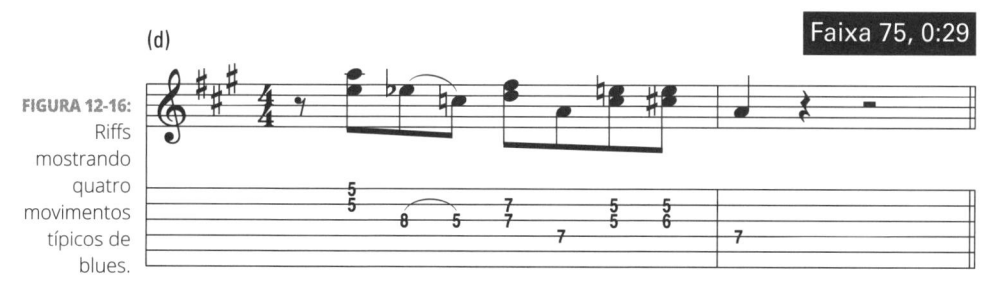

FIGURA 12-16: Riffs mostrando quatro movimentos típicos de blues.

CAPÍTULO 12 **Mais Azul que o Próprio Azul: Noções Básicas da Guitarra Blues** 203

Chegando à Raiz do Blues Acústico

Hoje, a guitarra de blues é mais ouvida na guitarra elétrica. B. B. King, Buddy Guy, Muddy Waters, Johnny Winter, Steve Ray Vaughan, Albert King, Albert Collins e Eric Clapton, por exemplo, são conhecidos por tocarem suas guitarras. No entanto, o blues começou de forma acústica, tocado com estilo dedilhado e evocando imagens da área rural do delta do rio Mississippi, onde foi originado e prosperou.

Nas seções seguintes, falaremos sobre os conceitos gerais por trás do blues acústico e mostraremos algumas técnicas específicas para que você possa tocá-lo imediatamente.

Conceitos gerais

LEMBRE-SE

Embora possa tocar blues elétrico em vários tons utilizando boxes móveis (veja a seção "Blues de guitarra solo", neste capítulo), você toca blues acústico (às vezes chamado de *Delta Blues*) em posição solta (geralmente tocando baixo sobre o braço e utilizando a combinação de cordas soltas e notas com pestana), quase sempre no tom de E. As seções seguintes descrevem as noções básicas que você precisa saber para tocar blues acústico.

Tocando a melodia e o acompanhamento simultaneamente

A ideia básica por trás do blues acústico é que você toca um solo que incorpora tanto a melodia (a qual você frequentemente improvisa) quanto o acompanhamento ao mesmo tempo. Esse método é o oposto daquele do blues elétrico, onde um guitarrista toca a melodia (o solo) enquanto outro guitarrista toca o acompanhamento (o ritmo).

LEMBRE-SE

A essência do estilo é a seguinte: seu polegar da mão direita toca a tônica de cada acorde (a nota que dá nome ao acorde) em semínimas constantes sobre as cordas graves. (Veja o Apêndice A para mais informações sobre semínimas.) Enquanto isso, seus dedos da mão direita tocam notas de melodia que você tira da escala pentatônica menor em E ou da escala de blues em E, em posição solta. (Para mais informações sobre a escala pentatônica menor e a escala de blues, veja o Capítulo 11 e a seção "Blues de guitarra solo", anteriormente neste capítulo). Você pode utilizar uma ou outra escala, ou ainda misturá-las. A Figura 12-17 representa uma grade mostrando a escala pentatônica menor em E/escala de blues em E em posição solta. Sem as notas circuladas, você possui uma escala pentatônica menor em E; com as notas circuladas — as quintas diminutas ($\flat$5) ou B$\flat$ nesse tom —, você possui uma escala de blues em E.

FIGURA 12-17: Grade mostrando a escala pentatônica menor em E/escala de blues em E em posição solta.

Perceba que a escala da Figura 12-17 é, na verdade, o Box I em posição solta! Para a posição dos dedos da mão esquerda, toque em primeira posição — isto é, use o mesmo número do dedo como número da casa. Como seu polegar geralmente está estável para tocar as cordas graves, você normalmente tira as notas de melodia das cordas altas.

A Figura 12-18 mostra um exercício simples que demonstra o estilo de blues acústico básico utilizando a escala de blues em E, primeiro descendendo e, em seguida, ascendendo. Assegure-se de tocar em um ritmo tercinado, conforme a Faixa de Áudio 76. Você pode ver como tocar a melodia e o acompanhamento ao mesmo tempo — e fazer isso nem sequer é difícil, porque a parte grave é muito fácil de tocar! Assista ao Videoclipe 39 para ver como o polegar e os dedos da mão direita interagem.

Faixa 76
Videoclipe 39

FIGURA 12-18: Combinando notas graves constantes com notas agudas a partir da escala de blues em E.

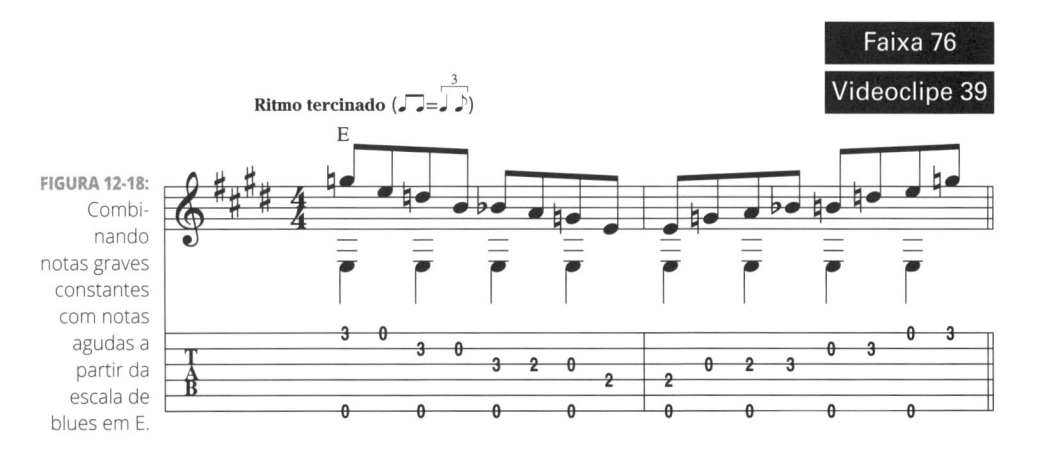

Empregando repetição

Um aspecto importante do blues acústico (e também do elétrico) é a *repetição*. Essa ideia envolve uma *motivação* (uma frase musical curta) que você repete às vezes uma ou às vezes várias vezes. No blues acústico, você pode executar esse efeito em uma das seguintes formas:

» **Repetindo a frase *no mesmo tom* conforme o acorde secundário muda.**
Na Figura 12-19, o acorde muda de E para A (as diferentes notas graves que seu polegar toca implicam que o acorde mude). A motivação, no entanto, repete no mesmo tom. Perceba como as mesmas notas soam diferentes se você tocá-las contra um acorde diferente (até mesmo um implicado). Essa técnica é um elemento típico do blues.

FIGURA 12-19: Repetindo o tema no mesmo tom conforme o acorde muda.

Faixa 77, 0:00

» **Repetindo a frase *em um tom diferente* conforme o acorde secundário muda.** Se você utilizar essa técnica, a relação entre a melodia e o acorde secundário continua a mesma. Esse tipo de repetição é mostrado na Figura 12-20. Faça pestana na quinta casa para tocar um acorde A no segundo compasso. (Abordamos acordes com pestana no Capítulo 9.)

FIGURA 12-20: Movendo o tema para um novo tom conforme o acorde muda.

Faixa 77, 0:11

Perceba que, na Figura 12-20, para cada acorde, você utiliza um hammer-on para mover da terça menor para a terça maior. Essa técnica é comum no estilo de blues acústico. (Veja o Capítulo 10 para mais informações sobre hammer-ons.)

Técnicas específicas

Você pode utilizar duas técnicas simples, que discutiremos em detalhes nas seções seguintes, para dar mais variedade ao seu toque de blues.

» Alternar a *textura* (isto é, combinando diferentes padrões musicais, como tocar um compasso de ritmo e, em seguida, um compasso de solo) cria um som inesperado e menos homogêneo.

» Combinar cordas soltas com cordas com pestana cria um resultado raro, permitindo que algumas notas soem enquanto outras se movam melodicamente.

Alternando a textura

LEMBRE-SE

A *alternação* refere-se à prática de tocar a melodia e as partes graves uma por vez, de uma forma alternada, em vez de tocar ao mesmo tempo. Em vez de ter o polegar tocando notas graves de forma constante enquanto os dedos tocam notas de melodia simultaneamente, você pode tocar, às vezes, apenas notas de melodia ou apenas notas graves. Essa técnica não apenas adiciona variedade à textura da música, como também permite que você (porque *todos* os seus dedos estão disponíveis) toque alguns licks bastante sonoros, mais difíceis e trabalhosos que seriam impossíveis normalmente.

A Figura 12-21 mostra uma frase que começa apenas com a melodia (a qual você toca em double-stops, uma técnica de blues acústico comum) e termina apenas com graves (tocando um ritmo de boogie). Você pode ver como a parte grave — em vez de tocar meramente semínimas sob as tônicas baixas — se torna mais elaborada se você não precisar se preocupar com notas de melodia. (Veja o Capítulo 8 para mais informações sobre double-stops.)

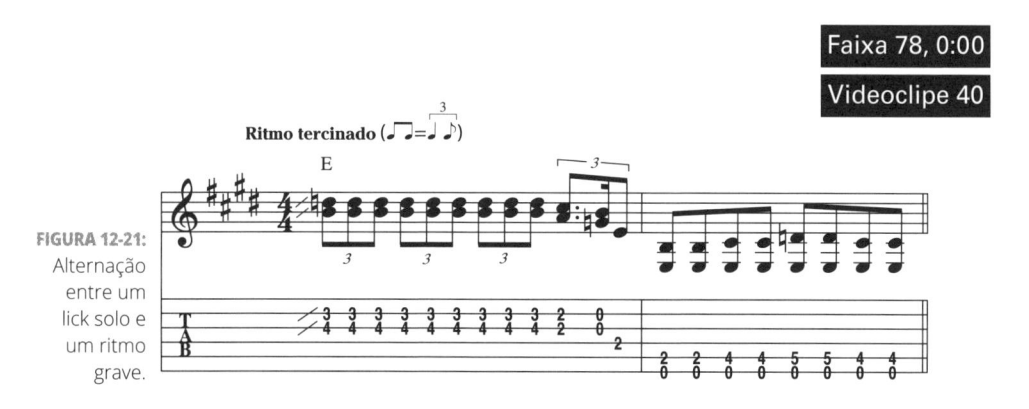

Faixa 78, 0:00
Videoclipe 40

FIGURA 12-21: Alternação entre um lick solo e um ritmo grave.

Um pequeno truque eficaz e extravagante é tocar um lick grave (isto é, uma *melodia* grave em vez de apenas uma figura boogie) em um esquema de *alternância*. O exemplo da Figura 12-22 começa como aquele da Figura 12-21. Essa é a vez da melodia no esquema de alternação. Em seguida, no compasso 2, é a hora da parte grave, então você pode radicalizar com um lick grave excitante. Tipicamente, esses licks graves utilizam notas da escala pentatônica menor (ou blues em E) com algumas terças maiores (sobre a quarta casa da 6ª corda) e sextas maiores (sobre a quarta casa da 5ª corda) adicionadas.

FIGURA 12-22: Alternação entre um lick solo e um lick grave.

Faixa 78, 0:13

Combinando cordas soltas com cordas com pestana

Outra técnica importante do blues acústico é alternar entre uma corda solta e uma nota com pestana (sobre uma corda adjacente) que está no mesmo tom ou em um tom próximo. Você geralmente toca essa técnica sobre cordas agudas, mas também pode tocá-la na parte grave.

No exemplo mostrado na Figura 12-23, você toca o primeiro E maior (Mi maior) sobre a 2ª corda (uma nota com pestana); depois, você toca o E sobre a 1ª corda (uma nota solta); e, em seguida, você a toca sobre a 2ª corda novamente. Então, o E solto retorna após você tocar algumas notas próximas sobre a 2ª corda. Em seguida, a mesma ideia ocorre com os Bs (as notas Si) sobre a 3ª corda com pestana e a 2ª corda solta. O compasso 2 (com a parte grave tocando sozinha) ilustra a mesma ideia na composição da parte grave. Sobre as batidas 3 e 4, o D solto sobre a 4ª corda alterna com a 5ª corda D e notas próximas.

FIGURA 12-23: Combinando notas com pestana com notas soltas.

Faixa 78, 0:26

Turnarounds

Em um típico solo de blues acústico, você toca a progressão de blues de 12 compassos várias vezes; caso contrário, seu solo inteiro termina muito, muito rápido. Normalmente, quando chega ao fim (compassos 11 e 12) por cada tempo, você toca um pequeno lick extravagante conhecido como *turnaround lick*, que é designado tanto para marcar o fim quanto para determinar a volta (ou turn around) para o compasso 1.

O PODER DA GUITARRA SLIDE

Guitarra slide é uma importante adição à técnica da guitarra de blues. Ao tocar slide, você não utiliza sua mão esquerda para fazer pestana na guitarra pressionando as cordas na escala, como você geralmente faz. Em vez disso, você segura uma barra de metal ou vidro (o *slide*) sobre o braço e *para* as cordas (encurtando seus comprimentos vibrantes) pressionando o slide levemente contra elas em um determinado traste. Para tocar afinado, você deve posicionar o slide diretamente sobre o fio do traste, não através dele, como você posiciona ao fazer pestana normalmente.

Para os slides, você pode utilizar qualquer coisa, desde o gargalo de uma garrafa de vinho até uma garrafa medicinal (o vidro do remédio para a tosse Coricidin é ideal e era o favorito de Duane Allman) e um pequeno cano de latão. A borda traseira de uma faca também funciona em último caso. Hoje, slides de vidro e latão feitos especialmente para isso vêm em vários diâmetros para acomodar tamanhos diferentes de dedo. A maioria das pessoas geralmente coloca o slide no dedo anelar ou mínimo, o que deixa os outros dedos livres para fazer pestana. O material do slide por si só determina o peso e o tom, e escolher um slide mais pesado ou mais leve é uma questão pessoal.

Como o slide repousa através das cordas em uma linha reta, tocar acordes onde as notas estão sobre diferentes casas se torna um tanto difícil. Muitos guitarristas resolvem esse problema afinando a guitarra em uma afinação solta, como G ou D. (Veja o Capítulo 11 para mais informações sobre afinações soltas.) Muitos dos mais famosos do blues-slide utilizaram (ou ainda utilizam) afinações soltas. Robert Johnson tocava em G solto; Duane Allman tocava em D ou E solto; e Bonnie Raitt toca em A solto.

A qualidade da guitarra solo torna-se prolongada, expressiva e sonora se você tocar com um slide. Como o slide percorre sobre a parte de cima das cordas e não utiliza os trastes para seus tons, a resposta é mais como aquela de um violino ou uma voz, onde a mudança de tom é suave e contínua, ao contrário do som mais "desprendido" que resulta da pestana normal. Quando ouvir os grandes artistas do slide, preste atenção especialmente em seus *fraseados*. Essa é a melhor maneira de apreciar o poder emotivo da guitarra slide — na execução expressiva da linha melódica.

Em um sentido amplo, se você estiver no tom de E, o turnaround o coloca em algum tipo de acorde B ou B7 (porque aquele acorde conduz melhor a volta para o acorde E — o acorde no compasso 1 no próximo tempo). Porém, se você simplesmente tocar um acorde E7 no compasso 11 e um B7 no compasso 12, perde um mundo de encantos musicais, como demonstram os exemplos a seguir.

FIGURA 12-24: Quatro turnarounds típicos em E.

A Figura 12-24 mostra quatro turnarounds de blues acústico comumente tocados. Perceba que a maioria dos turnarounds emprega algum tipo de linha *cromaticamente móvel* (isto é, uma que se move em meio tom).

TOQUE AGORA!

Se você se sentir confortável para tocar as figuras da seção "Chegando à Raiz do Blues Acústico", você está pronto para tocar a música "Mississippi Mud", na seção seguinte. E não fique com medo de sujar as mãos!

Tocando Músicas no Estilo Blues

B. B. King disse uma vez: "Eu tenho o direito de cantar o blues", e, se estiver pronto para tentar tocar algumas músicas de blues autênticas, você também terá o direito! As duas músicas vistas nesta seção empregam muitas técnicas que apresentamos durante o capítulo.

DICA

Conforme você tenta tocar estas peças, não apresse o processo. No blues, a sensação vem antes da técnica, e a melhor maneira para desenvolver a sensação é manter o andamento devagar e manejável enquanto você trabalha em seu progresso. Foque em sua sensação e deixe a técnica alcançá-lo por conta própria. Isso sempre acontece — nós prometemos.

Aqui estão algumas informações especiais sobre as músicas para ajudá-lo:

» **Chicago Shuffle**: Para tocar essa música, você precisa saber como tocar linhas de blues de notas únicas (veja a seção "Blues de guitarra solo", anteriormente neste capítulo), como reunir movimentos de blues separados em um conjunto coeso (veja a seção "Movimentos de blues", anteriormente neste capítulo) e como dançar como se suas costas não tivessem nenhum osso.

Nessa peça, a guitarra solo utiliza vários recursos comuns ao solo de blues: frases curtas com espaços largos entre elas, repetição, a escala de blues, double-stops, e um turnaround no fim. (Para mais informações sobre essas técnicas, veja as seções anteriores deste capítulo.) A parte da base (não indicada aqui, exceto pelos nomes dos acordes) é o mesmo padrão que você utiliza na Figura 12-3 (também não indicado aqui, mas você pode escutá-lo nas faixas de áudio). Perceba que essa progressão específica inclui uma troca rápida para IV.

» **Mississippi Mud**: Para tocar essa música, você precisa saber como tocar uma linha grave independente com seu polegar trabalhando contra a melodia que você toca com seus dedos (veja a seção "Tocando a melodia e o acompanhamento simultaneamente", anteriormente neste capítulo), como alternar texturas suavemente (veja a seção "Alternando a textura", anteriormente neste capítulo), como tocar um turnaround e como encantar os outros.

Essa música apresenta muitos conceitos de blues acústico abordados durante este capítulo: a escala pentatônica menor E em posição solta; notas graves constantes; alternação (o grave toca sozinho no compasso 2, por exemplo); repetição de um lick no mesmo tom, embora o acorde secundário mude (compasso 5); combinação de nota com pestana e corda solta (compasso 9); e um turnaround lick (compassos 11-12).

FAIXA 80 Chicago Shuffle

FAIXA 81 Mississippi Mud

> **NESTE CAPÍTULO**
> Praticando o estilo dedilhado
> Introduzindo o capo
> Tocando estilos arpejo, toca-arranha, Carter e Travis
> Treinando músicas folk

Capítulo 13

Ao Redor da Fogueira: Noções Básicas da Guitarra Folk

Em termos de estilo de guitarra, *folk* significa muito mais hoje do que apenas tocar "Jimmy Crack Corn" ao redor de uma fogueira de acampamento com um grupo de cowboys tristes e um cozinheiro chamado Stumpy, assoprando em uma harmônica fora do tom. Embora o violão de folk tenha desfrutado de um começo humilde como um estilo de dedilhado melancólico para acompanhar músicas simples, desde então desenvolveu-se como uma categoria de música popular por si próprio.

O violão folk progrediu das cantigas de cowboy do século XIX, passando pelas músicas apalachianas e baladas dos anos 1930 e 1940 e pelos hits dos antigos artistas de country como Jimmie Rodgers, Hank Williams e Johnny Cash, até chegar ao rockabilly do final dos anos 1950. Nos anos 1960, a música folk gozou de um renascimento popular, começando com o Kingston Trio e continuando até o auge de Bob Dylan, Joan Baez e Peter, Paul & Mary. A partir daí, o violão folk chegou às massas através dos estilos sofisticados de pop-folk de John Denver, James Taylor, Joni Mitchell e Cross, Stills & Nash. No século XXI, a música folk e a guitarra folk continuaram a crescer na música de artistas como Sam Beam (mais conhecido no palco e nas gravações pelo nome de Iron & Wine), California's Brett Dennen e England's Kate Rusby.

Neste capítulo, cobriremos diversas abordagens para tocar violão folk, incluindo os estilos arpejo, toca-arranha, Carter e Travis. Também mostraremos como utilizar um capo para mudar notas, criar novos sons com afinações soltas e tocar harmônicas.

Tocando em Estilo Dedilhado

A música folk dá preferência ao toque com *dedilhado* (um estilo no qual você toca as cordas com os seus dedos da mão direita, em vez de com uma palheta). Pense nas músicas de Peter, Paul & Mary ("Puff the Magic Dragon"), Bob Dylan ("Don't Think Twice, It's Alright") e Arlo Guthrie ("Alice's Restaurant"), e você pode ouvir os padrões fáceis e ondulantes que os dedos produzem no acompanhamento.

No entanto, você também pode ouvir o estilo dedilhado em rock ("Blackbird", dos The Beatles, "Dust in the Wind, do Kansas, e a introdução de "Stairway to Heaven", do Lep Zeppelin), country e blues. E, claro, você toca em estilo dedilhado todas as músicas do violão clássico (abordamos a guitarra clássica no Capítulo 14).

O estilo dedilhado abre um mundo de possibilidades musicais que a palheta não pode dar. Você pode tocar duas ou mais linhas simultaneamente, por exemplo, enquanto dedilha. Seu polegar da mão direita toca a linha grave, enquanto os dedos tocam a melodia e as *vozes interiores* (notas preenchidas com espaços ou secundárias sobre as cordas do meio, entre a melodia e o grave) para um som ainda mais cheio e mais complexo.

Nas seções seguintes, descreveremos a técnica e a posição da mão direita que você deve usar para tocar o dedilhado.

Técnica de dedilhado

LEMBRE-SE

Na guitarra e no violão de estilo dedilhado, você toca as cordas com os dedos individuais da mão direita, em vez de tocá-las com a palheta. Na maioria dos casos, você toca as cordas uma por vez, em alguma forma de padrão repetido, enquanto sua mão esquerda faz o acorde. Tipicamente, o polegar, tocando de modo descendente, toca as cordas baixas (graves) e os dedos, tocando de modo ascendente, tocam as cordas altas (um dedo por corda).

Após tocar cada nota, mova seu dedo para longe para que não repouse contra uma corda adjacente. Essa técnica permite que todas as cordas toquem e produzam acordes, em vez de meramente uma sucessão de notas individuais. Dessa maneira, você toca a guitarra como se fosse uma harpa, exceto que tocar a guitarra dessa forma parece muito mais legal do que tocar uma harpa.

Posição da mão direita

LEMBRE-SE

Quando você toca com os dedos, precisa girar sua mão direita levemente para que os dedos estejam mais ou menos perpendiculares às cordas. A Figura 13-1 mostra um antes e depois da mão direita na posição normal, dedilhando e segurando, e então em uma posição girada e perpendicular mais apropriada para o estilo dedilhado. Mantendo sua mão direita perpendicular às cordas, você as encontra bem retas — se mantivesse a sua mão sem girar e alinhada com o seu braço, você as encontraria em um ângulo. (Incidentalmente, essa posição representa a mesma abordagem perpendicular que você utiliza para tocar o violão clássico. Veja o Capítulo 14 para mais informações sobre a posição da mão direita.)

DICA

Você pode fazer o que muitos guitarristas fazem e deixar crescer um pouco a unha dos seus dedos da mão direita para que, quando você toque, produza um som mais claro ou forte. Se você quiser um som muito claro, utilize dedais — acessórios de plástico ou metal que você geralmente usa em seu polegar e dedos — ou cole unhas de acrílico às suas próprias unhas naturais (um procedimento comum em qualquer manicure e uma medida de emergência que muitos violonistas clássicos utilizam quando quebram uma unha antes de uma apresentação).

Nota: A notação da música neste livro indica os dedos da mão direita pelas letras *p* (polegar), *i* (indicador), *m* (médio) e *a* (anelar). Esse esquema vem da notação da guitarra moderna. As letras *p, i, m* e *a* são as primeiras letras das palavras espanholas para os dedos (o violão clássico é muito popular na Espanha): *pulgar* (polegar), *indice* (indicador), *medio* (médio) e *anular* (anular). Às vezes, você encontra o equivalente em inglês: *t* (thumb), *i* (index), *m* (middle) e *r* (ring). Geralmente, você não utiliza o dedo mínimo da mão direita para tocar no estilo dedilhado.

FIGURA 13-1: Mão direita em posição de pestana (a); mão direita em posição de dedilhado (b).
Fotografias por cortesia da Cherry Lane Music

Usando o Capo

Um *capo* é um acessório que segura para baixo através da escala em um traste particular. Os capos podem funcionar por meio de elásticos, cordas ou até mesmo parafusos, mas todos servem o mesmo propósito — eles encurtam o comprimento de todas as cordas ao mesmo tempo, criando, em efeito, uma nova pestana. Todas as cordas "soltas" agora tocam notas mais altas do que tocariam sem o capo.

Quanto mais alto? Meio tom para cada casa. Se você colocar o capo na terceira casa, por exemplo, as cordas E soltas se tornam G (três meio-tons mais altas do que E). Todas as cordas se tornam igualmente mais altas também — B se torna D; G se torna B♭; D se torna F; e A se torna C. (Por falar nisso, você não pode tocar nada abaixo do capo — apenas acima dele no braço.)

DICA

Para fixar corretamente o capo, coloque-o logo *antes* do terceiro traste (em direção às tarraxas), *não* diretamente sobre o terceiro filete de metal. A Figura 13-2 mostra um capo fixado corretamente sobre a guitarra na terceira casa. Veja o Capítulo 17 para mais informações sobre diferentes tipos de capos.

FIGURA 13-2: Capo no braço da guitarra. Note que o capo se ajusta logo antes do traste — não diretamente sobre ele.

Fotografia por cortesia de Jon Chappell

Por que você deveria utilizar um capo?

» **Um capo permite que você mude instantaneamente o tom da música.** Digamos que você saiba como tocar "Farmer in the Dell" no tom de C e apenas no tom de C. No entanto, você quer acompanhar um cantor (talvez você mesmo) cujo alcance vocal é mais apropriado para cantar "Farmer in the Dell" no tom de D.

Sem problema. Coloque seu capo na segunda casa e simplesmente toque a música em C como você faz normalmente. O capo faz com que todas as cordas soem dois meio-tons mais altas do que o normal e a música soe em D. Aliás, você pode mover o capo para qualquer traste, deslizando-o para cima e para baixo até encontrar a casa (tom) perfeito para seu alcance vocal.

CAPÍTULO 13 **Ao Redor da Fogueira: Noções Básicas da Guitarra Folk** 219

DICA Claro, se as notas e os acordes na música que você estiver tocando não tiverem cordas soltas, você pode simplesmente mudar de posições sobre o braço (utilizando acordes móveis) para encontrar o melhor tom para cantar. Utilize o capo apenas se a música requerer o uso de cordas soltas.

» **Um capo dá à guitarra um som mais brilhante.** Apenas coloque seu capo sobre o braço (especialmente alto sobre o braço). A guitarra soará mais como um bandolim (você sabe, aquele pequeno instrumento de corda na forma de uma lágrima que você ouve os gondoleiros tocarem em filmes feitos na Itália).

DICA Capos podem ser especialmente úteis se há dois guitarristas tocando uma música juntos. Um pode tocar os acordes sem o capo — no tom de C, por exemplo. O outro guitarrista pode tocar os acordes, digamos, no tom de G com o capo no quinto traste, soando em C. A diferença no *timbre* (isto é, o tom colorido ou a qualidade do som) entre os dois instrumentos cria um efeito impressionante.

» **Um capo permite mover para qualquer tom certas combinações de cordas soltas/cordas em pestana que existem em apenas um tom.** Algumas pessoas referem-se aos capos como "traidores". Elas acham que, se você for um iniciante que só consegue tocar em tons fáceis (A e D, por exemplo), precisa "trair" usando um capo se quiser tocar em B♭. Apesar de tudo, se você for um bom guitarrista, pode tocar em B♭ sem capo, utilizando acordes com pestana.

Porém, no violão folk, a combinação de cordas soltas e cordas com pestana é a essência do estilo. Às vezes, essas combinações de cordas soltas e cordas com pestana podem se tornar completamente intricadas.

Pense, por exemplo, na introdução de "Fire and Rain", de James Taylor, que ele dedilha em tom de A. No entanto, James a toca utilizando um capo no terceiro traste, fazendo com que a música soe três meio-tons mais alta, em C, porque esse tom se adapta melhor a seu alcance vocal. Então, por que não tocar apenas a música em C sem o capo? Porque o dedilhado torna essa opção impossível; as cordas soltas necessárias que James toca não existem em C — somente em A!

» **Um capo "move" os trastes para mais perto à medida que você sobe pelo braço.** Tocar com um capo requer menos alongamento da mão esquerda, tornando alguns sons mais fáceis de serem tocados.

DICA

Durante este capítulo, conforme você toca os vários exercícios e músicas, experimente com um capo. Veja como você pode utilizar o capo para encontrar o melhor tom para seu alcance vocal. E mesmo sobre as seleções instrumentais, experimente colocar o capo em vários trastes para ver como aquela colocação afeta o timbre. Asseguramos que você vai gostar do que vai ouvir.

CUIDADO Às vezes, empregar ou desempregar o capo ocasiona que as cordas saiam de afinação. Lembre de verificar sua afinação e fazer os ajustes necessários quando você prende ou remove o capo.

Focando no Estilo Arpejo

Para tocar em estilo *arpejo* (também conhecido como estilo *dedilhado*), faça um acorde com sua mão esquerda e toque as notas uma por vez, em sucessão, com sua mão direita, permitindo que as notas soem ou sustentem. Essa técnica produz um som mais claro e harmonioso para a música do que você obtém ao tocar todas as nota de uma vez, como você faz ao dedilhar. Nas seções seguintes, mostraremos como tocar o estilo arpejo básico, assim como o modelo "lullaby" relacionado.

Tocando estilo arpejo

Para tocar em estilo arpejo, ponha seus dedos da mão direita sobre as cordas na posição básica de dedilhado — polegar (*p*) contra a 6ª corda, dedo indicador (*i*) contra a 3ª corda, dedo médio (*m*) contra a 2ª corda e dedo anular (*a*) contra a 1ª corda. Todos os dedos estão agora prontos para tocar.

Mesmo sem realmente posicionar um acorde com a mão esquerda (porque todas as cordas que você está dedilhando são cordas soltas em um acorde Em), você pode tocar um arpejo Em tocando primeiro *p*, em seguida *i*, depois *m* e finalmente *a*. Assim, você deve ouvir soar um belo acorde Em.

Agora que você sabe como esse padrão funciona em notação, veja a Figura 13-3, que mostra exatamente como tocar as cordas soltas de um acorde Em no estilo arpejo.

Faixa 82, 0:00

Videoclipe 42

FIGURA 13-3: Arpejo em corda solta Em.

Agora tente arpejar para cima (da corda menos aguda para a mais aguda) e para baixo sobre o acorde Em solto. Novamente, utilize apenas a 6ª, a 3ª, a 2ª e a 1ª corda. Em vez de tocar apenas *p-i-m-a*, como antes, toque *p-i-m-a-m-i*. Dirija-se à notação na Figura 13-4 para verificar se você está tocando as notas corretas.

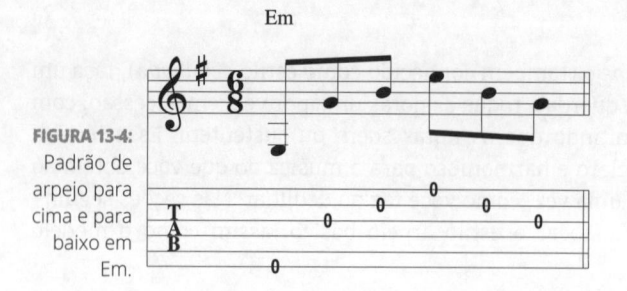

FIGURA 13-4: Padrão de arpejo para cima e para baixo em Em.

A seguir, tente dedilhar os vários acordes que você aprendeu nos Capítulos 4 e 6, e toque *p-i-m-a* ou *p-i-m-a-m-i*. No entanto, em cada novo acorde, assegure-se de que seu polegar toca as cordas graves corretas — a *raiz*, ou *tônica* do acorde (a 6ª corda para todos os acordes E e G, a 5ª corda para todos os acordes A e C, e a 4ª corda para todos os acordes D). (A *tônica* do acorde é simplesmente a nota que dá nome ao acorde; por exemplo, a tônica do acorde C é a nota C.)

Muitos padrões de arpejo são possíveis, pois você pode tocar as cordas em muitas ordens diferentes. Os padrões *p-i-m-a* e *p-i-m-a-m-i* são dois dos mais comuns.

TOQUE AGORA!

Para tocar uma música agora mesmo utilizando o padrão arpejo *p-i-m-a-m-i*, passe para a seção "Tocando Músicas no Estilo Folk", logo mais neste capítulo, e verifique "House of the Rising Sun".

Escolhendo o padrão "lullaby"

Alguns guitarristas referem-se ao padrão de acompanhamento mostrado na Figura 13-5 como padrão *lullaby*, porque é um padrão bem sonoro, adaptável para tocar acompanhamentos para cantigas de ninar (*lullabies*).

FIGURA 13-5: Modelo de acompanhamento lullaby.

Esse padrão incorpora um double-stop (duas notas soando de uma vez só; veja o Capítulo 8) em um estilo arpejo. Após tocar *p* e *i* individualmente, toque *m* e *a* juntos (ao mesmo tempo) nas duas cordas superiores. Lembre-se de segurar para baixo cada acorde com sua mão esquerda enquanto as notas soam. Novamente, utilize o capo para encontrar seu melhor tom para cantar (nós falamos sobre o capo anteriormente neste capítulo).

TOQUE AGORA! Para tocar uma música agora mesmo utilizando o padrão "lullaby", passe para a seção "Tocando Músicas no Estilo Folk", logo mais neste capítulo, e verifique "The Cruel War Is Raging".

Desarmando o Estilo Toca-arranha

O estilo *toca-arranha* é um padrão de acompanhamento que possui um som "bombástico". Aqui, o polegar toca normalmente (tocando a corda grave de modo descendente), mas os dedos tocam (arranham) as três ou quatro cordas superiores com as costas das unhas em um movimento descendente (em direção ao chão). Os dedos dedilham as cordas como uma palheta, mas sem que você mova seu braço ou sua mão inteira. Basicamente, você torce seus dedos em sua palma e, em seguida, os estende rapidamente, mudando de uma posição fechada da mão para uma posição aberta da mão, tocando as cordas com as unhas no processo.

TOQUE ISSO! A Figura 13-6 mostra dois compassos do padrão toca-arranha sobre um acorde C. Não se preocupe em tocar *exatamente* três cordas com o dedo arranhando. Procure fazer um movimento suave e fluente com a mão direita, pois isso é mais importante. Assista ao Videoclipe 43 para ver como os dedos da mão direita tocam as cordas.

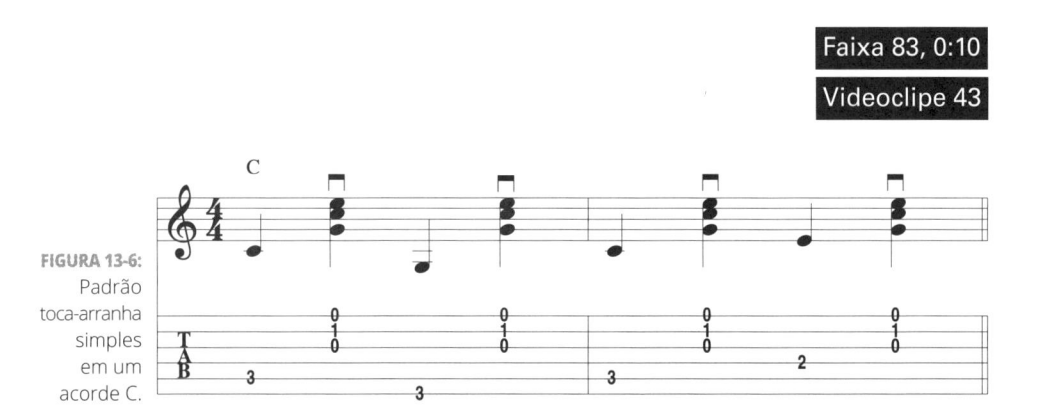

Faixa 83, 0:10
Videoclipe 43

FIGURA 13-6: Padrão toca-arranha simples em um acorde C.

A variação do toca-arranha simples é o *toca-arranha para cima* (que produz um som "bombástico-o"). Após dedilhar com as costas das unhas dos dedos médio e anular, você utiliza a carne do seu dedo indicador para tocar a 1ª corda (de modo ascendente). Você invariavelmente executa essa técnica em um ritmo de colcheia nas batidas 2 e 4 (um, dois-e, três, quatro-e). (Veja o Apêndice A para maiores informações sobre colcheias.)

TOQUE ISSO! A Figura 13-7 mostra um padrão de dois compassos utilizando a técnica toca-arranha para cima. Mantenha os downstrokes e os upstrokes estáveis, sem nenhuma quebra no ritmo. (Assegure-se de ouvir a Faixa de Áudio 84 e não fique desanimado se levar um tempo para se acostumar com esse padrão.)

Faixa 84, 0:00

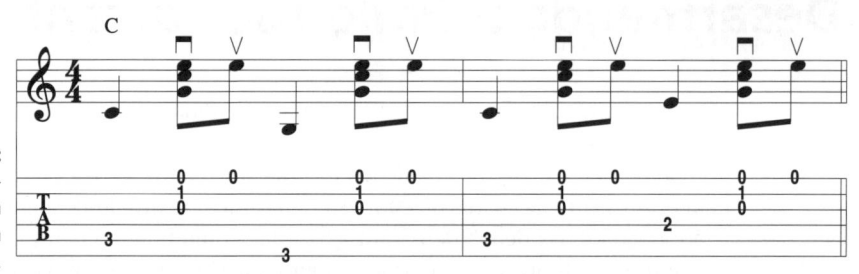

FIGURA 13-7: Padrão toca-arranha para cima em acorde C.

DICA Não pense no upstroke com o dedo como um movimento dedilhado, mas como um arranhado ascendente com a mão inteira. Em outras palavras, mantenha a mão direita solta e fluente conforme você a arrasta de modo ascendente para tocar a 1ª corda com seu primeiro dedo.

DICA Você pode utilizar o padrão toca-arranha ou o toca-arranha para cima para qualquer música que tenha um som "bombástico" ou "bombástico-o", como em "Jingle Bells" ou "I've Been Working on the Railroad".

Considerando o Estilo Carter

No *estilo Carter* (nomeado devido à família Carter, cujos membros incluíam June Carter, "Mother" Maybelle e "Uncle" A.P.), você toca a melodia sobre as cordas baixas com o polegar, enquanto os dedos produzem um acompanhamento na forma de pincéis. Esse estilo funciona bem para músicas com notas de melodia que se adaptam mais às batidas 1 e 3. (As pinceladas ocorrem nas batidas 2 e 4.) Porém, se a nota de melodia se adaptar às batidas 2 e 4, você pode simplesmente omitir a pincelada naquela batida.

DICA Você pode tocar esse estilo facilmente, utilizando tanto uma palheta quanto seus dedos, então tente ambas as formas e veja qual é mais confortável para você.

A Figura 13-8 mostra uma passagem que você pode tocar utilizando o estilo Carter, onde a melodia se adapta inteiramente sobre as cordas mais baixas. Essa melodia vem de uma melodia tradicional chamada "Wildwood Flower", que a família Carter tornou famosa. Woody Guthrie escreveu sua própria letra e a chamou de "The Sinking of the Ruben James".

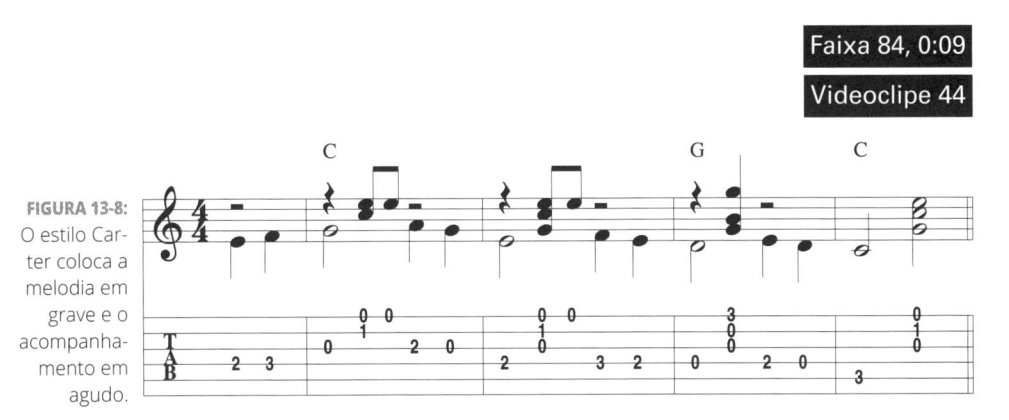

Faixa 84, 0:09
Videoclipe 44

FIGURA 13-8: O estilo Carter coloca a melodia em grave e o acompanhamento em agudo.

TOQUE AGORA! Para tocar uma música agora mesmo no estilo Carter, passe para a seção "Tocando Músicas no Estilo Folk", logo mais neste capítulo, e verifique a melodia "Gospel Ship".

Tentando o Estilo Travis

O estilo Travis, nomeada homenageando o guitarrista de country Merle Travis, provavelmente é a técnica folk de dedilhado mais popular. Nela, o polegar alterna entre duas (e, às vezes, três) cordas graves em semínimas constantes, enquanto os dedos tocam as cordas agudas (mais altas), geralmente entre as semínimas (sobre os off-beats). O resultado é um som excitante e rítmico que você pode usar para uma variedade de acompanhamentos, desde o ragtime até o blues, e até o padrão de acompanhamento 4/4 ondulante que você ouve em "The Boxer", de Simon & Garfunkel, "Dust in the Wind", do Kansas, "Much Too Young (To Feel This Damn Old)", de Garth Brooks, e "Dog Faced Boy", de Phish.

Essa técnica é mais complexa do que as outras que nós discutimos nas seções anteriores, então vamos mostrar como tocá-la passo a passo.

O modelo básico

Você pode criar padrões Travis diferentes, variando o tempo que você usa para tocar as cordas agudas. O que permanece igual é o ritmo constante que você toca com o polegar. Um padrão de cordas agudas é tão popular que nós o estamos chamando de "padrão Travis básico". Você pode tocá-lo seguindo estes passos:

1. **Comece posicionando um acorde D com sua mão esquerda e o mantenha pressionado durante o compasso.**

2. **Usando apenas seu polegar, alterne entre dedilhar a 4ª e a 3ª corda em semínimas constantes, conforme mostrado na Figura 13-9a.**

   A parte do polegar é a base do padrão. A notação padrão marca a parte do polegar utilizando *downstems* (linhas verticais descendentes postas nas cabeças das notas). Toque essa parte do polegar diversas vezes, de modo que balance constantemente.

3. **Agora adicione a 2ª corda ao padrão, tocando-a com seu dedo indicador após a batida 2 (entre as notas do polegar), conforme mostrado na Figura 13-9b.**

   Assegure-se de que a 2ª corda continua a soar enquanto seu polegar toca a 4ª corda na batida 3. Toque esse padrão parcial diversas vezes até que se torne natural. Ouça a Faixa de Áudio 85 para o ritmo.

   TOQUE ISSO!

4. **Agora adicione a 1ª corda ao padrão, tocando-a com seu dedo médio após a batida 3 (entre as notas do polegar), conforme mostrado na Figura 13-9c.**

   Toque esse padrão parcial diversas vezes até que se torne natural.

5. **Por fim, adicione a 1ª corda (a que você toca usando o dedo médio) à batida 1, tocando a 4ª corda simultaneamente com seu polegar, conforme mostrado na Figura 13-9d.**

   Na palhetada Travis, tocar uma corda aguda e uma corda grave juntas é conhecido como *beliscar*.

DICA

A variação do padrão básico é, às vezes, chamada de *jogada*. Esse padrão não utiliza beliscões, e você toca cada off-beat, conforme mostrado na Figura 13-9e. Tipicamente, você toca o último off-beat apenas se mudar os acordes conforme for para o próximo compasso. Se você mudar os acordes, omita o último off-beat.

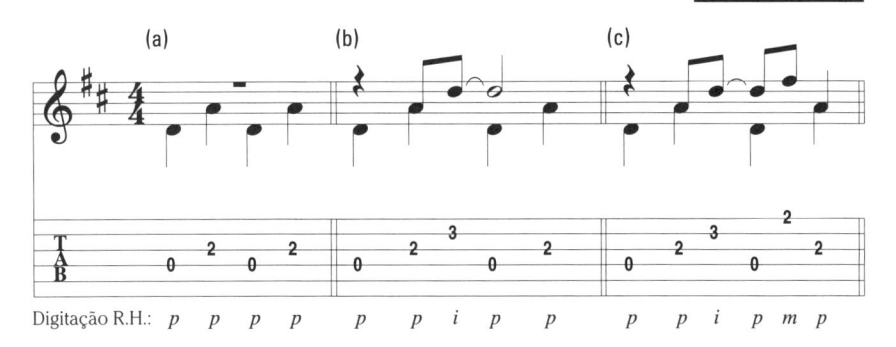

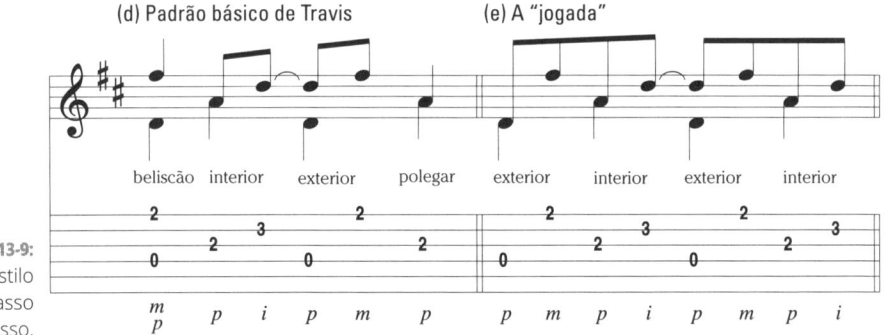

FIGURA 13-9: Estilo Travis passo a passo.

Você pode criar outras variações do padrão básico adicionando ou omitindo beliscões e off-beats — mas *nunca* omita as notas do polegar. Você pode criar essas variações conforme for tocando, usando-as para quebrar a monotonia de um padrão que você normalmente repete várias vezes.

Para o padrão básico de Travis, uma forma fácil de lembrar quais cordas tocar e a ordem na qual tocá-las é pensar no grupo de quatro notas de cordas que você toca como um grupo de *cordas exteriores* e um grupo de *cordas interiores*. Sobre o acorde D, por exemplo, a 1ª e a 4ª corda são "exteriores" e a 2ª e a 3ª corda são "interiores". Veja a Figura 13-9d novamente. Diga a seguinte frase enquanto você toca: "beliscão, exterior, interior, polegar". Os passos a seguir relacionam essa frase às ações correspondentes que você toma:

1. **Beliscão**: Na batida 1, toque as cordas exteriores (4ª e 1ª) como um beliscão — o polegar tocando a 4ª corda e o dedo médio tocando a 1ª corda simultaneamente.

2. **Interior**: Na batida 2, toque as cordas interiores (3ª e 2ª) uma de casa vez — o polegar tocando primeiro e, em seguida, o dedo indicador.

3. **Exterior**: Na batida 3, toque as cordas exteriores (4ª e 1ª) uma de cada vez — o polegar tocando primeiro e, em seguida, o dedo médio.

4. **Polegar**: Na batida 4, toque apenas o polegar sobre a corda grave do grupo interior (a 3ª corda).

Perceba que você normalmente não utiliza seu dedo anular enquanto toca os padrões Travis.

Estilo de acompanhamento

Após ter conhecido o padrão básico, você pode criar um acompanhamento inteiro para uma música simplesmente dedilhando uma série de acordes juntos e aplicando o padrão apropriado para cada acorde. Você pode tocar um padrão para qualquer acorde memorizando as informações a seguir:

» Qual grupo de quatro cordas tocar para cada acorde. (Veja a tabela mostrada na Figura 13-10.)

» Quais dedos da mão direita usar nessas cordas. (O polegar e o dedo médio tocam as cordas exteriores; o polegar e o dedo indicador tocam as cordas interiores.)

» A frase *beliscão, exterior, interior, polegar*. Usando essa frase, você pode tocar qualquer padrão para qualquer acorde.

A Figura 13-10 mostra quais quatro cordas você pode usar para vários acordes e identifica as cordas "interiores" e "exteriores" para cada grupo. Tente os grupos indicados para cada acorde, tocando o padrão básico e a "jogada".

Para tocar uma música agora mesmo utilizando o estilo Travis de acompanhamento, passe para a seção "Tocando Músicas no Estilo Folk", logo mais neste capítulo, e verifique "All My Trials".

Estilo solo

Você pode utilizar a palhetada Travis para criar solos instrumentais excitantes ao colocar a melodia da música no agudo (com beliscões ou off-beats) enquanto o grave — junto com outros off-beats posicionados estrategicamente — determina um acompanhamento. Nesse estilo solo, você não toca necessariamente grupos de quatro cordas (como você faria no estilo de acompanhamento) — a melodia basicamente dita os grupos, que às vezes se expande para cinco cordas.

	Grupo mais alto	Grupo mais baixo
Raiz de quarta corda D, Dm, D7, corda-4 F	interiores [①②③④] exteriores	
Raiz de quinta corda C, C7, A, Am, A7, B7	interiores [①②③⑤] exteriores	interiores [②③④⑤] exteriores
Raiz de sexta corda E, Em, E7, G, G7	interiores [①②③⑥] exteriores	interiores [②③④⑥] exteriores (não é bom para o G7)

FIGURA 13-10: Pares de cordas interiores e exteriores para vários acordes no estilo Travis.

A Figura 13-11 mostra como a melodia — nesse caso, "Oh, Susanna" — toca em um estilo Travis solo. Perceba que as batidas 1 e 2 em cada compasso são beliscadas (o polegar e o dedo tocam as cordas juntas), pois tanto a melodia quanto o grave se adaptam a essas batidas. Outras notas de melodia se adaptam sobre os off-beats, vindo entre notas graves.

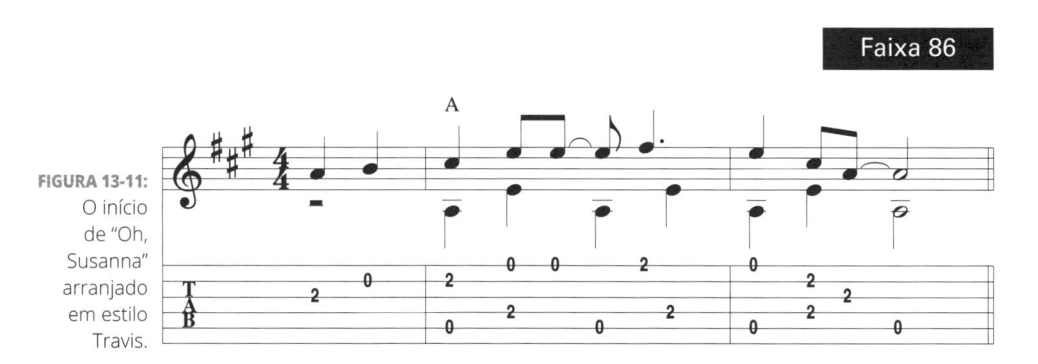

Faixa 86

FIGURA 13-11: O início de "Oh, Susanna" arranjado em estilo Travis.

TOQUE AGORA! Para tocar uma música agora mesmo utilizando o estilo solo Travis, passe para a seção "Tocando Músicas no Estilo Folk", logo mais neste capítulo, e verifique "Freight Train".

Tom solto

TOQUE ISSO!

Você pode criar alguns efeitos interessantes no estilo Travis em tons soltos. A Figura 13-12 é uma passagem em tom solto G (D-G-D-G-B-D, da grave para a aguda) que soa como uma música que Joni Mitchell poderia ter tocado em um de seus primeiros álbuns. O mais incomum aqui é que você afina a guitarra de forma diferente. Nada na mão direita muda do estilo Travis normal.

Para entender o tom solto G, siga estes passos:

1. **Diminua sua 6ª corda até que soe uma oitava abaixo da 4ª corda solta.**
2. **Diminua sua 5ª corda até que soe uma oitava abaixo da 3ª corda solta.**
3. **Diminua sua 1ª corda até que soe uma oitava acima da 4ª corda solta.**

DICA

Perceba que, na Figura 13-12, você utiliza apenas um grupo de quatro notas (5ª, 4ª, 3ª e 2ª). A 5ª e a 3ª corda estão soltas até o final, quando você toca os harmônicos na décima segunda casa com pestana (veja no parágrafo seguinte informações sobre como produzir harmônicas). Pense em "beliscão, interior, exterior, polegar" durante esse exemplo (veja a seção "O modelo básico", anteriormente neste capítulo, para mais informações sobre essa frase.)

PAPO DE ESPECIALISTA

Um *harmônico* é um som bonito, soante e afinado mais alto que você produz quando toca levemente uma corda (com a parte carnosa de um dedo da mão esquerda) em um determinado traste (geralmente o décimo segundo, o sétimo ou o quinto) diretamente sobre o filete de metal, em vez de na frente dele, como você faria quando faz pestana normalmente, e, em seguida, toca a corda.

Faixa 87
Videoclipe 46

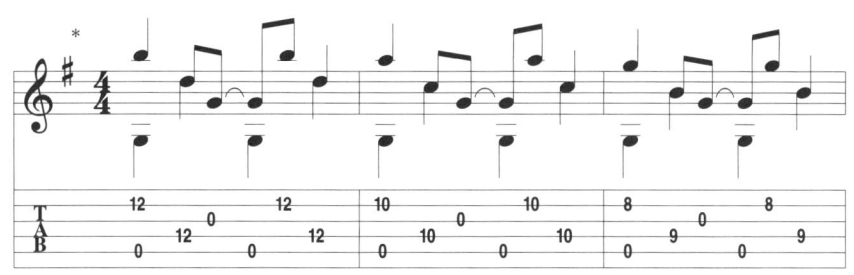

*Tom G solto (baixo para alto): D G D G B D

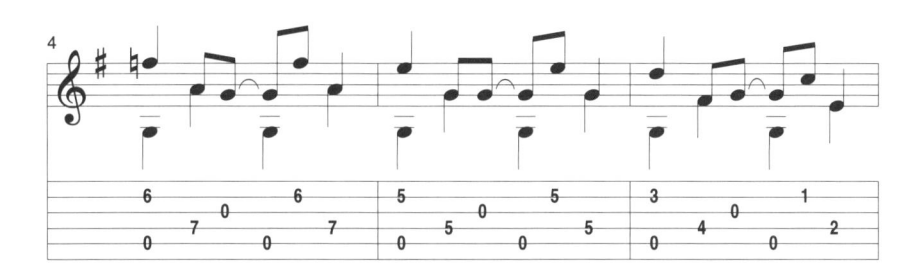

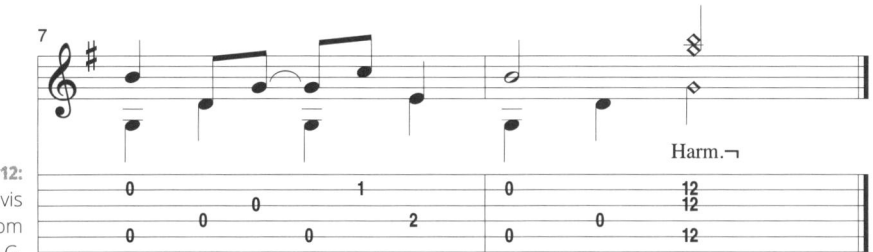

FIGURA 13-12: Estilo Travis em tom solto G.

Tocando Músicas no Estilo Folk

A variedade de músicas que apresentamos aqui varia desde um simples padrão de acompanhamento que você repete várias vezes até um tratamento de estilo solo de um tom, com graves independentes, melodia sobreposta ao topo e mais alguns truques. Nestas cinco músicas, você encontra praticamente todas as abordagens de dedilhados possíveis que são apropriados para as músicas folk. No entanto, não deixe que a natureza simples destas músicas o engane; a parte da guitarra aqui as faz soarem inteiras e completas. Após ter entendido esses arranjos, você só precisa daquelas botas para caminhada e camisa de flanela obrigatórias e estará pronto para uma carreira repleta de vadiagem, trabalho cooperativo e protestos políticos.

Aqui estão algumas informações sobre as músicas para ajudá-lo. Algumas das músicas empregam uma técnica conhecida como *transição melódica do baixo*. Essa técnica é uma linha de uma única nota — tocada com o polegar — que precede o próximo acorde e serve para quebrar a monotonia de um padrão repetido.

- **House of the Rising Sun**: Para tocar "House of the Rising Sun", você precisa saber como tocar o padrão arpejo para cima e para baixo (veja a seção "Focando no Estilo Arpejo", anteriormente neste capítulo), como dedilhar acordes maiores e menores básicos (veja o Capítulo 4) e como fazer uma música sobre vida desperdiçada em um bordel soar leve e superficial.

  O padrão arpejo para cima e para baixo (*p-i-m-a-m-i*) faz um bom acompanhamento para "House of the Rising Sun" e outras músicas como essa. Sua mão esquerda deve segurar para baixo cada acorde durante o compasso inteiro. Pense em *acordes quebrados* (onde as notas soam) e não em *notas individuais* (onde as notas param rápido). Perceba que os dedos tocam apenas as três cordas superiores para cada acorde na música, embora o polegar mude as cordas de acorde para acorde.

- **The Cruel War Is Raging**: Para tocar "The Cruel War Is Raging", você precisa saber como tocar o padrão "lullaby" (veja a seção "Focando no Estilo Arpejo", anteriormente neste capítulo), como dedilhar acordes maiores e menores básicos (veja o Capítulo 4) e como colocar um bebê para dormir com uma música sobre aniquilação e destruição.

  Lembre-se de segurar para baixo cada acorde com sua mão esquerda enquanto as notas soam. Utilize um capo para encontrar o melhor tom para cantar (veja a seção "Usando o Capo" no início do capítulo).

» **Gospel Ship**: Para tocar "Gospel Ship", você precisa saber como tocar um estilo Carter solo (veja a seção "Considerando o Estilo Carter", anteriormente neste capítulo), como tocar hammer-ons e pull-offs (veja o Capítulo 10) e se alguém realmente conhece a letra dessa música.

Hammer-ons, pull-offs e graves são uma parte importante do estilo Carter, conforme você vê nesse arranjo, vagamente baseado na música tradicional "Gospel Ship" (veja o Capítulo 10 para mais informações sobre hammer-ons e pull-offs). A notação padrão o ajuda a determinar quais notas você toca com o polegar (aquelas que as hastes estão para baixo) e quais notas você toca com os dedos (aquelas que as hastes estão para cima). No entanto, essa música funciona igualmente bem se você utilizar uma palheta. Tente das duas formas.

» **All My Trials**: Para tocar "All My Trials", você precisa saber como tocar um acompanhamento no estilo Travis (veja a seção "Tentando o Estilo Travis", anteriormente neste capítulo), como tocar hammer-ons (veja o Capítulo 10) e como cantar de maneira convincente uma música sobre trabalho e miséria sem soar pretensioso porque teve uma vida relativamente fácil e privilegiada.

O compasso 1 utiliza o grupo de cordas baixas para o acorde G, porque, se você utilizar o grupo mais alto, fica com o acorde incompleto. Como o compasso 2 tem apenas duas batidas, você toca apenas metade do padrão nesse compasso. O compasso 5 começa como se você estivesse utilizando o grupo de cordas altas (para separar suavemente a nota alta do compasso anterior), mas então, na batida 2, muda para o grupo de cordas baixas, novamente para evitar um acorde incompleto. O compasso 9 incorpora uma pequena linha grave ao padrão no caminho do G para o Em. No compasso 12, um hammer-on beliscado adiciona um sabor ainda mais folk.

» **Freight Train**: Para tocar "Freight Train", você precisa saber como tocar um solo no estilo Travis (veja a seção "Tentando o Estilo Travis", anteriormente neste capítulo), como tocar hammer-ons (veja o Capítulo 10) e como soar como um simples errante enquanto toca um dedilhado sofisticado com quatro novas técnicas.

Uma transição melódica do baixo quebra a monotonia nos compassos 4 e 8. No compasso 9, você está dedilhando um acorde E pode utilizar seu primeiro dedo, afrouxado em uma pestana, para tocar a 1ª corda, primeiro traste. Utilize seu polegar esquerdo, envolto ao redor do braço, para dedilhar a 6ª corda nos compassos 11 e 12. O compasso 14 apresenta um pequeno truque especial — você martela uma nota aguda ao mesmo tempo em que toca uma nota grave. No compasso 15, o grave alterna entre três notas, e não duas.

FAIXA 88 House of the Rising Sun

There is a house in New Or-leans they call the Rising

Digitação R.H.: p i m a m i sim.

CAPÍTULO 13 **Ao Redor da Fogueira: Noções Básicas da Guitarra Folk**

FAIXA 89 — The Cruel War Is Raging

The cruel war is raging. Johnny has to fight. I want to be with him from morning till night.

Digitação R.H.: p i a/m i p i a/m i sim.

FAIXA 90 Gospel Ship

FAIXA 91 All My Trials

Hush, lit-tle ba - by, don't you cry.

You know your ma - ma was born to

CAPÍTULO 13 **Ao Redor da Fogueira: Noções Básicas da Guitarra Folk**

FAIXA 92 — Freight Train

> **NESTE CAPÍTULO**
>
> Preparando-se para tocar violão clássico
>
> Pegando o jeito das batidas livres e das batidas de pausa
>
> Tocando arpejos e contraponto
>
> Tocando peças clássicas

Capítulo 14

Maestro, Por Favor: Noções Básicas de Violão Clássico

O violão clássico não apenas sugere um certo estilo musical, mas também implica uma abordagem para o instrumento que é totalmente diferente daquelas de qualquer outro estilo, seja folk, jazz, rock ou blues. O violão clássico engloba uma longa tradição de técnicas e práticas que compositores e executores observaram com o passar dos anos e às quais eles ainda aderem, mesmo com a aparição de composições musicais mais modernas e de vanguarda.

Para tocar a notável música de Bach, Mozart e Beethoven — e fazê-la soar autêntica —, você *deve* tocá-la no estilo clássico. Mesmo que não tenha intenção de se tornar um violonista clássico sério, você pode aperfeiçoar seu som, técnica e fraseado praticando técnicas clássicas.

LEMBRE-SE

Não tenha a impressão de que, porque adere a certas disciplinas, a música clássica se resume a regras rígidas e regulamentos. Muitos violonistas com carreiras em ambos os campos pop e clássico acham que alguns aspectos de tocar violão clássico são libertadores, e esses individualistas austeros tentaram introduzir técnicas clássicas ao tocar pop e rock. Steve Howe, do Yes, Michael Hedges e Chet Atkins se apropriaram de técnicas clássicas para seus próprios estilos inigualáveis. No entanto, não podemos imaginar o Metallica tendo o mesmo efeito "headbanger" se estivessem posicionados em cadeiras, com pés esquerdos suspensos e pulsos cruzados nos ângulos certos.

Neste capítulo, abordaremos seriamente o violão clássico e apresentaremos a posição sentada correta e as posições direita e esquerda adequadas. Além disso, mostraremos como combinar melodias para criar um contraponto e como usar batidas de pausa e batidas livres para trazer uma melodia de dentro de um padrão arpejo.

Preparando-se para Tocar Violão Clássico

Você sempre toca violão clássico em um violão de corda de nylon (em oposição aos modelos de corda de aço utilizados para muitos outros estilos), em posição sentada. Além disso, você deve empregar certas *batidas* de mão direita (métodos de tocar as cordas) para ter o som desejado, bem como adotar uma nova abordagem ao posicionamento da mão esquerda. Mostraremos como fazer tudo isso nas seções seguintes.

Sabendo como se sentar

Violonistas clássicos reais (isto é, a maioria dos violonistas clássicos reais) sentam-se de modo diferente dos outros violonistas, pois seguram o violão sobre a perna *esquerda* em vez da direita. Eles também elevam a perna esquerda umas seis polegadas, utilizando um descanso para os pés. Se executar esse ato de equilíbrio, você alcançará os seguintes objetivos:

» Você repousa o lado agudo do violão (o lado mais próximo às cordas mais agudas) sobre a perna esquerda, com as costas do instrumento repousando contra seu abdômen. O peso do seu braço direito sobre o lado grave segura o instrumento no lugar (equilibrado, por assim dizer). Dessa forma, suas mãos estão completamente livres para tocar — e apenas tocar. Você não precisa usar suas mãos para evitar que o violão caia no chão (a menos que você levante subitamente para atender o telefone).

» Você posiciona a guitarra de modo que sua mão esquerda possa tocar qualquer casa no ângulo (perpendicular) correto — veja a seção "Usando a posição correta da mão esquerda", logo mais neste capítulo. Isso permite a você tocar as posições mais altas (da sétima para cima) mais facilmente do que na posição sentada das acústicas de corda de aço (veja o Capítulo 3).

No entanto, a verdade é que muitas pessoas que tentam aprender a tocar o violão clássico sequer se incomodam com todas essas instruções sobre como segurar o instrumento. Por quê? Porque é muito trabalhoso. Onde você conseguiria um descanso para os pés? (Certo, talvez você possa conseguir um em uma loja local.) Se você quiser tentar tocar algumas peças de violão clássico apenas para se divertir, segure o violão como você normalmente faz. A polícia da música não poderá prendê-lo e você ainda pode ouvir o belo arranjo das notas, mesmo que não esteja tocando "seguindo as regras".

DICA

Porém, se você estiver levando a sério tocar violão clássico, compre um descanso para os pés e dirija-se à Figura 14-1, que mostra a posição sentada correta. Você também pode utilizar um equipamento especial que impulsiona o violão para cima da sua perna, permitindo a você manter ambos os pés nivelados no chão. Esses dispositivos vêm ganhando popularidade, pois eles não criam uma desigualdade no posicionamento da sua perna e músculos traseiros como ocorre ao elevar uma perna e manter a outra nivelada. Ah, e se você quiser continuar estudando o violão clássico, aprenda a ler música (se você ainda não o fez), pois muitas músicas impressas do violão clássico vêm sem a tab. (Verifique o Apêndice A para começar a entender sobre leitura de música.) Confira também *Violão Para Leigos*, publicado pela Alta Books.

FIGURA 14-1: Posição sentada para o violão clássico.

Fotografia por cortesia de Joe Chappell

LEMBRE-SE: O importante é assegurar que você se senta ereto e na borda da cadeira, elevando sua perna esquerda (ou o violão) e segurando o instrumento no centro do seu corpo. Mantenha a cabeça do violão (onde as tarraxas se conectam) na mesma altura do seu ombro, conforme mostrado na Figura 14-1.

Descobrindo o que fazer com a mão direita

Após colocar-se na postura correta, sua mão direita é o elemento mais importante para executar o verdadeiro som do violão clássico. Você deve tocar com sua mão direita na posição correta e executar os toques de dedo corretos.

Usando a posição correta da mão direita

O conceito mais importante sobre a posição da mão direita é que você segura seus dedos — indicador, médio e anular — perpendiculares às cordas, conforme eles tocam. (Você geralmente não utiliza o dedo mínimo no violão clássico.)

O posicionamento não é um feito fácil. Por quê? Porque sua mão é uma extensão do seu braço e se ajusta naturalmente em um ângulo de cerca de 60 graus em relação às cordas. Tente. Viu só? Porém, se você segurar seus dedos em um ângulo, não conseguirá o volume máximo para as cordas. Para conseguir o som mais forte (o que você precisa fazer para tocar melodias para o grave e vozes interiores), você deve tocar as cordas em um ângulo de 90 graus — perpendicular.

LEMBRE-SE: Gire sua mão direita no pulso para que os dedos se adaptem perpendicularmente às cordas e seu polegar esteja cerca de ½ polegada para a esquerda (do seu ponto de vista) do seu dedo indicador, conforme mostrado na Figura 13-2. Repouse seu polegar e dedos (indicador, médio e anular) da mão direita sobre a 6ª, 3ª, 2ª e 1ª corda, respectivamente, como mostrado na figura. Essa estrutura é a posição básica do violão clássico para a mão direita. Seus dedos estão perpendiculares às cordas?

FIGURA 14-2: Posição correta da mão direita.

Fotografia por cortesia de Joe Chappell

DICA

Se você quiser aperfeiçoar a técnica da mão direita clássica, aqui vai uma dica para forçar seus dedos para a posição correta: coloque seus dedos (polegar, indicador, médio e anular) na *mesma corda* (a terceira, digamos), enfileirando-os. Posicionando seus dedos dessa maneira, seu polegar não pode repousar para a direita do seu dedo indicador. Em seguida, sem girar a mão, mova cada dedo para seu lugar normal: polegar para a 6ª corda, indicador continua na 3ª, médio para a 2ª e anelar para a 1ª. Dirija-se à Figura 14-2 para assegurar que seu polegar esteja na posição correta com relação aos dedos (ao lado, e não atrás deles).

Cuidando das suas unhas

LEMBRE-SE

Suas unhas dos dedos da mão direita afetam o som do seu toque. Se as suas unhas estão muito curtas, apenas a carne do seu dedo toca a corda, e o som resultante é bem suave e macio. De modo inverso, se as suas unhas estão bem compridas, apenas a unha toca a corda, e o tom é mais agudo e metálico. A maioria dos violonistas clássicos deixa as unhas um pouco compridas, de modo que tanto a carne quanto a unha toquem a corda ao mesmo tempo, produzindo um som agradável e equilibrado.

Alguns violonistas possuem um estojo especial de cuidados para as unhas que contém tesouras ou cortadores de unha, limas e lixas para unhas e lenços abrasivos, possibilitando manter as unhas com comprimento, forma e uniformidade desejados.

DICA

Se você está levando a sério tocar violão clássico, deixe suas unhas crescerem bastante e corte-as de modo que fiquem arredondadas, seguindo o mesmo contorno das pontas dos seus dedos. Em seguida, lixe-as com uma lima ou lixa para unhas. Deixe crescer apenas as unhas da mão direita. Você deve manter as unhas da mão esquerda curtas para que elas não toquem a escala conforme você pressiona as cordas para baixo, evitando que as notas soem corretamente. No entanto, se você estiver tocando violão clássico casualmente, por diversão ou apenas experimentando, não se preocupe com o comprimento das suas unhas da mão direita. Muitas pessoas tocam violão clássico com unhas curtas (e com o violão sobre a perna direita, também!).

Mudando a cor do som

Você pode alterar a cor do som das cordas colocando sua mão direita em diferentes pontos ao longo da corda — mais próxima à ponte, mais próxima à escala ou diretamente sobre a abertura. Se você toca diretamente sobre a abertura, o som fica completo e rico. Quando você move em direção à ponte, o som se torna mais claro e metálico. Quando você move em direção à escala, o som se torna mais harmonioso e suave.

Por que você precisa mudar o *timbre* (cor do som)? Principalmente para criar variedade. Se estiver tocando uma peça com uma seção que se repeti, você pode tocar sobre a abertura para a primeira passagem e então, na repetição, tocar mais próximo à ponte. Ou talvez você esteja chegando ao clímax em uma peça e queira aumentar o efeito tocando com um som mais claro e metálico. Você pode, em seguida, tocar mais próximo à ponte.

Usando a posição correta da mão esquerda

LEMBRE-SE

Quando posicionar os dedos no estilo clássico, tente pensar em sua mão esquerda como uma peça de maquinaria que você trava em uma determinada posição — uma posição que você pode caracterizar por ângulos certos e perpendicularidade (para ter facilidade de toque e melhor som). Conforme você move para cima e para baixo no braço ou através das cordas, a pequena máquina nunca muda sua aparência. Você simplesmente a move ao longo das duas direções da grade — como você faria em um Etch-a-Sketch. Veja a seguir como a máquina funciona:

» Mantenha seus dedos equilibrados e arqueados para que as pontas venham para baixo na escala em um ângulo de 90 graus e posicione-os de forma perpendicular às cordas.

» Estabilize seu polegar e mantenha-o quase em frente ao dedo indicador enquanto você o pressiona levemente contra as costas do braço do violão. Conforme você muda para casas mais agudas, traga seu dedo junto, sempre o mantendo em frente ao dedo indicador. Você pode movê-lo pelo braço como seus outros dedos, mas nunca permita que deslize acima da escala.

» Mova seu braço com sua mão para que sua mão permaneça perpendicular às cordas. Conforme você toca as casas graves, mantenha seu cotovelo para fora, longe do seu corpo. Nas casas agudas, traga seu cotovelo para dentro, mais próximo ao seu corpo.

Teoricamente, não importa que corda ou casa você toque, a posição da sua mão esquerda é a mesma — conforme mostrada na Figura 14-3. Claro, requisitos especiais da música *podem* forçá-lo a abandonar a posição básica da mão esquerda de vez em quando. Portanto, pense nas diretrizes anteriores apenas como diretrizes.

FIGURA 14-3: Posição correta da mão esquerda.

Fotografia por cortesia de Jon Chappell

DICA

Se você estava acostumado a tocar outros estilos de guitarra ou violão (como rock ou blues), provavelmente verá a ponta do seu polegar esquerdo vindo o tempo todo pelo braço, projetado sobre a 6ª corda. Esse hábito do polegar à mostra está errado no violão clássico: o polegar *sempre* fica por trás do braço. Felizmente, nós temos uma boa maneira de curá-lo desse hábito (mas você deve estar disposto a sofrer um pouco de dor). Peça a um amigo para segurar um objeto afiado (como um lápis) enquanto vê você tocando. Cada vez que seu polegar espreitar para a frente do braço, peça para seu amigo cutucar levemente seu polegar com o objeto afiado! Esse método de treinamento pode doer um pouco, mas, após alguns cutucões, seu polegar ficará escondido atrás do braço, onde ele pertence. Esse método é como as crianças do tempo de Charles Dickens aprenderam a técnica correta da mão esquerda.

Focando nas Batidas Livres e nas Batidas de Pausa

Se você tiver um técnico de golfe ou boliche, ele provavelmente lhe deu aulas sobre a importância do bom acompanhamento. Bem, acredite ou não, o mesmo acontece ao tocar a corda da guitarra. Seu dedo pode prosseguir após tocar uma corda em uma de duas maneiras, dando a você dois tipos de batidas. Uma é a *batida livre*, que você utiliza para arpejos e acelerar passagens da escala. A outra, a *batida de pausa*, você utiliza para acentuar notas de melodia. No entanto, na prática, o polegar sempre toca batidas livres, mesmo quando toca melodias. (Batidas livres são usadas para tocar clássica e folk; as batidas de pausa são exclusivas do violão clássico.) As seções seguintes descrevem ambas as batidas.

Tocando batidas livres

LEMBRE-SE

Se você toca uma corda em um ângulo levemente ascendente, seu dedo repousa no ar, sobre a próxima corda adjacente. (Claro, ele não permanece ali por muito tempo, porque você deve retorná-lo à posição inicial normal para tocar novamente.) Esse tipo de batida onde seu dedo balança *livremente* no ar é chamada de *batida livre*. A Figura 14-4, com antes e depois, mostra a você como tocar uma batida livre.

FIGURA 14-4: A batida livre. Perceba que, após tocar uma corda, o dedo da mão direita balança no ar.

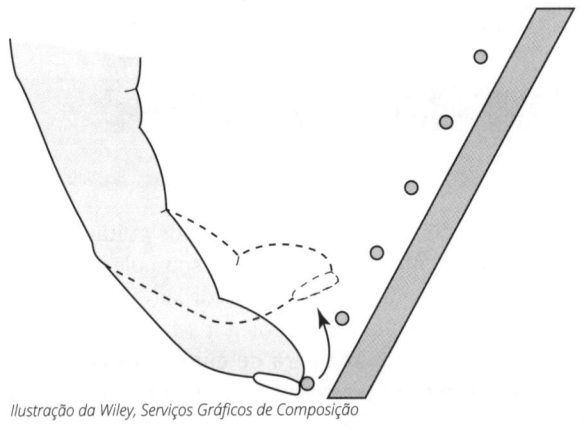

Ilustração da Wiley, Serviços Gráficos de Composição

No violão clássico, você utiliza batidas livres para tocar material não melódico, como *arpejos* (acordes tocados uma nota por vez, no lugar de todas de uma só vez). Tente arpejar as cordas soltas (polegar sobre a 6ª corda, dedo indicador sobre a 3ª, médio sobre a 2ª e anular sobre a 1ª), todas utilizando batidas livres.

TOQUE ISSO!

A Figura 14-5 é um trecho de uma peça hispânica, "Malagueña", que quase todo guitarrista palheta em algum momento de sua vida. Você toca a melodia com o polegar enquanto o dedo médio toca batidas livres sobre a corda E maior solta. A notação do violão clássico indica os dedos da mão direita pelas letras *p*, *i*, *m* e *a*, que significam as primeiras letras dos nomes hispânicos dos dedos: o polegar é *p* (*pulgar*), o indicador é *i* (*indice*), o médio é *m* (*media*) e o anular é *a* (*anular*). Você também verá essas notações no estilo dedilhado do violão folk (veja o Capítulo 13 para mais detalhes). Assista ao Videoclipe 47 para ver como o polegar da mão direita apresenta a melodia.

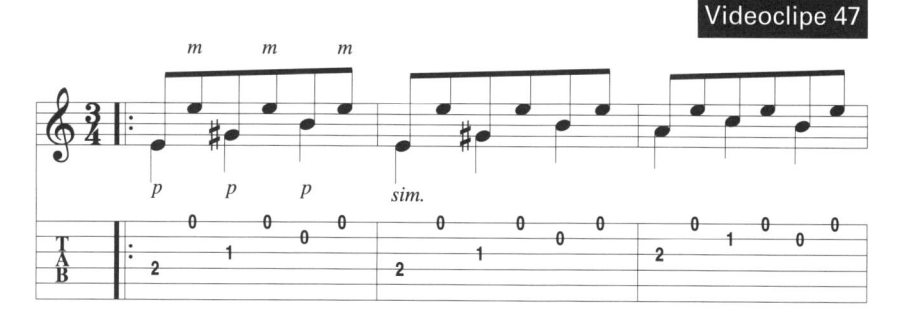

FIGURA 14-5: Um exercício de batida livre clássica (da peça "Malagueña").

Tocando batidas de pausa

A *batida de pausa* utiliza um tipo diferente de acompanhamento da batida livre. Em vez de tocar a corda em um ângulo levemente ascendente, puxe diretamente sobre ela (não de modo ascendente) para que seu dedo aterrisse, ou *repouse*, contra as cordas adjacentes agudas mais baixas. Por vir diretamente através da corda (em vez de vir através de um ângulo ascendente), você consegue o som máximo da corda. Essa é a razão pela qual as batidas de pausa são boas para notas de melodia; as notas de melodia são as mais importantes — aquelas que você precisa enfatizar.

Utilize batidas de pausa para enfatizar notas de melodia em uma peça clássica que inclui vozes interiores — preenchimento ou notas secundárias nas cordas do meio (tocadas com batidas livres) — e notas graves.

Toque *lentamente* a escala maior C em duas oitavas, mostrada na Figura 14-7, utilizando todas as batidas de pausa. Mude da segunda para a quinta posição no fim do compasso 1 deslizando suavemente seu primeiro dedo ao longo da 3ª corda, para cima da quinta casa. (Veja o Capítulo 7 para mais informações sobre tocar em posição.) Ao descer, mude novamente para a segunda posição deslizando suavemente seu terceiro dedo ao longo da 3ª corda, para baixo na quarta casa. Alterne entre i (dedo indicador) e m (dedo médio) conforme você toca. O Videoclipe 48 mostra como a alternância entre dedo indicador e dedo médio deveria ser feita.

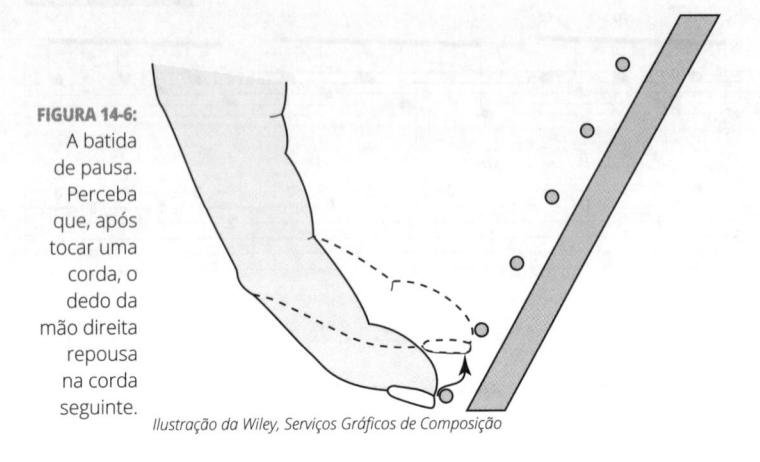

FIGURA 14-6: A batida de pausa. Perceba que, após tocar uma corda, o dedo da mão direita repousa na corda seguinte.

Ilustração da Wiley, Serviços Gráficos de Composição

Videoclipe 48

2ª posição — 5ª posição

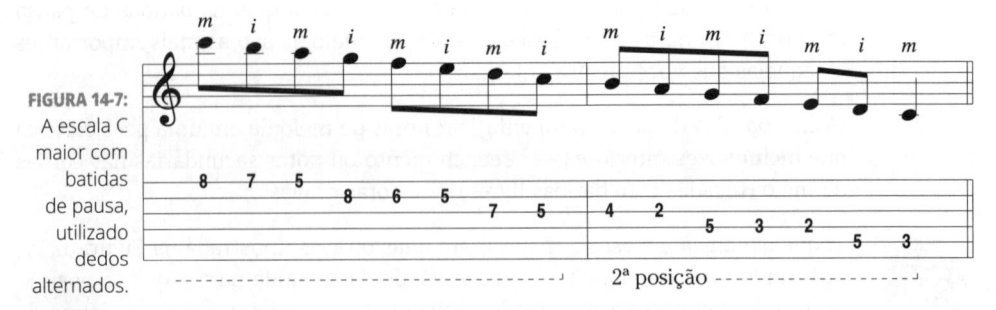

FIGURA 14-7: A escala C maior com batidas de pausa, utilizado dedos alternados.

2ª posição

LEMBRE-SE Para ter velocidade e exatidão, é costumeiro alternar entre dois dedos da mão direita (geralmente *i* e *m*) ao tocar melodias de violão clássico.

Pesquisando Estilo Arpejo e Estilo Polifônico

Você toca a maioria das peças de violão clássico tanto em um estilo arpejo quanto em um estilo polifônico, que discutiremos em detalhes nas seções seguintes.

» Em estilo *arpejo*, você segura os acordes com a mão esquerda enquanto puxa as cordas em sucessão com a mão direita (para que cada corda soe ou sustente). De modo geral, você toca simultaneamente a melodia nas cordas superiores (utilizando batidas de pausa) sobre os arpejos.

» A música de violão clássico *polifônico* geralmente possui duas partes — a parte grave, que você toca com o polegar, e a parte aguda (a melodia), que você toca (geralmente utilizando batidas livres) com dedos alternados (por exemplo, *i* e *m*). A palavra *polifônico* refere-se ao estilo *contrapontístico*, onde você toca duas ou mais melodias (geralmente com ritmos diferentes ou contrários) simultaneamente — mais ou menos como o que ocorre quando duas pessoas com ideias opostas falam ao mesmo tempo. Na música, no entanto, as linhas separadas se sustentam, em vez de refutarem uma a outra. Imagine se os debates políticos tivessem esse efeito.

Combinando batidas livres e batidas de pausa em arpejo

A Figura 14-8 mostra um exercício no estilo arpejo. Você toca a primeira nota de cada compasso e as notas com hastes viradas para baixo na notação padrão com o polegar; as outras notas são tocadas com os dedos (*i* sobre a 3ª corda, *m* sobre a 2ª e *a* sobre a 1ª).

As notas que você toca sobre a 1ª corda possuem uma *marca de acentuação* (>) sobre elas na notação padrão. As marcas de acentuação lhe dizem para *enfatizar* (ou pressionar) certas notas tocando-as mais alto para trazê-las à tona. Em outras palavras, utilize a batida de pausa mais poderosa para notas acentuadas e batidas livres para todas as outras notas. O *sim.* significa continuar tocando o mesmo padrão dedilhado durante o exercício.

Lembre-se de segurar para baixo todas as notas de cada compasso simultaneamente com a mão esquerda, pela duração do compasso.

DICA Antes de combinar batidas de pausa e batidas livres, toque a Figura 14-8 utilizando batidas livres para obter o ritmo da música. Após sentir-se confortável, adicione as batidas de pausa às notas sobre a 1ª corda.

FIGURA 14-8: Um exercício de arpejo combinando batidas livres e batidas de pausa.

Tentando um exercício polifônico

A Figura 14-9 é um trecho de uma composição feita por um compositor desconhecido do período Barroco — um período em que a música contrapontística era muito popular. Toque as notas com hastes para baixo (na notação padrão) utilizando seu polegar. Utilize dedos alternados (batidas livres) para tocar a melodia. Confira o Videoclipe 49 para pegar o jeito de tocar duas linhas independentes simultaneamente.

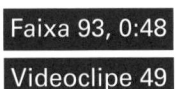

FIGURA 14-9: Exercício polifônico.

A peça não indica nenhum dedilhado da mão direita específico. Contanto que você aplique o conceito de dedos alternados (mesmo que livremente) para alcançar velocidade e exatidão, pode utilizar qualquer dedilhado que seja mais confortável para você. Nenhuma maneira é realmente certa ou errada.

No entanto, indicamos a posição dos dedos da mão esquerda, pois essa digitação particular é o único possível para essa peça. A linha inclinada na frente do 2 na segunda batida do compasso 3 e na terceira batida do compasso 5 indica que você deve utilizar o mesmo dedo que usou para tocar a nota anterior.

TOQUE ISSO! Pratique tocando apenas a parte superior com os dedos (alternados) algumas vezes. Em seguida, toque a linha grave sozinha com o polegar algumas vezes. Então, toque ambas as partes simultaneamente. Ouça a Faixa 93 para ajudá-lo com o ritmo.

Tocando Peças Clássicas

Tocar peças de violão clássico nunca é um incômodo, porque você não precisa cantar e não precisa de um amplificador. Você pode tocar a qualquer momento, em qualquer lugar (contanto que tenha um violão de corda de nylon).

LEMBRE-SE

A notação padrão do violão clássico utiliza alguns símbolos especiais para indicar acordes com pestana (veja o Capítulo 8 para maiores informações sobre acordes com pestana). O símbolo C seguido por um algarismo romano indica uma pestana através de todas as seis cordas. (O algarismo romano lhe diz em qual casa fazer pestana.) Um C com uma linha (|) através dele indica uma pestana parcial (menos do que seis cordas). Uma linha horizontal pontilhada para a esquerda do C lhe diz quanto segurar para baixo a pestana.

As músicas que você toca neste capítulo são aquelas que todos os violonistas clássicos aprendem em algum momento. Elas são maravilhosas se você quiser uma vida cheia de Romanza que seja sempre excitante e nunca Bourrée.

» **Romanza**: Para tocar "Romanza", você precisa saber como tocar batidas livres e batidas de pausa (veja a seção "Focando nas Batidas Livres e nas Batidas de Pausa", anteriormente neste capítulo), como fazer pestana nos acordes (verifique o Capítulo 9) e como enrolar seus *Rs* quando diz "Romanza" (para soar verdadeiramente continental).

"Romanza" é uma peça arpejada simples que lhe dá a oportunidade de enfatizar as notas de melodia com batidas de pausa (todas as quais você toca sobre a 1ª corda com o dedo *a*). Para praticar, você pode tocar a peça usando batidas livres, adicionando as batidas de pausa depois. Utilize seu polegar para tocar todas as notas graves (hastes para baixo na notação padrão). Utilize o dedilhado da mão direita que nós demos no primeiro compasso por toda a peça. Nos compassos 9-10, assegure-se de manter seu primeiro dedo fazendo pestana na sétima casa, com seu segundo dedo pressionando para baixo na oitava casa (3ª corda) *o tempo todo*. Estique seu dedo mínimo para cima na décima primeira casa para a primeira batida do compasso 10. Veja que isso está refletido nas indicações da posição dos dedos da mão esquerda.

» **Bourrée in E minor**: Para tocar "Bourrée in E minor", você precisa saber como tocar uma melodia utilizando dedos alternados enquanto toca a linha grave com o polegar (veja a seção "Tentando um exercício polifônico", anteriormente neste capítulo), como fazer pestana nos acordes (verifique o Capítulo 9) e como pronunciar *bourrée*.

Um bourrée é uma dança popular feita há mais de cem anos (pouco antes da aparição do "Funky Chicken"). Essa peça polifônica é um trecho muito divertido de tocar, porque ela soa bonita e intrincada, mas é, na verdade, bastante simples de tocar. Leo Kottke toca uma versão de dedilhado para ela, e Jethro Tull fez um arranjo de jazz. Toque todas as notas graves (hastes para baixo na notação padrão) utilizando o polegar. Alterne os dedos (por exemplo, *m-i-m-i* e assim por diante) com a mão direita. A alternação não precisa ser estrita. Utilize o ritmo que for mais confortável para você. Nós indicamos alguns posicionamentos da mão esquerda bem no início para você começar. Depois disso, utilize qualquer posição que seja natural.

PAPO DE ESPECIALISTA

Para ter inspiração, ouça as gravações dessa peça pelo violonista clássico John Williams, assim como a versão folk de Kottke e a versão swing-jazz de Jethro Tull. O guitarrista de heavy metal Yngwie Malmsteen também possui uma versão com guitarra distorcida ensurdecedora. Embora J. S. Bach nunca tenha imaginado todas essas versões estranhas para sua simples peça de dança, todas soam maravilhosamente bem.

FAIXA 94 **Romanza**

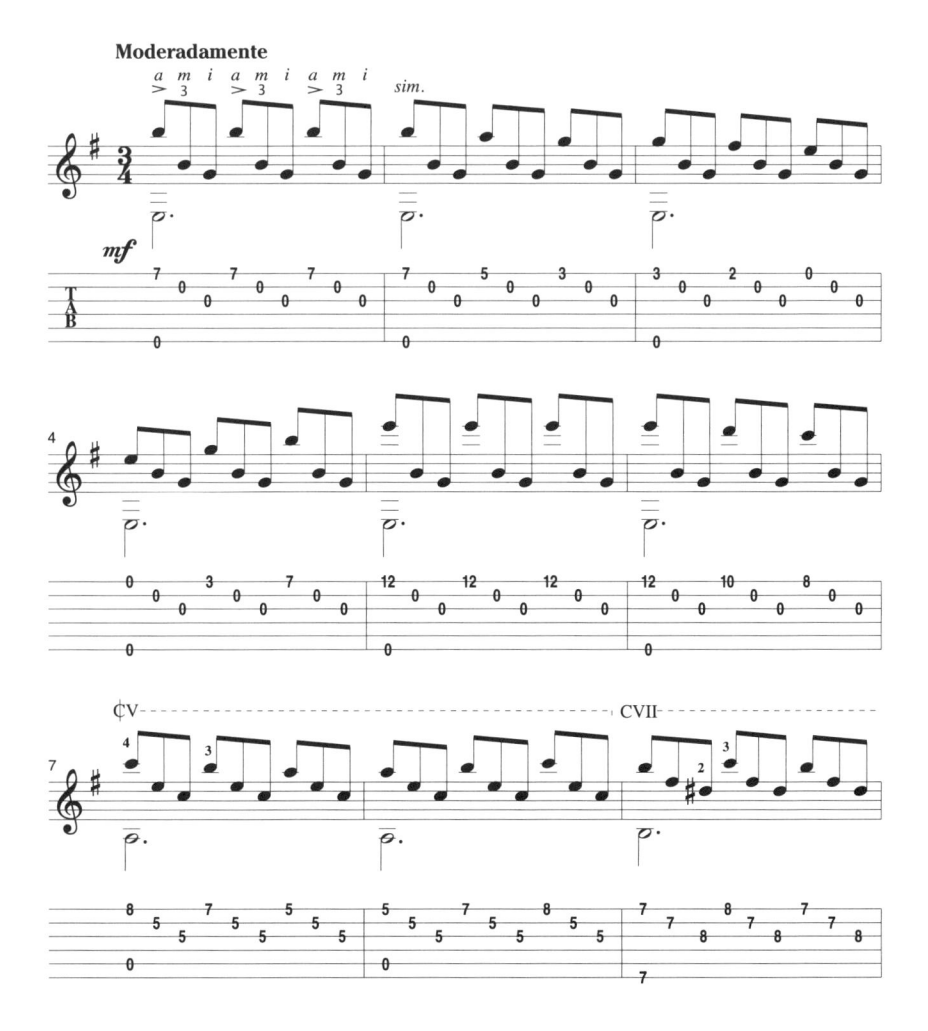

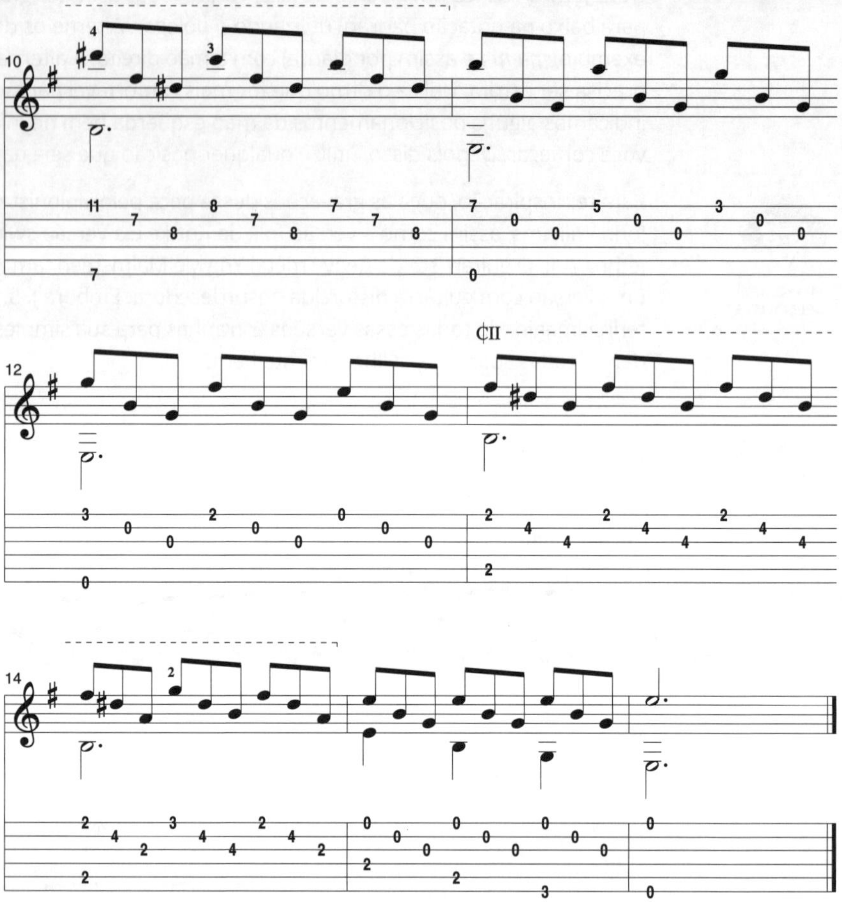
ÇII

FAIXA 95 — Bourrée in E minor

> **NESTE CAPÍTULO**
>
> Entendendo o que guitarra de jazz significa
>
> Acompanhando o ritmo de jazz
>
> Tocando peças solo de jazz
>
> Praticando músicas de jazz

Capítulo 15
Óculos de Sol e Boina: Noções Básicas da Guitarra de Jazz

Jazz é uma forma de música que os instrumentalistas criaram quando começaram a tomar liberdades com formas de músicas existentes, improvisando a partir de melodias compostas e variando estruturas harmônicas. Os guitarristas seguiram as tentativas anteriores de outros instrumentalistas, como o maravilhoso trompetista Louis Armstrong, que foi um dos primeiros mestres da improvisação melódica.

LEMBRE-SE

Guitarra de jazz pode ser difícil de dominar porque a *improvisação* (compor a música enquanto toca) é uma parte muito importante do estilo. Geralmente, compor a música é o trabalho do compositor. Porém, no jazz, os executores deverão (geralmente) improvisar — e, para fazer isso corretamente, você precisa saber muito mais do que poderia aprender em um capítulo de um livro

Para Leigos! Mas não se desespere. Mostraremos algumas coisas simples para fazer você *soar* como um guitarrista de jazz, as quais o ajudarão a seguir o caminho certo.

Neste capítulo, colocaremos nossos óculos escuros e ajudaremos você a ficar atualizado com acordes e progressões de jazz, estilo chord-melody ou melodia de acorde, substituições de acordes e toque de nota simples em solo. Também mostraremos a você a diferença entre acordes interiores e exteriores e como animar uma melodia.

Introduzindo uma Nova Harmonia Completa

A guitarra de jazz difere da guitarra de rock e blues mais significativamente nos seguintes pontos:

> » Guitarra de jazz não utiliza distorção, favorecendo um som mais leve e suave.
>
> » Melodias de jazz são mais sofisticadas harmonicamente, prestando mais atenção às construções dos acordes — que são mais complexas.
>
> » Linhas de jazz frequentemente empregam mais *saltos* (distâncias musicais de mais de um tom — por exemplo, de A a C) do que as linhas de rock ou blues.

A abordagem dos guitarristas de jazz é mais profunda do que a dos de rock ou blues. Em rock ou blues, os guitarristas tipicamente utilizam uma escala para tocar sobre todos os acordes, mas, em jazz, eles podem utilizar muitas escalas. Eles também devem ter consciência das notas que formam cada acorde, já que *arpejar*, ou tocar tons de acordes em sucessão, é uma característica do som de jazz.

LEMBRE-SE

A maioria das músicas que você ouve — pop, rock, blues, folk e clássica (especialmente música clássica dos séculos 17 e 18, como as de Bach e Mozart) — conta com harmonia tradicional (acordes básicos e progressões, como aqueles encontrados nos Capítulos 4 até 14). No entanto, a harmonia de jazz utiliza o que a maioria das pessoas chama de (surpresa!) *acordes de jazz*. Os acordes de jazz geralmente contêm mais notas do que os acordes básicos ou, às vezes, eles podem ter o mesmo número de notas do que os acordes básicos, mas uma ou mais de suas notas é *alterada cromaticamente* (aumentada ou diminuída em meio tom). Discutiremos tanto acordes estendidos quanto acordes alterados nas seções seguintes.

Acordes estendidos

Os acordes maiores e menores simples são formados por apenas três notas (o 1º, o 3º e o 5º grau da escala maior ou menor cuja nota inicial é a mesma da raiz do acorde). (Para mais informações sobre graus de escala e construção de acordes, veja o Capítulo 11.) Esses acordes são chamados *tríades* (três notas). Os acordes de sétima são formados por quatro notas — o 1º, o 3º, o 5º e o 7º grau da escala homônima do acorde.

No jazz, você encontra acordes formados por cinco ou mais notas. Continuando a tomar cada grau de escala, você pode ir além do 7º para criar acordes de 9ª (utilizando o 1º, o 3º, o 5º, o 7º e o 9º grau), acordes de 11ª (1º, 3º, 5º, 7º, 9º e 11º) e acordes de 13ª (1º, 3º, 5º, 7º, 9º, 11º e 13º). Esses acordes que incluem notas além dos acordes de 7ª são chamados de *acordes estendidos*.

PAPO DE ESPECIALISTA

Geralmente, nem todos os membros de um acorde estendido são tocados. Por exemplo, no acorde de 13ª, você pode tocar apenas quatro ou cinco das sete notas, então é possível tocar um acorde de 13ª utilizando apenas quatro cordas.

Acordes alterados

Os acordes de jazz frequentemente contêm notas que são *alteradas* (aumentadas ou diminuídas em meio tom). Essas alterações produzem todos os tipos de nomes de acordes sonoramente divertidos, como C7♭9, B♭13♯11 e G7♯5. E cada um desses acordes de jazz — e há dezenas deles — possui um som único.

Nas versões de jazz de músicas populares, acordes alterados são geralmente *substituídos* por acordes mais tradicionais — mas saber qual acorde substituir, e quando, não é tarefa fácil e requer a habilidade de um exímio músico de jazz. (Para maiores informações sobre substituir acordes, veja "Fazendo substituições", logo mais neste capítulo.) Dirija-se à seção "Tocando Músicas no Estilo Jazz", mais adiante neste capítulo, para ver algumas substituições de acordes típicas.

Apoiando a Melodia: Acompanhamento Rítmico

LEMBRE-SE

Acompanhamento é o termo que executores de jazz utilizam quando se referem a tocar o secundário ou o acompanhamento. Para o guitarrista, o acompanhamento significa guitarra base — tocar os acordes. Os guitarristas de jazz geralmente empregam acordes interiores, acordes exteriores e acordes completos, os quais explicaremos nas seções seguintes.

Acordes interiores

LEMBRE-SE

Os *acordes interiores* são acordes que não utilizam a 1ª (E aguda) corda. Eles geralmente são acordes de quatro notas tocadas sobre a 2ª, a 3ª, a 4ª e a 5ª ou 6ª corda. Os guitarristas de jazz amam tocar acordes interiores — e há muitos deles.

Voicings interiores

A Figura 15-1 mostra 15 *voicings* interiores típicos de acorde de jazz. Voicing é um arranjo específico de notas em um acorde, escolhido em vez de outro arranjo para servir um propósito musical ou situação. Cada acorde na Figura 15-1 é móvel e é mostrado na posição mais baixa possível sobre o braço. Para produzir outros acordes do mesmo tipo, apenas mova o acorde uma casa para cada meio tom. Por exemplo, o primeiro acorde mostrado é B7♯9. Para tocar C7♯9, mova o acorde uma casa para cima.

DICA

Alguns dos nomes dos acordes podem ser estranhos de se ver. É assim que você deve pronunciar os três primeiros, da esquerda para a direita na linha superior (depois disso você pega o jeito): "Si maior com sétima menor e nona aumentada", "Si maior com sétima menor e nona diminuta" e "Fá sustenido maior com sexta e nona". Um pequeno círculo no nome do acorde (º) representa o *diminuto*. O penúltimo acorde (na linha inferior) é pronunciado "Fá sustenido diminuto com sétima".

Se você não fizer nada mais do que tocar alguns desses acordes, já soará como jazz agora mesmo. Aliás, executores de jazz gostam de tocar esses acordes perto do meio do braço, ou levemente acima (geralmente entre, digamos, a quarta e a décima primeira casa). Tente tocá-los.

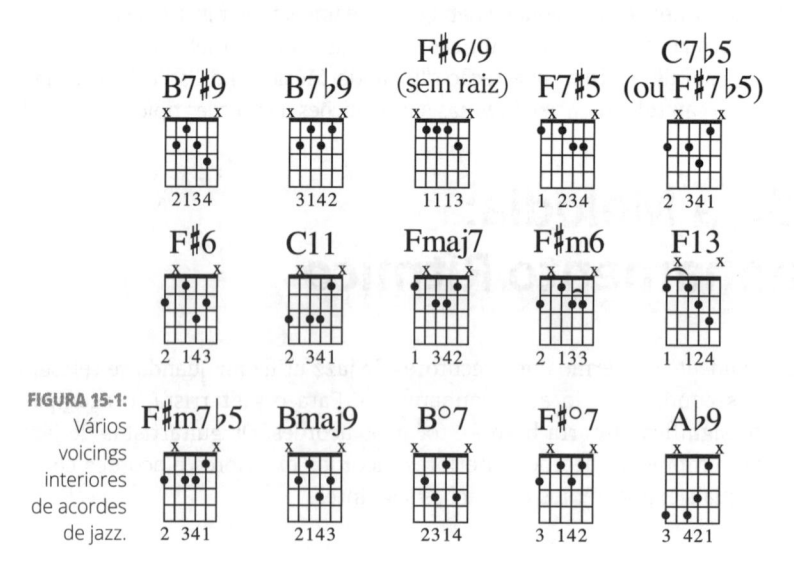

FIGURA 15-1: Vários voicings interiores de acordes de jazz.

Movimentos interiores

Os guitarristas de jazz gostam de exercitar uma boa *movimentação de vozes*; isto é, eles gostam que suas trocas de acordes soem de modo suave e econômico. Muitas vezes, em progressões de jazz, a única diferença entre um acorde e o próximo é que uma das notas foi movida um traste ou dois (veja as Figuras 15-2 e 15-4). Essa economia de movimento torna a música mais fácil de ser tocada e, ao mesmo tempo, faz a música soar agradável.

A Figura 15-2 mostra três movimentos (*progressões*) típicos consistindo em acordes interiores que os executores de jazz utilizam. Toque cada acorde uma vez e, em seguida, toque o próximo acorde — você soará como um guitarrista de jazz. Teste as progressões em casas diferentes — esses movimentos são móveis!

Acordes exteriores

LEMBRE-SE

Acorde exterior é um termo usado para um acorde, especialmente um acorde de jazz, que utiliza apenas as quatro cordas superiores — as cordas E e A graves tiram uma folga. Com acordes exteriores, você geralmente não possui a *raiz*, ou *tônica* (a nota que dá nome ao acorde), sobre a inferior ou você não inclui a raiz de modo algum.

FIGURA 15-2: Movimentos típicos de acorde interior.

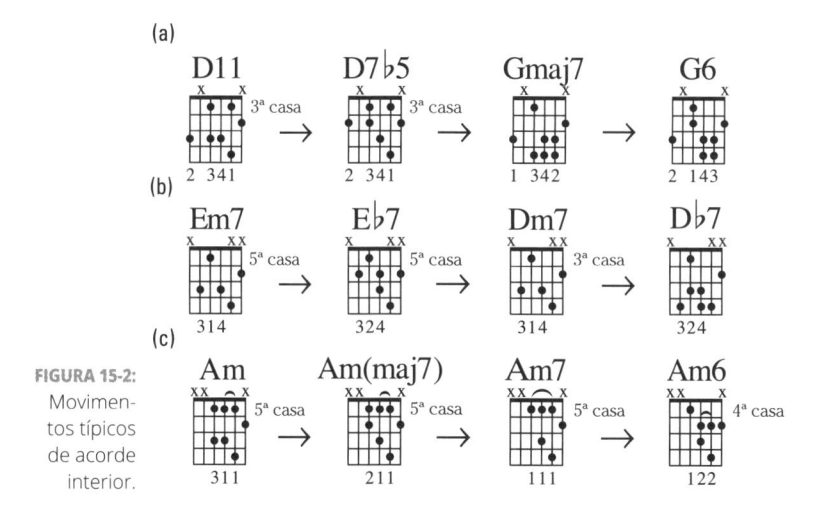

Voicings exteriores

A Figura 15-3 mostra 11 acordes de jazz exteriores típicos. Novamente, cada um é mostrado na posição mais baixa possível sobre o braço e cada um é móvel. Tente tocá-los em qualquer ponto entre a quarta e a décima primeira casa, onde os guitarristas de jazz mais gostam de tocar esses acordes.

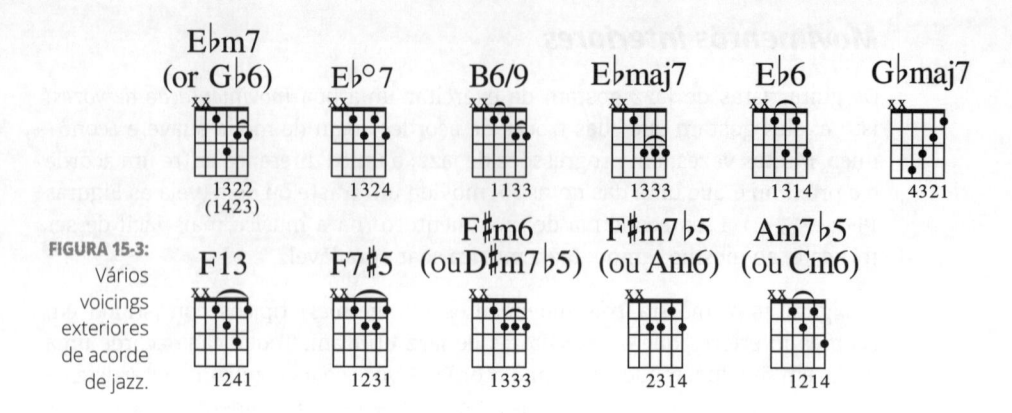

FIGURA 15-3: Vários voicings exteriores de acorde de jazz.

Movimentos exteriores

Assim como com os movimentos interiores, os movimentos exteriores mostram o princípio da boa movimentação de vozes, que é tão importante na guitarra de jazz. O último movimento, Figura 15-4c, parece uma exceção porque você deve saltar pelo braço, mas é um movimento bem comum. Você pode pegar a forma diminuta do 7º acorde e movê-la para cima ou para baixo três casas sem mudar o acorde (você está mudando a *movimentação das vozes*, ou ordem das notas, mas ainda está tocando as mesmas quatro notas). Quando guitarristas de jazz tocam o 7º acorde diminuto, frequentemente o movem para cima no braço dessa forma para criar variedade ou para proporcionar uma sensação de movimento.

Faixa 96, 0:17

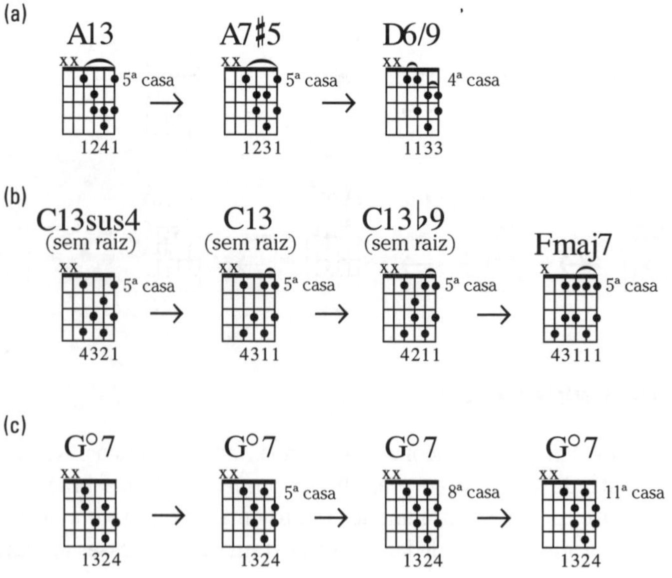

FIGURA 15-4: Movimentos típicos de acorde exterior.

Acordes completos

LEMBRE-SE

Nem todos os acordes de jazz estão limitados aos acordes de quatro notas interiores e exteriores. A Figura 15-5 mostra cinco diferentes acordes de jazz completos (acordes que utilizam cinco ou seis cordas) que podem ser tocados em qualquer casa (mas mostrados aqui na posição mais baixa possível).

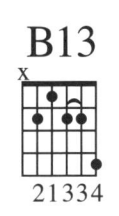

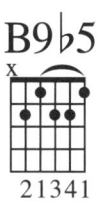

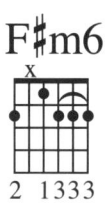

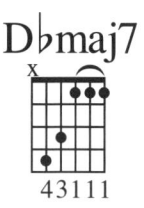

FIGURA 15-5: Vários voicings de acorde de guitarra completo.

B9 — 21333
B13 — 21334
B9♭5 — 21341
F#m6 — 2 1333
D♭maj7 — 43111

Tocando Solo: Estilo Chord-Melody

O *estilo chord-melody*, como seu nome insinua, é um estilo solo de jazz que incorpora tanto a melodia quanto os acordes da música. Você pode ouvir esse estilo nas músicas de estrelas do jazz como Johnny Smith, Jim Hall e Joe Pass. O estilo chord-melody frequentemente envolve dar um tempero de jazz a uma música já existente que não tenha influência de jazz. Embora a melodia da música geralmente seja tocada de *imediato* (como composta), o executor muda os acordes dos tradicionais para as versões de jazz. Esses acordes de jazz, quando tomam o lugar dos acordes imediatos, são chamados de *substituições*.

PAPO DE ESPECIALISTA

Embora tocar um solo de chord-melody escrito não seja especialmente difícil, criar o seu próprio (que é como os guitarristas de jazz fazem) não é uma tarefa nada fácil. Em primeiro lugar, você precisa saber como harmonizar (colocar acordes abaixo) uma melodia; em seguida, você precisa saber como aplicar substituições de acordes. Essas habilidades vão além de meramente tocar a guitarra — elas entram no âmbito de composição e arranjo. Essa é a razão pela qual não ensinaremos a você como fazê-lo.

Nas seções seguintes, nós lhe daremos uma ideia do que está envolvido e então mostraremos uma maneira fácil de enganar, para que você *soe* como se tivesse criado um solo de chord-melody. Em seguida, na seção "Tocando Músicas no Estilo Jazz", mais adiante neste capítulo, você poderá tocar "Greensleeves" como um arranjo chord-melody lendo a tab.

Fazendo substituições

As *substituições* são acordes cheios de vida que você utiliza no lugar dos acordes imediatos. Esses acordes são classificados de duas maneiras gerais:

» **Mesma tônica:** Às vezes, você substitui um acorde com a mesma tônica, mas utiliza uma versão estendida ou com alteração cromática (veja a seção "Introduzindo uma Nova Harmonia Completa", anteriormente neste capítulo). Por exemplo, se a progressão do acorde da música começa com C e vai para A7, você talvez substitua Cmaj7 e A7♭9, apenas para fazê-lo soar cheio de vida.

» **Tônica diferente:** Em outras ocasiões, você pode substituir acordes que nem sequer possuem a mesma tônica. Em vez disso, o acorde substituído pode ter outras notas em comum com o original. Tomando o mesmo exemplo, em vez de tocar C e A7, você talvez toque algo como C6/9 e E♭7, porque A7 e E♭7 possuem duas notas em comum (C♯ e G).

De qualquer forma, há inúmeras substituições de acordes possíveis, e você pode levar anos tocando jazz para desenvolver um ritmo intuitivo para saber quais acordes pode substituir e onde substituir.

Fingindo com três acordes

Em vez de aprender centenas de substituições, tente fingir um solo de chord-melody utilizando três acordes simples. Olhe novamente para as três primeiras formas de acordes móveis na Figura 14-3: os voicings exteriores para m7, °7 e 6/9. Como esses acordes têm um som ambíguo, eles normalmente não soam mal, não importa onde você os toque, nem em que ordem você os coloque: eles simplesmente soam cheios de vida.

TOQUE ISSO!

Você pode tocar com um acorde por enquanto, movendo-o para casas diferentes — deslizar para cima e para baixo uma casa por vez soa legal. Ou você pode trocar livremente entre os acordes, tocando-os em várias casas. Crie o ritmo enquanto estiver tocando. Se quiser, você pode utilizar a Figura 15-6 para ver um exemplo do que nós estamos falando. Divirta-se!

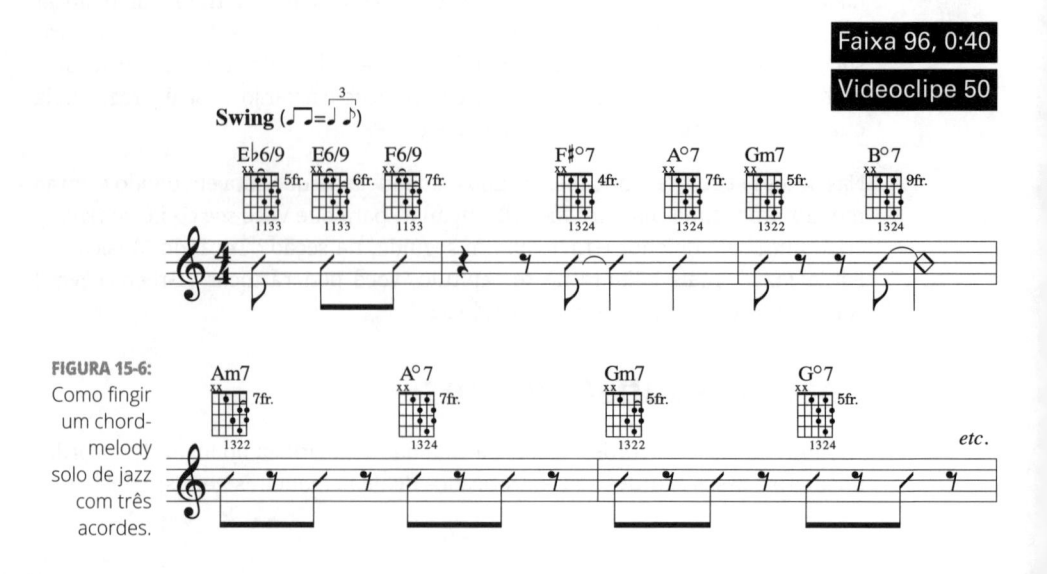

FIGURA 15-6: Como fingir um chord-melody solo de jazz com três acordes.

Solando: Melodia Jazz

LEMBRE-SE

Tocar solo em jazz é muito semelhante em aproximação ao toque solo em blues ou rock. Você toca, em geral, melodias de nota simples — tanto compostas quanto improvisadas — e *licks* (passagens idiomáticas curtas para o estilo). Você também não tem de variar muito sua técnica; toque as notas com uma palheta, na forma de palhetada alternada (veja o Capítulo 5). O que muda é o ritmo e a aproximação às melodias. Vocabulário, fraseado e tom separam o toque do solo de jazz de outros estilos de guitarras.

Você pode criar uma melodia de jazz ou fazer seu solo ficar mais cheio de vida e sonoro aplicando alguns princípios simples. As três técnicas a seguir podem fazer você soar como um ícone do jazz rapidamente.

Introduzindo tons alterados

Uma coisa que o jazz faz é introduzir *notas alteradas*, ou notas que não estão dentro do tom. No blues, as notas são adicionadas moderadamente; no jazz, qualquer nota pode ser alterada e incluída na melodia improvisada. Desde que uma nota alterada seja *resolvida* (chegou a uma conclusão lógica através de uma nota de melodia "no tom" ou um tom de acorde), qualquer nota é alvo legítimo.

TOQUE ISSO!

A Figura 15-7 mostra uma melodia tocada de duas formas: primeiro de imediato, de forma composta; e, em seguida, com tons alterados adicionados. Perceba que essa figura está em ritmo tercinado, também chamado *ritmo swing*. Muitas peças de jazz são tocadas com o ritmo swing. (Para mais informações sobre o ritmo tercinado, veja o Capítulo 12.) Assista ao Videoclipe 51 para ver como a sua mão esquerda deve mudar para a quarta posição para tocar o deslize na barra 2 da versão de tom alterado.

Aproximando das notas alvo

LEMBRE-SE

Parte da qualidade flexível e disponível do jazz é resultado da maneira com que você, às vezes, aproxima uma nota da melodia principal (ou alvo) de uma casa acima ou abaixo. Dessa maneira, você adiciona tempero e variedade ao seu toque.

TOQUE ISSO!

A Figura 15-8 mostra uma melodia tocada de duas formas: em seu contexto imediato e, em seguida, com notas da melodia principais aproximadas de uma casa acima ou abaixo (as setas indicam notas principais). O Videoclipe 52 mostra como a mão esquerda vai para a quarta posição nas duas primeiras barras da versão alterada para incorporar efetivamente as notas alteradas e as notas alvo.

Faixa 96, 0:52
Videoclipe 51

FIGURA 15-7: Melodia enfeitada com tons alterados.

Faixa 96, 1:16
Videoclipe 52

FIGURA 15-8: Aproximando notas alvo de uma casa acima ou abaixo.

Fazendo melodias com acordes arpejados

Às vezes, para produzir uma linha sonora cheia de vida, tudo o que você tem de fazer é tocar os tons de acorde contidos na parte do ritmo. Como os acordes de jazz são, muitas vezes, complexos — como um C7♭9♯5 —, simplesmente tocar os tons de acorde como um arpejo (um de cada vez, em sucessão) cria um jazz instantâneo (veja a Figura 15-9). Em geral, porém, o bom toque de jazz incorpora uma mistura agradável de arpejos e toque linear (gradualmente). Confira os movimentos das mãos esquerda e direita no Videoclipe 53 para ver como tocar arpejo suavemente.

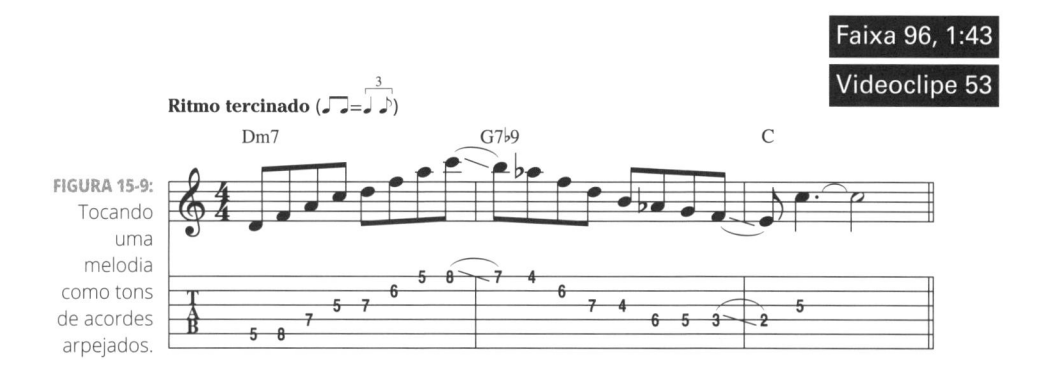

FIGURA 15-9: Tocando uma melodia como tons de acordes arpejados.

Faixa 96, 1:43
Videoclipe 53

Tocando Músicas no Estilo Jazz

Nas músicas a seguir, você encontra uma grande variedade de técnicas de jazz: acordes estendidos, acordes alterados, acordes interiores e exteriores, substituições de acorde, notas alteradas e melodias formadas a partir de notas de acordes arpejados.

Você pode tocar "Greensleeves" através tanto de palhetada quanto de dedilhada. Toque "Swing Thing" com uma palheta (ambos os acordes e a melodia). Aqui estão algumas dicas que ajudarão você a entender e tocar as músicas:

» **Greensleeves**: Nós relacionamos essa antiga música folk inglesa com um arranjo solo de chord-melody. Os acordes imediatos para essa música são Em, D, C, B e assim por diante. Porém, aqui, como é típico em um arranjo de acorde-melodia de jazz, usamos substituições de acorde cheios de vida. Para tocar essa música, você precisa saber como tocar formas de acorde de jazz, como combinar melodia de nota simples com acordes (veja a seção "Tocando Solo: Estilo Chord-Melody", anteriormente neste capítulo) e como parecer bacana enquanto toca uma música folk do século XVI.

Busque misturar suavemente as notas de melodia simples com as notas de melodia suportadas do acorde. Enquanto tocar os acordes, assegure-se de enfatizar a nota superior puxando-a um pouco mais firme ou girando o acorde (arpejando-o) levemente para que a voz da melodia pareça diferente.

» **Swing Thing**: Essa música emprega alguns movimentos de jazz típicos tanto no ritmo quanto no solo. Para se arriscar nessa peça, você precisa saber como tocar formas de acorde interiores (veja a seção "Acordes interiores", anteriormente neste capítulo), como tocar uma linha única de colcheias para cima do braço (veja o Capítulo 7) e como dançar até morrer de cansaço.

A progressão começa com uma típica figura de acompanhamento em F. A parte solo segue a progressão II-V-I-VI (Gm7-C7-F-D7), sobre a qual uma série de variações está escrita. Observe o padrão arpejo na primeira metade do compasso 6, que está seguido de um terceto de tons alterados. Esses são dois exemplos de técnicas típicas do jazz abordadas neste capítulo. Vejamos quantas mais você consegue encontrar.

FAIXA 97 Greensleeves

CAPÍTULO 15 **Óculos de Sol e Boina: Noções Básicas da Guitarra de Jazz**

FAIXA 98 — Swing Thing

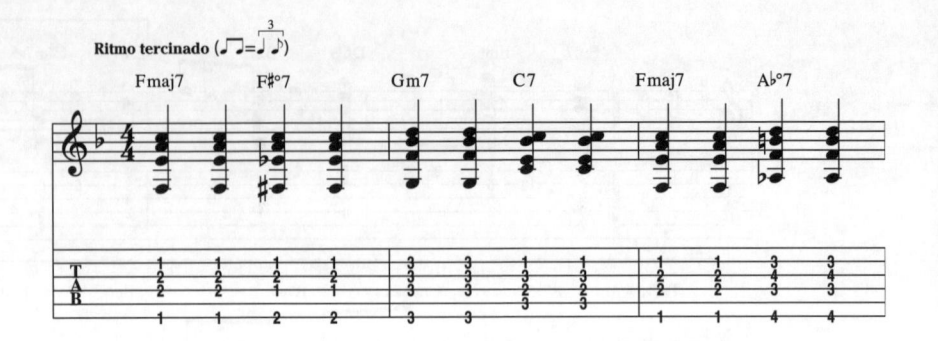

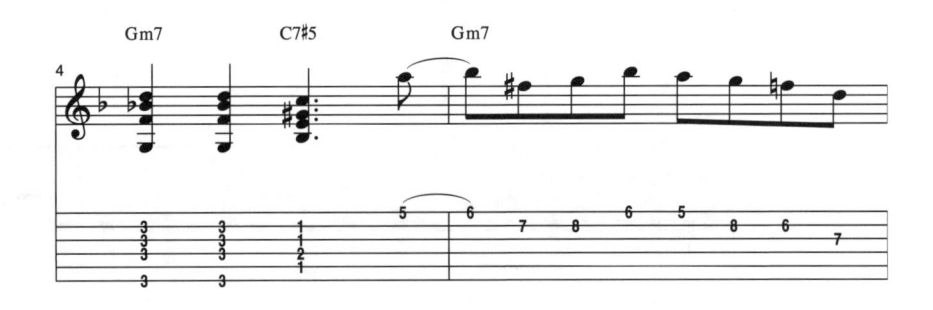

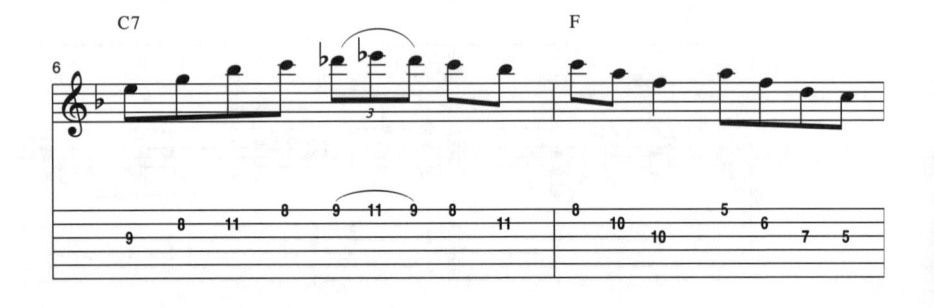

Swing Thing (continuação)

5 Sua Própria Guitarra

NESTA PARTE . . .

Independentemente se você quiser entender como comprar sua primeira guitarra para praticar, sua segunda guitarra ou seu primeiro amplificador para levar para a turnê, você pode descobrir o que precisa fazer nesta parte. O Capítulo 16 lhe mostra o que procurar em uma guitarra para que combine com seu nível de tocar, estilo e orçamento, e o Capítulo 17 lhe diz sobre os adicionais que você desesperadamente precisa ou desesperadamente quer.

À medida que praticar sobre sua guitarra mais e mais, é provável que descubra que ela é como seu animal favorito. Você se apega muito, mas também tem de cuidar e mimar. Bem, você provavelmente não dará restos de comida por baixo da mesa para ela, mas você tem de saber como fazer a manutenção diária. O Capítulo 18 descreve o procedimento para lidar com cordas rompidas e o Capítulo 19 lhe diz sobre a manutenção diária que todo guitarrista deve ser capaz de realizar.

> **NESTE CAPÍTULO**
>
> Desenvolvendo uma estratégia de compra
>
> Entendendo o que você quer na sua primeira guitarra
>
> Comparando estilos de música com modelos de guitarra
>
> Graduando para sua segunda guitarra (e terceira, e mais além...)
>
> Seguindo algumas diretrizes antes de fazer a grande compra

Capítulo 16
Comprando uma Guitarra

Comprar uma nova guitarra é um acontecimento empolgante. Você vai até uma loja de música e imediatamente encontra um mundo de possibilidades, um supermercado repleto de escolhas tentadoras. Cada guitarra na parede parece gritar: "Escolha a mim! Escolha a mim!" Você deve resistir, exercitar o autocontrole e evitar os modelos que você sabe que não pode comprar?

Claro que não. Seja corajoso e experimente qualquer modelo que lhe interesse. Afinal de contas, você não está pedindo para testar uma Ferrari à mostra em um salão de exposições; você está simplesmente pedindo ao vendedor para ver como diferentes guitarras são e soam. E você também não está sendo leviano. Tocar uma variedade de guitarras o ajuda a entender as diferenças entre guitarras caras de alta qualidade e guitarras aceitáveis, mas a preços acessíveis.

Portanto, satisfaça a sua curiosidade. Mesmo que você não tenha experiência suficiente para reconhecer as diferenças sutis entre uma guitarra boa e uma guitarra maravilhosa, pelo menos se exponha a elas. E não espere até o dia em que você decidir comprar um instrumento para experimentar um pela primeira vez. Faça várias visitas a lojas de música antes de decidir comprar e reserve um tempo para absorver suas experiências. Tente visitar várias lojas de música diferentes se você puder. Algumas lojas podem ser vendedoras exclusivas de uma marca específica em sua região; outros revendedores podem não ser capazes de vender aquela marca de guitarra. Além disso, você assimila muito mais do que imagina sobre o que faz uma guitarra ser boa de ser tocada apenas por lidar com vários instrumentos diferentes.

LEMBRE-SE Comprar uma guitarra pode ser como o que acontece quando você pensa que tem os conhecimentos básicos de uma língua estrangeira memorizados e então visita o país onde ela é falada: você pratica seu melhor Berlitz por semanas, mas, da primeira vez que um nativo começa a falar com você, fica completamente confuso. No entanto, não desista; fique firme. Você está apenas comprando uma guitarra; você não está em uma terra estranha, tentando encontrar o banheiro mais próximo. Você poderá consertar isso logo com a ajuda deste capítulo.

Começando pelo Início: Desenvolvendo um Plano de Compra

LEMBRE-SE Antes de ir até a loja de música local pronto para gastar seu dinheiro suado em uma nova guitarra, você precisa pensar sobre o que está fazendo. Você precisa perguntar a si mesmo algumas questões difíceis sobre essa compra — e precisa fazer isso *agora mesmo*. Não espere até ir à loja para desenvolver uma estratégia de compra (o que, naquele momento, geralmente se traduz em não ter estratégia nenhuma). Tenha em mente que os dois fatores mais importantes ao tomar qualquer decisão de compra — especialmente referente à guitarra, onde a paixão tende a falar mais alto — são desenvolver um plano e reunir toda a informação que você precisa para tomar a melhor decisão.

Comece a desenvolver seu plano de compra perguntando algumas questões específicas sobre exatamente o que você quer na guitarra — e quanto você pode gastar para obtê-la. Estreitar seu escopo não significa que você não possa mudar de ideia após ter ido à loja e visto todos os instrumentos atraentes disponíveis ou que você não pode deixar a inspiração imediata e o capricho guiarem sua decisão final. ("Eu *não consigo* decidir entre estas duas guitarras... Ah, fala sério! Simplesmente me dê logo *as duas*!"). No entanto, você *precisa* de um ponto do qual partir.

DICA Focando no instrumento dos seus sonhos (práticos), faça a si mesmo as seguintes perguntas:

» **Qual o meu nível de comprometimento?** Independentemente da sua habilidade atual, você se vê praticando todos os dias pelos próximos cinco anos, seguindo um programa dedicado a alcançar a excelência na guitarra? Ou primeiro você quer ver se toda "essa vontade de tocar guitarra" irá durar? O fato de você poder *arcar* com uma guitarra de R$4.660,00 não significa que você deve necessariamente comprá-la. Antes de gastar seu dinheiro, determine honestamente a importância da guitarra em sua vida e então aja com responsabilidade, segundo aquela prioridade. (Ou ignore completamente este conselho e se jogue, seu rebelde da guitarra!)

» **Qual o meu limite para gastar?** A resposta para essa pergunta é importante porque, quanto mais cara a guitarra, melhores são seus recursos. Portanto, você precisa equilibrar seu nível de comprometimento e seu dinheiro disponível. Você não quer ter de ficar sem comer por seis meses e viver em uma caixa de papelão apenas porque se deixou levar em um momento de euforia na loja de música. Você pode muito facilmente gastar demais — especialmente nestes dias de limites de crédito generosos. Se você não coloca um limite sobre quanto pode gastar, não pode saber se excede esse limite... Ou por quanto.

» **Eu sou uma "pessoa de guitarra nova" ou uma "pessoa de guitarra usada"?** Você terá muito tempo para comparar atributos entre novas guitarras. E todo o catálogo e valores de desconto de novos instrumentos são praticamente padronizados — o que não significa, no entanto, que todos os preços são os mesmos; as lojas geralmente descontam em diferentes taxas. Espere pagar entre 10% e 35% fora do *preço de tabela* (o preço sugerido pelos fabricantes) em uma loja de música e um desconto levemente mais alto se você comprar pela internet ou por correspondência. Grandes redes oferecem melhores descontos do que lojas independentes, porque elas compram em grande quantidade e recebem um melhor preço do fabricante.

Operações por catálogo, pela internet ou por correspondência também oferecem uma garantia contra qualquer defeito de fabricação em novos instrumentos. Você não encontra nenhuma proteção comparável se estiver comprando uma guitarra de um classificado de jornal (embora as lojas de música também vendam instrumentos usados, geralmente com garantias). No entanto, por outro lado, você pode realmente fazer um bom negócio comprando um instrumento usado... *Se souber o que está procurando*. E, é claro, se você quiser um instrumento vintage, já estará procurando por uma guitarra usada por definição.

Via de regra, a maioria dos preços pedidos nos classificados de jornal é muito alto. Esteja pronto para pechinchar para conseguir o melhor preço para aquela guitarra — ainda que seja exatamente a que você está procurando.

Após sentir que você obtete respostas satisfatórias para as questões anteriores, prossiga para a segunda parte do seu plano de ataque para a compra da guitarra: *recolher informações sobre a guitarra específica para você*. A seção a seguir ajudará você a tornar-se mais entendido sobre construção de guitarra, materiais e mão de obra. Lembre-se, ser um comprador informado é a melhor defesa contra fazer um mau negócio na hora da compra.

Algumas Considerações para Sua Primeira Guitarra

Se você está apenas começando como um aprendiz da guitarra, pode fazer a seguinte pergunta musical: "Qual é o mínimo que eu preciso gastar para evitar comprar uma porcaria?" Essa é uma boa questão, porque práticas de fabricação modernas agora permitem que *luthiers* (o termo extravagante para fabricantes de guitarra) produzam materiais bons o bastante por volta de R$330,00 — e, às vezes, até menos.

DICA

Se você for um adulto (isto é, alguém maior do que 14 anos) e estiver procurando crescer com um instrumento, planeje gastar entre R$330,00 e R$420,00 em um violão e um pouco menos em uma guitarra. (Guitarras são um pouco mais fáceis de serem construídas do que violões, então elas geralmente custam um pouco menos.) Nada mau para algo que pode fornecer uma vida inteira de entretenimento e ajudá-lo a desenvolver habilidades musicais, não é mesmo?

Ao tentar escolher uma guitarra, considere os seguintes critérios:

» **Aparência:** Você deve gostar da maneira que uma guitarra em particular se parece ou você nunca estará realmente satisfeito com ela. Portanto, utilize sua visão e seu gosto (estamos nos referindo aqui ao seu senso de estética, então, por favor, não lamba a guitarra) para selecionar possíveis candidatas. Uma guitarra vermelha não é necessariamente melhor ou pior do que uma guitarra verde, mas sinta-se livre para basear sua decisão de compra simplesmente no quanto você gosta da aparência da guitarra.

» **Tocabilidade:** O fato de uma guitarra ser relativamente acessível não significa que ela seja difícil de tocar (embora essa correlação tenha sido correta frequentemente no passado). Você deve ser capaz de pressionar as cordas para baixo na escala com facilidade relativa. E você também não deve ter dificuldade excessiva para tocar as casas acima do braço, embora às vezes sejam mais difíceis de tocar do que as casas mais baixos.

DICA

Aqui está uma forma de obter alguma perspectiva sobre tocabilidade. Volte para a Ferrari — quer dizer, para a guitarra mais cara — na outra extremidade da prateleira e veja como é tocar uma guitarra de alta qualidade. Em seguida, volte para o instrumento de preço mais acessível que você está considerando. A tocabilidade é absurdamente diferente? Não deveria ser. Se o seu provável instrumento não for confortável para você, siga adiante.

» **Entonação:** Além de ser relativamente fácil de tocar, uma guitarra deve tocar afinada. Teste a entonação tocando uma harmônica na décima segunda casa (veja o Capítulo 13 para mais informações sobre como produzir uma harmônica) sobre a primeira corda e iguale à nota pressionada na décima segunda casa. Embora as cordas sejam de uma qualidade tonal diferente, a nota deve ser exatamente a mesma. Aplique esse teste para todas as seis cordas. Ouça especialmente a 3ª e a 6ª corda. Na guitarra que não estiver configurada corretamente, essas cordas provavelmente sairão primeiro da afinação. Se você não confia em seus ouvidos para dizer a diferença, conte com a ajuda de um guitarrista experiente nesse assunto; isso é *crucial*. Veja o Capítulo 19 para mais informações sobre entonação.

» **Construção sólida:** Se você estiver verificando um violão, bata suavemente no topo do instrumento (como seu médico faz para verificar suas costelas e peito) para assegurar-se de que está livre de ruídos. Olhe dentro da abertura, procurando por blocos de cola ou outras evidências de mão de obra desleixada. (As escoras de lixa são uma grande pista de um instrumento construído apressadamente.) Na guitarra, verifique se a ferragem de metal está assegurada firmemente e livre de ruídos. Sem plugá-la em um amplificador, toque as cordas soltas com força e ouça se há qualquer ruído. Passar sua mão ao longo da borda do braço para verificar se os trastes estão lisos e colunados corretamente é outro teste recomendado. Se não tiver certeza do que você deve sentir, consulte um guitarrista experiente nessa "verificação dos trastes".

Escolhendo Modelos que Combinam com Seu Estilo

Você pode se imaginar entrando em uma loja de música e dizendo: "Sou um músico de folk. Você tem um fagote de folk? Não, não um fagote de rock ou um fagote de jazz — e, *por favor*, nem um fagote de country. Que tal aquele belo fagote de folk ali no canto?"

No entanto, você é um guitarrista, então perguntar por um tipo de guitarra específico para um estilo musical é algo completamente legítimo... Pergunte por uma guitarra de heavy metal, por exemplo, e o vendedor entenderá perfeitamente e conduzirá você até o canto da loja onde ficam todos aqueles objetos assustadores de se ver. Se solicitar uma guitarra de jazz, você e o vendedor seguirão em uma direção diferente (em direção aos caras usando boina e gola rolê preta, ostentando broches com o escrito "Bird Lives!").

A Figura 16-1 mostra vários modelos populares. Perceba a diversidade na forma e no estilo.

FIGURA 16-1:
Modelos diferentes para pessoas diferentes.

Fotografias por cortesia da Charvel Guitars, Epiphone Guitar Corp., Fender Musical Instruments Corporation, Gibson Guitar Corp., Guild Guitars, PRS Guitars e Taylor Guitars

Agora, alguns estilos musicais dividem modelos de guitarra. Você pode tocar tanto o blues quanto o rock, por exemplo, com igual sucesso em uma Fender Stratocaster (ou Strat, para abreviar). E uma Gibson Les Paul é tão capaz de tocar um lamento principal quanto uma Strat. (Via de regra, no entanto, o som de uma Les Paul será mais rico e menos estridente do que o de uma Strat.) Fazer seu próprio tipo de música na guitarra de sua escolha é parte da diversão.

DICA

Veja a seguir alguns estilos de música populares e as guitarras clássicas que a maioria das pessoas associa a eles. Enquanto muitos desses modelos estão além da faixa de preço de um comprador iniciante, estar familiarizado com eles irá ajudá-lo a associar modelos com estilos e vice-versa. Com frequência, guitarras de preço mais baixo são baseadas em modelos icônicos de qualidade. Esta lista não é de modo algum exaustiva, mas inclui portadores de padrões reconhecidos de seus respectivos gêneros:

- » **Blues acústico:** National Steel, Gibson J-200.
- » **Bluegrass:** Martin Dreadnought, Taylor Dreadnought, Collings Dreadnought, Santa Cruz Dreadnought, Gallagher Dreadnought.
- » **Clássica:** Ramirez, Hopf, Khono, Humphrey, Hernandez, Alvarez.
- » **Country:** Fender Telecaster, Gretsch 6120, Fender Stratocaster.
- » **Blues elétrico:** Gibson ES-355, Fender Telecaster, Fender Stratocaster, Gibson Les Paul.
- » **Folk:** Dreadnoughts e Grand Concert por Martin, Taylor, Collings, Larrivée, Lowden e Guild; Gibson J-200; Ovation Adamas.

- » **Heavy metal:** Gibson Explorer, Flying V e SG; Fender Stratocaster; Dean; Ibanez RG; Jackson Soloist.
- » **Jazz:** Gibson ES-175, Super 400 L-5 e Johnny Smith; archtops por D'Angelico, D'Aquisto e Benedetto; Epiphone Emperor Regent; modelos clássicos Ibanez.
- » **New age, new acoustic:** Taylor Grand Concert, Ovation Balladeer, Takamine Nylon-Electric.
- » **R&B:** Fender Stratocaster, Gibson E-335.
- » **Rock:** Fender Stratocaster, Gibson Les Paul e SG, Ibanez RG e série clássica, Paul Reed Smith, Tom Anderson.

LEMBRE-SE: Embora a lista anterior contenha guitarras que as pessoas geralmente associam a certos estilos, não deixe isso limitar sua criatividade. Toque a música que você quiser tocar na guitarra que você preferir, não importando o que alguns gráficos lhe dizem. Em outras palavras, após estudar essa lista, não a leve muito a sério e vá escolher a guitarra que quiser, toque a música que quiser e não se preocupe com o que alguns gráficos lhe dizem. Essas guitarras são todas muito melodiosas e as etiquetas de preço refletem a qualidade, assim como a herança dessas guitarras.

Movendo-se para Sua Segunda Guitarra (e Além)

Suas decisões mais difíceis ao comprar uma guitarra podem surgir não com seu primeiro instrumento, mas com seu segundo. Admita — sua primeira vez provavelmente foi confusa, mas agora que conhece um pouco mais sobre tocar guitarra e o que está disponível por aí, você talvez encare uma possibilidade ainda mais desencorajadora do que antes. O que você deve escolher como sua *próxima* guitarra?

DICA: Se você ainda não está cobiçando um certo modelo, mas já está desejando um novo brinquedo, considere as três abordagens comuns vistas a seguir para escolher outra guitarra:

- » **A abordagem contrária ou complementar:** Se você já possui um violão, pode querer considerar comprar uma guitarra (ou vice-versa), porque ter diferentes instrumentos em seu arsenal é sempre bom. Diversidade é algo muito positivo para uma pessoa buscando começar uma coleção.
- » **A abordagem clonada:** Algumas pessoas apenas querem adquirir tantas, digamos, Les Paul quanto conseguirem durante sua vida inteira: velhas, novas, vermelhas, azuis... Ei — é o *seu* dinheiro. Compre quantas quiser (e puder).

» **A abordagem aprimorada:** Se tudo o que você quer fazer é dominar a Stratocaster, apenas adquira uma versão melhor da que você já teve. Dessa maneira, você pode utilizar a nova guitarra para ocasiões importantes, como gravações e performances, e a antiga para levar à praia.

Quanto você deveria gastar em seu segundo (ou próximo) instrumento? Uma diretriz é mirar um nível acima da sua guitarra anterior. Dessa maneira, você não fica com muitas guitarras semelhantes. Planeje gastar cerca de R$330,00 a mais do que o valor atual (não o que você pagou) da guitarra que você possui. Assim, você assegura que, ainda que continue fiel a certa linha de modelos, conseguirá uma guitarra que é categoricamente diferente do seu instrumento inicial.

Quando você deve parar de comprar guitarras? Tão logo o dinheiro acabe, é claro. Na verdade, nenhuma regra é capaz de ditar quantas guitarras são "suficientes". Hoje em dia, no entanto, um arsenal de guitarras razoavelmente bem equipado inclui uma com single-coil (como uma Fender Strat), uma com humbucker (como uma Gibson Les Paul), uma semihollow-body, uma de jazz hollow-body (como uma gibson 335), um violão de corda de aço, um violão de 12 cordas e uma clássica de corda de nylon. Em seguida, talvez você possa adicionar mais uma ou duas guitarras de uma determinada especialidade, tal como um jogo de guitarras especialmente para tocar slide, uma de 12 cordas ou um baixo elétrico.

Depois disso, você pode começar a colecionar instrumentos de cordas sem ser guitarra, tais como bandolins, banjos e *Dobros* (um tipo de guitarra que é pressionada e tocada com um slide)... Mas isso é outra história.

Quando decidir aprimorar para uma segunda guitarra, o assunto é novamente a *qualidade*. Porém, dessa vez, em vez de apenas assegurar que você possui um instrumento que toque em afinação, seja facilmente pressionado e não desmorone como um castelo de cartas se você assoprar, você também precisa *tomar decisões inteligentes*. Não se preocupe — não é tão grave quanto parece. Considere, no entanto, os quatro pilares a seguir para julgar a qualidade de um instrumento:

» **Construção:** Como as guitarras são projetadas e montadas.

» **Materiais:** As madeiras, os metais (utilizados nas ferragens, pickups ou captadores parte elétrica) e outras substâncias utilizadas.

» **Mão de obra:** A qualidade da construção.

» **Equipamentos:** As adições estéticas e outros acessórios.

Não tem certeza do que todos esses termos querem dizer em relação à qualidade de uma guitarra? As seções seguintes lhe informarão.

Construção e tipo de corpo

Como a guitarra foi construída define que tipo de guitarra ela é e (geralmente) para que tipo de música é utilizada. Considere apenas dois exemplos:

» Uma *guitarra de corpo maciço* é utilizada para o rock. Não possui aberturas no corpo — o que adiciona à sua sustentação (a capacidade da guitarra de aumentar o período de tempo em que uma nota tocada soa).

» Uma *archtop acústica* — semi-acústica — é utilizada para o jazz tradicional, visto que ela possui uma parte superior esculpida e contornada, a qual produz os tons suaves mais associados a esse estilo.

As seções seguintes abordarão os três assuntos mais importantes com respeito à construção da guitarra.

Madeira maciça versus madeira laminada

Um violão de madeira maciça é mais desejável do que o violão *laminado* (onde, em vez de utilizar uma peça maciça e mais espessa de madeira, o fabricante utiliza várias camadas de madeira barata, pressionadas juntas e cobertas com um verniz). As guitarras feitas totalmente de madeira maciça são muito caras — custam mais de R$1.650,00.

O topo do violão é o elemento mais crítico na produção do som; a parte traseira e os lados refletem principalmente o som de volta até o topo. Então, se você não puder pagar por um violão de madeira maciça, busque uma das várias configurações em que o topo é maciço e as outras partes são laminadas. Uma boa opção é o violão de topo maciço com traseira e lados laminados, que é menos cara do que um modelo de madeira maciça.

Se você não tiver certeza que uma guitarra ou violão possui madeira maciça ou madeira laminada, pergunte ao revendedor ou consulte o fabricante.

Tampos

No reino da guitarra, um grande determinante do preço é se o topo possui um tampo. Um *tampo* é uma camada decorativa de madeira fina — geralmente uma variedade de maple *figurado* (que tem um padrão decorativo natural) — que fixa sobre o topo do corpo da guitarra sem afetar o som. Madeiras populares de tampo incluem flame maple e quilted maple. Topos de madeira figurada geralmente vêm com um acabamento claro ou transparente para mostrar o belo padrão natural da madeira.

Construção do braço

A lista a seguir descreve os três tipos mais comuns de construção do braço, do mais barato ao mais caro:

» **Aparafusado:** O braço é preso às costas da guitarra no calcanhar, com quatro ou cinco parafusos (embora, às vezes, uma placa do calcanhar cubra os buracos dos parafusos). As Fender Stratocasters e Telecasters possuem braços aparafusados.

» **Fixado (ou colado):** O braço se liga ao corpo com uma superfície uniforme cobrindo a ligação, criando um efeito contínuo do braço até o corpo. A ligação é, então, colada. As Gibson Les Paul e as Paul Reed Smith possuem braços colados.

» **Braço inteiriço:** Uma construção sofisticada onde o braço é uma longa unidade (embora geralmente consista em várias peças de madeira coladas) que não para no corpo, mas continua até a traseira da guitarra. Esse tipo de braço é ótimo para obter sustentação máxima. A Jackson Soloist é um exemplo de uma guitarra com um design de braço inteiriço.

LEMBRE-SE O fato de uma técnica de construção ser mais avançada ou cara não significa que seja necessariamente melhor do que outras técnicas. Você poderia "aperfeiçoar" o som da Strat de Jimi Hendrix modificando seu braço para uma configuração colada? *Sacrilégio!*

Materiais: madeira, engrenagens e outras guloseimas

Uma guitarra, assim como uma escultura, não está limitada pelo que ela é feita. *David*, de Michelangelo, e o prato de doce da sua tia Agnes são ambos feitos de mármore, mas você viajaria até Florença para ver qual? (Dica: supomos que você não seja louco por doces.) Portanto, não julgue a guitarra com base *apenas* em seu material, mas considere que uma guitarra feita com materiais melhores (ornamentos de abalone, em vez dos de plástico) tende a possuir também uma mão de obra melhor — e, então, ser uma guitarra melhor — do que um modelo que utiliza materiais baratos. Nas seções seguintes, abordaremos alguns materiais importantes da guitarra.

Madeiras

Como você pode imaginar, quanto mais cara e rara for a madeira, mais cara será a guitarra construída com ela. Os fabricantes dividem as madeiras em categorias, e cada categoria influencia o preço total da guitarra de alguma maneira.

LEMBRE-SE Veja a seguir os três critérios utilizados para classificar as madeiras:

- » **Tipo:** Essa categoria simplesmente determina se um pedaço de madeira é mogno, maple ou jacarandá. O jacarandá tende a ser a madeira mais cara utilizada na construção de corpos de guitarras e violões, seguido pelo maple e, em terceiro, o mogno.
- » **Estilo:** Você também pode classificar as madeiras através da região ou do estilo de natureza. O jacarandá brasileiro é mais vermelho e ondulado do que o jacarandá indiano do oeste, e é também mais caro. Os maples figurados, como o quilted maple e o flame maple, são mais caros do que o rock maple e o bird's eye maple.
- » **Graduação:** Os fabricantes de guitarras utilizam um sistema de graduação, de A até AAA (a maior), para avaliar as madeiras com base em grão, cor e consistência. As guitarras de alta qualidade recebem a madeira de maior grau.

Ferragens

Em instrumentos mais caros, você vê aprimoramentos de todos os componentes, incluindo as *ferragens*, ou as partes de metal da guitarra. A ferragem de placa de cromo geralmente é a mais barata. Então, se você começar a pesquisar guitarras mais caras, começará a ver botões, seletores e tarraxas de ouro e com acabamento preto fosco no lugar do cromo.

LEMBRE-SE A verdadeira ferragem que o fabricante utiliza — não simplesmente o acabamento visto na guitarra — também muda nos instrumentos mais caros. Ferragens de alta qualidade e de marca registrada muitas vezes substituem a ferragem de marca genérica menos prestigiosa do fabricante em guitarras sofisticadas. Por exemplo, os fabricantes podem utilizar um produto de maior qualidade para as tarraxas em uma guitarra luxuosa — como *locking Sperzels* (uma marca e tipo de afinador terceirizado popular), que trava a corda no lugar, em vez de forçar o usuário a amarrá-la.

A ponte também é uma importante área de aprimoramento. A chamada *ponte flutuante* (assim designada porque você pode movê-la para cima e para baixo por meio da alavanca) é uma mistura complicada de cordas, botões de afinação e âncoras. As melhores montagens flutuantes, como o sistema Floyd Rose ou os sistemas manufaturados sob uma licença Floyd Rose, operam muito mais suave e confiavelmente do que variedades simples de três cordas encontradas em guitarras de baixo custo. (As cordas voltam diretamente para seus lugares em um sistema Floyd Rose, mesmo depois de você atormentar a alavanca.)

Captadores (pickups) e parte elétrica

A menos que o fabricante da guitarra também seja conhecido como um grande fabricante de captadores, você vê mais e mais usos de captadores terceirizados conforme pesquisa guitarras de maior qualidade. Na arena elétrica, Seymour Duncan, DiMarzio, Bartolini, Bill Lawrence, Lace e EMG são exemplos de marcas de captadores de alta qualidade que os fabricantes de guitarras utilizam em seus modelos. Fishman e LR Baggs são dois sistemas acústicos populares, encontrados em muitas guitarras conhecidas.

Embora eles não sejam conhecidos por nome de marcas, a elétrica das guitarras também são aperfeiçoados junto com os outros componentes quando você se aventura em território mais caro. Você pode ver uma maior variedade, por exemplo, na manipulação dos captadores. Os fabricantes podem providenciar circuitos que mudem captadores double-coil, ou humbucker, para single-coil, permitindo que imitem o comportamento de captadores como o da Strat. Ter uma guitarra que pode imitar o comportamento dos captadores de outros tipos de guitarra fornece a você um instrumento versátil em relação à tonalidade. Você também pode ver mais manipulação em esquemas de instalações elétricas. Por exemplo, os fabricantes de guitarras podem reverter a *polaridade* de um captador — a direção em que o sinal flui — para fazer a guitarra soar mais macia e mais girada.

Em guitarras mais caras, você também pode encontrar volume e controles de tom melhorados, resultando em uma melhor *transição*. Transição é a gradualidade ou brusquidão da mudança (também chamada de *reação*) de uma característica do sinal (nesse caso, volume e tom) à medida que você gira um botão do valor mínimo para o máximo. Um botão exibindo uma transição mais suave é evidência de eletrônicos de alto grau. Guitarras muito baratas não lhe dão som nenhum até que você aumente até o 3; então você terá um aumento do som do 4 para o 7 e praticamente nenhuma mudança entre o 7 e o valor máximo do botão, 10 — ou, naquelas guitarras realmente raras e barulhentas, 11. (E, se você não entendeu essa última piada, vá alugar o hilário rockumentário *This is Spinal Tap*. É obrigatório que todos os guitarristas assistam.)

Mão de obra

Para guitarras mais caras, você realmente pode vestir suas luvas brancas e se inquietar. Nós já vimos prováveis compradores trazerem um espelho de dentista para inspecionar o interior de um violão.

Para violões que vão do preço médio ao mais caro, você deve esperar encontrar *juntas sem fendas* — conexões sólidas entre os componentes, especialmente onde o braço encontra o corpo. Você também deve esperar encontrar cola limpa e sem bolhas (no topo e na traseira), uma aplicação suave e uniforme do acabamento, e uma boa organização: as cordas na altura certa sem nenhum ruído, o braço apertado ou agudo e a entonação real (veja o Capítulo 19 para mais informações sobre entonação).

Observe os lugares da guitarra onde diferentes superfícies se encontram — particularmente onde o pescoço se junta ao corpo e a borda da escala, onde os trastes de metal se juntam aos slots do traste. Você não deve ver nenhum traço de cola excessiva e as superfícies devem estar uniformemente combinadas às demais.

Você pode coletar todas essas informações simplesmente tocando a guitarra e atentando às suas impressões. Assim como viajar em um Rolls-Royce ou Bentley, tocar uma guitarra de boa qualidade deve ser um passeio tranquilo.

Ajustes (customização)

Os ajustes são os materiais especiais que não possuem nenhum efeito acústico ou estrutural sobre a guitarra. Eles existem somente em elementos decorativos. Algumas pessoas consideram os ajustes especiais espalhafatosos ou pretensiosos, mas nós achamos que uma excelente guitarra é uma obra de arte para apreciar tanto com os olhos quanto com os ouvidos.

Ajustes típicos incluem ornamentos de braço intricados (como figuras abalone escareadas na escala), desenhos especiais da cabeça, engrenagens em placa de ouro e, no violão, revestimento sobre as margens do corpo e da abertura.

Um aspecto sutil sobre os ajustes: você pode pensar que a única diferença entre duas guitarras está nos ajustes — por exemplo, os ornamentos especiais podem parecer ser a única coisa que distingue entre certos modelos Grand Deluxe e Deluxe de uma empresa. No entanto, a verdade é que a guitarra mais cara — embora, de maneira nominal, a mesma em materiais e construção — muitas vezes obtém os materiais superiores e passa por um controle de qualidade mais rigoroso.

Essa situação é apenas uma realidade darwiniana. Se 12 pedaços de madeira, todos destinados a se tornarem topos da guitarra, vão para a fábrica e são designados para seis Grand Deluxes e seis Deluxes (títulos fictícios, a propósito, não possuindo nenhuma semelhança a modelos reais de guitarra, atuais ou não mais fabricadas), as seis melhores peças de madeira são destinadas a Grand Deluxes e o restante vai para os modelos Deluxe. Elas são todas de classificação idêntica, mas humanos com poderes subjetivos decidem quais modelos recebem quais topos.

Antes de Comprar: Conhecendo o Processo de Compra

Comprar uma guitarra é parecido com comprar um carro ou uma casa (tudo bem, é um *pouco* menos importante do que comprar uma casa) pois é um empreendimento estimulante e divertido, mas você deve ter cuidado e ser um consumidor atento. Só você sabe qual é a guitarra certa para si mesmo, qual é o preço apropriado para seu orçamento e nível de comprometimento, e se um negócio parece ser bom ou não. Não ignore seu instinto natural como comprador, mesmo se você for um principiante na compra de guitarras. Veja, ouça, considere, vá almoçar antes da grande compra e fale sobre isso com sua amada(o). Forneceremos algumas diretrizes úteis nas seções seguintes.

LEMBRE-SE Tenha em mente que você está fazendo uma *compra*. E toda a experiência de compra não difere na compra de uma guitarra em relação a qualquer outro produto. Pesquise e veja opiniões diferentes *antes* de comprar. Além disso, confie em seus instintos.

Escolhendo entre vendedores online e grandes lojas

Em quantas compras, hoje em dia, você se depara com a seguinte questão: "Compro em uma loja física ou online?" Quando o assunto é um instrumento musical, uma boa regra é: se sabe *exatamente* o que quer — até a cor e os opcionais —, você pode considerar comprar o instrumento online. Com frequência, você consegue o melhor preço disponível para o instrumento escolhido indo por esse caminho e pode inclusive evitar pagar taxas (se for um produto importado), embora possa ter de pagar o frete. (Alguns vendedores online oferecem frete grátis sob certas circunstâncias.)

LEMBRE-SE Comprar às cegas é comum com muitos produtos, tais como eletrônicos, gadgets, automóveis e computadores. Porém, se você não quiser comprar algo tão pessoal quanto uma guitarra sem se apaixonar por ela primeiro — isto é, você quer namorá-la antes de pedi-la em casamento —, você definitivamente vai preferir a abordagem das grandes lojas. Uma guitarra comprada em uma loja normalmente vem com um acordo de serviço oficial e não oficial, cooperação amigável dos funcionários que vale o peso em ouro. Lojas de música sabem que estão competindo com vendedores online e tentam se sobressair oferecendo melhores serviços.

Buscando consultoria especializada

Um certo ditado diz: "Um sábio é alguém que conhece mais do que você". Se você tem algum amigo cujo conhecimento e experiência com guitarras ultrapassa o seu, convide-o para ir até a loja com você. Esse amigo não conhece apenas mais sobre guitarras, mas também conhece *você*. Um vendedor não o conhece, nem possui seus melhores interesses em mente. Mas um amigo, sim. E obter outra opinião não dói, nem que seja só para ajudá-lo a articular a sua própria.

Recrute seu professor de guitarra (se você tiver um) para ajudá-lo a navegar pela selva dos compradores de guitarra, especialmente se ele já está com você por um tempo e conhece seus gostos e estilo de tocar. Seu professor pode conhecer coisas sobre você que você nem sequer compreende sobre si mesmo — por exemplo, que você perdeu tempo na seção de corda de aço, pois seus principais interesses estão na música de violão de corda de nylon. Um bom professor faz perguntas, escuta as suas respostas e o guia gentilmente para onde *você* quer ir.

Outro ditado, no entanto, diz: "Moe era o mais esperto dos Três Patetas". Se você tem um amigo que é como Moe — mais esperto do que você quando o assunto é guitarra, mas normalmente um pouco pateta — deixe-o em casa. Você não precisa de um sabichão fazendo palhaçada (e beliscando o nariz do vendedor com um par de alicates) enquanto você tenta se concentrar.

Negociando com o vendedor

Negociar com o vendedor não precisa ser um evento estressante ou antagônico, mas algumas pessoas sentem-se bastante inquietas com essa situação. Se você já estabeleceu suas prioridades antes de entrar na loja, não pareça vago ou despreparado quando ele começar sua salva de perguntas.

A típica primeira pergunta de um vendedor pode ser "Quanto você quer gastar?". Em essência, essa pergunta significa "Que faixa de preço você está procurando, para que assim eu saiba para qual seção da loja posso levá-lo?". É uma questão legítima e, se você der uma resposta clara, certamente economizará muito tempo. O vendedor também pode questionar sobre sua habilidade para tocar e suas preferências de estilo, então esteja pronto para responder essas perguntas.

Esteja preparado para responder as questões do vendedor de forma sucinta — por exemplo, "Eu prefiro guitarras do estilo Strat, embora não necessariamente Fender, sou executor intermediário de blues — não um shredder — e gostaria de gastar até R$1.000,00". Respostas como essas fazem você soar decidido e ponderado. O vendedor terá informação suficiente para seguir com base nessas respostas. Mas se, em vez disso, você disser, "Ah, para a guitarra certa, o preço não é importante; eu gosto do modelo que aquele cara toca na

MTV", você não será levado a sério — e provavelmente nem acabará comprando o instrumento que queria.

Enquanto o vendedor estiver falando, ouça cuidadosamente e faça perguntas. Você está ali para observar e absorver, não para impressionar. Se você decidir que não está pronto para comprar neste momento, diga a ele. Agradeça pelo seu tempo e pegue seu cartão. Você é certamente livre para ir a outra loja e investigar. Fazer isso não é apenas sua opção — é seu dever!

Fechando o negócio

LEMBRE-SE

Você pode encontrar o preço de *catálogo*, ou *lista de catálogo*, antes de ir até a loja. O fabricante determina esses números e eles são de conhecimento público. Veja os classificados nas revistas de guitarra para encontrar a informação de contato da companhia e ligue ou visite seu site para determinar o preço de catálogo sugerido pelo fabricante sobre um produto específico ou para receber um prospecto. Quando escrevemos este livro, uma Gibson Les Paul Standard estava *listada* por R$5.400,00 e uma Fender American Standard Stratocaster estava *listada* por R$2.200,00. A Figura 16-2 mostra essas duas guitarras famosas.

FIGURA 16-2: Dois clássicos com base nos quais os músicos julgam a maioria das guitarras no mercado.

Gibson Les Paul   Fender Stratocaster

Fotografias por cortesia da Gibson Guitar Corp. e Fender Musical Instruments Corporation

Os números anteriores são preços de *lista*. Lojas de música oferecem desconto e o número pode variar significativamente. Grandes lojas de centros urbanos que compram uma quantidade significativa de instrumentos geralmente oferecem descontos melhores do que as lojas menores (independentes) em áreas afastadas ou remotas. Compra por correspondência e lojas pela internet podem igualar ou, às vezes, bater os preços das grandes lojas, porque elas não possuem a sobrecarga de manter uma loja física.

Ao decidir onde comprar, não negligencie o valor do serviço. Lojas de catálogo — ao contrário das de internet e por correspondência — estão em melhor posição para oferecer um serviço próximo e pessoal para um novo consumidor da guitarra. Talvez como resultado da competição criada com o sucesso de lojas online por correspondência, muitas lojas estão aumentando seus incentivos de serviço. O serviço inclui desde consertar problemas menores e fazer ajustes até providenciar *checagens* periódicas (como uma revisão do motor ou uma troca de óleo para sua guitarra). Uma loja de música pode ser um ótimo lugar para simplesmente passar um tempo e falar sobre guitarras!

Lembre-se, no entanto, que os preços da lista são de conhecimento público, e os vendedores de todos os tipos de fornecedores devem dizer a você o preço de venda *sem obrigações* (isto é, sem nenhuma condição estipulada). O fornecedor pode legalmente subir o preço da lista, mas você deve insistir pelo máximo desconto. O preço de venda propagado é tipicamente o mais baixo ao qual o vendedor pode chegar. Se você for comparar os preços online com os das grandes lojas, certifique-se que os preços online são oferecidos por vendedores estabelecidos e com boa reputação, e tente ser compreensivo quando encontrar preços levemente mais altos nas lojas.

NESTE CAPÍTULO

Aumentando a potência com amplificadores

Avaliando efeitos

Escolhendo um case

Completando seu arsenal

Capítulo 17
Amplificadores, Efeitos, Cases e Acessórios

Após ter adquirido sua guitarra, você precisa pensar sobre todos os pequenos (e não tão pequenos) itens que tornam sua vida muito mais fácil — se você for um guitarrista, é claro. Alguns dos produtos que descreveremos neste capítulo são essenciais — por exemplo, cases e cordas (e amplificadores, se você estiver tocando uma guitarra) —, mas você pode pensar em outros meramente como acessórios. Nós achamos que todos esses itens são úteis e possuem alguma aplicação musical e prática. Você não encontrará adesivos de para-choque ou canecas com o escrito "Guitarristas são gênios da digitação" nestas páginas — apenas uma pequena lista de itens que realmente podem ajudá-lo.

Ficando Ligado com Amplificadores

A rigor, você *pode* tocar uma guitarra sem nenhuma amplificação, mas tocar dessa maneira não é muito divertido. Sem um amplificador, você ouve as notas zumbindo como pequenos mosquitos musicais, mas não alcança nenhuma expressão ou tom. Além disso, você não consegue chacoalhar as janelas e sacudir uma tábua do assoalho com seu riff "Smoke on the Water" aprendido recentemente a menos que conecte-se e tenha decibéis para queimar.

DICA

Recomendamos que considere a guitarra sua compra mais importante. Porém, após ter usado suas economias para obter aquela guitarra que estava um pouco além dos seus recursos, você pode ir em frente e exercitar mais alguma irresponsabilidade financeira comprando um bom amplificador. Você não pode começar a desenvolver um tom completamente maduro e individual até que tenha tanto uma guitarra de qualidade quanto um amplificador decente correndo juntos. No entanto, se *tiver* que ser mesquinho com alguma dessas compras, sugerimos que não gaste tanto com o amplificador — a princípio.

Os amplificadores são classificados em duas categorias gerais — práticos e de desempenho. As maiores diferenças entre amplificadores práticos e amplificadores de desempenho resumem-se a tamanho, potência e custo. A Figura 17-1 mostra um amplificador prático e um amplificador de desempenho.

FIGURA 17-1: Amplificadores de desempenho, como o da esquerda, são maiores e mais poderosos do que amplificadores práticos, à direita.

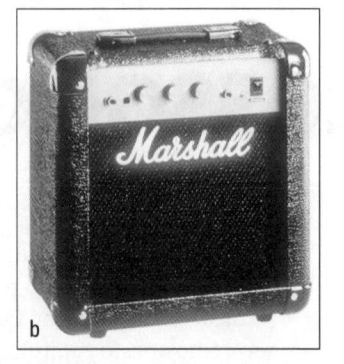

Fotografias por cortesia da Marshall Amplification plc

Começando com um amplificador prático

LEMBRE-SE

Se você tiver fundos limitados, comece com um *amplificador prático* — um que tenha um conjunto de recursos decente (controle de tom, reverb e dois ou mais controles de volume para que você possa esculpir seu som distorcido) e que lhe dê um bom som até mesmo em volumes baixos (6 a 12 watts é típico em amplificadores práticos). Esse tipo de amplificador inicial acostuma você a ouvir a guitarra como ela é criada para ser ouvida — através de um amplificador.

Amplificadores práticos podem ter um custo tão baixo quanto R$300,00 e apresentam características que aparecem em suas contrapartes de desempenho muito mais caras. Com amplificadores, o poder — e não as características — é o que eleva o preço. Poder é caro para construir e requer transformadores resistentes, alto-falante e gabinete. Para uso doméstico e casual, como uma sessão entre amigos em um porão, 15 ou 20 watts geralmente é alto o bastante, e 6 a 12 watts é suficiente para praticar solo e tocar junto com seu estéreo.

Por outro lado, características, tais como controles de tom e efeitos (reverb e tremolo, por exemplo), são mais fáceis de implementar porque os fabricantes podem gravá-las em um chip e instalá-lo em uma placa circuito. Veja a seguir algumas coisas úteis a se buscar em um amplificar prático:

- » **Estágios de múltiplos ganhos:** *Ganho* é a palavra técnica para "poder sonoro", e ter dois ou mais controles de volume separados em um amplificador lhe dá mais flexibilidade para desenvolver um som distorcido.

- » **EQ de 3 bandas:** EQ, ou *equalização*, são controles de tom para graves, médios e agudos. Um aparelho de equalização é um controle de tom extravagante que lhe dá mais flexibilidade sobre o conjunto grave, médio e agudo do seu som.

- » **Reverb embutido:** *Reverb* é um efeito eco que faz a guitarra soar como se estivesse sendo tocada dentro de um determinado ambiente — lugares de tamanhos variáveis, uma sala de concertos, uma catedral, um desfiladeiro, etc. (Veja a seção "Efeitos: Pedais e Outros Dispositivos", logo mais neste capítulo, para mais informações.)

- » **Troca de canal através do pedal:** Permite a você acessar diferentes grupos de controle de volume e tom. Alguns amplificadores práticos incluem isso; outros não. Decida se essa característica é importante o bastante para pagar por ela em um amplificador prático. Você também pode obter seu som distorcido através de um efeito externo, como uma stomp box, mas isso é um pouco mais inconveniente. (Veja a seção "Efeitos: Pedais e Outros Dispositivos", logo mais neste capítulo, para mais informações sobre distorção e outros efeitos.)

- » **Conector para fone de ouvido:** Um *conector para fone de ouvido* é um objeto muito conveniente em um amplificador prático porque permite que você consiga um som completamente relacionado ao amplificador sem passar pelo alto-falante. É ótimo para praticar durante a madrugada!

DICA

Por causa da miniaturização de todos os objetos eletrônicos, agora você pode obter sons de guitarra completos e autênticos através de uma unidade do tamanho de uma câmera portátil — contanto que ouça através de fones de ouvido (ou seja, ele não possui alto-falante e amplificador). Esses acessórios maravilhosos vêm com presilhas para cinto e são alimentados a bateria para prática livre (são ótimos para tocar no banheiro, em frente ao espelho).

Além disso, eles oferecem distorção, EQ, reverb e outros efeitos; diversos *presets* (sons programados ou configurados pelo fabricante); e som estéreo. Essas unidades são excelentes para tocar em um veículo em movimento e podem até mesmo mandar um sinal para uma fita ou disco, próprio para gravar. Eles custam cerca de R$330,00 (as séries Korg Pandora e Zoom 9000 são apenas dois exemplos), mas valem a pena se a portabilidade, a privacidade e o tom autêntico forem importantes para você.

Comandando um amplificador de desempenho

Os amplificadores práticos servem a um propósito, mas eles não resistem se você tentar elevá-los para os níveis de desempenho. *Desempenho*, nesse caso, significa tocar alto o suficiente tanto para ser ouvido por seus três amigos em uma garagem apertada quanto para ser ouvido acima do baterista e do baixista barulhentos no Saturday Night Blues Bash do Slippery Sam.

Após ter decidido arriscar-se cegamente no universo dos amplificadores de alta qualidade, você tem inúmeras opções de marcas e modelos para escolher. Converse com outros guitarristas e vendedores de lojas de música, leia revistas sobre guitarra e ouça gravações para descobrir quais amplificadores os artistas que você gosta utilizam. Sua escolha de amplificador é tão pessoal e individual quanto sua escolha de guitarra. O amplificador não deve apenas soar bem, mas também parecer ótimo e *sentir* como se fosse o amplificador correto para você. A busca pelo amplificador perfeito é tão difícil quanto a procura pela guitarra perfeita. Ou quase.

Amplificadores de desempenho são mais poderosos do que amplificadores práticos. Maior potência não significa apenas um amplificador mais alto. Uma potência aumentada também fornece um sinal mais limpo e puro em volumes mais altos. Em outras palavras, se dois amplificadores de potências diferentes produzem a mesma intensidade total, o amplificador mais poderoso produz o sinal mais limpo.

Um amplificador de 50 watts geralmente é mais do que suficiente para circunstâncias de atuação doméstica e normal, como tocar em uma banda de cinco pessoas em um bar local. Se você toca em locais mais amplos ou toca em um gênero que requer níveis absurdamente mais altos — como o heavy metal — escolha um de 100 watts. Executores que desejam um som muito limpo e que tocam em estéreo (requerendo dupla potência) podem optar por 100 watts despreocupadamente, porque podem ficar mais limpos em níveis mais altos.

Muitos amplificadores podem operar em 100 ou 50 watts, permitindo a você selecionar a potência através de um interceptor. Por que você iria querer operar em 50 watts se pagou por um amplificador de 100 watts? Porque um amplificador de 50 watts "satura", ou distorce, mais rápido (em um nível mais baixo) do que um de 100 watts e, para muitos tipos de música (blues, rock, metal), essa distorção é desejável.

PAPO DE ESPECIALISTA

No passado, todos os circuitos eletrônicos eram alimentados por válvulas eletrônicas — aqueles cilindros de vidro que brilham vermelhos na traseira dos rádios antigos. À medida que a tecnologia se desenvolveu, eletrônicos de estado sólido (que consistem em transistores e, mais tarde, microchips) substituíram as válvulas, exceto em amplificadores de guitarra. A última geração de amplificadores apresenta tecnologia digital para *modelar*, ou emular, a variedade de tons e efeitos da guitarra. Muitos argumentam, no entanto, que a tecnologia da válvula ainda produz o melhor tom (mais quente e completo, em parte devido à maneira que as válvulas afetam o sinal) para guitarras porque, embora não sejam tão eficientes ou até mesmo tão exatos ao reproduzir o sinal original, amplificadores valvulados fornecem o tom mais musical. Todos os seus guitarristas favoritos gravam e tocam exclusivamente com amplificadores valvulados, desde um Marshall de 100 watts e um Fender Twin até um Vox AC30 e um MESA/Boogie Dual Rectifier.

AMPLIFICADORES DE GRAVAÇÃO

Embora amplificadores de alta potência normalmente custem mais do que os similares de baixa potência, isso não significa que todos os amplificadores de baixa potência sejam baratos. Muitos fabricantes fazem amplificadores de alta qualidade e de preços elevados que só proporcionam baixa potência, e esses amplificadores são especialmente populares para gravar porque não sacodem as estruturas da sua casa ao fazer música. Com *amplificadores de gravação*, é a qualidade, não a potência, que os torna caros.

DICA

Como um iniciante, você pode não apreciar (ou se importar com) as diferenças entre tom de válvula e de estado sólido (transistor). Você pode obter uma boa distorção de som com um amplificador de estado sólido e, em geral, eles são mais baratos, então você provavelmente deve escolher um amplificador de estado sólido e ignorar o debate de tom por completo. Além disso, você pode preferir obter sua distorção de som a partir de um pedal, tornando todo esse problema discutível. Busque, em vez disso, características como efeitos embutidos (reverb, chorus e assim por diante) e conectores para fone de ouvido. Sobretudo, ouça o som e gire os botões. Se você gosta do que ouve e se sente confortável conectando em sons diferentes, o amplificador é perfeito para você.

Efeitos: Pedais e Outros Dispositivos

Os guitarristas raramente plugam em um amplificador e começam a tocar. Bem, eles até podem começar dessa maneira, mas, se você ouvir o rádio — ou qualquer música de guitarra gravada —, pode perceber rapidamente que há muito mais acontecendo do que apenas um som de guitarra "direto". No mínimo, você ouve algum tratamento circundante na forma de criar eco artificialmente, ou *reverb*, como o efeito é conhecido na linguagem de guitarra. Você pode ouvir alguma distorção (proposital), especialmente nas músicas de rock e blues, e efeitos adicionais, como um wah-wah e outras manipulações eletrônicas.

Bem-vindo ao mundo maravilhoso e estranho dos *efeitos*. Os efeitos são acessórios que você pluga entre sua guitarra e seu amplificador e que permitem alterar seu sinal de diversas maneiras criativas e raras. Milhares desses pequenos acessórios estão disponíveis, criados por diferentes fabricantes e em todas as escalas de preço. Você pode comprá-los em unidades individuais ou em um pacote completo, chamado de *processador multiefeito*. Porém, tanto se você optar por um pacote completo quanto à la carte, os efeitos podem temperar o som básico da sua guitarra de diversas maneiras excitantes.

A maioria dos efeitos vem na forma de pedais acessados com os pés, também conhecidos como *stomp boxes*, pois ficam no chão e você os ativa pisando no pedal. Essa estrutura permite que você ligue e desligue seletivamente os efeitos enquanto toca a guitarra sem interrupção. A Figura 17-2 mostra um típico conjunto de efeitos com um número razoável de pedais na *cadeia de sinal* (isto é, na rota da guitarra até o amplificador).

DICA

Se você plugar, digamos, um acessório de reverb *alinhado* (isto é, entre o amplificador e a guitarra), pode fazer sua guitarra soar como se estivesse tocando na catedral. Uma unidade de distorção pode fazer seus tons soarem como aqueles de Jimi Hendrix, mesmo em volumes baixos e com seu amplificador adaptado para soar limpo.

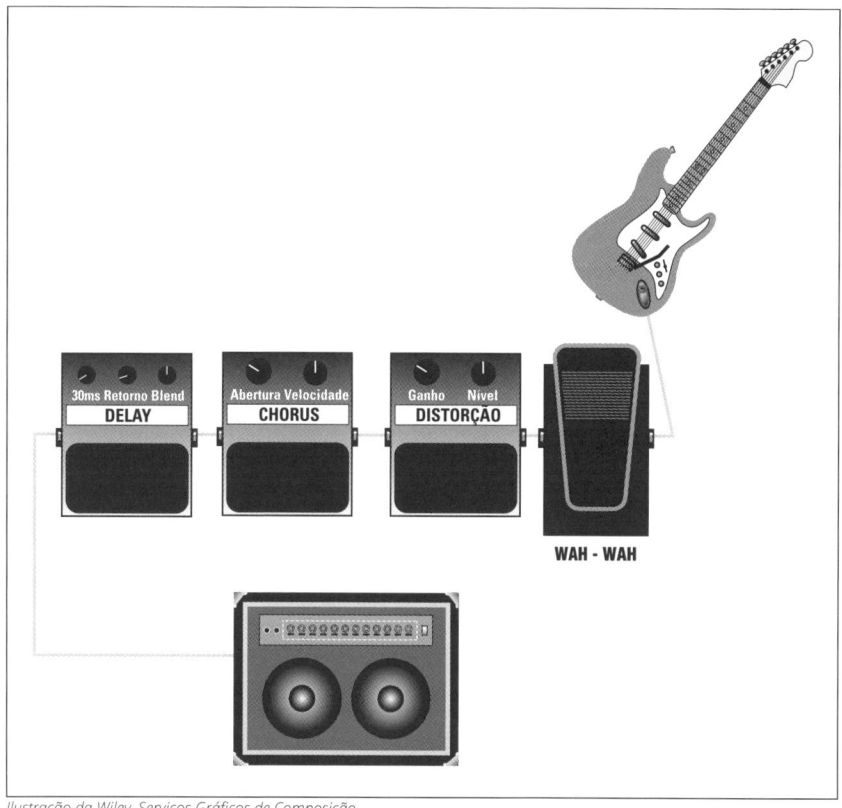

FIGURA 17-2:
Típico conjunto para um guitarrista usar efeitos.

Ilustração da Wiley, Serviços Gráficos de Composição

Investigando efeitos individuais

LEMBRE-SE

Dezenas de tipos de efeitos estão disponíveis — muito mais do que você poderia possuir e utilizar de uma vez. O preço dessas unidades individuais varia, com pedais de distorção tão baratas quanto R$150,00 e reverb digital e delay custando R$260,00 (ou mais). Para ajudá-lo a conhecer os vários tipos, listamos a seguir alguns dos efeitos mais populares:

» **Distorção:** Esse efeito simula o som de um sinal da guitarra muito forte para o amplificador; o acessório acelera o sinal ao ponto de saturação — mas de uma maneira musicalmente agradável. Distorção, para o guitarrista, pode significar desde uma característica levemente forte e quente até uma sustentação indistinta ou uma distorção gritante de serra elétrica, como a utilizada por bandas de metal e grunge.

» **Chorus:** Esse efeito simula o som de muitas guitarras sendo tocadas de uma vez, tornando o som total mais forte. Aumentar a velocidade produz um efeito modulado ou como tremolo. "Every Breath You Take", do The Police, exemplifica o som do chorus.

- **Flanger/Phase shifter:** Esses dois acessórios produzem efeitos semelhantes que criam um efeito tímido, girado e submerso, o qual se ouve nos antigos álbuns do Van Halen e no som da guitarra base de muitas músicas funk dos anos 1970.

- **Pitch shifter:** Esse acessório (também conhecido como *harmonizador*) permite que você toque em harmonia com você mesmo, dividindo o sinal em dois caminhos, o original e um intervalo musical definido pelo usuário, tal como uma terça maior (4 semitons); isso também proporciona efeitos como chorus. Um pitch shifter de intervalo fixo popular é o *pedal octave*, muito bem utilizado por Jimi Hendrix, que produz um tom de uma ou duas (ou ambos) oitavas (12 semitons) mais baixo do que o original.

- **Digital delay:** Esse acessório produz uma repetição discreta do seu som, sendo bom para ecos, efeitos espaçosos e criar repetições cronometradas de acordo com o ritmo de suas notas. A versão analógica era um acessório tape echo que, na verdade, gravava o som em fita magnética e o tocava novamente momentos depois. Tape echoes ainda desfrutam de alguma popularidade por causa de sua qualidade exclusiva, sonora de alta qualidade e tonal (que é inferior à versão digital em termos de réplica exata do sinal original). Ouça a abertura de "Welcome to the Jungle", do Guns N' Roses, para escutar o som do digital delay.

- **Pedal wah-wah:** Esse pedal de efeitos é um tipo de filtro de frequência (o qual varia o conteúdo grave e agudo de um sinal) que enche a guitarra de características expressivas como as da voz (na verdade, soa como se você estivesse dizendo "uá"). Você controla o som aumentando ou diminuindo um foot pedal. Esse acessório se tornou popular com Jimi Hendrix e foi o mais importante som de disco guitar. Eric Clapton também deu utilizou um wah em "White Room", durante seus dias de Cream.

- **Reverb:** Esse efeito reproduz o som eco natural produzido em ambientes como um quarto grande, um ginásio, uma catedral e assim por diante. Geralmente, está incluso nos amplificadores em uma versão limitada (muitas vezes, tendo apenas um controle), mas tê-lo como um efeito separado lhe dá maior variedade e controle.

- **Tremolo:** Assim como o reverb, o tremolo foi incluído em muitos amplificadores dos anos 1950 e 1960 (tal como o Fender Twin Reverb) e agora está disponível em pedal. O tremolo é a rápida flutuação do volume (não do tom, como o vibrato) que faz sua guitarra soar como se você a estivesse tocando através do movimento lento de um ventilador. "Crimson and Clover", de Tommy James and the Shondells, apresenta um efeito tremolo proeminente.

Considerando processadores multiefeitos

DICA

Os pedais individuais são uma ótima comodidade, porque eles permitem que você compre efeitos um por vez e utilize-os de forma *modulada* — você pode escolher incluí-los em sua cadeia ou não e pode rearranjar sua ordem para criar efeitos diferentes. No entanto, muitos guitarristas optam por *unidades de multiefeitos*, que colocam todos os efeitos individuais em um único local. Unidades de multiefeitos são *programáveis*, significando que você pode armazenar configurações diferentes e retornar a elas com uma batida do pé. Unidades de multiefeitos, como pedais individuais, também oferecem uma opção modulada para a ordem dos efeitos, embora isso seja feito eletronicamente, em vez de fisicamente.

Em geral, unidades de multiefeitos podem fazer tudo o que pedais individuais fazem, então a maioria dos guitarristas que utiliza muitos efeitos acaba comprando um. Você ainda pode utilizar seus pedais individuais também, juntando-os à unidade de multiefeitos. A maioria dos guitarristas mantém seus pedais individuais mesmo depois de adquirir unidades de multiefeitos, porque os pedais individuais são pequenos, simples de operar e convenientes. Um guitarrista talvez não queira carregar uma unidade de multiefeitos grande e difícil de manejar até uma sessão casual para relaxar onde precisará de apenas um ou dois efeitos. A faixa de preço para unidades de multiefeitos para guitarra é de R$230,00 a R$2.500,00. Elas podem ser encontradas em diversos tamanhos, incluindo as que vêm com aplicativos para smartphones ou dispositivos móveis.

Fazendo Caso para Cases

Uma case é tão importante para sua guitarra que muitos fabricantes incluem a case no preço da guitarra. Muitos fabricantes criam cases especiais para modelos específicos e enviam as guitarras dentro dessas cases para as lojas. Essa prática faz a compra da guitarra sem a case se tornar difícil — e com razão.

LEMBRE-SE

Comprar um instrumento importante e tentar levá-lo embora da loja sem a proteção apropriada, de alta qualidade, é uma forma tola de economizar dinheiro. O gesto mais respeitoso que você pode ter com seu instrumento é lhe dar um lugar seguro para dormir.

As cases vêm em três tipos básicos: o tipo hard ou hard-shell (fortes), a variedade soft (macia) e a gig bag (bag de turnê). Cada uma possui suas vantagens, e o fator de proteção é proporcional ao custo: quanto mais cara a case, melhor a proteção que ela oferece ao instrumento.

Cases fortes (hard cases)

A *hard case* (case forte) é a opção mais cara (R$130,00 a R$200,00, e mais), mas oferece a melhor garantia contra dano para sua guitarra. É feita de couro ou madeira revestida de nylon e sobrevive até a aspereza dos encarregados das malas nos aeroportos, providenciando proteção inquebrável ao seu instrumento. Eles podem derrubar objetos pesados sobre a case e amontoar sob outras bagagens sem causar nenhum estrago à preciosa guitarra em seu interior.

LEMBRE-SE

A coisa mais segura a fazer é comprar uma case forte, a menos que você tenha alguma razão realmente convincente para não obtê-la. Se você ainda não possui uma case para a sua guitarra e está pensando em comprar uma, tente imaginar alguma situação onde a case forte *não* seja apropriada. Se não conseguir pensar em uma resposta rapidamente, escolha uma case forte e pronto.

Cases macias (soft cases)

Uma *case macia* não é completamente macia, sendo, na verdade, mais dura do que macia. Geralmente, ela é feita de algum material de partícula prensada, como papelão, e pode fornecer um pouco de proteção para seu instrumento — por exemplo, se alguém derruba uma caneca de café sobre ela (isto é, uma caneca de café vazia). Mas é só isso. Você pode obter essas cases por cerca de R$50,00.

CUIDADO

A case macia é uma alternativa barata para a case forte porque permite a você transportar seu instrumento sem o expor aos elementos e, pelo menos, previne que algo exterior o arranhe. No entanto, essas cases deformam facilmente se você as coloca sob qualquer pressão (como ficar imprensada em uma esteira do aeroporto) e desmoronam, dobram e rasgam com muito mais facilidade do que a case forte. Na maioria dos casos, no entanto, a case macia proporciona proteção contra solavancos e batidas que arranhariam uma guitarra desprotegida.

Bags de turnê (gig bags)

A *bag de turnê* não providencia praticamente nenhuma proteção contra choque porque é uma bolsa feita de nylon, couro ou algum outro tecido — ou seja, uma bag. Bags de turnê são fechadas com zíper e têm a mesma consistência de qualquer outra bagagem macia. Elas custam entre R$40,00 e R$250,00.

As vantagens das bags de turnê é que elas são leves, ajustam-se a seu ombro e ocupam apenas o espaço da guitarra — sendo a case ideal para quando você precisa guardar sua guitarra no compartimento de bagagens de mão do avião.

CUIDADO — Os moradores das grandes cidades que pegam transporte público preferem bags de turnê. Com uma bag de turnê sobre seus ombros e um carrinho de bagagem levando um amplificador na outra mão, eles ainda possuem uma mão livre para pagar uma ficha na roleta do metrô e segurar as barras no vagão. No entanto, uma bag de turnê não protege tanto quanto uma case macia e você não deve amontoar nada em cima dela.

Acessórios: Outros Materiais Essenciais para Completar Sua Configuração

Além de escolher os principais componentes do seu conjunto — guitarra, amplificador, efeitos e cases —, você ainda tem que tomar decisões sobre um elenco inteiro de personagens secundários. São pequenas coisas que, embora baratas e fáceis de serem adquiridas, são vitais para manter seu equipamento principal feliz e saudável. Nas seções seguintes, recomendaremos os acessórios indispensáveis que completam seu conjunto de fazer música.

Cordas

Você sempre precisa ter cordas sobressalentes à mão pela simples razão que, se uma se romper, você precisa trocá-la imediatamente. Para tanto, é necessário que você carregue ao menos um jogo completo — qualquer uma das seis cordas pode se romper. Ao contrário dos pneus de carro, onde um reserva serve para tudo, as guitarras utilizam seis cordas medidas individualmente. Isso é um grande problema para os guitarristas que rompem a mesma corda várias vezes — eles terão diversos jogos parciais! Felizmente, jogos de cordas são baratos — cerca de R$25,00 se você comprar um único jogo e mais barato ainda se comprar uma caixa com 12 jogos. Além disso, você pode comprar cordas únicas por cerca de R$2,50 a unidade.

DICA — As cordas mais altas e mais finas tendem a se romper mais facilmente do que as mais baixas e mais grossas, então tente carregar três reservas das cordas agudas E, B e G.

Se necessário, você pode substituir a corda mais alta adjacente (a corda B por uma G, por exemplo), mas isso fará com que seu toque soe e tenha um ritmo estranho e a corda ficará mais difícil para afinar. Portanto, assegure-se de trocar a substituta emergencial pela corda apropriada na primeira oportunidade que tiver (talvez durante o solo de bateria). (Para mais informações sobre cordas, inclusive como trocá-las, veja o Capítulo 18.)

Palhetas

LEMBRE-SE

Na sua carreira musical, você certamente irá perder, quebrar, atirar para os fãs como lembranças e separar-se de centenas de palhetas, então não fique preso (de modo sentimental) a elas. Trate-as como os produtos baratos e dispensáveis que são. Compre várias da sua cor e medida (espessura) favoritas e sempre carregue peças sobressalentes na carteira, no carro, na fivela dos sapatos e em qualquer outro lugar conveniente. Após se acostumar com certa medida, forma e tipo de palheta, você não mudará muito, mesmo indo da elétrica para o violão ou vice-versa. (Verifique o Capítulo 3 para mais informações sobre selecionar uma medida apropriada. Mas nós deixamos para você escolher a cor.)

Cabos

Um *cabo* é o que transporta o sinal elétrico da guitarra para o amplificador, ou da guitarra para um pedal. Cabos também conectam os pedais uns aos outros, se você tiver mais do que um. Quanto mais pedais você tiver, mais cabos você precisa para conectar tudo. Cabos não têm nenhum controle e não requerem nenhuma instalação — apenas ligue e está tudo pronto. A única hora em que você precisa prestar atenção a eles é quando estão ruins.

DICA

Um cabo com mau contato não é divertido nem para você, nem para sua audiência. Aquele som desagradável significa que as conexões internas se soltaram ou estão corroídas. Isso acontece com todo mundo em algum momento. Tenha em mãos cabos extras de variedade longa (para conectar sua guitarra a um efeito ou amplificador) e curta (para conexões pedal a pedal).

Afinadores eletrônicos

Embora você possa afinar a guitarra nela mesma, é melhor manter a guitarra em uma *afinação de concerto* — a afinação absoluta referente a A-440 —, principalmente se você planeja tocar com outros instrumentos. Uma guitarra também é estruturalmente e acusticamente mais feliz nessa afinação. (Veja o Capítulo 2 para mais informações sobre como afinar sua guitarra.) A melhor maneira de manter sua guitarra nessa afinação é adquirir um afinador eletrônico alimentado à bateria e mantê-lo na case da sua guitarra. A maneira como você utiliza o afinador depende do tipo de guitarra que você está afinando:

> » **Guitarra:** Se você estiver utilizando uma guitarra, plugue-a diretamente no afinador. Plugue no afinador primeiro e, em seguida, a partir do conector para fone de ouvido do diapasão, plugue em seu amplificador. Dessa forma, seu afinador estará alinhado durante todo o tempo que você tocar. No entanto, desligue o afinador quando terminar de afinar para preservar a vida da sua bateria. O sinal passa pelo afinador inativo sem ser afetado.

» **Violão:** Se você tiver um violão, pode utilizar o microfone embutido no afinador para afinar. Você não precisa se esforçar para que o microfone pegue o violão. Colocar o afinador a um braço de distância sobre o topo de uma mesa é o ideal; equilibrá-lo no seu joelho também funciona bem. Se o ambiente for suficientemente quieto, você pode até mesmo manter seu afinador no chão. (Mas barulhos excessivos do lugar podem confundir um afinador.) Muitos afinadores acústicos engatam na cabeça e usam as vibrações do violão, e não um microfone, para aferir se a corda está no tom. Existe uma grande variedade de afinadores em forma de aplicativos para smartphones e dispositivos móveis.

PAPO DE ESPECIALISTA

Praticamente todos os afinadores eletrônicos vendidos hoje em dia são do tipo leitura automática e cromático. *Leitura automática* significa que o afinador ouve a sua nota e lhe diz qual é a nota mais próxima (com luzes indicadoras). Então, um medidor com uma agulha móvel ou um vetor de luzes indicadoras lhe diz se você está afrouxando ou apertando aquela nota. Enquanto você afina a guitarra, o medidor muda de acordo com seus movimentos de afinação. A palavra *cromático* significa que o afinador mostra a você todas as notas na escala musical (frouxas e apertadas, também), não apenas as notas das cordas soltas da guitarra. Ter todas as notas disponíveis em seu afinador é importante, caso você decida afinar a guitarra de forma diferente. (Veja o Capítulo 11 para mais informações sobre afinações alternativas.) Os preços dos afinadores eletrônicos variam de R$35,00 a R$500,00.

Correias

LEMBRE-SE

As correias vêm em todos os tipos de estilo e materiais, desde nylon e textualizada até couro. A primeira regra para escolher uma correia é pegar a mais confortável que você possa comprar. Usar uma guitarra no ombro por um longo período de tempo pode causar desconforto e, quanto melhor for a correia, maior a proteção para os seus músculos contra tensão e cansaço.

A aparência vem logo após o conforto como um fator para decidir qual correia comprar. Você deve gostar da aparência da correia, já que sua função não é apenas utilitária, mas também estética. Como ela cobre seu ombro, a correia parece um artigo de vestuário. Portanto, tente combinar a aparência da sua correia com sua própria aparência e também com a aparência da sua guitarra.

Você pode comprar correias feitas sob medida com suas iniciais bordadas, se essa for a sua preferência (um item obrigatório se você estiver planejando se tornar um ídolo da música country). Ou você pode escolher entre inúmeras estampas, desde padrões do sudoeste até raios e pentagramas. No entanto, se você estiver procurando com base estritamente no preço, uma correia de nylon simples, sem luxo, custa apenas R$8,00 e segura sua guitarra tão firmemente quanto uma correia de R$330,00 com seu nome bordado no couro.

DICA Para garantia adicional, compre *strap locks* (travas de correia), que seguram sua correia no fim da guitarra utilizando um mecanismo de travamento constituído de duas partes, como o que você encontra em brincos (do tipo furado).

Se você possui mais de uma guitarra, é melhor ter uma correia para cada tipo de guitarra ou violão. Dessa forma, você não precisa ajustar quando trocar da guitarra para o violão ou vice-versa.

Capos

Um *capo* é um grampo carregado a mola, de tensão ajustável (ou elástica), que envolve o braço da guitarra e cobre todas as cordas, forçando-as para baixo na escala para um traste dado. Esse acessório aumenta efetivamente a nota de todas as cordas por um dado número de casas (ou semitons). Em alguns casos, você pode querer afinar sua guitarra com o capo fixado, mas, na maioria das vezes, você afina sem ele e então o coloca na casa desejada. Os capos permitem transpor a música que você toca na sua guitarra para outro tom, enquanto ainda toca as posições de acorde no tom original. (Veja o Capítulo 13 para mais informações sobre capos.) A Figura 17-3 mostra alguns tipos diferentes de capos que você encontra na maioria das lojas de música.

Os capos custam entre R$8,00 e R$45,00, com o tipo elástico sendo o mais barato. Os grampos e os de tipo aparafusado mais caros são mais populares com usuários sérios de capo porque você pode colocá-los com uma mão e eles geralmente seguram as cordas para baixo melhor do que os tipos elásticos. O tipo aparafusado, como o feito pela Shubb, é um dos favoritos porque você pode variar o tamanho e a tensão da pegada do capo, o que permite customizar o tamanho do capo para diferentes partes do braço. (As casas mais baixas do braço, em direção à cabeça, requerem uma abertura menor do capo do que as casas mais altas.)

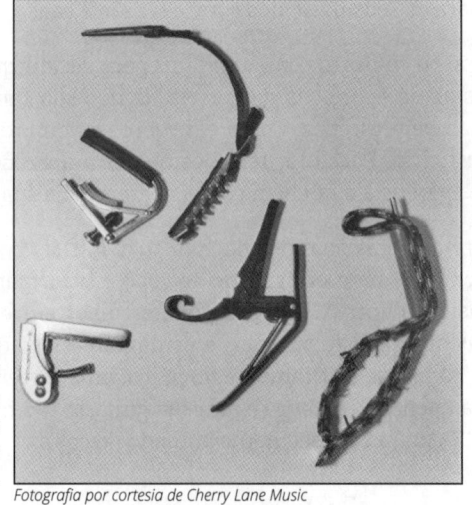

FIGURA 17-3: Os capos aumentam o tom das cordas soltas.

Fotografia por cortesia de Cherry Lane Music

Outros acessórios úteis

Você pode adquirir diversos outros acessórios e aparelhos que tornam tocar guitarra muito mais fácil e agradável. Sem uma ordem específica, considere comprar alguns desses itens, os quais geralmente valem seu peso em palhetas. A Figura 17-4 mostra esses itens, que nós definimos na lista a seguir:

- » **Baterias:** Afinadores, pedais de efeitos e até mesmo algumas guitarras funcionam com baterias. Compre algumas de nove volts e algumas AAs e guarde-as em um saco plástico fechado.

- » **Pinos da ponte:** Essas pequenas peças de plástico cunham suas cordas na ponte do seu violão. O problema é que, se perder um (caso voe longe ou se perca na grama depois que você os arrancar), você não encontrará nada para substituí-lo. Fósforos são o substituto mais próximo, mas quem carrega isso hoje em dia? Da próxima vez que você for à loja de música comprar cordas, assegure-se de comprar também um par de pinos da ponte extra.

- » **Lenço:** Você sempre deve limpar sua guitarra após tocar para remover os óleos do corpo que podem corroer as cordas e sujar. O algodão é bom e a camurça é melhor ainda. Ao menos limpe sua escala antes de colocar a guitarra na case e, se você estiver tocando com mangas curtas, também dê uma esfregada no topo.

- » **Tampões de ouvido:** Se você toca guitarra e sempre acaba em uma jam session improvisada, deveria carregar tampões de ouvido. Seus ouvidos são seu bem musical mais precioso — mais importantes até mesmo do que seus dedos. Não os danifique expondo-os a barulho excessivo em locais de ensaio fechados. Compre tampões de ouvido feitos especialmente para ouvir música; eles *atenuam* (reduzem) as frequências a taxas iguais em todo o espectro. É como ouvir a música original, só que mais suave. Muitos guitarristas defendem os tampões de ouvido, inclusive Pete Townshend, do The Who, que afirma ter sofrido uma perda significativa de audição devida a longas exposições à música alta.

- » **Enrolador de cordas peg winder:** Essa manivela barata (R$6,00) gira suas tarraxas cerca de 10 vezes mais rápido do que você poderia girá-las com a mão. Sem nenhum custo extra, esses acessórios incluem um encaixe dentado que é perfeito para remover pinos da ponte cravados no seu violão.

- » **Lápis e papel:** Sempre carregue algo em que possa escrever. Dessa maneira, você pode anotar letras, um acorde legal que alguém lhe mostrou, uma cola para que possa tocar uma progressão de acorde em um instante ou até mesmo uma nota furtiva para outro músico. ("Por favor, diga ao seu baixista para diminuir — eu já perdi três obturações!")

- » **Gravador:** Não deixe de capturar um momento musical único porque não possui um gravador por perto. Você nunca sabe quando a inspiração irá bater. Se você tocar com outras pessoas — especialmente aquelas que podem lhe ensinar algo —, mantenha o gravador próximo para que você possa gravar licks, riffs e outros movimentos legais para estudo posterior. Gravadores são ótimos, pois eles cabem na case da sua guitarra. Depois que se acostumar a gravar suas ideias, você pode até mesmo considerar levar um gravador de quatro canais (que permite *overdub*, ou adicionar partes às músicas existentes). Você pode criar arranjos multipartes com quatro canais, em vez de ficar limitado às ideias simples que você pode capturar em um gravador normal. Você pode comprar um gravador de quatro canais por R$330,00.

» **Chave de fenda reversível:** Você pode consertar tudo, desde um captador que chacoalha até um parafuso solto em um afinador, com uma chave de fenda manual. Compre uma que tenha tanto a chave Phillips quanto a lâmina reta.

» **Alicates diagonais/alicates de corte:** Cordas são, afinal de contas, fios. Quando você mudar as cordas, utilize alicates diagonais para retirar qualquer excesso e utilize alicates de corte para extrair os resíduos de uma corda rompida após uma afinação.

Outros acessórios que você talvez queira adicionar à sua mochila, bolsa de ginástica ou case de couro adornada com monogramas incluem o seguinte:

» **Diapasão de garfo/diapasão de sopro:** É sempre bom ter um desses acessórios de afinação de baixa tecnologia como reserva, no caso da bateria do seu afinador eletrônico falhar ou o próprio diapasão ser pisado pelo baterista desastrado.

» **Pequena lanterna:** Você não precisa esperar até a noite para utilizar uma lanterna de mão. As sombras e os tamanhos pequenos apresentam uma dificuldade tão grande para diagnosticar, digamos, um problema elétrico simples quanto a ausência completa de luz. Você pode segurar uma lanterna pequena entre seus dentes enquanto tenta consertar um fio quebrado do alto-falante na traseira do amplificador.

» **Analisador de cabos e voltímetro/ohmímetro:** Esses itens custam cerca de R$20,00 e R$35,00, respectivamente, e fazem valer seu preço da primeira vez que diagnosticam um cabo ruim ou invertido. Aprenda a utilizar um voltímetro/ohmímetro com respeito ao seu equipamento — isto é, saiba qual fonte de alimentação você possui e quais são as configurações apropriadas para seu medidor. Você vai impressionar seus amigos com sua aptidão de "rapaz das engrenagens".

» **Fusíveis:** Qualquer novo ambiente pode ter instalações de redes elétricas imprevisíveis, que podem causar danos ao seu equipamento — especialmente ao seu amplificador. A primeira linha de defesa do seu amplificador é o fusível. Se a corrente elétrica doméstica for estranha, o fusível estoura, e você deve fazer uma substituição para que o amplificador volte a funcionar.

» **Fita crepe:** Este material é o bicarbonato de sódio dos músicos — um produto versátil que resolve inúmeros problemas. Você pode usar fita vedante para consertar desde um estandarte barulhento até um clipe de microfone quebrado. Até mesmo o rolo da fita é útil para inclinar seu amplificador para um melhor monitoramento. Utilize fita crepe para consertar o estofamento do seu carro ou para remendar os buracos do seu jeans, no palco ou fora dele. Em alguns grupos, isso é até considerado moderno.

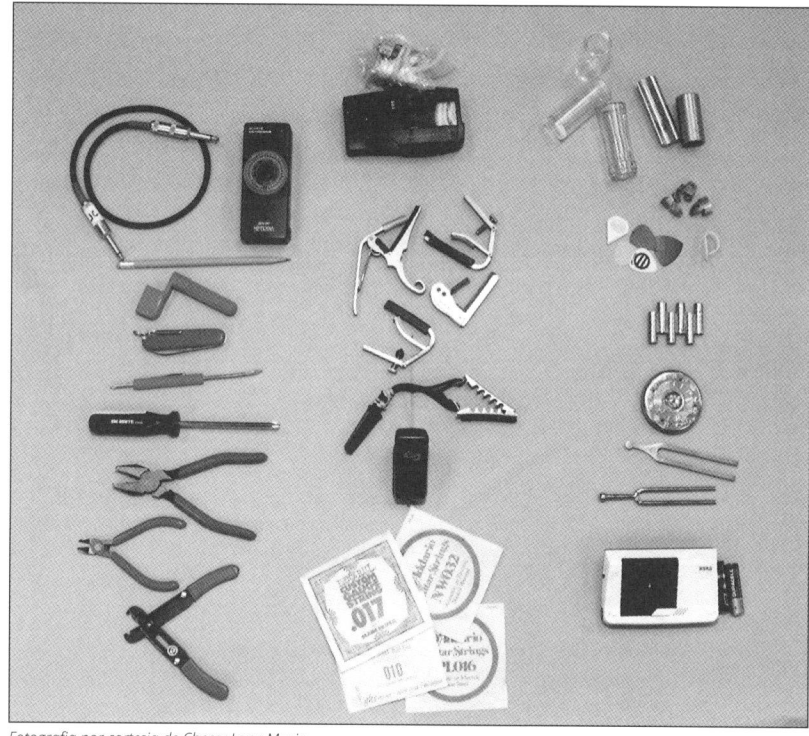

FIGURA 17-4: Alguns acessórios úteis criados para tornar a vida do guitarrista um pouco mais fácil.

Fotografia por cortesia de Cherry Lane Music

> **NESTE CAPÍTULO**
>
> **Entendendo algumas noções básicas de troca de cordas**
>
> **Removendo cordas velhas**
>
> **Reencordoando violões de corda de aço, violões de corda de nylon e guitarras**

Capítulo 18

Trocando as Cordas

Muitas pessoas consideram que suas guitarras sejam instrumentos delicados, preciosos e frágeis: ficam relutantes em afinar suas cordas, que dirá trocá-las. Embora deva ser cuidadoso para não derrubar ou arranhar sua guitarra (e tocar como Jimi Hendrix geralmente causa um certo estrago), você não precisa se preocupar com causar algum estrago ao substituir, afinar ou apertar demais as cordas da guitarra. O fato é que as guitarras são incrivelmente fortes e podem lidar com centenas de quilos de tensão das cordas enquanto aguentam o toque até mesmo dos guitarristas mais cruéis.

LEMBRE-SE Substituir cordas não é algo que você deva evitar: você deve praticar com afinco. É uma tarefa parecida com dar banho no seu cachorro: é bom para o cachorro, você fica feliz por isso e tem a oportunidade de estar perto do melhor amigo do homem. Da mesma forma, substituir as cordas da sua guitarra possui poucas desvantagens: aperfeiçoa o som da guitarra, ajuda a prevenir cordas rompidas em momentos inoportunos e auxilia você a identificar outros problemas de manutenção. Por exemplo, durante a troca periódica das cordas, você pode descobrir um entalhe na ponte ou uma afinação frouxa e barulhenta. (Abordaremos esses problemas com mais detalhes no Capítulo 19.)

Pesquisando Estratégias de Troca de Cordas

Guitarras velhas melhoram com a idade, mas cordas velhas apenas ficam piores. A primeira vez que você tocar as cordas novas é o melhor que elas soarão. As cordas se deterioram gradualmente até que uma ou outra se rompa ou até que você não consiga aguentar os sons sombrios que elas produzem. Cordas velhas soam obscuras e sem vida e perdem sua *tensibilidade* (sua capacidade de manter a tensão), tornando-se quebradiças. Essa condição faz as cordas ficarem mais firmes e duras para pressionar; elas ficam esticadas, deixando as notas mais agudas, principalmente na parte de cima do braço.

Você deve substituir todas as cordas de uma só vez, a menos que rompa uma e precise substituí-la rapidamente. As cordas tendem a se desgastar na mesma velocidade. Então, se você substituir todas as cordas velhas por novas simultaneamente, elas começarão a correr contra o tempo em pé de igualdade.

LEMBRE-SE

A lista a seguir contém as condições sob as quais você provavelmente deve substituir suas cordas:

» Exibem sinais visíveis de corrosão ou sujeira incrustada e imundície.

» Elas não seguram a afinação, em geral quando pressionadas na parte aguda, especialmente no registro mais alto.

» Você não consegue se lembrar da última vez que as substituiu e fará uma apresentação importante (e não quer arriscar um rompimento).

Removendo Cordas Velhas

Obviamente, para colocar uma corda nova, você tem que remover a antiga. A menos que esteja com pressa (tal como no meio do primeiro verso, tentando pôr sua corda nova e afiná-la até a hora do solo de guitarra), você pode tirar qualquer corda girando a tarraxa para afrouxar a corda e então puxando a corda pelo centro até retirá-la. Você não precisa girar a tarraxa completamente para soltá-la.

Um método rápido é simplesmente cortar a corda velha com alicates diagonais. Parece estranho e brutal cortar uma corda, mas nem a soltura repentina, nem o corte em si machucam a guitarra. Esse método acaba com a corda velha, mas você não precisa se preocupar com isso. (Nós temos em testemunho que cordas de guitarra não sentem dor.)

A única razão para *não* cortar a corda é para salvá-la como uma reserva, no caso da nova se romper enquanto você a estiver colocando (é raro, mas acontece). Uma corda B velha é muito melhor do que nenhuma corda B.

Um mito comum é que você deve manter uma tensão constante da corda sobre o braço da guitarra o tempo todo. Então, você pode ouvir que deve substituir as cordas uma por vez, porque remover todas as cordas é ruim para a guitarra, mas isso simplesmente não é verdade. Substituir as cordas uma por vez é *conveniente* para a afinação, mas não é mais saudável para a guitarra. As guitarras não são tão frágeis assim.

Independente da maneira que você remova a corda velha, depois que a tiver retirado, você está pronto para colocar uma nova. Os métodos para encordoar a guitarra divergem levemente, dependendo se você estiver encordoando um violão de corda de aço, um de nylon ou uma guitarra.

Encordoando um Violão

Geralmente, violões de corda de aço são mais fáceis para encordoar do que os outros (que abordaremos nas próximas seções deste capítulo). Nas seções seguintes, entraremos no processo de troca de cordas de um violão e mostraremos como afiná-lo.

Trocando cordas passo a passo

Veja a seguir instruções passo a passo sobre como reencordoar seu violão. Você tem dois lugares para atar sua nova corda: a ponte e a cabeça. Comece atando a corda pela ponte, o que é uma tarefa bem simples.

Passo 1: Atando sua corda na ponte

Os violões têm uma ponte com seis buracos levando para dentro do instrumento. Para atar uma nova corda à ponte, siga estes passos:

1. **Remova a corda velha (veja a seção "Removendo Cordas Velhas") e retire o pino da ponte.**

   Às vezes, os pinos da ponte ficam presos, então você pode precisar usar uma faca de mesa para forçá-lo, mas seja cuidadoso para não arranhar a madeira. Uma alternativa melhor é a margem dentada em uma peg winder ou um alicate de corte. (Veja o Capítulo 17 para mais informações sobre enroladores peg winder.)

2. **Coloque o fim da corda nova que possui um pequeno anel de latão (chamado de *roda*) dentro do buraco que segura o pino da ponte.**

Apenas preencha o buraco com algumas polegadas. (A quantidade não é importante, porque você a puxará para cima logo.)

3. **Coloque o pino da ponte firmemente de volta no buraco, com o entalhe voltado para a frente (em direção à pestana).**

   O entalhe fornece um canal para a corda sair. A Figura 18-1 mostra a posição correta da corda nova e do pino da ponte.

4. **Puxe gentilmente a corda até que a roda fique contra a parte de baixo do pino. Mantenha seu polegar ou dedo sobre o pino para que ele não desapareça.**

   Seja cuidadoso para não enroscar a corda enquanto a puxa.

5. **Teste a corda gentilmente, puxando-a um pouco.**

   Se você não sentir a corda mexer, a roda está apertada contra o pino da ponte e você está pronto para prender a corda no pino da tarraxa, que é o foco da seção seguinte.

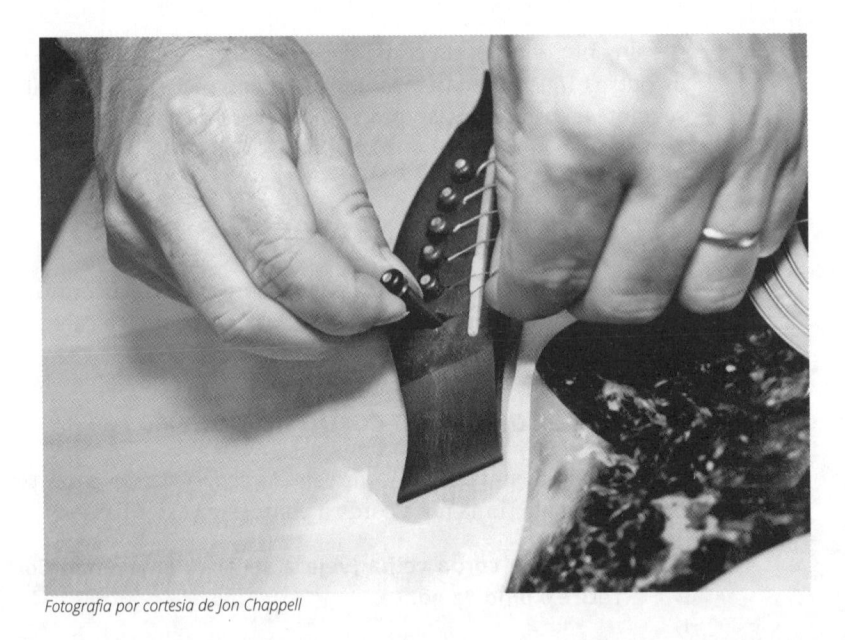

FIGURA 18-1: Como colocar a corda nova na ponte e posicionar o pino da ponte.

Fotografia por cortesia de Jon Chappell

Passo 2: Prendendo a corda no pino da tarraxa

Após atar seguramente a corda no pino da ponte, você pode focar sua atenção na cabeça. Os passos são um pouco diferentes para as cordas agudas (G, B, E) e as cordas graves (E, A, D). Você gira as cordas agudas no sentido horário e as cordas graves no sentido anti-horário.

Para atar as cordas agudas no pino da tarraxa, siga estes passos:

1. **Passe a corda pelo buraco no pino.**

   Deixe bastante folga entre o pino da ponte e o pino da tarraxa para permitir que você gire a corda sobre o pino várias vezes.

2. **Enrosque (ou dobre) o filete de metal em direção ao lado da guitarra.**

   A Figura 18-2 mostra como enroscar a corda para prepará-la para girar.

3. **Enquanto mantém a corda bem apertada contra o pino com uma mão, gire a tarraxa no sentido horário com a outra mão.**

   Esse passo é um pouco complicado e requer certa destreza manual (tanto quanto tocar guitarra). Fique de olho no pino para assegurar-se de que, quando a corda enrolar ao redor do pino, ela girará para *baixo, em direção à superfície da cabeça*. A Figura 18-3 mostra como enrolar as cordas ao redor dos pinos. Assegure-se de que as cordas entrarão na abertura correta na pestana. Não desanime se as suas curvas não ficarem idênticas às mostradas na Figura 18-3. Fazer isso com facilidade requer um pouco de prática.

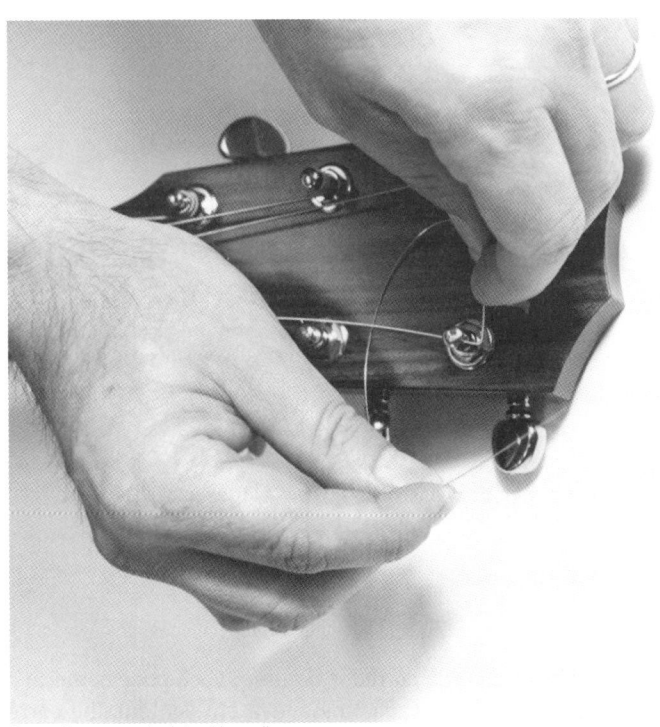

FIGURA 18-2: Corda enroscada para o lado da cabeça, com uma folga para girar.

Fotografia por cortesia de Jon Chappell

Girar a corda de modo descendente no pino aumenta o que é chamado de *quebra de ângulos*. A quebra de ângulos é um ângulo entre o pino e a pestana. Um ângulo mais agudo traz mais tensão para baixo sobre a pestana e cria melhor *sustentação*, o período de tempo que a nota continua. Para conseguir o ângulo máximo, gire a corda de modo que repouse tão baixo quanto possível no pino. (Isso pode ser feito para todas as guitarras, não apenas violões.)

Para atar uma corda grave, siga os passos anteriores, exceto girar as cordas no *sentido anti-horário* no Passo 3, de modo que a corda suba pelo meio e passe o pino pela esquerda (se você estiver de frente para a cabeça).

DICA

Se você achar que está deixando muita folga, desate a corda e comece novamente, enroscando a corda mais para baixo. Se você não deixar bastante folga, seu giro não irá para baixo do pino completamente, o que pode fazer a corda escapar se não tiver comprimento suficiente para prender firmemente ao redor do pino. Mas a situação não é trágica. Você precisa simplesmente desfazer o que você havia feito e recomeçar. Assim como pode acontecer ao tentar fazer com que os dois fins de uma gravata tenham o mesmo comprimento, você pode precisar tentar algumas vezes até alcançar o resultado esperado.

FIGURA 18-3: As cordas agudas enrolam ao redor dos pinos no sentido horário; as cordas graves enrolam ao redor dos pinos no sentido anti-horário.

Fotografia por cortesia de Jon Chappell

Afinando

Após prender a corda ao redor do pino, você pode começar a afinar. À medida que a corda ficar esticada, coloque-a em seu entalhe correto da pestana. Se você está trocando as cordas uma de cada vez, pode simplesmente afinar a nova às velhas, que, presumivelmente, estão afinadas. Verifique o Capítulo 2 para mais informações sobre como afinar sua guitarra.

Depois de colocar a corda na afinação correta, puxe-a em vários pontos para cima e para baixo de seu comprimento para esticá-la um pouco. Isso pode fazer com que a corda fique frouxa — às vezes drasticamente, se você deixar algum giro frouxo no pino —, então a afine girando a tarraxa. Repita o processo afinar-esticar duas ou três vezes para ajudar as novas cordas a segurar suas afinações.

DICA

Usar uma *enroladora peg winder* para girar rapidamente os pinos reduz seu tempo gasto girando as cordas consideravelmente. A manivela também apresenta um entalhe em um lado da manga que pode ajudá-lo a retirar um pino da ponte preso. Apenas assegure-se de que você não irá perder o pino quando ele sair voando! O Capítulo 17 possui mais informações sobre enroladores peg winder.

Após a corda estar afinada e esticada, você pode remover o excesso de corda que sai pelo pino da tarraxa. Você pode cortar esse excesso com alicates diagonais (se você os tiver) ou curvar a corda para trás e para frente sobre a mesma dobra até quebrar.

CUIDADO

Não importa o que você faça, mas não deixe o excesso da corda ficar projetado para fora. Isso pode ferir você ou alguém próximo (como um baixista) no olho ou cortar a ponta do seu dedo.

Encordoando um Violão de Corda de Nylon

Encordoar um violão de corda de nylon é diferente de encordoar um violão de corda de aço porque tanto as pontes quanto os pinos são diferentes. Violões de corda de nylon não utilizam pinos da ponte (em vez disso, as cordas são amarradas) e suas cabeças são entalhadas e possuem rolamento, em oposição aos pinos. Nas seções seguintes, descreveremos os passos para a troca das cordas de um violão de corda de nylon e explicaremos como afiná-la.

Trocando cordas passo a passo

De uma maneira geral, as cordas de nylon são mais fáceis de lidar do que as cordas de aço, porque o nylon não é tão elástico quanto o aço. Atar a corda ao pino, no entanto, pode ser um pouco mais difícil. Como você faz com o violão de corda de aço, comece prendendo a ponta da corda na ponte e então volte sua atenção para a cabeça.

Passo 1: Prendendo a corda na ponte

Enquanto cordas acústicas de aço possuem uma roda no final, cordas de nylon não possuem nenhuma roda: ambos os lados são livres. (Bem, você até *pode* comprar conjuntos de corda de nylon com o final em roda, mas não são essas que você normalmente utiliza.) Portanto, você pode atar qualquer uma das pontas da corda à ponte. Se as pontas parecerem diferentes, no entanto, utilize a que parece com o meio da corda, não a que possui a aparência enrolada livremente. Apenas siga estes passos:

1. **Remova a corda velha, conforme descrevemos na seção "Removendo Cordas Velhas", anteriormente neste capítulo.**

2. **Passe uma ponta da corda nova pelo buraco no topo da ponte, para longe da abertura, deixando cerca de 1½ polegada para fora da parte traseira do buraco.**

3. **Prenda a corda trazendo o final curto sobre a ponte e passando por baixo da parte longa da corda, conforme mostrado na Figura 18-4a. Em seguida, passe o final curto por baixo, por cima e então por baixo dele mesmo, sobre o topo da ponte, conforme mostrado na Figura 18-4b.**

   DICA

   Você pode precisar tentar algumas vezes até conseguir o final no comprimento correto, não deixando muito excesso para fora do topo da ponte. (Você também pode cortar o excesso, caso necessário.)

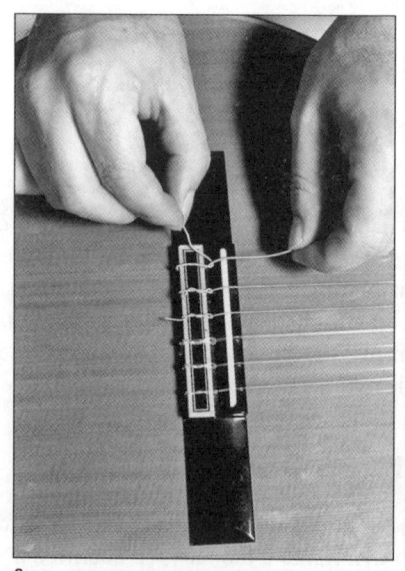

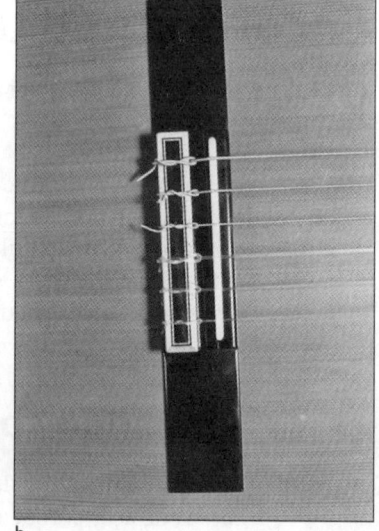

FIGURA 18-4: Amarrando a ponta da corda na ponte.

a   b

Fotografia por cortesia de Jon Chappell

4. **Puxe o final longo da corda com uma mão e mova o nó com a outra para remover o excesso de folga e fazer com que o nó repouse plano contra a ponte.**

Passo 2: Prendendo a corda no pino

Em um violão de corda de nylon, os pinos (chamados de *cilindros*) passam pela cabeça lateralmente, em vez de perpendicularmente como em um violão de corda de aço ou uma guitarra. Essa configuração é conhecida como *cabeça entalhada*.

Para atar a corda ao pino em uma cabeça entalhada, siga estes passos:

1. **Passe a corda pelo buraco no pino. Traga o final da corda de volta sobre o cilindro na sua direção; em seguida, passe a corda por baixo dela mesma na frente do buraco. Pare no final da corda para que a parte longa da corda (a parte presa à ponte) repouse no laço em forma de U que você acabou de criar, conforme mostrado na Figura 18-5a.**

   Faça seu laço vir de fora (isto é, vindo da esquerda nas três cordas graves mais baixas, e da direita nas três cordas agudas mais altas).

2. **Passe o final curto por baixo e por cima dele mesmo, criando duas ou três voltas.**

   Isso deve segurar o final solto firmemente no lugar, conforme mostrado na Figura 18-5b, e prevenir a corda de escapar para fora do buraco.

3. **Gire a tarraxa para que a corda envolva sobre o topo do laço que você acabou de criar, pressionando para baixo contra o pino da tarraxa.**

4. **Puxe o comprimento da corda até ficar esticada com uma mão e gire a tarraxa com a outra mão.**

   Enrole os giros para fora do buraco, para longe do centro da guitarra.

FIGURA 18-5: Crie um laço em forma de U com o final curto da corda (a). Crie voltas para segurar o final curto da corda no lugar (b).

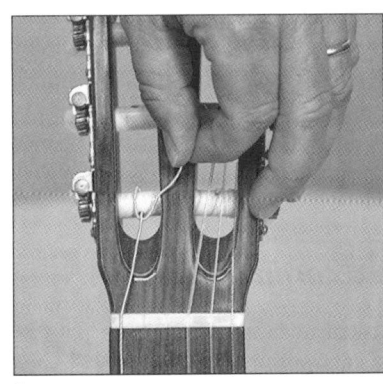

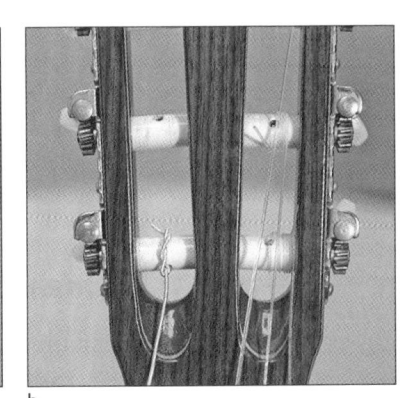

Fotografia por cortesia de Jon Chappell

Afinando

LEMBRE-SE

Conforme você gira a tarraxa, a corda vai ficando mais próxima da afinação. As cordas de nylon, assim como as cordas de aço, requerem bastante esticamento. E então, após afinar a corda inicialmente, prenda-a em vários pontos de seu comprimento, puxe-a e, em seguida, afine novamente. Repita esse processo duas ou três vezes para manter a guitarra afinada por mais tempo.

Corte o excesso após ter afinado todas as seis cordas. As cordas de nylon não são tão perigosas quanto as cordas de aço se houver algum excesso, mas é feio ficar com a corda extra pendurada para fora e, além disso, violonistas clássicos são mais exigentes sobre a aparência de seus instrumentos do que violonistas comuns.

Encordoando uma Guitarra

Geralmente, guitarristas precisam trocar suas cordas com mais frequência do que com violões de corda de aço ou clássica. Como trocar as cordas é tão comum em guitarras, os construtores tomam uma abordagem mais progressiva para as ferramentas, tornando a troca de cordas mais rápida e fácil. Entre os três tipos de guitarras — violões de corda de aço e nylon e guitarras —, é muito mais fácil trocar as cordas nas guitarras. Mostraremos como trocar as cordas de uma guitarra e como afiná-la nas seções seguintes.

Trocando cordas passo a passo

Assim como você faria em violões de corda de aço e violões de corda de nylon, comece a encordoar uma guitarra prendendo a corda na ponte e, em seguida, atando a corda à cabeça. As cordas de guitarra são semelhantes às cordas acústicas de aço no sentido de que elas possuem finais em roda e são feitas de metal, mas as cordas de guitarra geralmente são compostas por um fio de bitola mais leve do que as cordas acústicas de aço, e a 3ª corda não fica encapada, ou plana, enquanto a do violão de corda de aço fica encapada (a terceira corda de violão de corda de nylon também não é encapada, mas é uma corda de nylon mais grossa).

Passo 1: Prendendo a corda na ponte

A maioria das guitarras utiliza um método simples para prender a corda na ponte. Você passa a corda por um buraco na ponte (às vezes reforçando com um colar, ou *olhal*) que é menor do que a roda no fim da corda — para que a roda segure a corda, assim como um nó no fim de um pedaço de fio segura um ponto no tecido. Em algumas guitarras (tais como a Fender Telecaster), os colares ancoram bem no corpo, e as cordas passam pela traseira do instrumento, através de um buraco na montagem da ponte e para fora do topo.

A Figura 18-6 mostra dois modos de atar a corda em uma guitarra: a partir de uma ponte montada na parte superior e através da parte traseira. Os passos a seguir mostram como prender as cordas na ponte:

1. **Remova a corda velha, conforme descrevemos na seção "Removendo Cordas Velhas", anteriormente neste capítulo.**

2. **Ancore a corda na ponte passando a corda pelo buraco (a partir da parte traseira ou inferior da guitarra) até que a roda pare o movimento.**

   Em seguida, você está pronto para focar no pino da tarraxa. Você faz isso em praticamente todas as guitarras (exceto aquelas adaptadas com um mecanismo Floyd Rose, o qual discutiremos no fim do capítulo).

FIGURA 18-6: As cordas passam pela ponte em direção à cabeça (a). As cordas passam pela ponte a partir da traseira da guitarra (b).

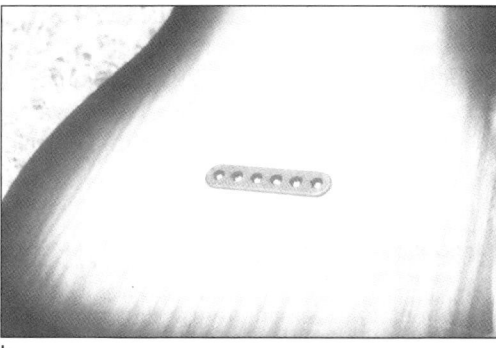

Fotografia por cortesia de Jon Chappell

Passo 2: Prendendo a corda no pino da tarraxa

Na maioria dos casos, os pinos das tarraxas de uma guitarra parecem os de um violão de corda de aço. Um pino da tarraxa é projetado pela cabeça, e você passa a corda pelo buraco da tarraxa, enrosca a corda para dentro (em direção ao centro da cabeça) e começa a girar enquanto segura a parte longa da corda com uma mão para controlar. Dirija-se à Figura 18-2 para ver como enroscar a corda para prepará-la para girar e entender quanta folga deixar.

Algumas guitarras, principalmente Fender Stratocasters e Telecasters, apresentam *abaixadores de cordas*, os quais são pequenos cilindros ou canais atarraxados ao topo da cabeça que puxam as duas ou quatro cordas superiores para baixo da cabeça, assim como as estacas de uma barraca. Se a sua guitarra possui abaixadores de cordas, assegure-se de passar as cordas por baixo deles.

Alguns afinadores apresentam um *mecanismo de trava* para que você não precise se preocupar com os giros, as folgas e tudo o que incomoda. Dentro do buraco do pino há um dispositivo como um torno que prende a corda conforme ela atravessa. Um *disco dentado* (revestido de pontas) debaixo da cabeça afrouxa e aperta o torno. Uma das empresas mais conhecidas que fazem esse mecanismo de trava é a Sperzel.

Alguns guitarristas possuem afinadores com pinos entalhados, em vez de um buraco. Esses acessórios também permitem trocas rápidas de corda, pois você simplesmente repousa a corda no entalhe no topo da tarraxa, a enrosca e começa a girar. Você nem sequer precisa deixar alguma folga para girar.

Afinando

Afinar uma guitarra não é muito diferente de afinar um violão (que explicamos como fazer anteriormente neste capítulo), exceto que as cordas perderão a afinação mais facilmente e com mais frequência. Portanto, será necessário fazer mais ajustes para colocar todas as seis cordas no tom. Se você tiver uma ponte flutuante (descrita na próxima seção), afinar uma corda muda a tensão na ponte, fazendo com que todas as cordas que estavam afinadas saiam do tom. Desse modo, o processo demora mais. Porém, no final, todas as cordas se ajustam e a afinação se estabiliza.

Estabelecendo uma ponte flutuante

A música rock dos anos 1980 fez amplo uso da whammy bar (ou alavanca) e da *ponte flutuante* (onde a ponte não era fixa, mas flutuava sobre uma montagem da corda). No entanto, as pontes flutuantes padrões não tinham em vista o tipo de abuso que guitarristas criativos, tais como Steve Vai e Joe Satriani, inventariam, e então os fabricantes desenvolveram melhores maneiras de assegurar que as pontes retornariam à posição original e as cordas permaneceriam afinadas.

Floyd Rose inventou a mais famosa dessas montagens. Rose utilizou seu próprio desenho patenteado para garantir um sistema altamente preciso de ponte móvel e *pestana com trava* (um acessório como um grampo que substitui a pestana padrão). Outros fabricantes, como Kahler, desenvolveram sistemas similares.

LEMBRE-SE A ponte leva as cordas em uma abordagem montada na parte superior, em vez de pela parte traseira, mas com uma diferença importante: os guitarristas devem cortar a roda final antes de atar a corda para que o final possa encaixar no minúsculo mecanismo como um torno que segura a corda no lugar. Se você possui uma Floyd, você deve ter um conjunto de cordas reserva com as rodas cortadas ou, pelo menos, ter alicates diagonais sempre por perto.

Como a Floyd Rose também apresenta uma pestana com trava, girar a corda sobre o pino da tarraxa não é tão crítico. Após travar a pestana (utilizando uma pequena chave Allen), o que você faz com as tarraxas não importa. Então, você realiza toda a afinação utilizando os botões revestidos de pontas na ponte. Esses botões são conhecidos como *micro afinadores* porque seus movimentos são muito menores e mais precisos do que aqueles da cabeça.

Encordoar uma guitarra adaptada com um sistema Floyd Rose demora um pouco mais do que em uma normal, mas, se você pretende usar muito a whammy bar, uma Floyd Rose vale o esforço.

> **NESTE CAPÍTULO**
>
> Limpando sua guitarra
>
> Protegendo sua guitarra
>
> Mantendo o ambiente apropriado
>
> Fazendo ajustes e reparos por conta própria
>
> Determinando as ferramentas que você precisa ter em mãos
>
> Descobrindo que reparos você não deve tentar em casa

Capítulo 19

Saúde da Guitarra: Manutenção Básica

As guitarras são objetos fortes, por incrível que pareça. Você pode sujeitá-las a rigorosas agendas de apresentações, tocando-as por toda a noite e batendo nelas com força, e elas não se incomodam nem um pouco. Em geral, as guitarras nunca se desgastam, embora você possa precisar substituir algumas partes e efetuar alguns ajustes depois de algum tempo. Ao contrário do seu carro ou corpo, você não precisa se esforçar muito para manter a guitarra com uma saúde excelente.

Se você não abusar ou sujeitá-la a condições extremas, a guitarra não apenas permanece estruturalmente bem por décadas, como também toca em afinação e se mantém confortável em suas mãos. Na realidade, as guitarras *melhoram* com a idade e o uso. Ah, se todos nós fôssemos tão sortudos!

Mesmo assim, prevenir que a guitarra receba algum dano ou precise de reparos pelo caminho é praticamente impossível. Você pode e deve praticar uma boa manutenção da guitarra e, se a sua guitarra parar de funcionar corretamente, você pode efetuar os reparos por conta própria na maioria dos casos. No entanto, se estiver em dúvida sobre suas capacidades técnicas — ou se você for um pouco atrapalhado —, consulte um reparador qualificado.

Alguns exemplos de reparos que você pode efetuar por conta própria incluem eliminar pancadas, levantar ou abaixar as cordas na ponte, retirar sujeira e imundície, substituir algumas partes usadas ou quebradas e trocar cordas. E mais, nós dedicamos todo o Capítulo 18 à troca de cordas, então volte àquele capítulo se você precisar substituir uma corda rompida ou usada.

Limpando Sua Guitarra

A forma mais simples de manutenção é a limpeza. Você deve limpar sua guitarra regularmente ou, de maneira bastante intuitiva, toda vez que ela ficar suja. Se uma guitarra fica suja, ela não volta para casa com lama na camisa e manchas de grama na calça, mas coleciona uma lista específica de problemas pavorosos.

Removendo poeira, sujeira e fuligem

A menos que você viva em uma bolha, poeira e sujeira são parte de seu ambiente. Certos objetos apenas parecem atrair sujeira (por exemplo, o topo de uma TV), e guitarras definitivamente atraem bastante. Se a poeira está acumulada sob as cordas na cabeça e na ponte, você pode limpá-las utilizando um lenço ou um espanador. Espanadores podem parecer coisas ridículas que só empregadas uniformizadas utilizam em filmes antigos, mas servem um propósito: eles batem o pó para fora de um objeto sem aplicar pressão (que pode arranhar um acabamento delicado). Mesmo que você não utilize um espanador — ou seu traje de empregada esteja na lavanderia —, siga o exemplo da velha Alice de *A Família Sol-Lá-Si-Dó* e limpe superficialmente.

LEMBRE-SE
Conforme se mistura com a umidade natural das suas mãos e dedos (e antebraço, se você toca com mangas curtas, sem camisa ou nu), a poeira se torna uma imundície. A imundície pode aderir a todas as superfícies, mas é especialmente notável em suas cordas.

As seções seguintes explicam como limpar as cordas, a madeira e a engrenagem da sua guitarra.

As cordas

CUIDADO
Os óleos naturais da ponta dos seus dedos revestem as cordas cada vez que você toca. Você não pode ver essa camada oleosa, mas ela está lá e, ao longo do tempo, esses óleos corroem o material da corda e criam uma acumulação de sujeira (que não é apenas nojento, mas também impede de tocar e pode ferir a madeira ao

longo do tempo). A imundície faz as cordas estragarem mais cedo e desgastarem mais rápido do que o normal; se você deixa a condição ir longe demais, a imundície da corda pode até mesmo passar para os poros da escala. Eca!

A melhor maneira de combater a acumulação de sujeira é limpar as cordas após cada vez que tocar, logo antes de colocar a guitarra de volta na case. (Note que estamos supondo que você coloca a guitarra de volta na case — mais um modo de manutenção preventiva; veja o Capítulo 17.) A *camurça* é um ótimo material para utilizar na limpeza das cordas porque também age como um lenço polidor; uma fralda (limpa) de algodão também funciona bem (mas *nada* de fraldas descartáveis, por favor). As bandanas podem lhe dar um ar de Willie Nelson/Janis Joplin, mas elas não são feitas de um bom material absorvente, então mantenha sua bandana em volta do pescoço ou sobre a cabeça e não limpe sua guitarra com ela.

Dê uma limpada geral em suas cordas e, em seguida, aperte cada corda entre seu polegar e dedo indicador, com o lenço no meio, e corra sua mão para cima e para baixo no comprimento da corda. Isso seca a corda em toda a sua circunferência e retira qualquer sujeira. Você só precisa fazer isso para manter as cordas limpas e aumentar seu tempo de vida útil. (E, enquanto estiver fazendo isso, aproveite para limpar a traseira do braço da guitarra, também.)

A madeira

Uma guitarra é feita principalmente de madeira, e madeira gosta de uma boa massagem. (E quem não gosta?) Se você possui uma guitarra muito empoeirada — por exemplo, uma que ficou aberta em um sótão mofado por um tempo —, sopre o excesso de poeira antes de começar a espaná-la com um pano (ou espanador). Esse ato simples pode prevenir um arranhão ou desgaste no acabamento.

Esfregue gentilmente os vários lugares da guitarra até que esteja livre de poeira. Você pode precisar sacudir seu lenço empoeirado muitas vezes, então faça isso fora de casa, ou você espirrará devido à poeira. A menos que sua guitarra esteja *realmente* suja — talvez com alguma substância viscosa incrustada que você não quer nem mesmo *saber* a origem —, tirar o pó é tudo o que você precisa fazer com a madeira.

Se a opacidade continuar ou uma película de sujeira estiver claramente visível sobre o acabamento, você pode esfregar sua guitarra com cera para móveis ou, melhor ainda, cera para guitarra. A *cera para guitarra* é fabricada especificamente para os acabamentos que os fabricantes utilizam nas guitarras, enquanto algumas ceras para móveis podem conter abrasivos. Se você estiver em dúvida, utilize a substância para guitarras que as lojas de música vendem. E siga as instruções escritas na embalagem.

CUIDADO — Embora as empresas de substâncias para guitarras escrevam esta informação no rótulo, vale repetir aqui: nunca coloque nenhuma cera líquida ou spray diretamente na superfície da guitarra. Fazer isso pode ensopar e manchar a madeira permanentemente. Despeje ou borrife a substância em seu pano para limpar poeira e espere um pouco antes de colocar o pano na madeira.

Para tirar a poeira que fica entre as cordas em lugares difíceis de alcançar, tais como a cabeça, a ponte e a área dos captadores, utilize um pincel de pelo de camelo. Mantenha esse pincel em sua case.

A engrenagem

A acumulação de sujeira não *machuca* a engrenagem (tarraxas, pontes e assim por diante) da maneira como ocorre com a madeira mais porosa, mas a aparência não é boa — e você não quer aparecer na MTV com uma engrenagem tão sem brilho quanto seu baterista. (Brincadeira, companheiros percussionistas!)

Esfregar com um pano é tudo o que você precisa fazer para limpar a engrenagem da sua guitarra, mas você também pode utilizar cera suave para joias ou cromagem se quiser — desde que não seja abrasiva. A cera não apenas remove resíduos oleosos (o que uma simples limpeza não faz), como também dá um acabamento brilhoso à engrenagem — algo muito importante para a iluminação em estúdios de TV.

CUIDADO — Muitos componentes de engrenagens baratas são *banhados*, significando que eles possuem uma camada fina de metal brilhante sobre uma superfície normalmente feia e de aparência matizada. Portanto, você não pode esfregar até tirar essa camada (o que pode acontecer com o polimento repetido). Além disso, você *certamente* (nós esperamos) não quer passar cera líquida nas partes móveis da tarraxa.

CUIDADO — Não passe *nada* nos captadores de uma guitarra, a não ser um pano seco ou um pincel para limpar poeira. Os captadores são magnéticos e abominam líquidos tanto quanto a Bruxa Má do Oeste. Você não pode arriscar estragar os campos magnéticos sensíveis do captador com líquidos, meu anjo.

Cuidando do acabamento

Os violões possuem um acabamento de laca ou outra camada sintética para proteger a superfície da madeira e dar a ela uma aparência brilhante. Independente se o seu instrumento possui um acabamento altamente brilhante ou a variedade acetinada (mais suave e de aparência natural), o plano é o mesmo: mantenha o acabamento livre de poeira para que permaneça brilhante e transparente por anos. Não sujeite a sua guitarra diretamente à luz do sol por longos períodos de tempo e evite umidade e mudanças de temperatura drásticas. Seguir essas diretrizes simples lhe ajudará a evitar *checagem* (rachadura) do acabamento conforme ele dilata e encolhe junto com a madeira.

DICA — Se o acabamento rachar por causa de uma batida (um pequeno entalhe acidental, tal como acontece se você bate sua guitarra na ponta da mesa), leve rapidamente para um reparador para impedir que a rachadura se espalhe como um padrão teia de aranha em um para-brisa.

Protegendo Sua Guitarra

Se você toca guitarra, certamente não quer manter isso em segredo. Bem, talvez no início, mas depois que você aprender a tocar um pouquinho, terá vontade de mostrar sua música para as pessoas. A menos que planeje tocar só para entreter — ou seja, convidar as pessoas para irem à sua casa —, você precisa carregar sua guitarra pelo mundo afora. E isso requer proteção. *Nunca* saia de casa sem colocar sua guitarra em algum tipo de case protetora.

Na estrada

A maioria das pessoas nem sequer pensa sobre o estado da guitarra quando atiram seu violão favorito no porta-malas e seguem rumo à praia. No entanto, elas deveriam. Usar um pouco de bom senso pode manter sua guitarra com a aparência de uma guitarra, em vez de uma prancha de surfe.

Se você está viajando de carro, mantenha a guitarra no compartimento de passageiro, onde você pode controlar o ambiente. A guitarra sofre no porta-malas ou no compartimento de bagagem, porque ela fica muito quente ou muito fria em comparação ao que os humanos estão experimentando na frente. (As guitarras também gostam de ouvir rádio, desde que não esteja tocando música disco.)

Se você precisar colocar a guitarra junto com o estepe, empurre-a completamente para a frente, de modo que possa tirar proveito de alguma "osmose ambiental" (ou seja, ela não ficará totalmente fria ou quente próxima da cabine de passageiro climatizada enquanto estiver na traseira do carro). Essa prática também ajuda se, Deus me livre, você bater o carro. Você pode pagar alguns trocados para que a oficina mecânica do Freddie conserte seu carro, mas é impossível restaurar as lascas do seu precioso violão se ele absorver o impacto da batida.

LEMBRE-SE — Uma hard case é melhor para a proteção da guitarra do que uma bag de turnê de nylon ou uma soft case que parece feita de papelão. Com uma case hard case, você pode amontoar outras coisas em cima da guitarra, enquanto as outras cases requerem que a guitarra esteja no topo do monte, o que pode ou não agradar um empacotador obsessivo. (Você sabe, como seu pai costumava empacotar antes das férias da família.) Veja o Capítulo 17 para mais informações sobre as cases.

DICA: As bags de turnê de nylon são de peso leve e não oferecem praticamente nenhuma proteção contra pancadas, mas protegem contra arranhões. Se você sabe que a guitarra não sairá do seu ombro, você pode utilizar uma bag de turnê. As bags de turnê também permitem que uma guitarra se ajuste aos compartimentos de bagagem de mão da maioria dos aviões. Viajantes experientes sabem que tipos de aviões podem acomodar uma bag de turnê e ficam preparados desde o início para assegurar um leito para sua carga preciosa.

Em casa

Se for tirar longas férias ou ficar detido de três a cinco anos na prisão, você pode precisar armazenar sua guitarra por um longo período de tempo. Mantenha a guitarra em sua case e coloque a case em um armário ou sob a cama. Tente manter a guitarra em um ambiente climatizado, em vez de em um porão úmido ou um sótão desprotegido.

DICA: Ao guardar o violão, você pode colocá-lo horizontalmente ou de lado. A posição exata não faz diferença nenhuma para a guitarra. Você não precisa afrouxar as cordas significativamente, mas soltá-las meio tom para baixo protege contra tensão em excesso no braço, caso dilate ou encolha levemente.

Providenciando um Ambiente Saudável

As guitarras são feitas sob condições de temperatura e umidade específicas. Para que a guitarra continue tocando e soando como o construtor planejou, você deve mantê-la em um ambiente dentro das especificações originais.

LEMBRE-SE: Se uma pessoa está confortável, uma guitarra está confortável. Mantenha o local próximo à temperatura ambiente (cerca de 24ºC) e a umidade relativa em cerca de 50%, e você nunca ouvirá sua guitarra reclamar (mesmo se você tiver uma guitarra falante). No entanto, não vá longe demais com essa regra sobre guitarras e pessoas ficarem confortáveis sob as mesmas condições. Você não deve colocar sua guitarra em um ofurô, mesmo que ofereça uma margarita a ela, não importando o quão confortável seja.

Temperatura

Uma guitarra pode viver confortavelmente em uma temperatura entre cerca de 18ºC e 27ºC. Para uma guitarra, o calor é pior do que o frio, então a mantenha longe do sol e evite carregá-la em um porta-malas quente o dia todo.

LEMBRE-SE

Se a sua guitarra ficou fria durante várias horas porque estava na traseira do caminhão que você dirigiu da Dakota do Norte até Minnesota em dezembro, dê um tempo para a guitarra esquentar gradualmente antes de levá-la para dentro. Um bom hábito é deixar a guitarra em sua case até que a case chegue a uma temperatura ambiente. Evite expor a guitarra a mudanças radicais de temperatura para evitar a *checagem do acabamento*, ou seja, a rachadura do acabamento que ocorre porque ele não pode se expandir e contrair perfeitamente com a madeira por baixo dele.

Umidade

As guitarras, sejam elas feitas no Havaí ou no Arizona, são todas construídas sob condições controladas de umidade, que fica em cerca de 50%. Para permitir que a sua guitarra mantenha o estilo de vida que seu construtor planejou para ela, você deve manter a umidade entre cerca de 45% e 55%. (Se você vive em um clima seco ou úmido e compensa com um umidificador ou desumidificador, você deve estabelecer configurações adequadas para um ser humano saudável.) As guitarras que ficam muito secas racham; as guitarras que absorvem muita umidade dilatam e entortam.

DICA

Se não tem condições de comprar um umidificador ou desumidificador, você pode conseguir bons resultados com as seguintes soluções baratas:

» **Umidificador para guitarra:** Esse item é simplesmente uma esponja de borracha embutida que você satura com água, retira o excesso e, em seguida, prende no interior da abertura ou mantém no interior da case para aumentar o nível de umidade.

» **Dessecante:** É uma substância de pó ou cristal que geralmente vem em pequenos pacotes e tira a umidade do ar, diminuindo o nível de umidade relativa local. Silicagel é uma marca comum e, muitas vezes, os pacotes vêm nas cases das guitarras novas.

» **Higrômetro:** Você pode comprar esse acessório barato em qualquer loja de ferragens; ele lhe diz a umidade relativa de um ambiente com um bom grau de exatidão (de qualquer forma, próximo o bastante para manter a guitarra saudável). Adquira um tipo portátil (em vez do tipo que se pendura na parede), para que possa levá-lo com você caso necessário ou até mesmo mantê-lo na case da guitarra.

Fazendo Você Mesmo os Reparos

Se você acende a luz na sua casa e a lâmpada queima, você chama um faz--tudo? Claro que não. Você olha para a lâmpada queimada para verificar sua voltagem, vai até o armário, pega a lâmpada substituta correta e, em um instante, você está banhado em uma claridade de 60 watts. Você não ficou ansioso ao realizar esse "reparo", certo?

Se puder desenvolver essa mesma abordagem intuitiva para a sua guitarra, você poderá realizar ajustes, regulagens e reparos simples. Nenhuma mágica acontece mecanicamente na guitarra. A mágica acontece na forma que ela produz aquele som glorioso, não em como as tarraxas funcionam ou na maneira que as cordas são atadas na ponte. As seguintes seções descrevem vários ajustes, substituições e reparos que você pode realizar por conta própria.

Apertando conexões frouxas

A guitarra é um sistema de partes móveis, muitas das quais são mecânicas e, conforme qualquer pessoa que possuiu um carro pode confirmar, coisas móveis podem ficar frouxas. Nas guitarras, as conexões da engrenagem são o que tipicamente se tornam frouxas com o tempo, como as pestanas no pino da ponte ou os parafusos que seguram as coberturas dos captadores.

Se você ouvir algo solto, tente tocar com uma mão para recriar o barulho enquanto toca as várias partes suspeitas com a outra mão. Quando você tocar a parte culpada, o barulho irá parar. Então, você pode tomar as medidas apropriadas para apertar o que quer que esteja frouxo. (Parafusos das tarraxas, coberturas dos captadores e placas dos conectores são os mais comuns.) Geralmente, isso envolve o uso de ferramentas comuns — chave de fenda, chave-inglesa e serra de corrente (brincadeira) —, mas criadas para os tamanhos adequados de parafusos, pestanas e assim por diante. Faça um inventário dos tamanhos e formas dos parafusos, pestanas e pinos da sua guitarra e crie um estojo de ferramentas em miniatura para consertar seu instrumento. (Para mais informações sobre esse tópico, veja "Possuindo as Ferramentas Corretas", logo mais neste capítulo.)

Ajustando o braço e a ponte

As guitarras mudam ao longo do tempo (tal como a mudança de uma estação para a outra), especialmente se o seu ambiente passa por mudanças de temperatura e umidade. Se a temperatura e a umidade mudam com frequência, a guitarra absorve ou perde umidade naturalmente, o que faz com que a madeira dilate ou encolha. Essa condição é natural e não machuca a guitarra.

O problema com essa expansão e contração está no fato de que as tolerâncias para tocar e configurar são muito críticas, então uma leve curvatura do braço resulta em uma guitarra que toca com trastejado ou se torna muito mais difícil de pressionar. Caso essa situação ocorra, você pode corrigir o problema através de um simples ajuste do braço e/ou ponte.

Apertando e afrouxando o tensor

O braço da maioria das guitarras tem o que é conhecido como *tensor*, que é uma peça de uma ou duas hastes de metal ajustáveis que passa por dentro do centro do braço. Você pode ajustar o tensor com a pestana localizada em uma ponta. Diferentes fabricantes os colocam em diferentes lugares, mas eles geralmente estão na cabeça, sob uma tampa logo atrás da pestana ou onde o braço se junta ao corpo, logo abaixo da escala. Alguns modelos antigos não possuem tensores ou, no caso das antigas guitarras Martin, possuem tensores que você não pode ajustar sem tirar a escala. Todas as guitarras mais novas possuem tensores acessíveis.

Todas as guitarras vêm com chaves Allen de tensor específicas. Portanto, se você não possui uma chave Allen de tensor para a sua guitarra, tente encontrar uma substituta imediatamente. (Tente primeiro em uma loja de guitarras local e, caso não encontre, entre em contato com o fabricante.)

O ajuste necessário do tensor depende da maneira que o braço se curva:

» Se o braço curva para *fora* entre a sétima e a décima segunda casa, criando uma abertura ampla que torna difícil pressionar as cordas, aperte o tensor girando a pestana no sentido horário (conforme você vê a pestana de frente). Aperte a pestana girando um quarto por vez, dando ao braço alguns minutos para se ajustar após cada giro. (Você pode tocar durante o tempo de ajuste.)

» Se o braço curva para *dentro* entre a sétima e a décima segunda casa, ocasionando um zumbido (trastejado) nas cordas e pressionando-as para *fora* (isto é, fazendo com que entrem em contato com trastes que não deveriam quando você as pressiona), afrouxe o tensor com a chave Allen. Gire a pestana um quarto por vez, permitindo que o braço se ajuste após cada giro.

Se você não puder corrigir o problema com alguns giros completos, pare. Você pode precisar da ajuda de um reparador qualificado. Apertar ou afrouxar demais um tensor pode danificar o braço e/ou o corpo.

Conferindo a ação

A *ação* é como a guitarra toca, especificamente a distância entre as cordas e a escala. Se as cordas repousam muito alto, são difíceis de pressionar; se elas estão muito baixas, ocorre zumbido. De qualquer forma, você precisa ajustar a ação. Você geralmente faz isso aumentando ou diminuindo os componentes da ponte conhecidos como *rastilhos* (as partes na frente da ponte onde as cordas repousam). Você aumenta ou diminui o rastilho girando os parafusos sextavados com uma pequena chave Allen. Gire o parafuso no sentido horário para aumentar o rastilho; gire-o no sentido anti-horário para diminuir o rastilho.

Se o rastilho possuir dois parafusos sextavados, assegure-se de girá-los na mesma quantidade para que o rastilho permaneça nivelado. (A Figura 19-1 mostra os parafusos sextavados do rastilho.)

FIGURA 19-1: Gire os parafusos sextavados do rastilho para aumentar ou diminuir a ação.

Fotografia por cortesia de Jon Chappell

Ajustando a entonação

A *entonação* refere-se à exatidão das notas produzidas ao pressionar. Por exemplo, se você toca na décima segunda casa, a nota resultante deveria ser exatamente uma oitava acima do que a corda solta. Se a nota da décima segunda casa é levemente além do que uma oitava, sua corda está apertada; se a nota da décima segunda casa é levemente acima do que uma oitava, a corda está frouxa. Você pode corrigir a entonação da corda movendo o rastilho para longe da pestana se a corda estiver apertada e em direção à pestana se a corda estiver frouxa. Pontes diferentes possuem métodos diferentes para isso, mas se torna mais óbvio após você analisar cuidadosamente a montagem da ponte.

DICA

Em um mecanismo comum (utilizado em Fender Stratocasters e Telecasters), os parafusos na traseira da ponte determinam a posição de frente para trás do rastilho. Eles funcionam assim:

» Girar o parafuso no sentido horário (com uma simples chave de fenda Phillips ou flat-head — sendo cuidadoso para não amassar o topo conforme você gira o parafuso) puxa o rastilho de volta em direção à ponte, o que corrige a corda que está apertada.

» Girar o parafuso no sentido anti-horário move o rastilho em direção à pestana, o que corrige a corda que está frouxa.

Tenha em mente que ajustar o rastilho para uma corda corrige apenas aquela corda. Você deve realizar ajustes de entonação para cada corda. Portanto, não nos convide para um ajuste de entonação de uma guitarra de 38 cordas!

DICA

Coloque cordas novas em folha antes de começar a ajustar a entonação. As cordas velhas muitas vezes ficam apertadas e não lhe dão uma noção real da entonação. (Para mais informações sobre substituir cordas, veja o Capítulo 18.)

Substituindo partes usadas ou quebradas

As seções a seguir listam todas as partes da sua guitarra que são mais prováveis de desgastar ou quebrar e precisar de substituição. Você pode realizar qualquer um desses consertos sozinho sem causar dano à guitarra — mesmo que você se atrapalhe.

Tarraxas

As *tarraxas* consistem em um sistema de engrenagens e cabos e, como ocorre com a embreagem do seu carro mais cedo ou mais tarde (ou com a transmissão automática, se você nunca aprender a usar o câmbio manual), as tarraxas podem se desgastar. As tarraxas lidam com muito estresse e tensão, e nós não queremos dizer aquele tipo que você aguenta no seu trabalho.

LEMBRE-SE

As tarraxas simplesmente aparafusam-se na cabeça da guitarra com parafusos para madeira (após você passar o pino pelo orifício e firmar a pestana sextavada no topo); então, se você possui uma engrenagem usada ou espanada, considere substituir a tarraxa inteira. Se mais de uma tarraxa estiver lhe causando problemas, considere substituir o jogo completo. Verifique se a tarraxa substituta possui os parafusos nas mesmas posições da original, porque você não quer ter de furar novos orifícios na cabeça. Se você estiver tendo problemas para igualar os orifícios de suas novas tarraxas com as já existentes na cabeça, leve a guitarra a um reparador.

Pinos da correia

LEMBRE-SE

Os *pinos da correia* são pequenos "botões" que você passa pelos orifícios da correia para atar a correia ao seu instrumento. Os pinos da correia geralmente se fixam à guitarra através de parafusos de madeira comuns e, às vezes, eles podem afrouxar com o uso. Se simplesmente apertar o parafuso de madeira com uma chave de fenda não funcionar, tente aplicar um pouco de cola branca nos fios do parafuso e os colocar de volta no lugar. Se continuar afrouxando, leve a guitarra a um reparador.

Molas da ponte

Se uma guitarra não possui uma whammy bar, sua ponte se fixa diretamente ao corpo da guitarra. Essa estrutura é conhecida como *ponte fixa*. Se a guitarra possui uma whammy bar (alavanca), então ela tem uma ponte flutuante. Uma *ponte flutuante* é aquela que está presa no lugar pela tensão da corda (que a puxa em uma direção) e um conjunto de molas de metal — conhecidas como *molas da ponte* — que a puxa na direção oposta, mantendo a ponte em equilíbrio. Você pode encontrar as molas (que têm cerca de 2 polegadas de comprimento e ¼ de polegada de largura) na cavidade traseira do corpo (veja a Figura 19-2).

FIGURA 19-2: As molas da ponte, mostradas na cavidade traseira da guitarra.

Fotografia por cortesia de Jon Chappell

Se uma das cordas perder a tensão devido à idade e ao uso, sua guitarra ficará fora da afinação quando você utilizar a whammy bar. Quando isso acontecer, substitua as molas; troque-as todas de uma vez para que elas sejam gastas igualmente. As molas ficam presas através de pequenos ganchos e, com um leve puxão e o auxílio de alicates, você pode tirá-las e colocá-las em um instante. Você pode até mesmo apertar os parafusos na placa (chamada *garra*) onde os ganchos ficam presos, aumentando a tensão da corda. Não se preocupe — essas molas não vão pular e feri-lo no olho ou voar pelo quarto.

DICA

Algumas pessoas gostam de uma ponte frouxa (que é mais responsiva, mas sai de afinação com mais facilidade) e outras gostam de uma ponte apertada:

» Se você gosta de uma ponte apertada que fique afinada (e quem não gosta!) e utiliza apenas ocasionalmente a whammy bar, escolha uma configuração de ponte apertada. Quanto mais molas, mais apertada é a ponte; então, se você possui uma configuração de duas molas, considere mudar para uma configuração de três molas.

» Se você gosta de utilizar a whammy bar e está disposto a abrir mão da afinação para ter uma ponte com muito para tocar, considere uma configuração frouxa. Os guitarristas que gostam de criar música *ambiente* (música atmosférica sem uma melodia definida) preferem pontes flexíveis, pois eles fazem muitos mergulhos e puxões na alavanca.

Controles estalando

Poeira e ferrugem (oxidação) são uma ameaça potencial a qualquer conexão eletrônica, e sua guitarra não é uma exceção. Se os seus botões de volume e tom começarem a fazer barulhos estalando ou estourando através do seu alto-falante sempre que você plugar, ou o sinal estiver fraco, inconsistente ou desligando completamente em certas posições dos controles, alguma substância externa (por mais que seja minúscula) provavelmente se alojou em seus controles.

Gire vigorosamente os botões para trás e para frente ao redor do ponto problemático para retirar a poeira ou remover um pouco de corrosão que possa estar causando o problema. Você pode precisar realizar essa ação várias vezes em cada botão, em diferentes pontos no percorrer do botão. Se girar os botões não funcionar, leve a um reparador para fazer uma limpeza completa nos seus *pots* (abreviação de *potenciômetro*, os resistores variáveis dos seus controles de volume e tom).

Conectores frouxos

Nas guitarras, você realiza a plugagem e a desplugagem do seu cabo com frequência, e essas ações podem acabar afrouxando o conector, causando um som que estala através do alto-falante. Esse estalo indica um fio terra desconectado. Para consertar, retire a placa do conector ou o protetor do tampo e localize o fio solto que está causando o problema.

» Se você souber usar um ferro de solda, prenda o fio quebrado de volta ao seu suporte original e pronto. Você pode até mesmo sentir-se como um verdadeiro eletricista.

» Se você não souber usar um ferro de solda, chame um amigo que saiba para fazer o trabalho ou leve o instrumento a uma loja.

Captadores substitutos

Substituir seus captadores pode parecer uma tarefa intimidante, mas, na verdade, é muito simples. Muitas vezes, a melhor maneira de mudar seu som (supondo que você goste da maneira como sua guitarra toca e parece) é mudar os captadores substitutos pelos originais — especialmente se os originais não eram tão bons para começar. Veja a seguir como fazer isso:

1. **Adquira captadores do mesmo tamanho e tipo dos originais.**

    Fazer isso assegura que eles se assentem nos orifícios existentes e se conectem da mesma maneira eletricamente.

2. **Conecte e solde dois ou três fios.**

    Os novos captadores vêm com instruções claras.

3. **Fixe os captadores nas cavidades.**

    Você não está lidando com eletricidade de alta voltagem, então não irá machucar você mesmo ou os eletrônicos se conectar algo de modo invertido.

Porém, se você não se sentir confortável fazendo esse trabalho sozinho, conte com a ajuda de um amigo habilidoso ou leve sua guitarra a um reparador.

LEMBRE-SE Trocar seus captadores é como trocar o óleo do seu carro. Você até pode fazer esse trabalho sozinho e economizar dinheiro, mas talvez prefira evitar o incômodo.

Possuindo as Ferramentas Corretas

Monte um estojo de ferramentas permanente, contendo todas as ferramentas que você precisa para a sua guitarra. Não "canibalize" esse conjunto se você estiver fazendo outros consertos domésticos. Compre dois conjuntos de chaves de fenda, alicates diagonais e chaves Allen — um para uso geral e outro que nunca sai da case da sua guitarra ou da bag de turnê. Inspecione sua guitarra para determinar que tipo de ferramentas você pode precisar se algo ficar frouxo. Determine (através de tentativa e erro) se as roscas, os parafusos e as porcas da sua guitarra são métricos ou não. Veja a seguir uma lista do que você precisa:

» **Um conjunto de chaves de fenda em miniatura:** Uma rápida inspeção dos tipos de parafusos existentes em sua guitarra revela diferentes tamanhos de cabeça Phillips e variedades entalhadas em vários lugares: os pinos da correia, a cobertura do captador, o protetor do tampo, os suportes das tarraxas, os *conjuntos de parafusos* (os parafusos que prendem o botão de afinação ao eixo), os *retentores de corda* (os acessórios de metal na cabeça

— entre os pinos da tarraxa e a pestana — que seguram as cordas nas Strats e Teles), os controles de volume e tom, e as placas pretas sobre o braço.

» **Um conjunto de catracas em miniatura:** Você também pode encontrar vários lugares para aparafusar: o conector de saída e os *colares* de pinos da tarraxa (porcas com formato sextavado no topo da cabeça que impedem os pinos de vacilarem). Um conjunto de catracas em miniatura lhe dá melhor alavancagem e um melhor ângulo do que uma pequena chave Allen em meia-lua.

» **Uma chave sextavada e uma chave Allen:** O tensor exige sua própria ferramenta, geralmente uma chave-inglesa sextavada, que vem com a guitarra se você comprá-la nova. Se a sua guitarra não possui uma (porque você a comprou usada ou perdeu desde que a comprou nova), adquira uma correta para a sua guitarra e mantenha na case constantemente.

Sistemas de ponte flutuante, incluindo aqueles da Floyd Rose (veja o Capítulo 18), requerem chaves sextavadas ou Allen para ajustar os rastilhos e outros elementos da montagem. Mantenha essas chaves por perto, no caso de você romper uma corda.

Tarefas que Você Não Deveria Tentar em Casa

CUIDADO

Alguns reparos *sempre* requerem um reparador qualificado para o conserto (supondo que seja possível consertar). Entre tais reparos estão os seguintes:

» Consertar rachaduras do acabamento.

» Reparar amassados e arranhões (se eles forem sérios e atravessarem do acabamento até a madeira).

» Reparar trastes usados (se os trastes começarem a desenvolver entalhes ou fendas, eles necessitam de um profissional para nivelá-los ou substituí-los).

» Consertar falhas do captador ou *enfraquecimento* (um captador está seriamente fora de equilíbrio com outro, há um possível dano magnético no próprio captador ou um dos componentes eletrônicos no captador falha).

» Retirar a sujeira dos botões de volume e tom (se girar vigorosamente para trás e para frente não eliminar o estalo que a sujeira causa).

» Resolver problemas de aterramento (você verifica a cavidade e nenhum fio está frouxo, mas ainda possui problemas incomuns de barulho).

» Consertar torção séria do braço (deformação ou um arqueado grave).

- » Tratar certos danos e rupturas (tais como pestanas, escala ou cabeça).

- » Conservar ou restaurar a madeira da sua guitarra (nem sequer chegue perto do acabamento da sua guitarra com uma lixadeira ou produtos químicos para madeira).

- » Modificar seus eletrônicos (você decide, digamos, substituir suas cinco formas com interruptores liga/desliga, instalar uma coil-tap e um interruptor de inversão de fase se qualquer um dos dois captadores adjacentes estiverem ativos e, mais, inserir um botão de aumento de presença em vez do segundo controle de volume...)

Hã?! Se entendeu o último tópico, você pode estar além do *Guitarra Para Leigos*!

LEMBRE-SE Se você estiver nervoso para realizar *qualquer* reparo ou manutenção, *leve a guitarra a um luthier*. O reparador pode lhe dizer se o problema é algo que você consegue consertar sozinho e talvez até lhe mostre como fazê-lo corretamente para a próxima vez que o problema acontecer. É muito melhor ficar seguro (e sem alguns trocados) do que correr o risco de danificar sua guitarra.

6
A Parte dos Dez

NESTA PARTE . . .

Que livro *Para Leigos* estaria completo sem "A Parte dos Dez"? Certamente não o *Guitarra Para Leigos,* tradução da 3ª Edição. Nesta parte, você encontra ótimas listas de dez mais: uma sobre os dez (ou mais) melhores guitarristas e outra sobre dez músicas que te deixarão de queixo caído.

> **NESTE CAPÍTULO**
>
> Analisando os lendários mestres do gênero
>
> Conhecendo músicos não tradicionais

Capítulo 20
Dez (Ou Mais) Guitarristas que Você Deveria Conhecer

Independentemente do estilo, certos guitarristas deixaram sua marca no mundo da guitarra de modo que qualquer guitarrista que vem depois deles leva um bom tempo se desvencilhando de seus legados. Apresentaremos aqui, em ordem cronológica, 10 (ou 12, mas quem está contando?) guitarristas importantes e o motivo pelo qual são importantes.

Andrés Segovia (1893-1987)

Segovia não foi apenas o mais famoso violonista clássico de todos os tempos, mas ele também literalmente criou o gênero. Antes de sua chegada, o violão era um instrumento humilde da classe baixa. Segovia começou executando peças de Bach e outras músicas clássicas sérias no violão (escrevendo muitas de suas próprias transcrições), finalmente elevando essa atividade "simples" a um estilo de primeira classe. Sua incrível carreira durou mais de 70 anos. Suas peças mais famosas incluem "Chaconne", de Bach, e "Granada", de Albeniz.

Django Reinhardt (1910-1953)

Nascido na Bélgica, Django Reinhardt foi um guitarrista ferozmente virtuoso que definiu o som da guitarra cigana de jazz (dirija-se ao Capítulo 15 para uma introdução à guitarra de jazz). Seus runs de nota simples empolados, bends que simulam a voz e a técnica de tremolo rápido, se tornaram marcas do estilo. Reinhardt morou em Paris durante a maior parte de sua carreira e lá fez grande parte das gravações importantes com sua banda, a Quintette du Hot Club de France, e com o guitarrista de jazz Stephane Grapelli. Seu esplêndido trabalho instrumental é ainda mais impressionante quando você leva em conta que sua mão esquerda foi gravemente ferida em um incêndio, deixando apenas dois dedos para uso. Suas peças mais famosas incluem "Minor Swing", "Nuages" e "Djangology".

Charlie Christian (1916-1942)

Charlie Christian criou a arte da guitarra de jazz. Seus solos flexíveis com os grandes grupos de jazz, como o de Benny Goodman, e os grupos menores eram sofisticados, brilhantes e anos à frente de seu tempo. Após o expediente, ele costumava se reunir com companheiros de jazz rebeldes no Minton's, em Nova York, onde suas improvisações aventureiras ajudaram a criar o gênero conhecido como *bebop*. Christian tocou guitarra como uma buzina, incorporando movimento de *intervalo* (não gradualmente) em suas linhas. Suas peças mais famosas incluem "I Found a New Baby" e "I Got Rhythm".

Chet Atkins (1924-2001)

Conhecido como "Mr. Guitar", Atkins é *o* principal guitarrista do country. Com base na técnica de dedilhada rápida de Merle Travis, Atkins redefiniu o estilo, adicionando nuances de jazz, clássico e pop para criar uma abordagem verdadeiramente sofisticada da guitarra de country. Tocou com Elvis Presley, The Everly Brothers e inúmeras estrelas do country por décadas. Suas peças mais famosas incluem "Stars and Stripes Forever" e "Yankee Doodle Dixie".

Wes Montgomery (1923-1968)

Um lendário guitarrista de jazz, o tipo de cool jazz criado por Wes foi baseado no fato dele usar o polegar para tocar notas, em vez de uma palheta de guitarra tradicional. Outra de suas inovações foi o uso de *oitavas* (isto é, duas notas idênticas em alcances diferentes) para criar linhas ricas, comoventes e uníssonas. Morreu jovem, mas seus fãs ainda o consideram um dos melhores do jazz de todos os tempos. Suas peças mais famosas incluem "Four on Six" e "Polka Dots and Moonbeams".

B. B. King (1925-2015)

Embora não seja o primeiro homem do blues elétrico, B. B. King é absolutamente o mais popular: seu estilo de guitarra descontraído e de alta voltagem complementa sua carismática presença de palco e sua voz forte e abastecida pelo gospel. Junto com sua típica guitarra ES-355, apelidada de "Lucille", sua técnica de solar minimalista e seu sólido vibrato de dedo lhe garantiram um lugar nos anais da história do blues elétrico. Suas peças mais famosas incluem "Every Day I Have the Blues" e "The Thrill Is Gone".

Chuck Berry (1926-)

Talvez o primeiro herói de verdade da guitarra rock, Berry utilizou double-stops rápidos e rítmicos para criar seu estilo de guitarra inconfundível. Embora alguns o respeitem igualmente por sua habilidade de composição, suas pausas incendiárias tornaram suas peças mais famosas, "Johnny B. Goode", "Rockin' in the U.S.A." e "Maybelline", verdadeiros clássicos da guitarra. Vá ao Capítulo 11 para mais informações sobre guitarra de rock.

Jimi Hendrix (1942-1970)

Considerado o maior guitarrista de rock de todos os tempos, Hendrix unificou o R&B, o blues, o rock e o psicodelismo em uma mistura sônica hipnotizante. Seu sucesso em 1967 no Monterey Pop Festival reescreveu instantaneamente o manual da guitarra rock, em especial depois que ele ateou fogo em sua Stratocaster. Jovens guitarristas copiam religiosamente seus licks até hoje. Hendrix ficou conhecido por sua performance incendiária (mesmo quando sua guitarra não estava literalmente pegando fogo) e seu trabalho inovador com feedback e whammy bar. Suas peças mais famosas incluem "Purple Haze" e "Little Wing".

Jimmy Page (1944-)

Page sucedeu Eric Clapton e Jeff Back no Yardbirds, mas não encontrou realmente seu nicho até formar o Led Zeppelin, uma das melhores bandas de rock dos anos 1970. O maior talento de Page era a arte de registrar guitarras, reproduzindo faixa sobre faixa para construir enormes avalanches de tom eletrificado. Apesar disso, ele também podia tocar violão de modo sublime, empregando regularmente tons incomuns e influências globais. No rock, sua criatividade com seis cordas no estúdio é inigualável. Suas peças mais famosas incluem "Stairway to Heaven" e "Whole Lotta Love".

Eric Clapton (1945-)

De várias maneiras, Clapton é o pai da guitarra rock contemporâneo. Antes de Hendrix, Beck e Page aparecerem, a era Yardbirds-Clapton já unificava o blues elétrico de Chicago com a fúria do rock & roll. Mais tarde, ele expandiu sobre esse estilo no Cream, no Blind Faith e no lendário Derek and the Dominoes. Por fim, Clapton saiu em carreira solo, tornando-se um dos artistas mais populares dos últimos 20 anos. Uma verdadeira lenda viva, suas peças mais famosas incluem "Crossroads" e "Layla".

Stevie Ray Vaughan (1954-1990)

Um virtuoso do rock e do blues nascido e criado no Texas que recusou uma turnê com David Bowie para que pudesse gravar seu primeiro álbum solo, Stevie Ray Vaughan tocou o blues do Texas como um amálgama de alta energia de B. B. King, Eric Clapton e Jimi Hendrix. Tão explosivo e pirotécnico era o seu tocar que as pessoas tinham dificuldade para categorizá-lo como um músico de blues ou de rock. Vaughan foi tragicamente morto em um acidente de helicóptero ao sair de uma turnê, mas todo guitarrista de blues dos dias atuais é influenciado por ele, e seu trabalho é a marca registrada de como tocar o blues elétrico moderno. Suas peças mais famosas incluem "Pride and Joy", "Texas Flood" e "Love Struck, Baby".

Eddie Van Halen (1955–)

Equivalente a Jackson Pollock na guitarra rock, a abordagem virtuosa de Eddie Van Halen para a guitarra do hard rock/heavy metal reinventou completamente o estilo, começando no final dos anos 1970. Transformou a técnica de tocar com duas mãos (two-handed tapping) em uma técnica comum da guitarra (graças à sua pioneira "Eruption"), enquanto estendia os limites da whammy bar e do hammer-on. Também é mestre em unificar rock baseado em blues com técnicas modernas, e seu toque de ritmo é um dos melhores exemplos do estilo integrado (combinando riffs de nota simples com acordes e double-stops). Um herói da guitarra em todos os sentidos do termo, suas peças mais famosas incluem "Eruption" e "Panama".

> **NESTE CAPÍTULO**
>
> Apreciando jazz cigano e surf primitivo
>
> Ouvindo rock blues elétrico
>
> Folheando a perfeição clássica
>
> Considerando o rock clássico
>
> Dominando o metal para o rock moderno

Capítulo 21

As Dez Músicas de Guitarra Mais Importantes de Todos os Tempos

De músicos casuais a superastros vencedores do Grammy, praticamente todos os guitarristas podem citar uma música que determinou o início de sua carreira musical. Uma canção apresentando uma grande parte de guitarra — seja um instrumental, um solo estendido ou apenas um riff memorável — pode inspirar um não músico a tocar guitarra. Ou pode servir como um incentivo para pessoas que já tocam levarem isso a sério e buscarem a excelência.

Limitar qualquer lista de grandes obras a dez é algo necessariamente subjetivo, mas ninguém pode negar que as músicas presentes neste capítulo, listadas em ordem de data de lançamento da gravação, impactaram profundamente um grande número de guitarristas, tanto famosos quanto obscuros, e têm influenciado gerações de músicos.

"Minor Swing", de Django Reinhardt

Qual a melhor maneira de apresentar um músico cigano do que uma música em tom menor? "Minor Swing" segue o toque do virtuoso acústico Django Reinhardt como em qualquer jazz cigano, da forma como ele ajudou a defini-lo: runs empolados de uma única nota subindo e descendo o braço, notas tremolo arranhadas, notas curvadas esparsas e emocionais, e melodias oitavadas.

O solo de Django começa com acordes de cordas agudas tocados rispidamente, evocando quase um estilo banjo-tenor, antes de se lançar em sua primeira travessia, uma mistura de arpejos e frases melódicas abreviadas. Você pode ouvir imediatamente — através de seus rápidos floreios triplos, ataques afiados e ataques emotivos — a autoridade que traz para o solo. Os bends de Django foram executados em um contexto acústico e de jazz, mas, nos anos 1930, isso previa a expressividade dos músicos de blues elétrico uma geração mais tarde.

O segundo e o terceiro refrões do solo seguem Django trabalhando na escala de baixo para cima com frases de swing suave e apimentando as linhas brilhantes com trinados rápidos, varreduras de cordas triplas, vibratos rápidos em tons longos e bends sutis, mas efetivos. O último refrão é uma miscelânea de técnicas: uma reprise dos acordes de banjo, um acorde tremolo com slide-off e um run cromático descendente de palhetada rápida, que mostra sua proeza na palhetada alternada. Django fecha aquela que talvez seja sua música mais famosa com oitavas percussivas de marteladas duplas.

Em outras músicas, Django tocou mais rápido e com mais ostentação técnica, mas "Minor Swing" é uma perfeita compilação de invenção melódica, grande fraseado e um tour pelas técnicas que Django tornou padrão no jazz acústico. (Vá ao Capítulo 15 para mais informações sobre guitarra de jazz.)

"Walk, Don't Run", de Ventures

"Walk, Don't Run", um alegre instrumental em tom menor, na verdade foi gravado por dois guitarristas notáveis: o dedilhador country Chet Atkins e o jazzman Johnny Smith (que foi o compositor). No entanto, foram os Ventures, de Seattle, que colocaram "Walk, Don't Run" no topo das paradas em 1960 e fizeram dela um clássico da guitarra. A guitarra solo fanhosa simboliza o "som do surf", ao menos no que diz respeito ao tom (crepitante e agudo) e desempenho (franco, nada extravagante) da guitarra.

A música é muito curta — dura pouco mais de dois minutos — e os primeiros 32 compassos são repetidos praticamente sem variação. O guitarrista solo Bob Bogle toca a melodia inteiramente em *posição solta* — primeira posição usando cordas soltas sempre que possível —, o que mantém as notas melódicas soando brilhantes e altivas. Ele adiciona um vibrato rápido no C alto no fim da primeira frase, o que dá à nota um brilho especial. Na segunda seção, Bogle utiliza a whammy bar de dois modos: para adicionar uma imersão às notas e acorde sustentados e para introduzir vibrato. A melodia simples, combinada com o vibrar e o shimmer induzido, cria um som contagiante que guiou a música instrumental pelo início e meio dos anos 1960 e invocou imagens icônicas de surfistas sobre a prancha em ondas de Pipeline.

"Crossroads", de Cream

Eric Clapton foi o líder incontestável do movimento de rock blues dos anos 1960, o responsável por pegar o blues elétrico de Muddy Waters e B. B. King e o superalimentar com o extenuante rock & roll. "Crossroads", gravada ao vivo em 1968, é a versão do poderoso trio Cream de uma música acústica do lendário do blues Delta Robert Johnson, e os incríveis solos de Clapton (dois deles presentes aqui) inspiraram Eddie Van Halen e inúmeros outros guitarristas que surgiram durante a era seminal do rock dos anos 1960, 1970 e 1980.

Clapton toca a introdução da música usando uma mistura pescoço abaixo de figuras baseadas em ritmo robusto que combinam cordas soltas, double-stops e acordes arpejados. Ele termina a seção com uma transição sem emenda dos riffs para um snappy, um lick de blues de nota simples tocado no final do braço. Depois de cantar três versos (sim, ele também canta nessa música!), Clapton toca seu primeiro solo — um estudo clássico de bends bluesy e licks que misturam as escalas maior e menor pentatônicas em um vocabulário de blues completo. Depois de cantar outro verso, ele se lança ao solo empolado braço acima que alcança a estratosfera — a caminho da 20º casa —, desencadeando uma salva de bends afiados, vibratos e slurs. É menos melódico e mais gestual do que o anterior, mas igualmente poderoso e clássico. Isso é um blues elétrico tocado com paixão e abandono, mas feito com técnica e gosto por um mestre. (Confira o Capítulo 12 para ainda mais informações sobre guitarra de blues.)

"Stairway to Heaven", de Led Zeppelin

"Stairway to Heaven" é a avó de todas as músicas de hard rock, reunindo misticismo, a tradição folk inglesa, blues e hard rock em um hino de rock coeso. Cada seção de "Stairway" é uma mini obra-prima memorável de riffs de guitarra, graças ao talento criativo do guitarrista Jimmy Page, que era um talentoso guitarrista de estúdio e artífice do riff de rock & roll na época em que cofundou o Led Zeppelin.

A música começa com um violão solo tocando uma cifra em estilo polifônico, quase clássico, sobre a qual um acompanhamento de flautas tocam tons sustentados, dando à seção uma qualidade de madrigal. É uma passagem fingerstyle acústica icônica e adorável, que atrai pessoas para lojas de música ao redor do mundo (é um clichê, mas não é culpa da música!). À medida que a música de oito minutos progride, se torna mais profunda, com guitarras arpejadas e batidas, tanto acústicas quanto elétricas de 12 cordas, tocando acordes de cordas soltas para os versos. Essa interação ruidosa entre a guitarra de 12 cordas e a acústica é reminiscente de uma outra era folk, de Crosby, Still & Nash.

O solo de guitarra de 20 compassos começa aproximadamente aos seis minutos da música e é um dos intervalos de guitarra solo mais identificáveis de todos os tempos. Page abre com um bend de meio tom expressivo, seguido por uma linha descendente de notas da 16ª fluentes. Os próximos poucos compassos apresentam Page tocando frases desenhadas em sua maioria na escala pentatônica menor de A, tornadas mais fluidas com o uso liberal de hammer-ons, pull-offs, bends e vibratos — todos efeitos clássicos. Ele então pula braço acima para a 13ª posição para terminar os primeiros 16 compassos com um riff de nota repetida em um clímax frenético. Seguindo esse riff está um tipo de desenlace: quatro compassos de guitarra solo lírica migram para um slide adicional que soa como uma lamúria vocal. "Stairway" é uma sinfonia de guitarra e ritmo de hard rock, coroada por um solo de guitarra imortal. (Para mais informações sobre guitarra de rock, vá ao Capítulo 11.)

"Gavotte I and II", de Christopher Parkening

Depois de Andres Segovia, surgiram Julian Bream e John William, e, depois deles, surgiu Christopher Parkening, o maior talento da terceira geração de violonistas clássicos. Parkening tocava de modo tão límpido, quase como uma máquina, mas não de forma robótica ou sem sentimento. Ele era lendário por sua consistência resoluta e, por isso, era o intérprete perfeito de Bach. Sua gravação de 1971 pela EMI/Angel, *Parkening Plays Bach*, mostra seu tom grandioso e sua técnica impecável em abundância.

Gavotte é um tipo de dança folclórica que data da Renascença, mas, para os músicos, esse termo normalmente significa a música composta para a dança. As suítes de Bach (que viveu durante a era Barroca) incluíam diferentes movimentos, todos nomeados para as várias danças que inspiraram a música. As duas gavottes de *Cello Suíte Nº 5*, de J. S. Bach, nessa gravação fornecem um contraste de texturas da guitarra.

> "Gavotte I" tem Parkening tocando acordes cheios e poderosos e conectando-os com o delicado tecido de segmentos melódicos de uma única linha. Ele pode trovejar os acordes de pestana enquanto ainda os deixa bonitos, e as notas únicas ficam cheias e radiantes sob sua técnica dominante.

> "Gavotte II" é uma melodia tripla fluente, e aqui Parkening mostra sua incrível habilidade de realizar contraponto, fazendo as colcheias alegres e fugazes saltarem com fluidez pelo legato contrastante da parte do baixo.

Em ambas as peças, você ouve o talento prodigioso de Parkening para fazer com que um material difícil soe sem esforço e para produzir tons que são grandes, delicados e bonitos ao longo do processo. (O Capítulo 14 tem muito mais sobre guitarra clássica.)

"Hotel California", de Eagles

Os Eagles tinham sido uma banda de country rock maleável do sul da Califórnia com uma quantidade imensa de hits nas paradas de sucesso, mostrando um trabalho de guitarra saboroso. Então, o veterano James Gang e o roqueiro nervoso Joe Walsh foram trazidos para endurecer o som da banda. O primeiro lançamento com Walsh a bordo foi o álbum de sucesso *Hotel California*, e seu single homônimo foi a coroação da banda, tanto quanto era possível para seis músicos de cordas.

Definido como uma progressão de acorde de som hispânico, esse conto de terror sobre um alojamento de mão única ("Você pode entrar a hora que quiser/Mas você nunca pode sair") é uma extravagância da guitarra, apresentando quase uma abordagem orquestral para as diferentes partes — mais, inclusive, do que "Stairway to Heaven", do Led Zeppelin (que discutimos anteriormente neste capítulo).

A música começa com um violão de 12 cordas arpejado e com capo tocando uma vez através da progressão de acorde, e então junta-se a ele um violão de seis cordas tocando notas únicas sustentadas e mais longas. O violão de 12 cordas continua pelo verso, mas uma guitarra áspera substitui o violão e uma outra guitarra se junta nos arpejos staccatos. No meio do primeiro verso, mais duas guitarras se juntam, tocando tons sustentados distorcidos. Isso dá um total de seis guitarras separadas e nós ainda nem terminamos o primeiro verso. Todas as partes são artisticamente arranjadas para que a textura nunca soe desordenada.

No primeiro refrão, as guitarras saem de seus papéis sustentados para tocar solos harmonizados que enchem as frases vocais. Esses preenchimentos continuam até o próximo verso e o refrão, tornando-se mais expansivos pelo caminho. Depois do terceiro verso vem a bela seção de solo de guitarra trabalhado, que continua até a música desvanecer. Os primeiros oito compassos são tocados por Don Felder e os oito seguintes por Joe Walsh. Eles, então, trocam dois compassos cada um antes de irem para a seção de arpejos descendentes harmonizados. Embora o estilo dos dois seja diferente — Felder toca mais licks no estilo country; Walsh tem um quê de hard rock —, cada solo é clássico do seu próprio jeito. No entanto, eles estão bem-adaptados um ao outro em questão de sentimento e proximidade, soando quase como se um guitarrista tocasse todos os 16 compassos. Certamente, os dois solistas estavam ouvindo e reagindo um ao outro enquanto tocavam.

É difícil imaginar dois guitarristas melhores dessa época do que o lírico Don Felder e o inspirado Joe Walsh. Eles tocarem solos consecutivos e então juntarem forças em harmonia sincrônica é uma prova da arte da colaboração, onde o solo unificado dos dois é muito maior do que a soma de suas partes.

"Eruption", de Van Halen

Eddie Van Halen explodiu na cena com sua banda (incluindo seu irmão mais velho, Alex, na percussão) e seu álbum de estreia em 1978. Ele trouxe para o hard rock/heavy metal uma sólida formação em ritmo, inspirado em solos de blues rock, e um repertório de técnicas especiais que ele usava para aumentar seu já dominante e evoluído jeito de tocar.

Eddie era tão transbordante com suas habilidades que a banda precisou inserir um instrumental nos trabalhos gravados, bem como nos shows, para agradar os insaciáveis fãs da guitarra. O resultado foi "Eruption" — um exercício solo, livre, de virtuosidade — e um "tour de force" de guitarra sem acompanhamento que mostrou as habilidades técnicas e mais incendiárias de Eddie.

A técnica mais notável de Van Halen mostrada em "Eruption" é o seu *two handed tapping*, onde as cordas não são tocadas da forma normal, mas batidas contra a escala com a ponta dos dedos de ambas as mãos. Cada batida é seguida por um pull-off ou, às vezes, sucessivos pull-offs, de forma que o efeito criado seja uma cascata de notas rápidas e fluidas, com frequência em intervalos largos.

Nesse instrumental curto (1:27), o ouvinte é quase sobrecarregado com linhas rasgadas de nota simples, palhetadas tremolo rápidas, movimentos extremos da whammy bar e a já citada cascata sem fim de notas batidas, tudo colocado junto sem emendas em um fluxo de consciência. Houve virtuoses da guitarra antes e guitarristas que usaram esses "truques" previamente, mas ninguém juntou paixão e magia no contexto do hard rock com tanta eletricidade e excitação como fez esse roqueiro do sul da Califórnia.

"Texas Flood", de Stevie Ray Vaughan

Ironicamente, é uma lenta progressão de blues onde um guitarrista pode alongar — tocando cegamente com rapidez e abandono — e é exatamente o que Stevie Ray Vaughan faz enfaticamente na música título de seu álbum de estreia solo de 1983, *Texas Flood*. Aqui, Vaughan puxa todas as paradas de corte, exibindo a técnica e o alcance de um Eddie Van Halen ou um Jimi Hendrix, mas permanecendo perfeitamente na linha do blues elétrico de raiz.

Aqui, Vaughan abre seu lento blues com um longo solo — quatro compassos de introdução e um refrão completo antes de entrarem os vocais, e é uma amostra muito boa do estilo de Vaughan. Ele preenche com acordes, notas braço abaixo e solos gemidos de nota simples. Você pode ver quão expressivo e competente é seu vibrato e com que frequência ele curva as notas. Quase toda nota que não é movida rapidamente é vibrada ou curvada. Ele inclui até uma passagem de bend sobre bend, quando uma nota quase curvada é golpeada e curvada novamente.

Durante os versos, Vaughan usa os preenchimentos da guitarra nos espaços entre as frases vocais. Esses preenchimentos são um estudo de variedade com, novamente, material que é desenhado a partir de passagens de acordes, notas esparsas, linhas líricas, floreios rápidos e efeitos — tais como um percussivo slide descendente. Vaughan ainda está seguindo a tradição em sua abordagem pergunta-resposta, em que vocal e guitarra engajam-se em um diálogo, exceto que Vaughan está desempenhando ambos os papéis e o toque da guitarra é mais do que espetacular.

Na seção do solo de guitarra, ouvimos um compêndio das técnicas de Vaughan, mas com ainda mais intensidade do que foi ouvido na introdução. Além da cascata furiosa de notas simples, notas mantidas tremolo e bends implacáveis, algumas técnicas novas são introduzidas. Em um movimento mais similar a Hendrix do que a B. B. King, Vaughan aplica a uma sequência de double-stop um tratamento estendido e fora do tempo de bend-e-release que faz o ouvinte balançar, antes de fazer o resgate com um lick ágil de uma nota simples de meia medida.

O blues de Vaughan era, ao mesmo tempo, estilisticamente autêntico e explosivamente virtuoso. Ele respeitou seus antecessores prestando tributo a eles com sua música e então levou o blues para o próximo nível, inspirando todo guitarrista de blues que o ouviu e influenciando todo guitarrista que veio depois dele.

"Surfing with the Alien", de Joe Satriani

Joe Satriani ("Satch") trouxe uma gama de habilidades especiais ao seu estilo sobrecarregado, tanto quanto Eddie Van Halen o fez. Porém, onde Van Halen é um diamante bruto e visceral, Satriani é o cientista maluco metódico e exemplar. Tendo estudado teoria musical e disciplina em técnica meticulosamente, Satriani é um solista de incrível alcance. Ele produziu um álbum atrás do outro de instrumentais de guitarra na nova onda da virtuosidade baseada no metal que regeu os anos 1980 e 1990. A música de Satriani era esplendorosamente rápida, tecnicamente impecável e infinitamente inventiva.

Em "Surfing with the Alien", a música título de seu segundo álbum (1987), Satch vai além em termos de habilidade para o groove fluido de estilo surfista. Depois de uma introdução poderosa e robusta em acordes e palm-mutted, ele toca o tema usando um som fortemente distorcido, aumentado por um pedal wah wah que ele aplica seletivamente para trazer notas individuais. Apenas na confirmação do tema, ouvimos o fraseado sofisticado de blues de Satch junto com uma abordagem de bends de rock moderno, vibratos, slides, hammer-ons e pull-offs. No entanto, Satch inclui uma dimensão adicional: ele usa tanto wah quanto distorção para facilitar a harmonia. A harmonia ocorre como um som puro ou em uma mistura com pitch fundamental. Ele fecha o tema com um whammy bar dive abrupto e longo.

É no início da próxima seção que as coisas enlouquecem. (Lembre-se que a música e o álbum foram inspirados por um personagem de ficção científica da Marvel Comics.) Satch começa com uma passagem de *tuplets* batidos (grupos de cinco, seis e sete notas na 16ª no espaço de uma batida) que cria a impressão de um ataque de um enxame de mosquitos elétricos. Em seguida, há uma fluida e longa linha de nota simples usando uma escala exótica conhecida como Phrygian-Dominant. Uma mutilação mais controlada segue com harmônicas cifras arrastadas e trinados batidos (usando combinações de hammers, pulls e slides), bends (tanto largos quanto estreitos), movimentos de whammy bar e um fluxo de notas únicas palhetadas, mesclando-se uns aos outros.

Uma técnica original que Satch introduz é "golpear" a whammy bar com sua mão direita (em vez de bater nas cordas do modo normal) para articular as notas da melodia. Isso não é apenas um artifício; ele realiza essa técnica única com precisão e a usa em vários locais diferentes. A música continua com mais batidas, bent double-stops, vibratos espertamente aplicados, harmônicas gritantes, whammy bar dives que desafiam a morte, harmônicas em diferentes tonalidades e misturadas, e digitação realmente rápida. A técnica do metal moderno alcançou seu ápice com Joe Satriani, e suas habilidades prodigiosas e produção prolífica consolidaram seu papel como o líder da técnica de guitarra de heavy metal no apogeu do gênero.

"One", de Metallica

Metallica definiu o metal clássico moderno dos anos 1980 e 1990. Os dois guitarristas da banda — o guitarrista base James Hetfield e o guitarrista solo Kirk Hammett — fizeram grandes criações de guitarra distorcida, estabelecendo as referências de som e desempenho para dois guitarristas no contexto de uma banda de heavy metal. Além disso, eles tiveram apelo para o grande público, alcançaram recordes de público em seus shows e experimentaram o sucesso nas paradas musicais. O mais incrível sobre Hammett é quão rápida e implacavelmente ele podia tocar e como afinou-se com o riff vigoroso de acordes de Hetfield e o rufar maníaco de Lars Ulrich.

"One", do álbum ...And Justice for All (1988), foi lançada como um single e alcançou o Top 40. A música tem uma pegada épica, cinematográfica, recontando a história do romance e do filme *Johnny Got His Gun*. As guitarras limpas e dominantes sublinham excertos da narração do filme (o vídeo mostra trechos do filme), enquanto o som constrói a intensidade. Guitarras distorcidas e atividade rítmica rápida vão se somando até o clímax instrumental que finaliza a música.

Hammett toca liricamente na primeira parte da música, e suas linhas criam belas melodias pastorais. Isso dá lugar a duas guitarras distorcidas tocando cifras harmonizadas. Em seguida, uma barragem de cifras rítmicas tercinadas entram em uníssono com a banda inteira, criando um efeito que soa como uma metralhadora. Essas cifras apoiam o vocal de Hetfield, que personifica a ansiedade crescente do protagonista ("A escuridão me aprisiona, tudo que vejo é o horror absoluto!"). A construção dramática da música é impulsionada pelas guitarras ritmicamente ativas e cada vez mais distorcidas.

Hammett começa a seção de solo de guitarra pulando direto para uma passagem batida impossivelmente rápida, seguida por bends gemidos e linhas frenéticas em escala menor. O material solo aqui é menos melódico e foca mais em gestos repetidos e temas curtos. As guitarras de solo e de ritmo convergem para tocar o modelo e se juntam a duas guitarras solo sobrepostas em harmonia apertada no topo do ritmo pulsante. As guitarras unem forças novamente para tocar a música em uníssono.

Ao alcançar o Top 40, "One" foi capaz de trazer as guitarras de heavy metal — e uma música contendo um arranjo complexo no estilo metal — para o grande público. O arco dramático das guitarras, das melodias claras à agressão rítmica em uníssono, dos solos frenéticos às harmonias gêmeas, mostraram como os guitarristas do Metallica eram singularmente qualificados ao usar técnicas de guitarra do metal moderno para criar a essência emocional de um hit de heavy metal.

7 Apêndices

NESTA PARTE . . .

Se quiser ir além de simplesmente ler números tab, o Apêndice A foi feito para você. Aqui, nós mostramos como interpretar os vários pontos, linhas e rabiscos que aparecem na notação de música padrão. Você também descobre como encontrar, em sua escala, qualquer nota que possa encontrar na notação padrão. O Apêndice B mostra a você, em um relance, como tocar os 96 acordes amplamente mais utilizados — um item obrigatório para qualquer guitarrista. Por fim, no Apêndice C, você encontra dicas úteis sobre como aproveitar da melhor forma possível as faixas de áudio e os videoclipes de acompanhamento interativo.

Apêndice A
Como Ler Música

Ler música pode ser assustador a princípio, mas não é difícil. Até mesmo crianças pequenas podem fazer isso. Este apêndice explica o conceito da leitura de música no contexto de uma música familiar. Após ler esta seção, você pode praticar sua leitura de música trabalhando com as músicas presentes por todo este livro, utilizando a notação padrão em vez da tab. (Se você tiver dificuldade para entender as durações, pode verificá-las nas faixas de áudio. E, se você tiver problemas com os tons, pode se dirigir à tab.)

LEMBRE-SE

O mais importante sobre música escrita é que ela lhe diz três tipos de informação ao mesmo tempo: *tom* (o nome da nota), *duração* (quanto tempo segurar a nota), e *expressão e articulação* (como você toca a música). Se você pensar sobre como tudo isso se encaixa, perceberá que o sistema de música escrita é realmente bem engenhoso — três tipos de informação, todas ao mesmo tempo e de um modo que qualquer músico possa olhar e tocar apenas o que o compositor pretendia! Analise melhor esses três tipos de informação que a música escrita transmite simultaneamente:

» **Tom:** Esse elemento lhe diz quais notas (ou tons) tocar (A, B, C e assim por diante) através da localização das *cabeças da nota* (os símbolos ovais) na *pauta* de cinco linhas. As notas recebem seus nomes das primeiras sete letras do alfabeto (A-G), com os tons aumentando conforme as letras procedem a partir do A. Após G, a próxima nota mais alta é A novamente. (Se você chamá-la de "H", certamente receberá alguns olhares estranhos.)

» **Duração:** Esse elemento da música lhe diz quanto tempo segurar cada nota *em relação à pulsação*, ou *batida*. Você pode, por exemplo, segurar a nota por uma ou duas batidas, ou apenas metade. Os símbolos de marcação usados para a duração são notas inteiras (𝅝), meia notas (𝅗𝅥), um quarto de notas (♩), um oitavo de notas (♪), 16º de notas (𝅘𝅥𝅯) e assim por diante.

» **Expressão e articulação:** Esses elementos lhe dizem *como* tocar as notas — ruidosa ou brandamente, de forma suave ou desinteressada, com grande emoção ou sem nenhuma emoção (o que é raro). Essas emoções podem consistir de oito pequenos escritos acima ou abaixo das cabeças das notas ou pequenas mensagens verbais escritas na música. Às vezes, as palavras estão em italiano (*piano, mezzo-forte, staccato* etc.) porque, quando os compositores começaram a adicionar expressão e articulação a suas pautas, os italianos tinham a maior influência no cenário da música. Além disso, italiano soa tão mais romântico do que inglês ou alemão.

Os Elementos da Notação Musical

A Figura A-1 mostra a notação da música "Shine On Harvest Moon" com os vários elementos notacionais numerados.

FIGURA A-1: Notação da música "Shine On Harvest Moon".

Tom
1. Pauta
2. Clave
3. Clave de sol
4. Linhas suplementares
5. Acidentes
6. Armaduras da clave

Ritmo
7. Semibreve
8. Mínima
9. Semínima
10. Colcheia
   a. com bandeirolas
   b. com haste
11. Semicolcheia
12. Pausa
13. Marcação de tempo
14. Indicação de compassos
15. Barra de compasso
16. Barra de compasso dupla
17. Compasso
18. Ligadura
19. Ponto de aumento

Expressão/Articulação
20. Marcação dinâmica
21. Crescendo e ritardando
22. Modulação
23. Ponto de staccato
24. Acentuação
25. Sinal de repetição
26. Colchetes finais

Reveja os elementos notacionais em ordem, dirigindo-se às explicações que seguem cada número. Os números 1 a 6 explicam o mecanismo de leitura dos tons; 7 a 19 explicam o mecanismo de leitura das durações; e 20 a 26 explicam as marcações de expressão e articulação.

Leitura de tom

A Tabela A-1 explica o que vários símbolos que lidam com tom significam em notação de música. Dirija-se à Figura A-1 e a esta tabela para entender o significado dos símbolos. A Tabela A-1 refere-se aos símbolos numerados de 1 a 6 na Figura A-1.

TABELA A-1   Símbolos de Tom e Seus Significados

Número na Figura A-1	Como É Chamado	O que Significa
1	Pauta	Compositores escrevem música em um sistema de cinco linhas chamado de *pauta*. Ao falar sobre as linhas individuais da pauta, referem-se à linha inferior como a *primeira linha*. Entre as cinco linhas existem quatro espaços. Refira-se ao espaço inferior como o *primeiro espaço*. Você pode colocar as cabeças das notas sobre as linhas ou nos espaços. À medida que as cabeças das notas aumentam na pauta, elas aumentam da mesma forma no tom. A distância entre uma linha e o próximo espaço mais alto (ou entre um espaço e a próxima linha mais alta) é de uma letra do alfabeto (por exemplo, de A para B).
2	Clave	A pauta por si só não lhe diz os tons (nomes de letras) das várias linhas e espaços. No entanto, um símbolo chamado *clave*, na margem esquerda de cada pauta, identifica uma nota específica na pauta. A partir daquela nota, você pode determinar todas as outras notas movendo alfabeticamente para cima e para baixo na pauta (de linha para espaço e para linha, e assim por diante). A clave que você utiliza para a música de guitarra é chamada de *clave tríplice* (ou **clave de sol** — veja a seguir).
3	Clave de sol	A **clave** que você utiliza em música de guitarra é a *clave tríplice* (às vezes chamada de *clave de sol*), a qual lembra vagamente a antiga letra *G*. Ela curva por volta da segunda linha da **pauta** e indica que essa linha é G e qualquer nota nessa linha é uma nota G. Algumas pessoas memorizam os nomes de todas as linhas (E, G, B, D, F, de baixo para cima) com o auxílio da mnemônica "Esse Garoto Bom Distribui Felicidade". Para os espaços (F, A, C, E, de baixo para cima), elas pensam na palavra *face*.
4	Linhas suplementares	Se quiser escrever notas mais para cima ou para baixo da **pauta**, você pode "estender" a pauta, acima ou abaixo, adicionando linhas de pauta adicionais muito curtas, chamadas de *linhas suplementares*. As notas (nomes de letras) movem-se para cima e para baixo alfabeticamente sobre as linhas suplementares como fazem nas linhas normais da pauta.

(continua)

Número na Figura A-1	Como É Chamado	O que Significa
5	Acidentes (sustenidos, bemóis e naturais)	As sete notas que correspondem às primeiras sete letras do alfabeto (às vezes chamadas de notas *naturais*) não são as únicas em nosso sistema musical. Outras cinco notas ocorrem entre certas notas naturais. Imagine um teclado de piano. As teclas brancas correspondem às sete notas naturais e as pretas são as cinco notas extras. Como as notas "das teclas pretas" não têm seus próprios nomes, os músicos se referem a elas pelos seus nomes de "teclas brancas", junto com sufixos ou símbolos especiais. Para se referir à tecla preta à *direita* da tecla branca (meio tom mais alto), use o termo sustenido. O símbolo musical para sustenido é ♯. Então, a tecla preta à direita de C, por exemplo, é C sustenido (ou C♯). Na guitarra, você toca um C♯ uma casa mais alta do que um C. De modo inverso, para indicar a tecla preta à *esquerda* da tecla branca (meio tom mais baixo), você usa o termo *bemol*. O símbolo musical para bemol é ♭. Então, a tecla preta à esquerda de ♭, por exemplo, é B-bemol (ou B♭). Na guitarra, você toca um B♭ uma casa mais baixa do que B. Se você coloca sustenido ou bemol em uma nota, também pode desfazer (isto é, retornar ao estado natural, "tecla branca") cancelando o sustenido ou bemol com um símbolo conhecido como um sinal natural (♮). A última nota da primeira pauta na Figura A-1, A-natural, mostra esse tipo de cancelamento.
6	Armaduras da clave	Às vezes, você toca um tom sustenido ou bemol (veja a explicação anterior sobre **acidentes**) consistentemente durante a música. Em vez de indicar um bemol cada vez que um B ocorrer, por exemplo, você pode ver um único bemol sobre a linha B logo após a **clave**. Isso indica que você toca *todo* B na música como B♭. Sustenidos e bemóis que aparecem dessa maneira são conhecidos como *armaduras da clave*. A armadura da clave lhe diz em quais notas colocar sustenido ou bemol durante a música. Se você precisar restaurar alguma das notas afetadas ao seu estado natural, o sinal natural (♮) na frente da nota indica que você toca a nota natural (como na sétima nota da Figura A-1, onde o sinal natural restaura B-bemol para B natural).

Leitura de duração

A forma da nota ajuda a lhe dizer o quanto você precisa segurá-la. As notas podem ter uma cabeça da nota côncava (como no caso da semibreve e da mínima) ou uma cabeça da nota sólida (semínimas, colcheias e semicolcheias), e as cabeças das notas sólidas podem ter linhas verticais (chamadas de *hastes*) com *bandeirolas* (linhas onduladas) penduradas nelas. Se você unir duas ou mais notas, *linhas de união* (linhas horizontais entre as hastes) substituem as bandeirolas. A Tabela A-2 refere-se aos símbolos numerados de 7 a 19 na Figura A-1.

TABELA A-2   Símbolos de Duração e Seus Significados

Número na Figura A-1	Como É Chamado	O que Significa
7	Semibreve	A nota mais longa é a *semibreve*, que possui uma cabeça oval côncava sem nenhuma haste.
8	Mínima	A *mínima* possui uma cabeça oval côncava com uma haste. Tem metade da duração da **semibreve**.
9	Semínima	A *semínima* possui uma cabeça oval sólida com uma haste. Tem metade da duração da **mínima**.
10	Colcheia	A *colcheia* possui uma cabeça oval sólida com uma haste e uma bandeirola ou linha de união. Tem metade da duração da **semínima**.
11	Semicolcheia	A *semicolcheia* possui uma cabeça oval sólida com uma haste e duas bandeirolas ou duas linhas de união. Tem metade da duração da **colcheia**.
12	Pausa	A música não consiste apenas de notas, mas também de silêncios. O que torna a música interessante é como as notas e os silêncios interagem. Na música, silêncios são indicados por pausas. A pausa na Figura A-1 é uma pausa de semínima, com a mesma duração de uma **semínima**. Outras pausas, também iguais em duração a suas notas correspondentes, são a *pausa de semibreve* (⌐), a *pausa de mínima* (▬), a *pausa de colcheia* (𝄾) e a *pausa de semicolcheia* (𝄿).
13	Marcação de tempo	A *marcação de tempo* lhe diz o quão rápida ou devagar é a batida da música, ou pulsação. Conforme ouve uma música, você geralmente escuta uma batida imediatamente reconhecível. A batida é vista no modo como você bate os pés ou estala os dedos.
14	Indicação de compassos	A maioria das músicas agrupam suas batidas em duas, três ou quatro. As batidas das músicas podem soar, por exemplo, como "um-dois-três-quatro, um-dois-três-quatro, um-dois-três-quatro" e não "um-dois-três-quatro-cinco-seis-sete-oito-nove-dez-onze-doze". A indicação de compassos parece uma fração (mas, na verdade, são dois números repousando um sobre o outro, sem linha divisória) e lhe diz duas coisas: primeiro, o número superior lhe diz quantas batidas formam um agrupamento. Em "Shine On Harvest Moon", por exemplo, o número 4 lhe diz que cada agrupamento contém quatro batidas. Segundo, o número inferior lhe diz que tipo de nota (semínima, mínima e assim por diante) leva uma batida. Nesse caso, o número inferior, 4, lhe diz que a semínima leva uma batida. Atribuir uma batida de semínima é muito comum, bem como possuir quatro batidas por agrupamento. Na verdade, o compasso 4/4 é, às vezes, chamado simplesmente de *tempo quaternário* e você pode indicá-lo utilizando a letra C em vez dos números 4/4.
15	Barra de compasso	Uma *barra de compasso* é uma barra vertical desenhada através da pauta após cada grupo que o **compasso** indica. Em "Shine On Harvest Moon", uma barra de compasso aparece após cada quatro batidas.

(continua)

Número na Figura A-1	Como É Chamado	O que Significa
16	Barra de compasso dupla (ou barra final)	Uma *barra de compasso dupla* indica o fim de uma música.
17	Compasso	O espaço entre duas **barras de compasso** consecutivas é conhecido como *compasso*, ou *linha*. Cada compasso consiste do número de batidas visto na indicação de **compassos** (no caso da Figura A-1, quatro). Essas quatro batidas podem incluir quaisquer combinações de valores das notas que somem quatro batidas. Você pode ter quatro **semínimas**, ou duas **mínimas**, ou uma **semibreve**, ou uma mínima e uma semínima e duas **colcheias** — ou qualquer outra combinação. Você pode até mesmo utilizar **pausas** (silêncios) desde que a soma seja quatro. Verifique cada compasso de "Shine On Harvest Moon" para ver diversas combinações.
18	Ligadura	Uma pequena linha curvada que conecta duas notas do mesmo tom é conhecida como ligadura. Uma *ligadura* lhe diz para não tocar a segunda das duas notas, mas para deixar a primeira nota sustentada pelo valor do tempo combinado para ambas as notas.
19	Ponto de aumento (também chamado de ponto)	Um *ponto de aumento* que aparece após uma nota aumenta o valor do tempo da nota pela metade. Se uma **mínima** é igual a duas batidas, por exemplo, uma mínima com ponto é igual a três — dois mais metade de dois, ou dois mais um, ou três.

Expressão, articulação e termos e símbolos variados

Expressão e *articulação* lidam com o modo como você toca a música. A Tabela A-3, junto com a Figura A-1, lhe diz sobre os símbolos e termos que lidam com essas questões. A Tabela A-3 lida com os símbolos numerados de 20 a 26 na Figura A-1.

TABELA A-3 Expressão, Articulação e Símbolos Variados

Número na Figura A-1	Como É Chamado	O que Significa
20	Marcação dinâmica	A *marcação dinâmica* lhe diz o quão forte ou suave tocar. Essas marcações geralmente são abreviações de palavras italianas. Algumas das marcações comuns, do suave ao forte, são *pp* (*pianissimo*), muito suave; *p* (*piano*), suave; *mp* (*mezzo-piano*), moderadamente suave; *mf* (*mezzo-forte*), moderadamente forte; *f* (*forte*), forte; e *ff* (*fortissimo*), muito forte.

Número na Figura A-1	Como É Chamado	O que Significa
21	Crescendo e ritardando	O símbolo cuneiforme é conhecido como *crescendo* e indica que a música se torna forte gradualmente. Se o símbolo cuneiforme vai de aberto para fechado, indica *decrescendo*, ou suavizar gradualmente. Muitas vezes, em vez de cunhas (ou, como alguns músicos as chamam, "grampos"), a abreviatura *cresc.* ou *decresc.* aparece. Outro termo que você pode utilizar para indicar o suavizar do volume é *diminuendo*, de abreviatura *dim*. A abreviatura *rit.* (às vezes abreviado *ritard.*) significa *ritardando* e indica uma diminuição gradual do ritmo. *Rallentando* (de abreviatura rall.) significa a mesma coisa. Para indicar um aumento gradual do ritmo, você pode utilizar *accel.*, que significa *accelerando*.
22	Modulação	É uma linha curvada que conecta duas notas de tons diferentes. A *modulação* lhe diz para conectar as notas uniformemente, sem nenhuma quebra no som.
23	Ponto de staccato	Um *ponto de staccato* acima ou abaixo das notas lhe diz para tocá-las curtas ou distantes.
24	Acentuação	Uma *marca de acentuação* acima ou abaixo de uma nota lhe diz para pressioná-la, ou seja, tocá-la mais forte que o normal.
25	Sinal de repetição	O *sinal de repetição* lhe diz para repetir certos compassos. O símbolo ‖: abrange a seção repetida no início (nesse caso, compasso 1) e o símbolo :‖ abrange a seção repetida no fim (dirija-se ao compasso 8 de "Shine On Harvest Moon").
26	Colchetes finais	Ocasionalmente, uma seção repetida começa da mesma forma de ambas as vezes, mas termina de modo diferente. Esses finais diferentes são indicados através de *colchetes finais* numerados. Toque os compassos sob o primeiro colchete final da primeira vez, mas substitua os compassos sob o segundo colchete final da segunda vez. Pegando "Shine On Harvest Moon" como um exemplo, você toca primeiro os compassos 1–8; em seguida, os compassos 1–5 novamente; e, por fim, os compassos 9–11.

Encontrando Notas na Guitarra

As Figuras A-2 até A-7 mostram como encontrar as notas na notação padrão sobre cada uma das seis cordas da guitarra. Aliás, o verdadeiro tom *sonoro* da guitarra é uma oitava (12 semitons) mais baixo do que o tom escrito. Note que, às vezes, você vê duas notas (por exemplo, F♯/G♭) na mesma casa. Essas notas (conhecidas como *equivalentes enarmônicas*) possuem o mesmo tom.

FIGURA A-2: Notas sobre a 1ª corda (E agudo).

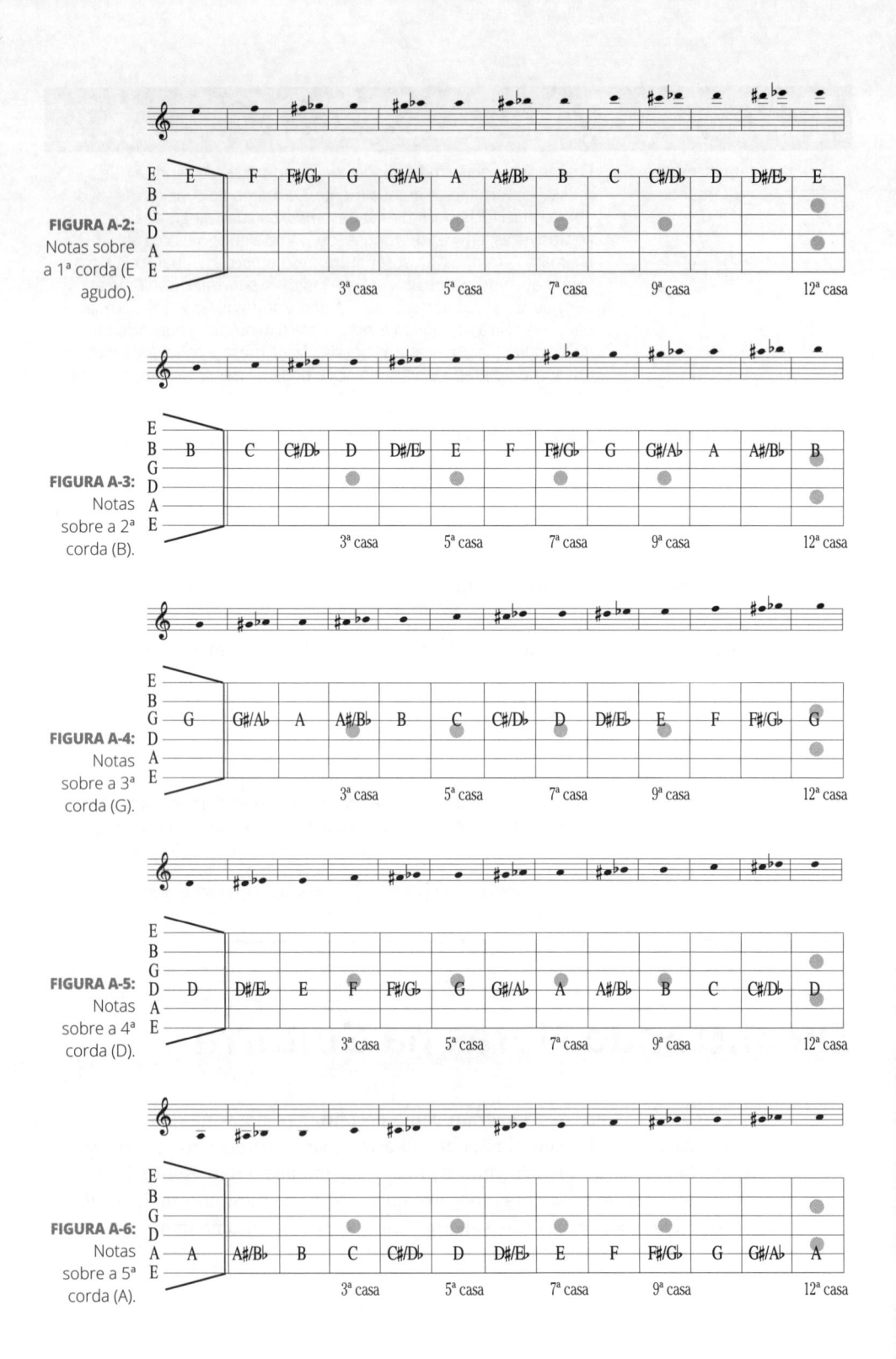

FIGURA A-3: Notas sobre a 2ª corda (B).

FIGURA A-4: Notas sobre a 3ª corda (G).

FIGURA A-5: Notas sobre a 4ª corda (D).

FIGURA A-6: Notas sobre a 5ª corda (A).

FIGURA A-7: Notas sobre a 6ª corda (E grave).

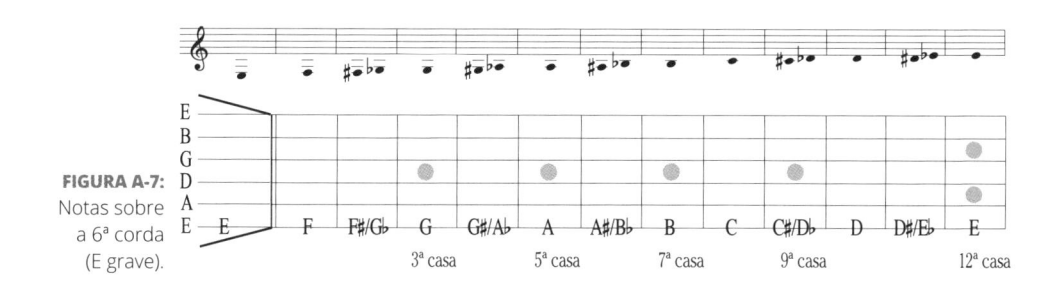

Apêndice B

96 Acordes Comuns

Nas páginas seguintes, incluímos diagramas dos 96 acordes mais amplamente utilizados. Os acordes são organizados em 12 colunas de C a B, para todas as 12 notas da escala cromática. Cada uma das 12 linhas mostra uma qualidade diferente — maior, menor, 7ª, 7ª menor e assim por diante. Portanto, se você estiver olhando para uma partitura que pede por, digamos, um acorde Gsus4, vá até a oitava coluna a partir da esquerda e então desça para a sexta linha a partir do alto.

A numeração dos dedos da mão esquerda aparecem imediatamente abaixo das cordas (1 = indicador, 2 = médio, 3 = anelar e 4 = mindinho). Um 0 acima de uma corda significa tocar a corda solta como parte do acorde; um X sobre uma corda indica que ela não é parte do acorde e não deve ser tocada. Uma linha curva significa tocar os pontos imediatamente abaixo da linha com uma pestana. Para mais discussões sobre como tocar acordes, veja os Capítulos 4 e 6.

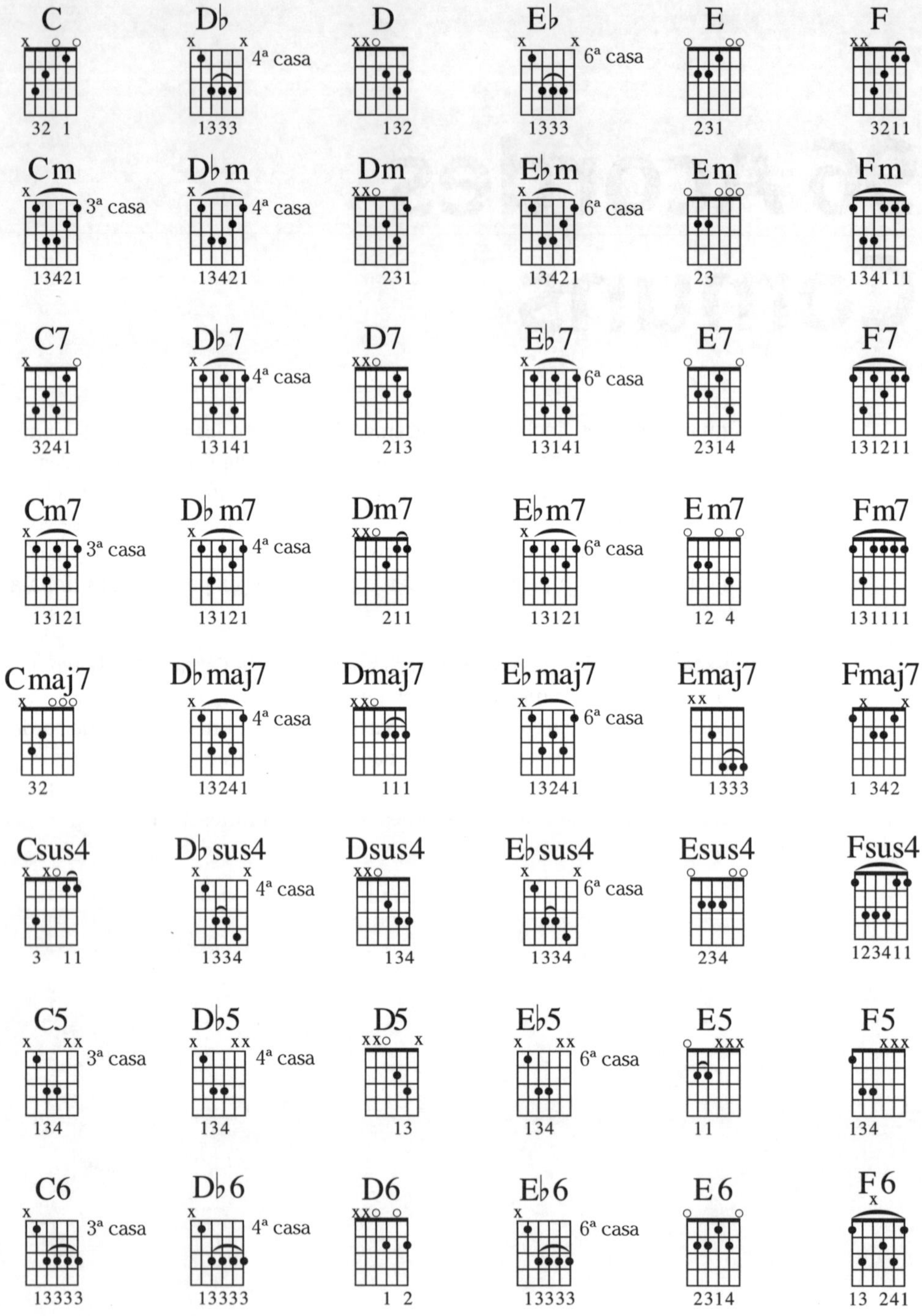

C
32 1
D♭
4ª casa
1333
D
132
E♭
6ª casa
1333
E
231
F
3211
Cm
3ª casa
13421
D♭m
4ª casa
13421
Dm
231
E♭m
6ª casa
13421
Em
23
Fm
134111
C7
3241
D♭7
4ª casa
13141
D7
213
E♭7
6ª casa
13141
E7
2314
F7
131211
Cm7
3ª casa
13121
D♭m7
4ª casa
13121
Dm7
211
E♭m7
6ª casa
13121
Em7
12 4
Fm7
131111
Cmaj7
32
D♭maj7
4ª casa
13241
Dmaj7
111
E♭maj7
6ª casa
13241
Emaj7
1333
Fmaj7
1 342
Csus4
3 11
D♭sus4
4ª casa
1334
Dsus4
134
E♭sus4
6ª casa
1334
Esus4
234
Fsus4
123411
C5
3ª casa
134
D♭5
4ª casa
134
D5
13
E♭5
6ª casa
134
E5
11
F5
134
C6
3ª casa
13333
D♭6
4ª casa
13333
D6
1 2
E♭6
6ª casa
13333
E6
2314
F6
13 241

APÊNDICE B **96 Acordes Comuns**

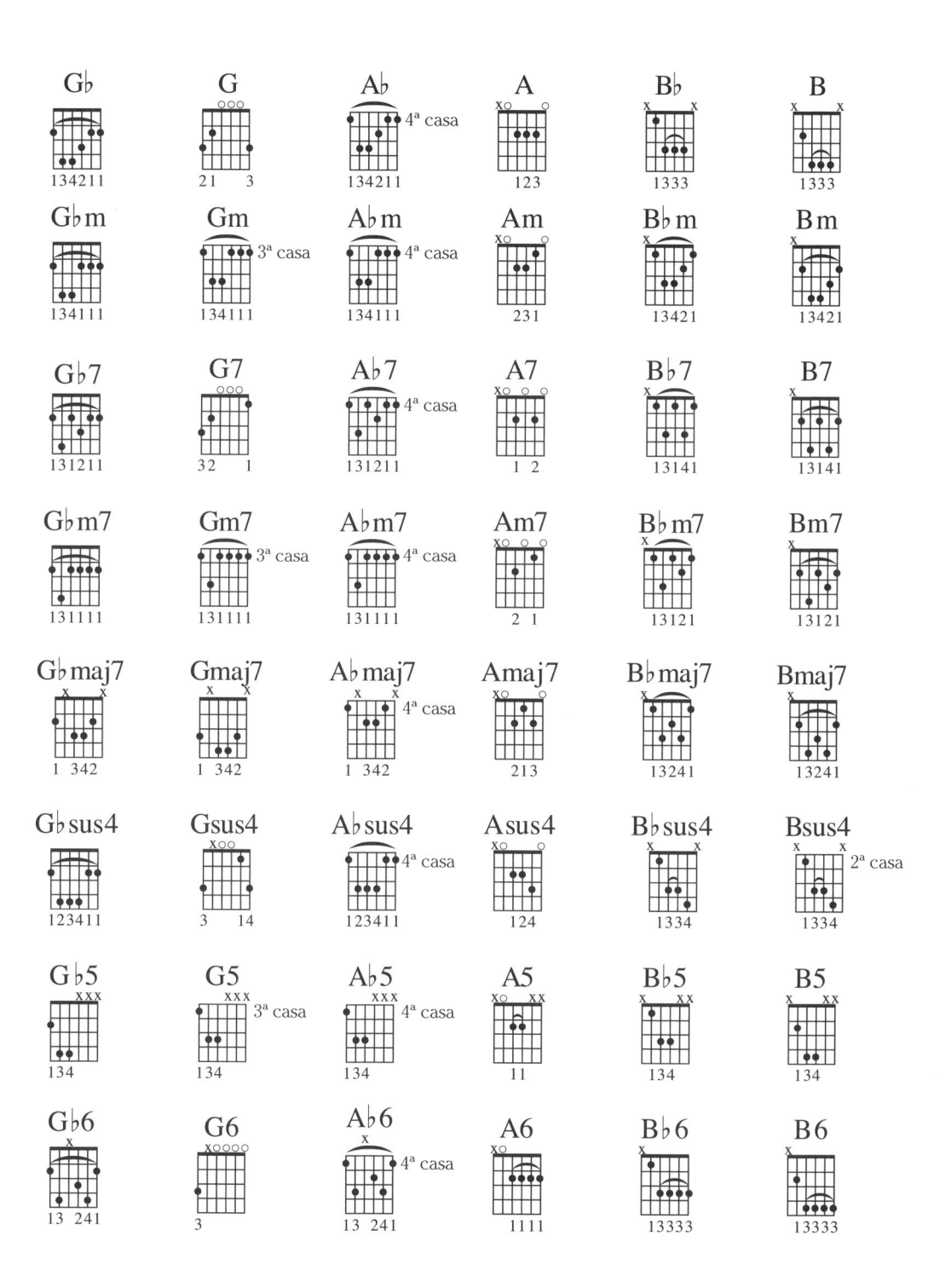

Apêndice C
Como Usar o DVD

Cada exemplo de música em *Guitarra Para Leigos*, tradução da 3ª Edição, é apresentado no DVD que acompanha este livro — há mais de 160 exemplos! Isso torna *Guitarra Para Leigos*, tradução da 3ª Edição, uma verdadeira experiência multimídia. Você possui o texto explicando as técnicas usadas, os gráficos visuais da música de duas formas — tablatura de guitarra e notação de música padrão — e as apresentações em áudio da música (que pode ser tocada em seu aparelho de CD ou de MP3), completas com o tratamento tonal apropriado (distorção para o rock, cores acústicas faiscantes para o folk e assim por diante) e as opções apropriadas de acompanhamento.

Uma maneira divertida de experienciar *Guitarra Para Leigos*, tradução da 3ª Edição, é apenas examinar o texto através dos exemplos de músicas, olhando para a música impressa no livro e ouvindo as apresentações correspondentes no DVD. Quando ouvir algo que você goste, leia o texto que entra em detalhe sobre essa peça específica de música. Ou vá para um capítulo que interesse a você (digamos, o Capítulo 11, sobre toque de guitarra rock), passe para as faixas apropriadas no DVD e veja se você pode tocá-las. Avançado demais para você neste momento? Melhor voltar para o Capítulo 8, sobre acordes com pestana!

Relacionando o Texto ao DVD

Quando você vir música escrita no texto e quiser ouvir como ela soa no DVD, dirija-se ao quadro no canto superior direito, que lhe diz o número da faixa e o tempo de início (em minutos e segundos) ou indica o número do videoclipe.

Utilize o *controle de avanço* para ir à faixa de áudio ou videoclipe. Se você estiver procurando por uma faixa de áudio, utilize o botão marcar da função *marcar/rever* (também conhecido como controle de *avanço/retrocesso rápido*) para ir a um tempo específico, indicado em minutos e segundos, dentro daquela faixa. Quando você estiver no tempo de início ou próximo, solte o botão marcar e deixe o exemplo tocar.

Se você quiser tocar junto com o DVD, "marque" um ponto alguns segundos antes do tempo de início. Dar a si mesmo alguns segundos de vantagem inicial permite que você solte o controle remoto e coloque suas mãos na posição correta sobre a guitarra.

Muitos exemplos de música são precedidos por uma *recontagem*, que é o clique do metrônomo em ritmo antes da música começar. Isso lhe diz qual o *tempo* ou a velocidade da música que está sendo tocada. É como ter seu próprio condutor dizendo "e-um, e-dois..." para que você possa tocar o *downtempo* (primeira nota da música) junto com o DVD. Exemplos em tempo 4/4 possuem quatro batidas "na frente" (linguagem dos músicos para a recontagem de quatro batidas antes da música começar) e exemplos em 3/4 possuem três batidas na frente.

Nós gravamos alguns dos exemplos no que é conhecido como *stereo split*. Em certas peças, a música de apoio ou acompanhamento aparece no canal esquerdo do seu estéreo, enquanto a guitarra apresentada aparece no direito. Se deixar o *controle de balanço* do seu estéreo em sua posição normal (na vertical, ou 12:00), você ouvirá tanto as faixas de ritmo quanto a guitarra apresentada igualmente — um a partir de cada alto-falante. Ajustando seletivamente o controle de balanço (girando o botão da esquerda para a direita), você pode reduzir o volume de um ou de outro gradual ou drasticamente.

Por que você iria querer fazer isso? Se você tiver praticado a parte principal de certo exemplo e sentir que já aprendeu o bastante para tentar tocar "junto com a banda", pegue o botão de balanço e gire por completo para a esquerda. Agora apenas o som do alto-falante esquerdo sai, o qual corresponde às faixas de apoio. Os cliques de recontagem estão em *ambos* os canais, então você sempre escutará sua marca para tocar em tempo com a música. Você também pode reverter o processo e ouvir apenas a parte principal, o que significa que você toca os acordes contra a parte principal gravada. Bons guitarristas experientes buscam aperfeiçoar tanto seu ritmo quanto seus toques principais.

LEMBRE-SE

Sempre mantenha o DVD com o livro, em vez de deixá-lo misturado em sua estante de DVDs. O envelope ajuda a proteger a superfície do DVD de riscos e arranhões e, a qualquer hora que você quiser consultar o livro *Guitarra Para Leigos*, tradução da 3ª Edição, o DVD estará sempre onde você o deixou. Tente manter o hábito de acompanhar com a música impressa sempre que você ouvir o DVD, mesmo que suas habilidades de leitura de música não estejam desenvolvidas. Você absorve mais do que imagina apenas passando seus olhos pela página no tempo da música, associando som e visão. Portanto, guarde o DVD e o livro juntos como companheiros inseparáveis e também utilize-os juntos para ter uma experiência auditiva e visual rica.

Requisitos do Sistema

Certifique-se que seu computador tenha os requisitos mínimos de sistema apresentados na lista a seguir. Se o seu computador não possuir a maioria desses requisitos, você pode ter problemas para usar os arquivos do DVD.

» Um PC rodando Microsoft Windows ou Linux com kernel 2.4 ou posterior

» Um Macintosh rodando Apple OS X ou posterior

» Uma conexão de internet

» Um drive de DVD-ROM

Se você precisar de mais informações básicas, confira esses livros publicados pela Alta Books: *PCs Para Leigos*, de Dan Gookin; *Windows Vista Para Leigos*, *Windows 7 Para Leigos*, *Windows 8 Para Leigos*, *Windows 8.1 Para Leigos* e *Windows 10 Para Leigos*, todos de Andy Rathbone.

O que Você Encontrará no DVD

As seções seguintes estão organizadas por categorias e fornecem um sumário das maravilhas que você encontrará no DVD. Se você precisar de ajuda com a instalação dos itens fornecidos no DVD, encaminhe-se para as instruções de instalação na seção anterior.

Faixas de áudio

Veja a seguir uma lista das faixas de áudio do DVD, junto com os números das figuras às quais elas correspondem no livro. Utilize-a como uma referência cruzada para encontrar mais sobre as faixas sonoras interessantes do DVD. Na coluna *Número da Figura*, o primeiro número corresponde ao capítulo no qual explicamos como tocar a faixa. Em seguida, apenas passe pelos títulos e músicas em ordem até encontrar a faixa que você está interessado em tocar. Para facilitar um pouco, os exercícios também contêm o número da faixa (e o tempo, se conveniente) para ajudá-lo a encontrar apenas a faixa que você está precisando.

Faixa	Tempo	Número da Figura	Título da Música/Descrição
1		n/a	Referência de Afinação
2	0:00	4-2	Uma progressão de acorde utilizando acordes da família de A
	0:16	4-4	Uma progressão de acorde utilizando acordes da família de D
	0:43	4-6	Uma progressão de acorde utilizando acordes da família de G
	1:10	4-8	Uma progressão de acorde utilizando acordes da família de C
3		n/a	"Kumbaya"
4		n/a	"Swing Low, Sweet Chariot"

Faixa	Tempo	Número da Figura	Título da Música/Descrição
5		n/a	"Auld Lang Syne"
6		n/a	"Michael, Row the Boat Ashore"
7		5-1	Melodia simples
8		n/a	"Little Brown Jug"
9		n/a	"On Top of Old Smoky"
10		n/a	"Swanee River (Old Folks at Home)"
11		n/a	"Home on the Range"
12		n/a	"All Through the Night"
13		n/a	"Over the River and Through the Woods"
14		n/a	"It's Raining, It's Pouring"
15		n/a	"Oh, Susanna"
16		6-6	Uma progressão do blues de 12 compassos em E
17	0:00 0:10 0:20	7-4a 7-4b 7-4c	Exercício de troca 1-2-3-1 Exercício de troca 1-3-2-4 Exercício de troca 15-14-13
18		n/a	"Simple Gifts"
19		n/a	"Turkey in the Straw"
20	0:00 0:11	8-1 8-2	Um escala em C maior em douple-stop subindo pelo braço Um escala em C maior em double-stop atravessando o braço
21		n/a	"Aura Lee"
22		n/a	"The Streets of Laredo"
23		n/a	"Double-Stop Rock"
24	0:00 0:13 0:27 0:40 0:53	9-2 9-3 9-4 9-5 9-6	Progressão utilizando acordes maiores com pestana baseados em E Progressão sincopada utilizando acordes maiores com pestana baseados em E Progressão utilizando acordes maiores e menores com pestana baseados em E Progressão utilizando acordes maiores e de 7ª com pestana baseados em E Progressão utilizando acordes de 7ª maiores e menores com pestana baseados em E
25		9-7	Progressão de música de Natal utilizando acordes com pestana baseados em E

Faixa	Tempo	Número da Figura	Título da Música/Descrição
26	0:00	9-11	Progressão utilizando acordes maiores com pestana baseados em A
	0:12	9-13	Progressão utilizando acordes maiores e menores com pestana baseados em A
	0:26	9-14	Progressão utilizando acordes maiores, menores e da 7ª da dominante baseados em A
	0:42	9-15	Progressão utilizando acordes de 7ª menor e de 7ª maior com pestana baseados em A
	0:55	9-16	Progressão utilizando acordes de 7ª maior e menor baseados em A
27		9-17	Progressão de música de Natal utilizando acordes com pestana baseados em A
28	0:00	9-20	Progressão power chord em D
	0:14	9-21	Progressão power chord de heavy metal
29		n/a	"We Wish You a Merry Christmas"
30		n/a	"Three Metal Kings"
31	0:00	10-1a	Hammer-on de corda solta
	0:07	10-1b	Hammer-on de uma corda pressionada
	0:14	10-1c	Double hammer-on
	0:20	10-1d	Double hammer-on utilizando três notas
	0:27	10-2a	Double-stop hammer-on a partir de cordas soltas
	0:34	10-2b	Double-stop hammer-on a partir da segunda casa até a quarta
	0:41	10-2c	Double double-stop hammer-on
	0:47	10-3	Hammer-on de lugar nenhum
32		10-4	Hammer-on de nota única a partir de cordas soltas
33		10-5	Tocando um acorde enquanto faz hammer-on em uma das notas
34	0:00	10-6	Hammer-ons de nota simples a partir de notas pressionadas
	0:08	10-7	Double-stop hammer-on mais um hammer-on de lugar nenhum
35	0:00	10-8a	Pull-off de corda solta
	0:07	10-8b	Pull-off de nota pressionada
	0:13	10-8c	Double pull-off de corda solta
	0:20	10-8d	Double pull-off de nota pressionada
	0:27	10-9a	Double-stop pull-off para cordas
	0:34	10-9b	Double-stop pull-off a partir de notas pressionadas
	0:41	10-9c	Double double-stop pull-off
36	0:00	10-10	Pull-offs de notas únicas para cordas soltas
	0:09	10-11	Tocando um acorde enquanto faz pull off em uma das notas

Faixa	Tempo	Número da Figura	Título da Música/Descrição
37	0:00 0:07 0:12 0:17	10-12a 10-12b 10-13a 10-13b	Slide com a segunda nota sem palhetar Slide com a segunda nota palhetada Slide ascendente imediato Slide descendente imediato
38		10-14	Slides no estilo Chuck Berry
39		10-15	Mudando de posições usando slides
40	0:00 0:06 0:13	10-17a 10-17b 10-17c	Bend imediato Bend e release Pré-bend e release
41		10-18	Bend na 3ª corda em uma progressão do rock & roll
42		10-19	Bend na 2ª corda em um lick principal
43		10-20	Bend e release em um lick principal
44		10-21	Bend em direções diferentes
45		10-22	Bend em um lick intricado
46		10-23	Double-stop bend e release
47	0:00 0:10	10-24a 10-24b	Vibrato limitado Vibrato amplo
48	0:00 0:08	10-25a 10-25b	Muting com a mão esquerda Muting com a mão direita
49		10-26	Síncope através do muting
50		10-27	Palm muting em um riff de hard rock
51		10-28	Palm muting em um riff de country
52		n/a	"The Articulate Blues"
53		11-1	Riff de acompanhamento de Chuck Berry
54		11-2	Uma progressão de blues de 12 compassos em A utilizando double-stops
55		11-4	Hammer-ons e pull-offs no Box I
56		11-5	Bend no Box I
57		11-6	Double-stop bend no Box I
58		11-7	Solo no Box I
59		11-9	Lick típico no Box II
60		11-11	Lick típico no Box III

Faixa	Tempo	Número da Figura	Título da Música/Descrição
61		11-12	Solo de 12 compassos utilizando Box I, II e III
62	0:00 0:15	11-13 11-14	Progressão para os acordes sus Progressão para os acordes add
63		11-15	
64	0:00 0:10	11-16 11-17	Frase em afinação drop-D Riff de power chord em afinação drop-D
65		11-18	Típica frase em afinação em D solto
66		11-20	Lick em A de solo de rock do sul
67		n/a	"Chuck's Duck"
68		n/a	"Southern Hospitality"
69		12-2	Acompanhamento de blues de 12 compassos
70		12-3	Blues de 12 compassos com um riff boogie-woogie
71	0:00 0:10	12-6 12-7	Riff do Box IV com um ritmo tercinado Lick do Box V com um deslize para o Box I
72	0:00 0:13 0:23	12-9 12-10 12-11	Lick de blues utilizando o Box I Lick de blues utilizando o Box II Lick de blues utilizando o Box IV
73	0:00 0:10	12-13 12-14	Lick de blues do Box I com terça maior Lick de blues double-stop do Box I com terça maior
74		12-15	Riff mostrando um fraseado típico do blues
75	0:00 0:10 0:19 0:29	12-16a 12-16b 12-16c 12-16d	Movimento típico de blues Movimento típico de blues Movimento típico de blues Movimento típico de blues
76		12-18	Notas graves constantes com a escala de blues em E
77	0:00 0:11	12-19 12-20	Motivação repetida no mesmo tom Motivação repetida em um tom diferente
78	0:00 0:13 0:26	12-21 12-22 12-23	Alternação entre um lick solo e um ritmo grave Alternação entre um lick solo e um lick grave Combinando notas com pestana e cordas soltas
79	0:00 0:13 0:26 0:38	12-24a 12-24b 12-24c 12-24d	Turnaround de Blues 1 Turnaround de Blues 2 Turnaround de Blues 3 Turnaround de Blues 4
80		n/a	"Chicago Shuffle"
81		n/a	"Mississippi Mud"

Faixa	Tempo	Número da Figura	Título da Música/Descrição
82	0:00 0:07	13-3 13-4	Corda Em em arpejo Arpejo Em para cima e para baixo
83	0:00 0:10	13-5 13-6	Padrão "lullaby" Padrão toca-arranha
84	0:00 0:09	13-7 13-8	Padrão toca-arranha para cima Estilo Carter
85	0:00 0:08 0:15 0:23 0:31	13-9a 13-9b 13-9c 13-9d 13-9e	Estilo Travis, passo 1 Estilo Travis, passo 2 Estilo Travis, passo 3 Beliscão estilo Travis Jogada estilo Travis
86		13-11	"Oh, Susanna" em estilo Travis
87		13-12	Estilo Travis com afinação em G solto
88		n/a	"House of the Rising Sun"
89		n/a	"The Cruel War Is Raging"
90		n/a	"Gospel Ship"
91		n/a	"All My Trials"
92		n/a	"Freight Train"
93	0:00 0:15 0:48	14-5 14-8 14-9	Exercício clássico de batida livre Exercício clássico de arpejo Exercício clássico contrapontístico
94		n/a	"Romanza"
95		n/a	"Bourrée in E minor"
96	0:00 0:17 0:40 0:52 1:16 1:43	15-2 15-4 15-6 15-7 15-8 15-9	Movimentos típicos de acordes "interiores" Movimentos típicos de acordes "exteriores" Fingindo um solo de chord-melody de jazz Uma melodia enfeitada com tons alterados Aproximando notas alvo de uma casa acima e abaixo Tocando uma melodia como tons de acorde arpejados
97		n/a	"Greensleeves"
98		n/a	"Swing Thing"

Videoclipes

Veja a seguir uma lista dos videoclipes no DVD, junto com o número das figuras correspondentes no livro. Use esta lista para ver como tocar cifras e outras técnicas descritas no texto.

Clipe	Número da Figura	Descrição
1	2-1	Afinação usando o método da 5º casa
2	n/a	Pressionando com a mão esquerda
3	n/a	Posição da mão direita
4	3-9	Tocando um acorde E
5	4-2	Tocando acordes da família A
6	4-4	Tocando acordes da família D
7	4-6	Tocando acordes da família G
8	4-8	Tocando acordes da família C
9	5-1	Tocando uma melodia de nota simples
10	5-1	Palhetada alternada
11	6-1	Acordes de 7ª da dominante — D7, G7, C7
12	6-4	Acordes de 7ª menor — Dm7, Em7, Am7
13	6-5	Acordes de 7ª maior — Cmaj7, Fmaj7, Amaj7, Dmaj7
14	7-1	Escala de C maior em uma oitava na segunda posição
15	7-2	Escala de C maior em duas oitavas na sétima posição
16	7-3	Escala de C maior em duas oitavas com uma posição trocada
17	8-1	Escala em C em double-stops subindo pelo braço
18	8-2	Escala em C em double-stops atravessando o braço
19	9-1	Acorde maior com pestana baseado em E
20	9-2	Progressão usando acorde com pestana maior baseado em E
21	9-7	Progressão de música de Natal usando acorde com pestana baseado em E
22	9-8	Tocando acorde maior com pestana baseado em A
23	9-11	Progressões usando acordes maiores com pestana baseados em A

Clipe	Número da Figura	Descrição
24	9-17	Acordes para "We Wish You a Merry Christmas"
25	9-20	Como usar power chords
26	10-1	Tocando hammer-ons
27	10-8	Tocando pull-offs e double-stop pull-offs
28	10-12	Tocando slides
29	10-17	Tocando bends
30	10-24	Variando seu som com vibrato
31	10-25	Muting com as mãos esquerda e direita
32	11-5	Passagem solo com 3ª e 2ª cordas curvadas
33	11-7	Solo com slides, bends, pull-offs e hammer-ons
34	11-12	Solo em três posições
35	11-15	Acordes invertidos com linha de baixo móvel
36	11-20	Solo de country rock e rock do sul
37	12-3	Acompanhamento de blues de 12 compassos em um tercinado
38	12-6	Lick solo no Box IV em um tercinado
39	12-18	Passagem dedilhada de blues acústico
40	12-21	Alternando em lick solo e groove de baixo
41	12-24	Quatro turnarounds de blues
42	13-3	Tocando estilo arpejo
43	13-6	Toca-aranha simples
44	13-8	Estilo Carter
45	13-9	Tocando o estilo Travis passo a passo
46	13-12	Palhetada Travis em afinação em G solta
47	14-5	Tocando batidas livres
48	14-7	Tocando batidas de descanso
49	14-9	Tocando contraponto
50	15-6	Fingindo um solo melódico de jazz com três acordes
51	15-7	Enfeitando uma melodia com notas alteradas

Clipe	Número da Figura	Descrição
52	15-8	Aproximando de notas alvo de cima para baixo
53	15-9	Fazendo melodias de acordes arpejados

Música digital

Todas as faixas de áudio do DVD também estão armazenadas no CD-ROM em formato MP3. Para usá-las, simplesmente acione seu dispositivo de MP3 favorito. Você pode até mesmo colocá-las em um aparelho portátil! Você encontrará esses MP3 bônus buscando através do DVD-ROM no seu computador.

Materiais para sua própria música e acordes

No DVD, você também encontrará, na forma de dois arquivos PDF, uma pauta musical em branco e uma folha de diagramas para acordes também em branco. Imprima essas páginas à medida que precise delas, para que você possa escrever suas próprias ideias musicais e guardá-las para lembrar-se mais tarde ou para a posteridade.

Índice

SÍMBOLOS

3ª maior
   adicionando à escala pentatônica menor, 200–201
   definido, 200–201
   hammer-on, 200–201
   usando lick, 200–201
5ª plana
   criando escalas de blues com, 199–200
   definido, 199–200

A

acabamento, cuidando, 330–331
ação
   checagem, 335–336
acessórios
   afinador eletrônico, 306–307
   alicates diagonais/alicates meia cana, 310
   analisador de cabos e voltímetro/ohmímetro, 310
   baterias, 309
   cabos, 306
   capos, 308–309
   chave de fenda reversível, 310
   cordas, 305–306
   correias, 307–308
   diapasão de garfo/diapasão de sopro, 310
   fita adesiva, 311
   fusível, 310
   gravador portátil, 309
   lanterna pequena, 310
   lápis e papel, 309
   lenços, 309
   palhetas, 306
   pinos da ponte, 309
   tampões de ouvido, 309–310
acompanhamento
   acordes cheios, 265–266
   acordes externos, 263–264
   acordes internos, 262–263
   definido, 261–265
acorde Am, 51
acorde C, 51
acorde D, 45
acorde Dm, 52
acorde Em, 48
acorde em A
   diagrama de acorde, 45
acorde F, 52
acorde G, 48
acordes
   7ª maior, 45
   7ª menor, 45
   alterado, 261
   arpejado, 269
   cheio, 265–266
   dedilhado, 43–59
   família A, 44
   família C, 52–54
   família D, 48–50
   família G, 50–52
   fora, 263–264
   maior, 45
   menor, 45
   progressão, 47
   qualidades de, 45
acordes add, 175
   posição solta, 175
acordes alterados, 261
acordes arpejados, 269
acordes cheios, 265–266
acordes da família A, 46–49. *Consulte também* Veja também acordes maiores
   dedilhado, 44–47
   definido, 44
   progressão, 47
   uso de, 44
acordes da família C
   dedilhado, 52–54
   definido, 52
   progressão, 53
   uso de, 52
acordes da família D
   dedilhado, 48–50
   definido, 48
   progressão, 50
   solto, 50
acordes da família G
   dedilhado, 51–52
   definido, 50–51

progressão, 51
    uso de, 51
acordes de 7ª
    definido, 45
acordes de 7ª maior
    definido, 45
acordes de 7ª menor
    definido, 45
acordes externos
    definido, 263–264
    movimentos, 264
acordes internos
    abertura, 262–263
    definido, 262–263
    movimentos, 263
    progressões, 263
acordes maiores, 45
acordes menores
    definido, 45
acordes sus
    definido, 175
    posição solta, 175
afinação drop-D (DADGBE), 178–179
afinação solta em D (DADFGAD), 179–180
afinação solta, palhetada Travis, 230–231
afinações alternativas
    afinação drop-D (DADGBE), 178–179
    afinação solta em D (DADFGAD), 179–180
    definido, 177–180
afinadores eletrônicos
    com guitarras elétricas, 306–307
    com violões, 306–307
afinando
    cordas de guitarra elétrica, 324
    troca de cordas (guitarra elétrica), 324
alicates diagonais/alicates meia cana, 310
"All My Trials", 233
ambiente
    saudável, 332–333
    temperatura, 332–333
    umidade, 333
amplificadores (amps)
    desempenho, 298–299
    gravação, 299
    prática, 296–298
amplificadores de desempenho
    definido, 298–299

amps práticos
    características, 296–298
    custo de, 296–298
    poder de, 296–298
    tamanho de, 296–298
aparência, na compra de guitarras, 280
articulação
    em solos, 172
    guitarra solo, 165
Atkins, Chet, 347
"Auld Lang Syne", 55, 58

B

bags de turnê, 304
baterias, 309
batidas de descanso
    em arpejos, 251–252
    siga através, 249–250
    tocando, 249–250
batidas livres
    em arpejos, 251–252
    tocando, 248–249
bends
    guitarra solo, 165
Berry, Chuck, 347
blues
    acústico, 204–211
    elétrico, 190–203
    estrutura, 196
    fraseado, 202
    letras, 196
    músicas, tocando, 211–213
    noções básicas, 189–214
blues acústic
    combinações de corda solta e corda pressionada, 208–209
    conceitos gerais, 204–207
    melodia e acompanhamento simultâneos, 204–205
    modelos de guitarra, 282
    repetição de frase em tom diferente, 206–207
    repetição de frase no mesmo tom, 206
    técnicas, 207–209
    textura alternativa, 207–208
    turnarounds, 209–211
blues de 12 compassos
    guitarra de ritmo em blues, 190–192

blues elétrico
	guitarra de ritmo, 190-203
	guitarra solo, 196-203
	modelos de guitarra, 282
"Bourrée in E minor", 254-255
braço
	ajuste, 334-337

C
cabos, 306
calos, 46
capo
	definindo, 218-221
	métodos de operação, 218-221
capos
	como acessório, 308-309
	razões para usar, 218-221
captadores
	substituição, 340-341
cases
	bags de turnê, 304
	importância de, 303-304
	macia, 304-305
cases fortes, 304
cases macias, 304-305
chaves de fenda, 340
chaves de fenda reversíveis, 310
chaves sextavadas/chaves Allen, 341
"Chicago Shuffle", 211
Christian, Charlie, 346
"Chuck's Duck", 183
Clapton, Eric, 348
comprando guitarras
	aparência, 280
	caminhando através do processo de, 290-293
	construção e, 281-282
	consultoria especializada, 291
	entonação, 280
	fechando o negócio, 292-294
	limite de gastos e, 279
	modelos para combinar com o estilo, 281-283
	negociação com o vendedor e, 291-292
	nível de comprometimento e, 278
	novo contra usado, 279
	plano, desenvolvimento, 278-279
	primeira vez, 280-282
	segunda e além, 283-290
	tocabilidade, 280
	vendedores online contra grandes lojas, 290-291
compromisso, na decisão de compra, 278
Conectores frouxos, 339
conexões, apertos, 334
conjunto de catracas, 341
consertos para você mesmo fazer
	ação, checagem, 335
	ajuste de entonação, 336-337
	ajustes no braço e na ponte, 334-337
	ajustes no tensor, 335-336
	conexões soltas, 334
	substituição de partes, 337-340
consultoria especializada, compra de guitarras, 291
controles estalantes, substituição, 339
corda
	extra, 305-307
	limpeza, 328
	remoção, 314
correias, 307-308
Cream, 353
"Crossroads" (Cream), 353

D
dedilhados
	acordes da família A, 44
	acordes da família C, 52
	acordes da família D, 48
	acordes da família G, 50-51
diagramas de acorde
	acorde A, 45
	acorde Am, 51
	acorde C, 51
	acorde D, 45
	acorde E, 45
	acorde Em, 48
	acorde G, 48
	Dm, 52
	F, 52
diapasão de garfo, 310
diapasão de sopro, 310
distorção
	efeito, 301

E

Eagles, 355–356
efeito de coro, 301
efeito de reverberação, 302
efeitos
    dispositivos embutidos, 300–301
    pedais acessados pelos pés, 300–301
    processador multiefeitos, 303
    tipos de, 301–302
efeito tremolo, 302
engrenagens
    limpeza, 330
entonação
    ajuste, 336–337
    definido, 336–337
    na compra da guitarra, 280
"Eruption" (Van Halen), 356
escala pentatônica maior
    3ª maior adicionada a, 200–201
    como escala de cinco notas, 181–182
    definido, 181–182
    licks baseados em, 182–183
escala pentatônica menor
    definido, 165
    fórmula, 165
escalas
    pentatônica maior, 182–183
    pentatônica menor, 165
estilo arpejo
    guitarra clássica, 251–253
    padrão "lullaby", 222–223
    padrões, 221–223
    pancadas livres e descanso, 251–252
    tocando, 221–222
estilo Carter, 224
estilo dedilhado
    dedilhar, 216–218
    definido, 217–218
    posição da mão direita, 217–218
    técnica, 217–218
    tocando, 216–218
estilo melodia de acorde
    definido, 265–266
    falseando com três acordes, 266
    substituições, 265–266
    tocando, 265–266
estilo polifônico
    definido, 251–253
    exercício, 252–253
exercícios
    estilo polifônico, 252–253

F

Faixas de áudio, 379–386
    DVD, 379–386
ferramentas
    chaves de fenda, 340
    chave sextavada e uma chave Allen, 341
    conjunto de catracas, 341
Ferramentas, 340–341
fita adesiva, 311
flanger/phase shifter, 302
fones de ouvido, 297
fraseado
    blues, 202
"Freight Train", 233
fricção da mão esquerda
    estilo polifônico, 252–253
fusíveis, 310

G

"Gavotte I and II" (Christopher Parkening), 354–355
"Gospel Ship", 233–234
gravadores portáteis, 309
"Greensleeves", 269
guitarra clássica
    arpejos, 251–253
    batidas de descanso, 249–250
    batidas soltas, 248–249
    cor do tom, troca, 246–247
    estilo polifônico, 252–253
    estilo polifônico, 251–253
    modelos de guitarra, 282
    noções básicas, 241–257
    peças, tocar, 254–256
    posição da mão direita, 244–245
    posição da mão esquerda, 246–247
    posição do dedo, 244–245
    posição sentada, 242–243
    preparando-se para tocar, 242–247
    unhas, 245
guitarra de country, modelos de guitarra, 282
guitarra de country rock, 180–183
guitarra de jazz
    acompanhamento rítmico, 261–265

acordes alterados, 261
acordes estendidos, 261–262
estilo melodia acorde, 265–266
melodias de acordes arpejados, 269
modelos de guitarra, 283
notas alvo, 267–268
solo, 267–269
substituições, 265–266
tocando músicas, 269–273
tocando solo, 265–266
tons alterados, 267
guitarra de ritmo
   blues, 189–214
guitarra de ritmo de blues
   definido, 190–196
   ritmo tercinado, 192–196
guitarra de rock
   country, 180–183
   do sul, 180–183
   modelos de guitarra, 283
   moderna, 175–180
   músicas, tocando, 183–187
guitarra de rock do sul, 180–183
guitarra folk
   capos e, 218–221
   estilo arpejo, 221–223
   estilo Carter, 224
   estilo dedilhado, 216–218
   modelos de guitarra, 282
   músicas, tocando, 232–240
   palhetada Travis, 225–230
   técnica toca-arranha, 223–225
guitarras
   braço, 14
   compra, 277–294
   corpo, 13
   noções básicas de, 11–16
   partes de, 12–15
   pino da correia, 13
   ponte, 13
   topo, 14
   trastes, 14
guitarra solo. *Consulte* Veja também rock & roll clássico; guitarra de rock
   articulações, 167
   blues, 196–203
   country rock, 180–183
   escala pentatônica menor, 165

jazz, 267–269
rock do sul, 180–183
guitarra solo de blues
   3ª maior, 200–201
   5ª plana, 199–200
   boxes parciais, 196–198
   com boxes, 196–198
   definido, 196–203
   fraseado curto, 202
   movimentos de blues, 202–203
guitarras protegidas
   em casa, 332
   na estrada, 331–332
guitarristas
   Atkins, Chet, 347
   Berry, Chuck, 347
   Christian, Charlie, 346
   Clapton, Eric, 348
   Hendrix, Jimi, 348
   King, B. B., 347
   Montgomery, Wes, 347
   Page, Jimmy, 348–349
   Reinhardt, Django, 346
   Segovia, Andrés, 346
   Van Halen, Eddie, 349
   Vaughan, Stevie Ray, 348

H

Halen, Van, 356
hammer-ons
   3ª maior, 200–201
heavy metal, modelos de guitarra, 283
Hendrix, Jimi, 348
Higrômetro, 333
"Hotel California" (Eagles), 355
"House of the Rising Sun", 232

I

improvisação, 259

J

jogabilidade, na compra da guitarra, 277

K

King, B. B., 347
"Kumbaya", 55, 56

L

lenços, 309
lendo música
 tocando sem, 61-69
licks
 baseado na escala pentatônica maior, 182-183
 com 3ª maior, 200-201
 turnaround, 209-211
limite de gastos na decisão de compra, 279
limpeza
 cordas, 328
 poeira, sujeira e fuligem, 328-330

M

madeiras
 limpeza, 329-330
manutenção
 ação, checagem, 335-336
 ajuste de entonação, 336-337
 ajustes no braço e na ponte, 334-337
 ajustes no tensor, 335-336
 ambiente, 332-333
 Conectores frouxos, 339
 conexões soltas, 334
 consertos para você mesmo fazer, 333-340
 importância de, 327-342
 limpeza, 328-331
 proteção, 331-332
 reparos que requerem um profissional qualificado, 341-342
 substituição das molas da ponte, 338-340
 substituição de captadores, 337-338
 substituição de controles estalantes, 339
 substituição de partes, 337-340
 substituição dos pinos da correia, 337
mão esquerda
 posição para guitarra clássica, 246-247
Materiais para sua própria música e acordes, 387
melodias
 com acordes arpejados, 269
Metallica, 359-360
"Michael, Row the Boat Ashore", 55, 59
"Minor Swing", de Django Reinhardt, 352
"Mississippi Mud", 211
modelos de guitarra R&B, 283
molas da ponte, substituição, 338-340

Montgomery, Wes, 347
movimentos
 acordes externos, 263-264
 acordes internos, 262-263
movimentos de blues, 202-203
Música digital, 387
Música digital, DVD, 387
músicas
 "All My Trials", 233
 "Auld Lang Syne", 55, 58
 "Chicago Shuffle", 211
 "Chuck's Duck", 183
 "Crossroads" (Cream), 353
 "Eruption" (Van Halen), 356
 estilo de rock, 183-187
 folk, 232-240
 "Gavotte I and II" (Christopher Parkening), 354-355
 "Gospel Ship", 233-234
 "Greensleeves", 269
 "Hotel California" (Eagles), 355-356
 "House of the Rising Sun", 232
 "Kumbaya", 55, 56
 "Michael, Row the Boat Ashore", 55, 59
 "Minor Swing", de Django Reinhardt, 352
 "Mississippi Mud", 211
 "One" (Metallica), 359-360
 "Romanza", 254
 "Southern Hospitality", 183
 "Stairway to Heaven" (Led Zeppelin), 353-354
 "Surfing with the Alien" (Joe Satriani), 358-359
 "Swing Low, Sweet Chariot", 55, 57
 "Swing Thing", 270
 "Texas Flood" (Stevie Ray Vaughan), 357
 "The Cruel War is Raging", 232
 "Walk, Don't Run", de Ventures, 352-353
 "Walk, Don't Run" (Ventures), 352-353
muting
 com licks idiomáticos, 154-155

N

negociando, na compra de guitarras, 291-292
new age, modelos de guitarra, 283
notas
 alvo, 267-268
notas alvo, 267-268

O

"One" (Metallica), 359–360

P

padrão "lullaby", 222–223
Page, Jimmy, 348–349
palhetada
    Travis, 225–229
palhetada Travis
    afinação aberta em G, 230–231
    afinação solta, 230–231
    estilo de acompanhamento, 228
    estilo solo, 228–229
    exterior, 228
    interior, 228
    padrão básico, 225–227
    polegar, 228
    tom, 230–231
palhetas
    carregando como acessório, 306
Parkening, Christopher, 354–355
pino da correia, substituição, 337
pinos da ponte, 309
pitch shifter, 302
ponte
    ajuste, 334–337
    anexando cordas a (guitarra elétrica), 322–323
    flutuante, 324–325
ponte flutuante
    configurando, 324–325
    definindo, 324–325
posição da mão direita, guitarra clássica, 244–245
posição sentada
    guitarra clássica, 242–243
posição solta
    acordes add, 175
    acordes sus, 175
praticando
    abordagem, 49
    importância de, 49
processadores multiefeitos, 303
progressão clássica
    definido, 59
    tocando, 59–60
    usando músicas, 60
progressões
    acordes add, 175
    acordes da família A, 47
    acordes da família D, 49
    blues de 12 compassos, 164

R

Reinhardt, Django, 346
Relacionando o Texto ao DVD, 377–378
Removendo Cordas, 314
reparador, 341–342
repetição em blues acústico, 205–206
Requisitos do Sistema, 378–379
Requisitos do Sistema, DVD, 378–379
rock moderno. *Consulte* Veja também guitarra de rock
    acordes sus, 175
    afinações alternadas, 177–180
rock & roll clássico
    definido, 162–175
    guitarra solo, 165
    tocando, 162–175
"Romanza", 254

S

Satriani, Joe, 358
Segovia, Andrés, 346
segunda compra (e além)
    abordagem clone, 283
    abordagem contrastante e complementar, 283
    abordagem de atualização, 284
    construção e tipo de corpo, 285–287
slides
    com licks idiomáticos, 154–155
solos
    articulação, 172
    palhetada Travis, 228–229
"Southern Hospitality", 183
"Stairway to Heaven", 353–354
substituições
    definindo, 265–266
    falsificando com três acordes, 266
    fazendo, 265–266
    mesma raiz, 266
    raiz diferente, 266
"Surfing with the Alien", 358–359

"Swing Low, Sweet Chariot", 55, 57
"Swing Thing", 270

T

tablatura
    muting, 153
tampões de ouvido, 309–310
técnica toca-arranha
    definido, 223–225
    no acorde C, 223–225
    toca-arranha para cima, 223–225
temperatura, 332–333
tensor, ajuste, 335–336
tercinado
    batida embaralhada com, 192–196
testadores de cabo, 310
"Texas Flood", 357
"The Cruel War is Raging", 232
timbre, mudança, 246–247
tocabilidade, na compra da guitarra, 280
tocando
    batidas de descanso, 249–250
    batidas soltas, 248–249
    estilo dedilhado, 216–218
    sem ler música, 61–69
tons
    alterados, 267
    cor, mudança, 246–247
tons alterados, 267
troca de cordas
    estratégias, 314–315
    guitarra de corda de nylon, 322–325
    guitarra elétrica, 322–325
    remover cordas velhas, 314
troca de cordas (guitarra de corda de nylon)
    afinando, 324
    amarrando o final da corda à ponte e, 322–323
    anexando à ponte, 322–323
    passo a passo, 322–325
troca de cordas (guitarra elétrica)
    anexando à ponte, 322–323
    configuração da ponte flutuante, 324–325
    passo a passo, 322–325
turnarounds
    blues acústico, 209–211
    definido, 209–211

U

umidade, 333
unhas, 245
Usando o DVD, 379–380

V

Van Halen, Eddie, 349
Vaughan, Stevie Ray, 348
Ventures, 352–353
viagem, proteger a guitarra durante, 331–332
Videoclipes, 385–387
Videoclipes, DVD, 385–387
violões
    acordes com pestana em, 107–108
    madeira laminada, 285
    madeira sólida, 285
voltímetro/ohmímetro, 310

W

wah wah pedal, 302–303
Walk, Don't Run, 352–353

Z

Zeppelin, Led, 353–354